KB196996

사회복지총서

사회복지정책론
정책 분석 및 정책 평가

구인회 · 손병돈 공저

SOCIAL WELFARE POLICY

학지사

머리말

한국에서 사회복지정책이 발전한 지도 한 세대가 훌쩍 넘었다. 1960년대 이후 산업화를 거치면서 산업재해보상보험이나 의료보험이 실시되었지만, 사회복지정책의 확충은 1990년대를 전후하여 본격화되었다. 국민연금과 고용보험은 1980년대 말 민주화 이후 도입되었고, 1990년대 말 아시아 외환위기를 겪은 이후에는 국민기초생활보장제도가 출범하였다. 연이어 2000년대에 들어서서 복지제도가 양적, 질적으로 발전을 거듭하여 한국은 복지국가라는 말이 어색하지 않게 되었다. 1990년대 초 GDP의 3%에 불과하던 정부의 사회복지 지출이 이제 GDP의 15%에 달하게 되었고, 사회복지정책은 국민의 삶에 깊이 뿌리내리게 되었다.

한편, 한국의 사회복지정책은 제2차 세계대전 이후 등장한 서구 복지국가와는 크게 다르다. 서구는 노사 등 계층 간 분배 갈등을 해소하고 사회통합을 추구하는 과정에서 다양한 사회복지정책이 발전하였다. 이와 달리 한국은 산업화 기간에 정부가 경제성장에 몰두하면서 사회복지는 뒷전에 두었다. 지금까지도 우리 사회복지정책은 국제적인 기준에서 보아 규모가 작고 경제성장의 보완책으로서의 잔재가 강하다. 민주화 이후 시민의 권리의식이 높아지면서 생산주의적 편향은 완화되었지만, 시민의 사회권을 실현하는 본령에 들어서지 못하고 있다. 1990년대부터 신자유주의적 재편이 본격화되면서 다양한 사회적 위험의 폭증을 겪게 되었다. 그 결과 우리 사회복지정책은 양극화, 세대 간 갈등, 성별 격차, 저출산 등 여러 위기 징후 앞에서 큰 위기와 도전을 맞이하고 있다.

한국 사회복지정책이 급속한 성장을 이룸과 동시에 위기에 처한 만큼 학술적인 성찰이 중요한 때이다. 그간의 성장 과정에서 축적된 경험을 토대로 사회복지정책에 대한 과학적 이해를 넓히고 실천적 지혜를 쌓아서 새로운 전환을 준비해야 한다. 그 노력의 하나로 우리는 이 책을 통해서 사회복지정책의 분석과 평가에 관한 사회과학 이론과 실천적 적용 방법을 널리 알리고자 하였다. 책의 집필 과정에서 사회과학의 다양한 이론을 좇다가 현실을 놓치거나, 사회복지정책 현실의 변화, 발전을 기술하는 데 몰두하여 과학적 깊이를 잃지 않도록 경계하였다.

이 책에 사회복지정책의 설계와 집행, 평가에 관해 저자들이 그간 강단에서 가르쳐 온 내용을 되새겨 보면서 정리하였다. 2010년 나남에서 출간한 『사회복지정책론』에서 빠졌던 내용을 새로 추가하는 대신 필요성이 덜한 부분은 줄였고, 그대로 유지한 부분들은 서술을 개선하고 내용을 최신화하였다. 아직 모자람이 많다는 것을 알면서도 더 미루는 것도 무책임하다 생각되어 이제 새롭게 책을 출간하게 되었다. 총 4부 13장으로 이루어진 이 책은 두 저자가 절반씩 나누어 작성하였다. 서론에 해당하는 제I부와 정책 분석 및 평가에 대한 이론적 논의를 소개한 제II부, 제III부 중 정책 평가의 실제에 관한 내용을 소개한 제12장은 구인회 교수가 썼다. 제III부 중 정책 분석의 실제에 관해 상세히 다룬 제7장에서 제11장에 이르는 다섯 개의 장과 제IV부 제13장의 결론은 손병돈 교수가 집필하였다.

이 책의 원고가 작성되기까지 참을성 있게 기다려 주신 김진환 대표님, 원고의 내용을 세심하게 다듬어 주신 김서영 선생님 등 학지사의 관계자 여러분께 감사드린다. 그리고 원고의 준비 과정에서 여러 지원을 해 준 서울대 사회복지학과 대학원의 김태형, 김동진 학생께도 감사의 말을 전한다.

2024년 11월

저자 일동

차례

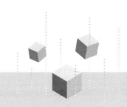

제 III 부

사회복지정책 분석 및 평가의 실제

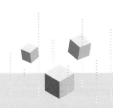

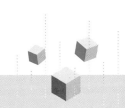

제IV부

결론

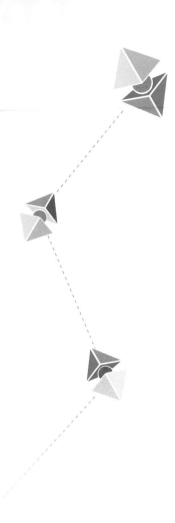

제 I 부

서론

제1장 사회복지정책의 주요 개념과 책의 구성

제1장
사회복지정책의 주요 개념과 책의 구성

　이 책에서는 사회복지정책(social welfare policy)을 대상으로 한 정책 분석(policy analysis)과 정책 평가(policy evaluation)의 이론과 방법, 이를 적용한 결과를 소개한다. 따라서 이 책에서 전하고자 하는 내용의 개요를 파악하기 위해서는 사회복지정책, 정책 분석, 정책 평가의 세 가지 개념에 대한 이해가 필요하다. 공공정책을 연구하는 학문 분야에서는 정책 분석이나 정책 평가라는 개념이 종종 쓰인다. 특정 문제의 해결을 위해 정책이나 프로그램을 설계하는 활동을 정책 분석이라 하고, 정책이나 프로그램을 집행한 후 해당 정책이 처음에 설정한 목적을 달성하였는지를 평가하는 활동을 정책 평가라고 한다(Rossi, Lipsey, & Henry, 2019; Weimer & Vining, 2017). 이 책에서는 사회복지정책을 대상으로 하여 정책 분석과 정책 평가를 수행할 때 적용되는 이론과 방법을 다룬다. 그리고 이러한 이론과 방법을 실제 정책에 적용하여 연구한 결과를 소개한다.

1. 사회복지정책이란

　　사회복지정책에 대해 보편적으로 적용할 수 있는 정의를 내리는 것은 매우 어려운 일이다. 일반적으로 사회복지는 시민의 기본적 욕구(Basic needs)를 충족시키는 활동으로 정의된다(Fitzpatrick, 2001). 사회복지정책을 추상적으로 정의한다면 이러한 사회복지를 추진하기 위해 정부가 내리는 의도적인 결정이라고 할 수 있다. 이러한 정부 결정들에는 법령이나 규제, 행정적인 결정과 정부 프로그램들이 있고, 공공 서비스를 전달하는 일선 인력들의 지속적인 관행도 포함된다(Sabatier & Weible, 2014).

　　이러한 정의에도 불구하고 사회복지정책이 다루는 범위가 어디까지를 포함하는 것인지에 대해서는 시대와 사회마다 차이가 있어 일률적으로 말하기가 쉽지 않다. 우선, 인간에게 필수적으로 충족되어야 할 기본적 욕구의 범위를 어디에 둘지에 대해서 다양하게 생각할 수 있다. 의식주 등이 필수적인 욕구라는 점에는 많은 사람이 동의하겠지만, 범위를 그 이상으로 확대할수록 의견 차이가 나타날 것이다. 또 현대 사회에서 시민의 삶의 질이나 안녕에는 매우 다양한 제도가 영향을 미치는데 이 중에서 사회복지가 담당하는 역할에 대해서도 다양한 시각이 존재한다(김상균, 1999). 윌렌스키와 르보(Wilensky & Lebeaux, 1958)는 사회복지를 시장과 가족이 제 기능을 하지 못할 때만 작동하는 잔여적(residual) 개념으로 파악하는 입장과, 현대산업사회의 제일선에서 작동해야 하는 정상 제도로서 바라보는 제도적(institutional) 복지의 입장이 존재함을 보여 주었다.

　　여기에서는 사회복지정책 개념에 대해 추상적 정의를 둘러싼 다양한 입장을 비교, 분석하기보다는, 이 책에서 앞으로 사회복지정책으로 다룰 제도와 프로그램, 정책의 내용과 범위를 구체적으로 제시하여 공통의 이해를 갖도록 하는 실용적인 접근을 취한다. 그리고 사회복지정책과 사회정책, 사회보장정책 등 유사 개념들과의 차이를 밝히고 사회복지정책에 포함되는 주요한 정책 유형을 제시한다.

　　우선 사회복지정책에서 다루는 기본적 욕구와 관련된 영역을 정하는 것으로부터 시작하자. 이 영역을 폭넓게 설정한다면, 소득, 의료, 교육, 주거, 고용, 돌봄이 포함된다. 이 중 앞의 다섯 가지는 현대 영국 복지국가의 청사진을 제시한 베버리지 보고서에서 다룬 5대 거악과 관련되는 영역이다. 베버리지(William Beveridge)는 궁핍, 질병, 무지, 불결, 나태를 현대 사회가 해결해야 할 악으로 보고 복지국가를 통해 이를 해소하고자 하였다. 궁핍은 소득보장을 통해 해소할 대상이고, 질병은 의료, 무지는 교육, 불결은 주거, 나태는 고용 정책을 통해 대처할 문제이다(Beveridge, 1942). 20세기 후반에는 이러한 다섯 영역 이외에 돌봄문제를 다루는 공공정책이 시민의 삶의 질에 큰 영향을 미치는 영역으로 등장하게 되었다. 이 여섯 가지 영역 중 소득보장을 제외한 나머지는 사회서비스 또는 사회복지서비스라는 개념으로 불린다. 이 책에서는 사회복지정책의 범위를 이러한 여섯 가지 영역에서 국가가 수행하는 공공정책을 포괄하는 것으로 넓게 설정한다.

때때로 사회정책이라는 개념이 사회복지정책과 혼용해서 쓰이기도 한다. 그런데 사회정책은 환경이나 국토개발, 문화 등 더 넓은 영역을 포괄하는 것으로 쓰이기도 한다. 이러한 영역들도 넓은 의미에서 시민의 삶의 질과 관련되지만, 이렇게 범위를 확장할 경우 거의 모든 공공정책이 사회복지정책으로 분류될 수 있어 그 범위가 너무 넓어진다. 따라서 시민의 삶과의 직접적인 관련성을 가진 영역을 중심으로 사회복지정책의 범위를 정할 필요가 있다. 이 책에서는 소득, 의료, 교육, 주거, 고용, 돌봄의 여섯 가지 영역을 사회복지정책의 범위에 포함하고, 사회정책은 시민 생활에 영향을 미치는 영역들을 더욱 넓게 포함하는 것으로 사용한다.

사회복지정책과 유사하게 쓰이는 개념으로는 사회보장정책이 있다. 전통적으로는 사회보장정책은 소득보장 중심의 경제적인 지원정책을 말하는 경우가 많았고 의료보장 등을 다루는 경우에도 의료서비스 제공보다는 의료비의 재정적 지원방안을 중심으로 다루는 경향이 강했다. 이러한 의미의 사회보장정책은 많은 사회서비스 영역을 포괄하지 않고 특히 아동, 여성, 노인, 장애인 등 인구집단별 욕구를 다루는 사회서비스를 제외한다. 이와 달리 사회복지정책은 이러한 좁은 의미의 사회보장정책은 물론 전통적으로 사회복지사들이 서비스를 제공해 온 영역인 아동학대나 청소년 비행, 장애, 정신건강 등을 포함한 사회서비스를 중요하게 다룬다는 점에서 차이가 있다. 그러나 최근에는 소득보장과 구분되는 영역으로 사회서비스 제공이라는 개념이 자주 쓰이면서 사회보장을 소득보장 이외에도 의료, 교육, 돌봄 등 주요 사회서비스 영역을 포괄하는 것으로 쓰는 경우도 있다. 우리나라 「사회보장기본법」에서는 명시적으로 사회서비스를 그 대상에 포함하고 있다. 이러한 넓은 의미의 사회보장정책은 사회복지정책과 구분하기가 쉽지 않다.

사회복지정책은 대상 영역만이 아니라 제도 운영의 원리 측면에서 구분하여 논의되기도 한다. 사회복지정책은 공공부조와 보편 프로그램, 사회보험의 세 가지 유형으로 종종 구분되는데, 이는 사회복지정책을 대상 선정의 기준이나 재정 충당의 원리 측면에서 구분한 것이다. 공공부조와 보편 프로그램은 조세를 재원으로 운영되는가 하면, 사회보험은 가입자의 보험료를 주요 재원으로 운영된다. 공공부조는 자산조사(means test)를 이용하여 판별된 저소득층에게 급여를 지급하는가 하면, 보편 프로그램은 대상자의 자산 수준에 상관없이 모두에게 급여를 지급한다. 우리나라의 대표적인 공공부조제도로는 국민기초생활보장제도가 있어 자산조사를 통해 급여를 제공한다. 보편 프로그램으로는 아동수당제도가 있다. 또 사회보험은 보험 대상이 되는 위험이 발생한 가입자에 대해서 급여를 지급한다. 예를 들어, 건강보험은 질병이 발생한 환자를 대상으로 의료서비스를 제공한다. 또 사회복지정책은 현금을 지급하는가 현물이나 서비스를 제공하는가와 같이 지원하는 급여의 내용을 기준으로 구분할 수도 있다. 예를 들어, 사회보험 중에도 실업급여와 같이 현금을 지원하는 제도가 있고, 건강보험과 같이 서비스를 제공하는 제도도 있다. 또 국민기초생활보장제도와 같은 공공부조제도에도 현금을 지원하는 생계급여가 있는가 하면, 서비스를 지원하는 의료급여가 있다.

이 책에서 사회복지정책은 소득, 의료, 교육, 주거, 고용, 돌봄 영역에서 시민의 기본적 욕구 충족과 삶의 질 향상을 목적으로 운영되는 다양한 유형의 공공정책을 말한다. 전통적으로 사회보장으로 불리던 소득보장 영역 이외에 사회서비스의 여러 영역을 다루는 공공정책을 포괄한다. 이러한 사회복지정책은 공공부조와 사회보험, 보편 프로그램의 유형으로 나누어 볼 수 있고, 현금급여 프로그램과 현물이나 서비스 제공 프로그램으로 나눌 수도 있다. 이러한 사회복지정책은 많은 경우 국가 수준에서 결정되고 수행되는 것으로서 개인이나 집단, 지역사회 수준에서 이루어지는 사회복지실천과 상호지원하고 보완하는 관계에 있다. 이러한 사회복지정책과 사회복지실천의 관계는 시민의 삶의 질 문제를 사회환경과의 관련 속에서 바라보는 사회복지의 시각을 반영하는 것이다.

2. 정책 분석과 정책 평가

사회복지정책에 관심을 가진 사람들은 특정한 문제가 발생하면 그 문제에 대해서 진단하고 그 해결책이 될 정책을 설계하여 실시하면 좋은 성과를 거둘 것이라 기대한다. 하지만 의외로 사회복지정책이 기대했던 만큼의 성과를 거두지 못하는 경우가 많다. 적지 않은 정책이 실패하여 폐기되기도 한다. 이렇게 정책이 실패하는 원인은 다양하다.

정책 실패는 정책이 다루고자 하는 문제에 대한 진단이 잘못되어 발생할 수 있다. 문제가 발생한 원인을 엉뚱한 곳에서 찾고 그를 제거하고자 하면 문제를 해결할 수 없다. 예를 들어, 청소년 비행의 원인을 비행에 대한 처벌이 약한 데에서 찾을 경우 처벌 강화를 해결책으로 추진할 수 있지만, 비행 청소년을 둘러싼 환경상의 요인에 대처하지 못해 성과를 올리지 못할 수 있다. 한편 문제의 진단이 잘되었더라도 정책 개입의 목표를 비현실적으로 설정하는 경우도 있다. 예를 들어, 아동학대에 대한 대책으로 피해 아동의 안전 보장을 위해 모든 피해 아동을 원가족으로부터 분리하는 목표를 설정할 수 있다. 그러나 만약에 원가족으로부터 아동을 분리했을 때 아동을 보호할 수 있는 별도의 대책을 마련하지 못한 상태라면 그러한 목표를 이루기 어려울 것이다. 다른 한편으로는 문제 진단이나 목표 설정이 잘되었다고 하더라도 이 목표에 도달하는 방법으로서 정책을 적절하게 설계하지 못하면 실패하게 된다.

정책이 잘 설계된 경우에도 그 정책이 설계된 대로 집행되지 않으면 정책이 성공을 거두기 어렵다. 정책 집행에 필요한 예산이나 인력이 제대로 확보되지 않으면 성과를 거두기는 어려울 것이다. 더 나아가서는 정책이 계획한 대로 집행되어도 기대한 성과를 내지 못하는 경우도 있다. 집행된 정책이 예상대로 효과를 내지 못하는 경우도 있고, 효과를 내지만 다른 부작용이 심각하게 발생하기도 한다. 최종적으로는 정책이 성공했는지, 실패했는지에 대해서 판단이 어렵거나 평가가 엇갈리는 때도 있다. 성공과 실패의 기준이 다른 경우도 있고, 성공과 실패의 원인이 다르게 규명되는 때도 있다.

이와 같이 사회복지정책을 실시하고 의도한 성과를 거두지 못하는 경우가 많아서 우리는 이러한 시행착오를 줄이기 위해 사회복지정책을 적절하게 설계하고 집행하여 정책 목적을 달성하기 위한 이론과 방법을 체계적으로 학습할 필요가 있다. 그 이론과 방법은 정책 분석과 정책 평가로 나누어 검토할 수 있다. 당면한 문제를 진단하고 해결 목표를 설정하여 해결 방안으로서 정책을 설계하는 연구 활동을 정책 분석이라 하고, 정책이 설정된 목표를 달성하였는지를 평가하는 연구 활동을 정책 평가라고 한다(송근원, 김태성, 1995). 이 책에서는 사회복지정책을 대상으로 정책 분석 및 평가를 수행하는 데 요구되는 이론과 방법을 다루고 그 적용을 연습한다.

정책 분석은 해결해야 할 당면 문제를 진단, 분석하고 그 해결 방안을 설계하는 조사, 연구 활동으로 정의된다. 흔히 쓰는 말로는 정책 기획과 같은 뜻이다. 특히 이 책에서 정책 분석에 대해 논의할 때에는 정책 결정 관계자가 전문가에게 정책 분석 작업을 요청하여 이루어지는 연구 활동을 염두에 두고 진행한다. 이러한 정책 분석을 전문적으로 수행하는 주체로는 대학이나 연구소와 같이 특정 분야의 정책에 대한 전문적 연구역량을 갖춘 기관들이나 소속 연구원들을 생각할 수 있다. 이러한 연구기관이나 연구원들은 정부기관이나 국회, 시민단체 혹은 관련된 이해당사자로부터 특정한 사회 문제에 대한 해결방안을 제시해 달라는 요청을 받고, 연구를 수행하는 데 요구되는 자원을 지원받으면서 연구를 수행하게 된다. 그러나 정책 분석 활동의 주체를 전문적 지식을 갖춘 소수의 전문적 연구자만으로 국한하여 볼 필요는 없다. 지방자치단체나 지역사회에서 활동하는 시민단체, 복지기관 등과 그에 소속된 인력들은 해당 지역의 사회 문제에 관심을 가지고 실태를 파악하고 그 해결 방안을 수립하는 활동을 수행한다. 시민단체나 복지기관의 인력에게 지역사회 문제에 이해관계를 가진 클라이언트가 해결 방안 제시를 요청하여 이들 전문인력이 문제를 진단하고 정책 방안을 설계하면 이 또한 정책 분석에 해당한다.

이렇게 정책 분석이 문제를 진단하고 프로그램을 설계하는 활동이라고 한다면, 정책 평가는 설계되어 집행된 정책이 원래 의도한 목적을 실현했는지를 평가하는 활동을 말한다. 이렇게 정책이 원래 기대했던 성과를 거두었는가를 보기 위해서는 정책이 문제의 원인을 정확히 진단하고 그를 해결할 수 있는 방향으로 설계되었는가, 설계된 정책이 계획된 대로 집행이 되었는가, 집행된 정책이 의도된 대로 목적을 실현하였는가 등을 포함하여 폭넓게 검토해야 한다. 이러한 정책 평가에는 많은 자원이 요구되는 경우가 많아 정책 평가 또한 해당 정책의 설계와 집행에 관한 의사 결정에 참여한 관계자나 관계기관이 전문 연구기관에 요청하여 수행되는 경우가 많다.

그런데 어떤 정책을 집행하기 위해서는 그에 필요한 인력과 재원을 투입해야 하고 그만큼 비용이 들게 된다. 그래서 정책 평가를 할 때에는 어떤 정책이 기대한 효과를 거두었는가를 보는 효과성(effectiveness) 평가뿐만 아니라 그 정책의 성과가 정책 집행에 소요된 비용을 보상할 만큼 충분히 가치 있는 것인가에 대해서도 따져 볼 필요가 있다. 동일한 크기의 성과를 거두는 정책이 여러 가지가 있는 경우에는 비용이 많이 드는 정책보다는 비용이 적게 드는 정책이 효율성(efficiency) 기준에서 높이 평가될 것이다. 이러한 효율성 평가의 방법으로는 비용 편익(cost-benefit) 분석과 비용 효과성(cost-effectiveness) 분석이 있다(Rossi, Lipsey, & Henry, 2019). 비용 편익 분석은 정책의 편익과 비용을 화폐가치로 환산하여 비교하는 방법이다. 정부가 도로나 교량 등 주요 사회간접자본을 건설하는 사업을 추진할 때 해당 사업이 주는 혜택이 그 사업에 소요되는 비용을 넘어설 만큼 가치가 있는지를 따지게 되는데 이것이 비용 편익 분석이다. 그런데 사회복지정책 평가에서는 효율성 평가의 방법으로 비용 효과성(cost-effectiveness) 분석을 자주 이용한다. 사회복지정책에서 기대하는 혜택은 화폐가치로 환산하기 어려운 경우가 많아 비용편익 분석을 적용하는 것이 부적절하기 때문이다. 가령 아동학대 예방정책의 집행으로 아동학대 발생 건수를 감소시키는 성과를 올린 경우 그 성과를 화폐가치로 전환하는 것에는 가치 판단이 개재되고, 그러한 전환의 적절성에 대해서도 많은 논란이 제기될 수 있다. 그렇지만 사회복지정책은 시민들이 납부한 조세를 재원으로 이루어지는 경우가 많아 정책 수행 시에 비용을 아끼려는 노력이 필요하고, 정책 평가를 수행할 때에도 성과만이 아니라 비용에도 관심을 갖는 것이 필요하다.

정책 분석과 정책 평가를 구분하여 파악하기 위해서는 정책 과정에 대해서 이해하는 것이 도움이 된다. 정책 과정은 정책을 생산하는 과정을 말하는 것으로, 의제 설정(agenda setting), 정책 채택(policy adoption), 정책 집행(policy implementation)의 세 단계로 구분할 수 있다(송근원, 김태성, 1995; Peters, 2015; Weimer & Vining, 2017). 정책 과정의 시작 단계가 의제 설정이다. 의제 설정은 특정한 사회 문제가 국가에서 해결해야 할 정책 과제로 수용되는 단계를 말한다(Peters, 2015). 예를 들어, 사회복지정책 중 많은 논란이 있는 것 중 하나로 최저임금 시급 1만 원 인상 정책이 있는데, 그 정책 과정의 시작 단계인 의제 설정이 이루어진 과정은 흥미롭다. 정책 과정의 초기 단계에서 청년 단체들이 청년 아르바이트 근무에 대한 최소한의 급여 보장에 대한 요구를 제기하면서 최저임금 1만 원 캠페인이 시작되었다. 그리고 이 캠페인이 영향력을 넓히면서 제19대 대통령 선거운동 과정에서 주요 정당의 후보자들이 하나둘 이를 공약으로 채택하게 되었고 결국 모든 후보가 유사한 공약을 채택하게 된다. 그리고 선거 후 당시 문재인 대통령 당선자가 최저임금 시급 1만 원 인상을 정부의 국정과제로 선정하면서 정책 의제 설정이 이루어진다.

이렇게 의제가 설정되면 다음 단계에서는 설정된 의제에 대해서 어떤 해결책을 추진할지 결정하는 과정이 이어지는데 이것이 정책 채택의 단계이다(Weimer & Vining, 2017). 앞의 예를 계속 이용하면 최저임금 시급 1만 원 인상을 어떤 과정을 통해서 이룰지에 대한 계획을 세우는 것이 필요하고, 그 계획을 실행하기 위해서 갖춰야 할 제도적인 장치나 예상되는 부작용에 대한 보완 수단 등을 검토하고 마련하는 것이 요구된다. 이렇게 설계된 정책을 최종적으로 최저임금위원회라는 결정기관의 회의를 통해서 채택하게 되는데, 이러한 단계를 정책 채택의 단계라고 한다. 정책 채택이 된 후에는 관련 예산과 인력을 갖추고 해당 업무를 담당해 온 기관이 그 정책을 실행하는 과정이 이어지는데 이를 정책 집행이라고 한다. 한국에서는 고용노동부와 그 산하의 지역 고용센터가 최저임금 인상의 실시를 담당하고 있다.

요약하면, 정책 과정은 특정 현안이 의제로 설정되는 의제 설정의 단계를 거쳐 설정된 의제에 대해서 몇 가지 해결 방안을 검토하면서 최종적으로는 그중 하나가 정책으로서 채택되는 정책 채택의 단계로 이어지고, 채택된 정책을 해당 업무를 담당하는 기관을 통해서 실행하는 정책 집행 단계로 넘어가게 된다.

이 책에서 주요하게 다루는 정책 분석은 이러한 정책 과정에서 주로 의제 설정과 정책 채택 사이에 이루어지는 연구활동이라고 할 수 있다. 정책 분석을 수행하는 전문가가 정책 의제 설정에 직접적으로 큰 영향을 미치는 경우는 드물다. 정책 의제는 우연히 발생한 사건이 계기가 되어 등장할 수도 있고, 정당이나 시민단체 등 사회 조직이 자신의 이념이나 이해관계에 기초해 캠페인을 전개하면서 제기될 수도 있다. 때로는 정부나 주요 기관의 정책 결정 책임자가 필요성을 제기하면서 의제가 정해질 수도 있다. 하지만 일반적으로는 한 개인이 독자적인 힘으로 의제를 설정하거나 큰 영향력을 미치는 것은 어렵다. 정책 분석을 하는 전문가 입장에서도 정책 의제는 자신이 선택하기보다는 외부에서 주어지는 경우가 많다. 정책 분석 전문가는 정부나 외부 기관에 의해 의제가 설정되면 그에 맞추어 정책 분석을 수행하게 된다. 정책 분석을 통해 해당 문제의 발생 원인을 분석하고 그 심각성을 진단하며, 그 문제를 해결하기 위해서 선택할 수 있는 방안들을 검토하여 정책 목적을 실현할 수 있는 최선책을 제시하는 것이다. 국회와 정부, 기타 기관 등의 정책 결정 책임자는 이러한 정책 분석의 결과를 검토하여 특정한 방안을 정책으로 채택하게 된다. 이렇게 정책 분석은 의제 설정과 정책 채택의 중간 단계에서 수행되는 경우가 많다.

한편 정책 평가는 정책이 채택되어 집행된 이후의 단계에서 수행되는 경우가 많다. 정책이 원래 설정한 목표를 이루었는지에 대한 평가는 정책이 집행되어 그 효과가 나타날 만한 시간이 지난 후에 가능하기 때문이다. 앞에서 논의한 정책 분석에서도 실행되지 않은 정책의 기대 효과를 검토하는 모의 평가를 수행하는 경우가 있지만, 일반적으로 정책 평가는 정책 집행 이후에 수행된다.

지금까지 정책 분석 및 평가에 대해서 논의하였는데, 정책 연구(policy research)라는 표현도 종종 쓴다. 우리가 이 책에서 정책 분석, 정책 평가라고 할 때에는 정책 의제가 설정되고, 정책이 채택되어 집행되는 과정에 관여한 이해관계자(stakeholder)들의 요구를 받아서 수행하는 연구활동을 일컫는 경우가 많다. 그러나 특정한 정책 현장이나 클라이언트의 요구가 없는 상태에서 전문가가 자신의 관심에 기초해서 정책 분석과 평가 같은 연구활동을 수행하기도 한다. 이러한 정책 연구는 대학이나 연구기관에서 학술적인 목적으로 수행하는 연구활동에서 많이 나타나는데, 이 경우에는 연구가 정책 과정에 즉각적으로 반영되는 것을 직접적으로 목표로 하기보다는 학술적인 기준을 더욱 엄격히 준수하여 수행되고 학술적 논의에 기여하는 것을 목표로 하는 경우가 많다. 정책 분석 및 평가와 정책 연구 사이에는 몇 가지 중요한 차이가 있다. 정책 분석 및 평가는 정책의 관계당사자인 클라이언트의 지원을 받을 수 있는 장점이 있지만, 연구의 초점이나 방향을 설정하고 연구를 진행하는 데에서 클라이언트의 요청을 반영해야 하는 제약을 받는다. 이와 달리 정책 연구는 연구를 수행하는 전문가의 자율적 판단에 따라 연구를 수행할 수 있지만, 정책의 이해관계자의 지원을 받는 데 제한이 있다. 예를 들어, 정책 분석 및 평가는 연구자료나 재원 등 연구에 동원하는 자원을 많이 지원받지만, 정책 과정에 맞춰 연구 시한이 엄격하게 정해지는 경우가 많다. 반면에 정책 연구는 연구자의 판단과 여건에 맞춰 진행할 수 있지만, 연구 진행에 필요한 자원을 지원받는 데에는 한계가 있다(Weimer & Vining, 2017).

지금까지 우리는 어떤 문제가 발생했을 때 문제를 진단해서 정책을 설계하는 정책 분석과 설계된 정책이 효과를 가졌는지를 평가하는 정책 평가에 대해서 얘기했지만, 정책과 관련된 연구에서 다른 영역을 다루는 경우도 있다. 정책을 다루는 연구 중에는 어떤 현안이 정책 의제로 설정되거나 특정 정책이 채택되는 과정을 분석하는 연구가 있다. 사회복지정책 혹은 복지국가 발전에 작용하는 다양한 요인을 분석하는 연구도 있다(김상균, 1999; 김태성, 성경륭, 2014). 또 법과 규정에서 정해 놓은 정책이 일선 현장에서 어떻게 집행되는지를 조사하고, 집행 과정에 작용하는 여러 요인을 분석하는 연구들도 존재한다. 이러한 연구들은 정책 채택이나 정책 집행 등 정책 결정 과정을 분석하는 것으로 정책 과정(policy process) 연구라고 불리기도 하며, 정책과 관련된 연구의 주요 분야에 속한다(Sabatier & Weible, 2014).

지금까지 정책 분석, 정책 평가, 정책 연구에 대해 살펴보았는데, 이러한 연구활동을 수행하기 위해서는 정책에서 다루는 문제에 관한 사회과학 이론과 관련 분야의 연구 방법을 습득할 필요가 있다. 예를 들어, 아동학대, 청소년 비행, 정신건강 문제를 다루는 정책을 연구할 경우 관련된 사회과학 이론을 이해하고 문제 분석에 적용할 방법적 지식과 능력을 배양해야 한다. 그런데 정책 연구는 순수 과학 분야가 아닌 응용과학의 영역이어서 매우 실제적인 지식을 갖추는 것도 필요하다. 정책 분석의 전문가로서 역량을 갖추기 위해서는 어떤 사회 현안이 정책 의제로 설정되는 과정과 사례에 대한 지식을 습득해야 한다. 언론, 정당, 사회단체 등 정책의 관계당사자들이 사회 현안에 대해서 대응하는 태도와 방식, 정부의 정책 결정 과정이나 국회의 입법 과정이 어떻게 진행되는지에 대해서 이해하여야 하며, 정책과 관련되어 예산이 할당되거나 인력이 배치되는 결정이 정부 부처 내에서 어떻게 이루어지는지, 정책이 집행되는 과정에서 중앙정부와 지방자치단체의 역할, 민간기관의 대응에 대한 이해도 필요하다.

3. 증거 기반 정책 결정

앞 절에서는 정책 분석과 정책 평가의 중요성에 대해 검토하였는데, 이러한 논의는 과학과 이론, 지식을 기초로 전문가들이 수행한 정책 분석 및 평가의 결과가 정책의 설계와 개선에 반영되는 것을 가정하여 이루어진다. 이렇게 정책 결정이 정책 분석 및 평가의 결과 제시된 과학적 증거에 따라 이루어지는 것을 증거 기반 정책 결정(evidence-based policy making)이라고 한다(Prewitt, Schwandt, & Straf, 2012). 최근에 한국과 세계 각국의 정부와 기관들은 증거 기반 정책 결정이라는 말을 자주 쓰고 있어 정책 결정자들 사이에서 그 중요성에 대한 공감대가 형성되어 있다고 볼 수 있다. 이렇게 정책 결정이 증거에 기반하여 이루어져야 한다는 인식이 확산되고 있는데, 그 증거를 만드는 작업을 정책 분석과 정책 평가라고 하겠다.

증거 기반의 정책 결정이라고 할 때 증거는 특히 과학적인 연구를 통해 발견된 증거를 말하는 것이지만, 이를 강조하는 논의가 이루어진다는 사실은 정책 결정이 증거 기반으로 이루어지지 않은 경우도 많다는 점을 보여 주는 것이기도 하다. 가령, 사적인 이해관계를 가진 소수의 당사자가 자신들의 이익에 맞는 편향된 증거를 제시하며 정책 결정을 왜곡하는 경우를 생각할 수 있다. 이와는 달리 공공의 이익을 중심으로 주체가 정책을 추진하는 경우에도 현실의 과학적 분석보다는 자신들의 이데올로기나 가치를 앞세워 의사 결정을 내리는 경우도 있다. 민주주의가 발전하면서 정책 결정이 투표권을 가진 사람들의 선호를 반영하여 결정되는 경향이 강화되는데 이 경우에도 특정한 지역 주민이나 직업 집단의 이익을 위해 정책 결정이 이루어지기도 한다. 증거 기반의 정책 결정은 사회과학적 이론과 방법, 지식에 입각한 정책 분석이나 정책 평가를 통해 산출된 증거에 기반한 의사 결정을 통해 이러한 편향과 왜곡을 방지하는 역할을 한다.

하지만 과학적인 이론과 방법에 따라 정책 분석과 정책 평가를 수행했다고 해서 정책 결정이 자동으로 이러한 증거에 따라 이루어지는 것은 아니다. 전문가들이 생산한 과학적 연구가 존재하지만 실제 정책에서는 그러한 연구 결과가 반영이 안 된 상태로 정책이 채택되는 경우가 적지 않다. 과학적인 연구 결과와 정책 결정 사이에 존재하는 간격을 줄이고 밀접한 관계가 형성되도록 노력을 기울일 필요가 있다. 정책 결정자들의 요청으로 수행된 과학적 연구의 결과가 정책 결정에 반영되지 못하였다면, 왜 그러한 일이 발생하였는지를 분석하고 개선이 이루어질 수 있도록 방안을 찾아야 한다.

증거 기반의 정책 결정이 이루어지기 위해서는 정책 결정자들이 과학적인 증거에 관심을 가지고 이를 이해하여 정책에 반영하려는 노력이 필요하다. 다른 한편으로는 정책 분석과 평가를 수행하는 전문가들이 과학적 증거를 정책 결정자들에게 효과적으로 전달하는 방법을 배울 필요도 있다. 정책 결정자들이 원하는 정보가 무엇인지에 대해 정확하게 파악하여 적절한 방법으로 전달할 필요가 있다. 정책 결정자들이 처한 정책 현장의 상황을 이해하고 그 속에서 쉽게 받아들일 수 있는 형태로 증거를 제시하는 노력도 필요하다(Bogenschneider & Corbett, 2010).

무엇보다도 정책 결정자들이 요구하는 정보가 무엇인지에 대해 생각해 보아야 한다. 첫째, 전문가들이 제시한 정보의 신뢰성(credibility)이 중요할 것이다. 정책 결정자들은 과학적으로 신뢰할 수 있는 양질의 정보를 원한다. 정책 분석이나 평가의 결과가 충실하지 못하거나 편향된 면이 있다면 정책 결정자들이 받아들이기에 부담이 된다. 둘째, 전문가들이 제시한 정보의 접근성(accessibility) 문제이다. 전문가들이 제공한 연구 결과가 전문적인 지식이 없는 정책 결정자가 이해해서 활용할 수 있도록 제시되고 있는지를 살펴보아야 한다. 훌륭한 과학적 연구라고 하더라도 정책 결정을 하는 사람들이 이해하기 어려운 방식으로 결과가 제시된다면 정책에 활용되기는 거의 불가능할 것이다. 셋째, 정보의 시의적절성(timeliness)이다. 좋은 연구라고 하더라도 그 결과가 정책 결정의 시점에서 활용될 수 있도록 시의적절하게 제공되지 않는다면 정책 결정에 반영되는 것은 불가능할 것이다. 전문가들이 제공한 정보가 이 세 가지 기준을 충족할 때 증거 기반의 정책 결정이 일어날 가능성이 더 커질 것이다(Bogenschneider & Corbett, 2010).

더 나아가서 정책 분석이나 정책 평가를 수행하는 연구자들이 정책 과정에 대한 이해를 넓혀야 한다. 연구자들이 양질의 연구 결과를 제공하면 정책 결정자들이 알아서 연구 결과를 정책에 반영할 것이라는 소박한 믿음을 버려야 한다. 정책 결정자들이 어떠한 여건에서 활동하고 의사 결정을 하는지를 연구자들이 이해할 때 적절한 조언과 증거를 제시할 수 있다. 전문가들은 연구를 시작할 단계에서부터 정책 결정자들이 어떤 처지에 있는지를 이해하면서 신뢰 관계를 형성하려는 노력을 기울일 필요가 있다. 그런 신뢰 관계가 있을 때 연구자가 실제 현실을 정확하게 이해하고서 정책 제안을 하고 있다고 받아들일 것이다.

마지막으로 연구자들이 스스로의 역할을 어떻게 규정하는지가 매우 큰 차이를 가져올 수 있다. 정책 분석이나 평가를 수행하는 전문가가 특정한 정책의 도입을 설득하는 옹호자 역할을 해야 한다고 보는 입장이 있다. 모든 정책에서 그러하듯이 사회복지정책에서 가치 중립성은 존립하기 어렵고 모든 정책 제안은 특정한 가치를 전제로 하기 때문이다. 따라서 연구자도 자신의 가치를 드러내고 이러한 가치에 근거한 정책 방안을 정책 결정자들에게 설득하는 역할을 수행해야 한다는 것이다. 현실에서는 사회단체에서 활동하는 전문가들이 이런 태도를 보이는 경우가 많다. 이들은 사회단체의 정체성을 이루는 가치에 동의하여 활동을 수행하고 정책 분석이나 정책 평가를 수행하는 것도 그러한 가치에 입각한 정책을 전파하는 방편으로 바라보는 경향이 있다. 이와 달리, 정책 분석이나 정책 평가를 하는 전문가가 교육자로서의 역할을 수행해야 한다고 보는 입장도 있다. 전문가는 정책이 다루는 문제의 해결책으로 몇 가지 정책 대안을 제시하고 각각의 제안이 내포하는 가치와 장단점을 정확히 제시하여 정책 결정자들이 충분한 지식을 가지고 의사 결정을 하도록 도와주는 역할을 해야 한다고 본다(Bogenschneider & Corbett, 2010).

정책 분석이나 정책 평가를 수행하는 전문가가 옹호자로서의 역할을 수행해야 할지, 교육자로서 활동해야 할지에 대해서 어느 한쪽만이 옳다고 말하기는 어렵다. 정책 분석을 하거나 정책 평가를 하는 전문가가 자신의 가치에 입각한 주장을 하는 경우에는 그 가치를 명백히 드러내어 평가를 받을 필요가 있다. 정책 결정자를 주민들이 선출한 주민 의사의 대리자로 보고 이들이 정책 결정에 요구되는 충분한 이해와 지식을 가지고 의사 결정을 하도록 도와주는 것에도 충실할 필요가 있다. 사회의 자원을 동원하는 정책 선택에서 사회구성원 다수의 의지와 가치를 적절하게 반영하도록 하는 것이 민주주의 원리에 충실한 것이기 때문이다.

4. 책의 구성

이 책은 총 IV부 13장으로 구성되었다. 제I부는 독자가 지금 보고 있는 제1장으로 서론에 해당하며 사회복지정책의 주요 개념과 책의 구성을 소개한다. 제II부는 사회복지정책의 주요한 이론적 쟁점을 다루며 제2장에서 제6장에 이르는 다섯 개의 장으로 구성된다. 제III부에서는 세부 정책 차원으로 나누어 정책 분석과 정책 평가를 수행하는 내용을 소개하고 쟁점을 검토하며, 제7장에서 제12장까지의 여섯 개의 장으로 제시된다. 제IV부는 결론에 해당하는 제13장으로 이루어진다.

이 책의 제2장에서는 사회복지정책의 목적으로서 사회권 보장에 관해 검토한다. 그간 사회복지정책의 발전 과정에서 어느 정도 넓게 공유되어 온 정책 목적은 시민들의 사회권(social rights) 보장이다. 시민의 사회권은 모두에게 기본적 욕구 충족과 최저한의 생활 수준을 보장할 때 실현되고 여기에는 경제적 재분배가 수반된다. 이 때문에 사회복지정책에서 분배정의에 대한 이해가 필요하고, 정치철학에서의 다양한 사회정의론의 검토가 주요한 내용이 된다.

이 책의 제3장에서는 사회복지정책의 목적을 실현하는 데에서 국가와 시장, 가족의 역할에 관해 검토한다. 사회복지정책에서 어떻게 국가와 시장, 가족 기능을 적절하게 선택하고 결합하여 이용할 수 있는지를 살펴본다. 제4장에서는 20세기 복지국가가 가장 역점을 두고 추진한 소득 이전 정책을 중심으로 정책 설계와 관련된 주요 쟁점을 검토한다. 가장 큰 쟁점인 선별주의와 보편주의의 대립을 살펴보고, 이와 관련하여 공공부조제도의 평가, 사회보험과 보편적 프로그램의 역할 등을 검토한다. 제5장에서는 사회서비스 제공 시에 이용되는 규제, 재정적 유인, 공공 제공 등의 개입 유형을 검토한다. 제6장에서는 정책 의제 설정, 정책 채택, 정책 집행 등으로 이루어지는 정책 과정에 대해 검토하고 관련 이론을 소개한다.

제7장에서는 사회복지정책의 분석에 대한 총론적인 소개를 한다. 사회복지정책의 목표를 달성하기 위한 수단들은 어떤 것들이며, 그 정책으로부터 혜택을 보는 대상자들은 누구인지를 살펴본다. 또 사회복지정책 분석에서 세부 차원을 적용대상, 급여, 전달 체

계, 재원의 네 가지로 구분하여 소개한다.

제8장에서 제11장까지는 사회복지정책의 네 가지 차원별로 정책 설계 시의 실제 적용과 쟁점을 검토한다. 제8장에서는 사회복지정책의 대상과 자격에 관해 다룬다. 제9장은 사회복지정책의 급여에 관한 것으로 현금과 현물, 서비스 등 급여 유형과 그 효과의 차이를 검토한다. 제10장에서는 사회복지정책에서 급여의 공급 주체와 급여의 전달에 관해 논의하고, 제11장에서는 사회복지정책의 재원 조달과 관련된 쟁점을 다룬다. 독자들은 제7장에서 제11장의 내용을 지침으로 삼아 자신의 관심 분야에서 정책을 하나 선택하여 분석하는 연습을 할 수 있다. 해당 정책의 대상자와 자격기준을 어떻게 설정하고 급여의 유형을 무엇으로 정할지, 급여의 공급주체와 전달체계를 어떻게 구축할지, 재원은 어떻게 조달하지를 설계해 본다면 해당 장들의 내용에 대해 더욱 구체적인 이해를 얻을 것이다.

제12장에서는 정책 평가와 관련된 내용을 다룬다. 효과성 평가의 방법으로 무작위 대조 시험(randomized controlled trial)과 유사실험설계(quasi-experimental design)의 여러 방법을 논의하고 비용 편익 분석과 비용 효과성 분석에 대해 소개한다.

마지막으로 제13장에서는 복지국가 및 사회복지정책의 환경 변화를 검토하고 사회복지정책의 미래를 전망한다. 현대 사회복지정책의 틀은 제2차 세계대전 이후 복지국가의 형성 및 발전 과정에서 형성되었다. 그러나 20세기 말 복지국가는 신자유주의적인 재편을 겪었고, 사회경제적 환경도 변화하면서 사회복지정책은 새로운 도전에 직면하고 있다. 이 장에서는 21세기 새로운 여건에서 사회복지정책의 진로와 사회복지정책 연구의 과제를 논한다.

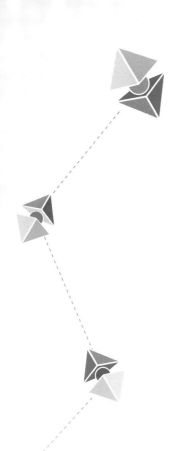

제II부

사회복지정책 분석 및 평가의 이론

제II부는 사회복지정책의 이론적 쟁점을 여섯 개의 장으로 나누어 검토한다. 제2장에서는 사회복지정책의 목적을 논하고, 제3장에서는 사회복지정책의 수단을 살펴본다. 제4장과 제5장에서는 사회복지정책을 소득 이전과 규제, 재정적 인센티브, 공공의 직접 공급 등 정책 유형별로 검토한다. 제6장에서는 사회복지정책의 과정을 설명한다.

사회복지정책을 설계하고 평가할 때 우선 고려되어야 할 점은 사회복지정책을 통해서 이루고자 하는 목적이 무엇인가이다. 제2장에서는 사회권의 보장과 그 핵심적 내용이 되는 분배정의의 실현을 중심으로 사회복지정책의 목적을 논한다. 사회복지정책은 적절한 수준의 삶을 영위할 사회적 권리를 모든 시민에게 보장하기 위해 노력한다. 제3장에서는 사회복지정책의 수단을 국가와 시장을 중심으로 살펴본다. 사회복지정책은 국가가 나서서 수행하는 정책으로 이해된다. 하지만 사회복지정책 중에는 시장을 활용하여 이루어지는 경우도 많고, 시민의 기본적 욕구 충족이 국가 개입 없이 시장을 통해서 이루어지는 경우도 많다.

제4장에서는 사회복지정책의 대표적 유형인 소득 이전 정책을 소개한다. 이 유형에 속하는 정책으로는 아동수당과 같은 보편적 프로그램이나 공적연금과 같은 사회보험 프로그램, 빈곤층을 지원하는 공공부조 프로그램이 있는데 이들 프로그램은 국가가 직접 담당한다. 한편 제5장에서 다루는 사회복지 재화와 서비스 제공 정책의 경우에는 시장을 활용한 정책 유형이 많다. 정부는 아동보육 등 여러 영역에서 시장규제와 재정적 인센티브 제공 방식으로 서비스를 공급하기도 한다. 반면에 의료, 교육, 직업훈련 등의 분야에서는 국가가 직접 공급에 나서는 경우도 많다.

제6장에서는 사회복지정책 과정을 정책 의제 설정, 정책 채택, 정책 집행의 세 가지로 나누어 살펴본다. 정책 의제의 설정과 채택, 정책 집행의 성패에 영향을 미치는 요인을 살펴보고, 정책 과정에서 정책 분석과 정책 평가가 차지하는 지위를 설명한다.

제2장
사회복지정책의 목적: 사회권과 분배정의 실현

　사회복지정책의 분석과 평가는 무엇을 정책의 목적으로 설정하는가에 따라서 크게 달라진다. 따라서 사회복지정책이 무엇을 목적으로 하는 것인지에 대한 검토가 사회복지정책에 관한 모든 논의의 출발점이 되어야 한다. 추상적인 수준에서 말하자면, 사회복지정책의 목적은 시민들의 기본적 욕구 충족을 통해 삶의 질을 향상하고 안녕(well-being)을 보장하는 것에 있다고 하겠다. 그러나 사회복지정책의 설계와 평가를 위해서는 시민들의 기본적 욕구가 충족된 상태가 어떤 모습인지를 구체적으로 검토할 필요가 있다. 여기에서는 그간 사회복지정책의 주요한 목적으로 논의되어 온 사회권 실현과 분배 개선에 대해 논의한다. 사회권(social rights) 실현은 현대 복지국가(welfare state)의 목적으로 널리 공유되어 온 것으로 적절한 수준의 생활을 향유할 시민의 권리를 말한다. 이러한 사회권 실현은 분배 개선을 위한 노력 없이는 이루어지기 어렵다. 시민들이 사회생활에 참여하는 과정에서 과도한 불평등을 경험하거나 최저한의 생활을 누릴 수 없는 빈곤과 사회적 배제를 겪는다면 시민으로서의 존엄성을 유지하기 어렵기 때문이다. 그 외에도 사회복지정책은 시민의 정치참여 증대와 사회적 관계 향상 등에도 기여할 수 있다. 사회복지정책을 설계할 때에는 이러한 사회복지정책의 실질적(substantive) 목적 외에도 도구적 가치(instrumental value)도 중요하다. 해당 사회복지정책이 정치적으로 실현 가능한 것인지, 정책에 소요되는 재원을 확보하는 것이 용이한지 등은 정책의 실질적 목적을 실현하기 위해서 반드시 충족해야 할 도구적 목적이라고 할 수 있다. 이 장에서는 여러 사회복지정책의 목적 중 가장 중시되어 온 사회권 실현과 분배 개선을 중심으로 관련 논의를 검토한다.

1. 사회권 실현

제2차 세계대전 이후 출범한 현대 복지국가의 목적으로 널리 논의되어 온 것은 시민의 사회권 실현이다. 사회권은 현대 민주주의 사회에서 공민권(civil right), 정치권(political right)과 함께 빼놓을 수 없는 또 하나의 시민의 권리이다. 현대 복지국가는 실업, 질병, 장애, 은퇴 등으로 시장에서 소득이 단절되거나 아동기와 같이 욕구 충족을 위한 소득 능력을 갖추지 못하는 등의 사회적 위험(social risk) 발생에 대응하여 시민들의 사회적 권리 보장을 위한 다양한 정책을 발전시켰다.

1) 사회권의 발전

사회권 개념을 처음으로 제기한 사람은 마샬(T. H. Marshall)이라는 영국의 사회학자이다. 마샬의 사회권 논의를 이해하기 위해서는 마샬이 활동했던 시기의 영국 상황을 살펴볼 필요가 있다. 1940년대 영국 사회는 제2차 세계대전으로 인해 수년간 엄청난 고통을 겪었고, 이 과정에서 윈스턴 처칠을 수반으로 하는 전시 거국내각은 시민들에게 전후 미래의 희망을 심어 줄 수 있는 구상을 준비한다. 그 작업의 책임을 맡았던 베버리지는 1942년 '사회보험과 관련 서비스(Social Insurance and Allied Services)'라는 제목의 보고서를 통해 현대 복지국가의 청사진을 제시한다(Beveridge, 1942). 베버리지 보고서는 현대 복지국가가 빈곤 해소 등을 통해 모든 시민에게 국민 최저선(national minimum)

이상의 삶을 보장해야 한다는 사고를 기초로 작성되었다. 그리고 전쟁이 끝난 이후 등장한 노동당 정부는 수년에 걸쳐 여러 법령 제정을 통해 베버리지 보고서에 담긴 많은 구상을 실현한다.

　마샬은 영국에서 발전하고 있는 복지국가는 새로운 시대의 도래를 의미하는 것임을 주장하였다(Marshall, 1964). 마샬은 봉건 절대왕정을 타도하고 등장한 근대 유럽의 역사를 시민권 발달의 역사로 보았다. 근대 초기에는 프랑스 혁명 등을 통해 봉건적인 신분제적 지배질서가 붕괴되면서 시민권은 재산 소유권, 계약의 자유, 사상과 표현, 결사의 자유와 같은 공민권을 중심으로 발전하였다. 이러한 시민권은 이후 선거권, 피선거권과 같이 시민의 정치적 참여를 보장하는 정치권의 영역으로 확장된다. 그리고 20세기에 들어서는 모든 시민이 사회에서 적절한 수준의 경제적 생활을 영위하고 경제적 안정을 이룰 권리, 교육에 대한 권리, 문명화된 시민으로서 사회적 유산을 공유할 권리 등 사회권을 실현하는 방향으로 시민권이 확산되었다. 이제 현대 사회의 모든 시민은 누구에게나 보장되는 불가침의 권리로서 적절한 수준의 물질적 생활 수준을 향유할 권리를 갖게 된 것이다. 또 정부는 모든 시민에게 시민 개개인의 시장 가치와 상관없이 일정한 수준의 생활 수준을 누릴 수 있는 권리를 보장해야 할 의무를 가지게 되었다. 마샬의 사회권 논의는 베버리지 보고서에 담긴 복지국가 구상보다 한 걸음 더 진전된 것으로 볼 수 있다. 베버리지는 사회보험의 역할을 대단히 중시하여 사회보험 기여금을 납부한 사람들이 복지국가의 혜택을 누리도록 해야 한다는 점을 강조하였다. 이에 비해 마샬은 시민이면 무조건적으로 누릴 수 있는 권리로서 사회권을 강조한다. 이러한 마샬의 시각에서 보면, 현대 복지국가는 시민의 사회권을 보장하기 위한 여러 가지 제도들의 모음으로 이해될 수 있다.

　사회권 논의는 이후 그 주요 실현수단인 복지국가의 유형에 관한 논의로 이어진다(김상균, 1999). 제1장에서 우리는 윌렌스키와 르보(Wilensky & Lebeaux, 1958)의 잔여적(residual) 복지와 제도적(institutional) 복지 개념을 소개하면서 복지국가의 형태가 같지 않음을 보여 주었다. 유사한 맥락에서 티트머스(Richard Titmuss) 또한 시민의 사회권을 보장하려는 노력으로 복지국가가 확산되고 있지만, 모든 복지국가가 동일한 모습을 띠지 않음을 지적하였다. 티트머스(Titmuss, 1958, 1974)는 사회복지정책을 잔여적 복지 모델, 산업적 성취-수행(industrial achievement-performance) 모델, 제도적 재분배 (institutional redistributive) 모델로 나누었다. 잔여적 복지국가는 일차적으로 시장과 가족 을 통해서 시민들이 생활수준을 유지하도록 하고, 시장과 가족에 의존해서만은 살기 어 려워 곤궁에 처하게 된 시민에 대해서만 국가가 나서서 지원을 한다. 이러한 의미에서 국가는 가족이나 시장에 비해서 잔여적인 역할을 하는 것이다. 이와는 달리, 제도적 복 지국가는 모든 시민의 삶에 관련된 자원의 분배에서 국가가 앞장서서 역할을 수행하여 시민이 빈곤 등 경제적 역경에 처하지 않도록 예방적, 적극적 개입을 한다. 제도적 복지 국가는 취약계층만을 대상으로 복지혜택을 제공하는 잔여적 복지국가와는 달리 모든 시민을 대상으로 포괄적으로 복지급여를 제공하는 모델이다. 티트머스의 잔여적 복지 와 제도적 재분배 모델은 윌렌스키와 르보(Wilensky & Lebeaux, 1958)의 개념과 유사하 지만, 티트머스는 업무수행성이나 생산성 정도에 따라 복지가 주어지는 산업적 성취- 수행 모델을 현실에 존재하는 제3의 복지국가 유형으로 추가하였다.

티트머스의 제도적 복지국가는 베버리지가 구상한 복지국가에 비해 국가의 역할을 확장한 것이다. 베버리지는 복지국가가 5대 거악의 해소를 위해 소득보장과 의료, 주거, 고용, 교육을 포괄하는 역할을 해야 한다고 보았다. 하지만 베버리지는 자유주의적 가 치를 고수하여 복지국가는 국민 최저선을 보장하는 것으로 역할을 한정하고 그 이상에 대해서는 시장의 기능에 맡겨야 한다는 입장을 보였다. 티트머스의 제도적 복지국가는 제일선에서 예방적이고 적극적인 기능을 수행한다.

티트머스를 이어 복지국가 유형에 대한 논의를 체계화한 학자는 에스핑-안데르 센(G. Esping-Andersen)이다. 그는 『복지자본주의의 세 가지 세계(The Three Worlds of Welfare Capitalism)』라는 저서를 통해서 사회권 논의를 복지국가와 관련지어 구체화한다 (Esping-Andersen, 1990). 에스핑-안데르센은 사회권을 탈상품화(decommidification) 개 념을 이용하여 재정의한다. 에스핑-안데르센에 따르면, 시민이 상품으로서의 지위를 벗어난 상태가 사회권이 실현된 상태이다. 이러한 에스핑-안데르센의 정의는 전통적 인 사회민주주의론에 따른 것으로 시장에서는 시민의 권리 보장이 어렵다는 인식이 담 겨 있다. 자본주의 시장경제에서는 시민의 생계가 시장에서의 성취 수준에 따라서 결정 되는데, 시장의 작동은 매우 불안정하여 시장에 의존해 시민 삶의 안정을 이루기 어렵다고 본다. 따라서 복지국가를 통한 탈상품화로 노동자의 삶을 안정시키고 시민의 사회권을 보장해야 한다고 본다. 경기 불황으로 실업과 같은 사회적 위험이 발생하면 실업급여제도를 통해서 노동자 생계를 지원하고, 은퇴와 질병과 같은 사회적 위험에 대응해서도 노령연금이나 건강보험이 유사한 역할을 하게 해야 한다.

에스핑-안데르센은 탈상품화 개념과 함께 계층화(stratification) 개념을 이용하여 현실의 복지국가를 세 가지 유형으로 분류한다. 스웨덴 등 북구의 사회민주주의형 복지국가와 독일, 프랑스 등 유럽 대륙의 보수주의적 복지국가, 영미 계열의 자유주의 복지국가가 그것이다. 사회민주주의적 복지국가는 시민권에 기초한 복지급여를 통해 탈상품화 기능이 확장되어 있고 시민들 사이의 계층화를 약화시키는 이상적인 유형이다. 보수주의 복지국가는 조합주의 복지국가라고도 하는데, 복지급여의 확장으로 탈상품화가 이루어지지만, 숙련노동자의 지위를 강화하는 방향으로 사회보험이 계층화되어 있어 기존 사회질서를 유지하는 보수적 기능을 한다. 한편 자유주의 복지국가에서는 국가의 복지는 빈곤층을 대상으로 하는 공공부조를 중심으로 하고 중산층 이상의 계층은 시장경제를 통해 혜택을 보도록 제도가 운영된다(Esping-Andersen, 1990). 이러한 자유주의 복지국가는 티트머스의 잔여적 복지국가와 유사성을 띤다.

2) 사회권의 확장과 변화

에스핑-안데르센의 복지국가 논의는 1990년대 이후 커다란 영향력을 발휘하면서 복지국가에 관한 주류적 견해로 자리 잡았지만, 이에 대한 비판도 적지 않다(김태성, 성경륭, 2014). 특히 여성주의(feminism) 계열 학자들의 비판이 큰 호응을 받았다. 사실 복지국가에 대한 여성주의적 견해는 베버리지 보고서에 대한 비판에서부터 시작되었다. 베버리지가 구상한 복지국가는 남성 생계부양자(male breadwinner) 모델을 전제로 한 것으로 남성 가부장주의적 가족관계에서 종속적 지위에 있는 여성의 이해를 반영하고 있지 못하다는 것이다. 복지국가의 여러 제도가 주로 가족의 생계를 책임진 남성 가구주가 실업이나, 질병, 은퇴 등의 위험에 처했을 때 지원을 하도록 설계되어 있고, 남성은 가족의 경제적인 부양자 역할을 하고 여성은 가족 내에서 가사와 양육을 담당하는 가족관계를 재생산하는 기능을 한다는 것이다.

에스핑-안데르센의 복지국가 논의에 대해서도 여성주의 학자들의 비판이 이어졌다. 오르로프(A. S. Orloff)는 에스핑-안데르센의 탈상품화 개념이 이미 안정된 고용 상태에 있는 중장년 남성을 주된 대상으로 적용할 수 있는 논의로서 경제활동 참여에 어려움을 겪는 여성에 대해서 적용하는 데에는 한계가 있다고 비판한다(Orloff, 1993). 여성은 가족 내에서 가사와 양육의 책임자로서 역할이 한정돼 있고 여성의 생계 자체는 상당히 남성 가구주에 의존해 있어 차별과 불평등을 겪게 되기 때문에, 여성에게는 시장에서의 유급 노동에 참여할 기회와 권리를 얻는 상품화(commodification)가 중요한 의미를 지닌다. 복지국가는 여성이 유급 노동을 할 수 있는 권리를 보장하고 여성이 일과 가족을 양립시킬 수 있도록 제도를 마련하고 사회를 변화시키는 역할을 해야 한다는 주장이다. 다른 한편으로 프레이저(Fraser, 1997)는 '보편적인 돌봄제공자(universal caregiver)' 모델을 주장하였다. 이 모델에 의하면, 유급 노동은 물론 돌봄과 같은 무급 노동에서도 남성과 여성 모두 책임을 공유해야 한다. 사실 북구 사회민주주의 복지국가는 1960년대와 1970년대를 거치면서 여성의 경제활동을 지원하고 돌봄의 사회화를 위한 제도들을 발전시켰다. 특히 1990년대 이후에는 다수의 복지국가가 여성의 경제활동을 지원하고 돌봄에서 역할을 넓히는 방향으로 변화가 일어나면서 이러한 여성주의적 견해에 대한 공감대가 커졌다. 대표적으로 독일 같은 보수적 복지국가들도 남성 가부장의 역할을 보완하는 가족수당, 아동수당 중심의 지원에서 여성의 경력추구를 지원하는 방향으로 변화를 겪게 된다.

기존의 복지국가와 사회권에 대한 논의가 안정된 고용상태의 중장년 남성 가구주를 중심으로 이루어졌다는 비판은 여성의 입장에서만 제기된 것은 아니다. 탈산업화, 기술 변화, 지구화의 진전과 함께 청년이나 비숙련 근로계층, 이민자 등 노동시장에서 주변적 지위를 차지하는 소수집단들도 안정된 고용에 이르는 것이 어려웠다. 이렇게 여성의 경력추구와 돌봄 부담의 충돌, 노동시장 주변층의 고용 위기 등의 신사회 위험(new social risk)이 심각해지면서 시민의 사회권 실현을 위한 사회정책 범위의 확장이 이루어지고 있다(Taylor-Gooby, 2004).

20세기의 사회권 논의는 산업사회에서 나타난 사회적 위험으로부터 시민을 보호하는 데에 초점을 두었다면, 21세기에는 기후재난과 환경위기가 중대됨에 따라 인간이 자연과 공존하며 미래세대 시민에게도 지속 가능한 삶을 보장하는 방향으로 사회권 논의를 확장해야 한다. 지구의 생태적 한계를 유지하는 노력의 부담을 균등하게 나누고, 기후변화와 생태위기로 인한 사회적 위험에 취약한 집단에 대한 보호를 강화하는 노력이 시급하다(Chancel, 2020).

사회권 개념의 확장과 함께 내용에서도 변화가 일어나고 있다. 사회권은 시민의 권리 중 하나로서 이러한 권리에는 의무도 수반된다. 20세기 후반부터는 복지국가에서 수급자들의 의무가 경시되어 복지의존성(welfare dependency)이 증대하였다는 보수주의자들의 비판이 제기되었다(Mead, 1986). 진보주의 내에서도 20세기 복지국가가 소득지원 등 수동적 형태의 시민권 보장에 편중되었고 경제활동 참여역량을 강화하는 능동적이고 적극적인 복지국가로의 전환이 필요하다는 제3의 길 주장이 등장하였다(Giddens, 1998). 이후 복지국가 내에서 근로연계복지(workfare) 프로그램이 확산되었고 여성 등 취업취약층의 경제활동 참여와 보육 지원을 강조하는 사회투자(social investment) 전략이 강화되고 있다(Hemerijck, 2016).

2. 사회정의론의 발전

소유권을 강조하는 공민권은 시장경제의 발전을 촉진하는 데에 큰 역할을 하였지만, 정치권이나 사회권은 자유방임적 시장경제와 갈등하는 측면이 있다. 시장경제는 불평등을 촉진하지만, 모든 시민의 동등한 정치, 사회적 참여를 의미하는 정치권이나 사회권의 보장에는 평등이 요구되기 때문이다. 특히 사회권 실현을 위한 복지국가 확장과 시장경제의 원리는 상호 보완적인 관계에서 시민의 권리를 구성하면서도 상호 긴장 관계에 있기도 하다. 이러한 긴장 관계는 평등을 논하는 다양한 사회정의론에 반영되어 있다. 고대부터 평등은 정의의 중요한 요소로 다루어졌다. 고대 그리스 철학자 플라톤은 국가가 시민사회의 해체를 피하고자 한다면 시민들 사이에서 극단적인 빈곤이나 극단적인 부(富)를 허용해서는 안 된다고 하였다. 아리스토텔레스는 플라톤을 따라서 동등한 사람들을 동등하게 처우해야 한다고 하였다. 그는 평등을 모든 이에게 동일한 양의 재화를 배분하는 수량적 평등(numerical equality)과 개인의 정당한 몫에 따라 배분하는 비례적 평등(proportional equality)으로 나누었다. 수량적 평등은 모든 점에서 사람들이 동일한 경우에만 적용되는 특수한 경우에만 적용되는 것이어서 비례적 평등을 일반적인 평등의 원리로 보았다. 고대부터 오랜 기간 인간은 불평등한 존재로 이해되었고, 인간을 평등한 존재로 바라본 것은 자연권 사상이 발전한 근대 이후의 시기이다 (Gosepath, 2021). 여기에서는 근대 사회 이후 발전한 다양한 사회정의론에서 제시하는 자유와 평등에 대한 견해, 복지국가에 대한 시각을 비교하여 논의한다.

1) 자유주의

현대 사회에서 사회정의에 대한 논의는 벤담(Jeremy Bentham)의 공리주의(utilitarianism)로부터 큰 영향을 받았다. 공리주의는 최대다수의 최대행복(the greatest happiness for the greatest number)을 실현하는 것이 사회의 목표가 되어야 한다고 주장한다. 정부는 사회의 행복을 증대시키기 위해서 요구되는 개입을 해야 한다는 것이다. 공리주의가 큰 영향을 끼친 경제학의 표현을 빌리자면, 정부는 사회의 효용을 극대화하는 정책을 도입해야 한다. 그러나 공리주의는 사회의 효용 총량에만 관심이 있어서 효용이 사회구성원 사이에 분배되는 문제에 대해서는 무관심하다는 비판을 받게 된다.

이러한 비판에 직면하여 공공경제학에서는 몇 가지 가정을 도입하여 공리주의에 기초한 분배정의론을 발전시키려고 하였다. 첫째, 사회의 효용은 개인들의 효용의 합이고, 둘째, 모든 개인의 효용은 소득이 증가하면 동일하게 증가하며, 셋째, 소득증가에 따른 효용증가의 크기는 소득수준이 높아질수록 감소하는 한계효용체감 양상을 보인다는 것이다. 한계효용이란 소득이 한 단위 증가할 때 증가하는 효용의 크기를 말하고, 체감이란 소득수준이 높을수록 한계효용이 감소하는 현상을 가리킨다. 이러한 가정이 충족된다면, 정부는 고소득자의 소득을 저소득자로 이전시키는 평등주의적 분배정책을 취함으로써 사회의 효용을 최대화할 수 있다(Rosen, 2002).

갑과 을이 사는 한 사회가 있고 갑의 소득이 6백만 원이고 을의 소득은 2백만 원이라고 하자. 따라서 이 사회의 총소득은 8백만 원이다. 정부는 사회의 총소득을 가지고 사회의 효용을 최대화하고자 한다. 이를 위해 정부는 갑의 소득 6백만 원에서 1백만 원을 거두어 을에게 주려고 한다. 이 경우 갑의 소득이 6백만 원에서 5백만 원으로 줄어들 때 일어나는 효용의 감소보다, 을의 소득이 2백만 원에서 3백만 원으로 증가하여 늘어나는 효용의 크기가 더 크기 때문에 사회의 총효용은 증가하게 된다. 가령 갑은 1백만 원 소득이 줄어 외국여행을 국내여행으로 바꾸어야 하는 효용감소를 겪었지만, 을은 증가된 소득 1백만 원을 그간 돈이 없어 미루던 질병 치료에 썼다고 생각해 보면, 을의 효용증대가 갑의 효용감소보다 큰 것을 이해할 수 있다.

이러한 공리주의적 경제이론에 따르면 사회성원이 모든 소득을 똑같이 나눠 갖는 평등한 소득분배가 사회의 행복을 극대화하고 사회정의를 실현하는 것으로 되지만, 공공경제학에서는 평등주의적 소득분배에 제한을 가하는 추가적 논의를 진행한다. 무엇보다도 사회 내에서 소득의 평등한 재분배가 이루어질 때 이러한 재분배로 인해 사회의 총소득 크기가 줄어들 수 있다. 즉, 파이를 나누는 방식이 파이의 크기에 영향을 미칠 수 있다. 따라서 공리주의적 논리에 따른 재분배는 상당히 평등주의적 경향을 가지지만, 현실정책에서는 완전히 평등한 분배로 귀결되지는 않는다(Rosen, 2002).

평등주의적 분배론의 전제가 되는 가정이 현실에서 충족되는가에 대해서는 논란이 많다. 모든 개인이 동일한 효용함수를 갖는다는 가정의 충족 여부는 검증하는 것이 불가능하다. 효용은 주관적 개념이기 때문에 측정과 비교가 불가능하기 때문이다. 또 소득의 한계효용이 체감한다는 가정에 대해서도 이견이 가능하다. 특정 소비재화의 한계효용이 체감한다는 주장은 설득력을 가지지만, 소득에 대해서도 한계효용체감 법칙을 적용할 수 있는지는 명확하지 않다. 공리주의적 정의론이 가진 근본적인 문제는 공리주의가 본질적으로 효용의 총량에 관심이 집중되어 있다는 점이다. 앞에서 소개한 평등주의적 공리주의의 경우에도 개인들 사이의 분배문제는 사회의 효용총량에 영향을 미치기 때문에 다루어질 뿐 분배 자체에 대해서는 본질적으로 관심이 없다(Rosen, 2002). 공리주의가 분배문제에 무관심한 것은 사회정의론으로서 치명적인 약점이다.

롤즈(John Rawls)의 정의론은 분배문제에 무관심한 공리주의에 대한 비판으로부터 시작하여 개인들 사이의 분배를 사회정의의 핵심적 문제로 본격적으로 다룬다. 롤즈는 정의로운 분배 원리로 사회의 최소수혜자(the least advantaged)가 받을 수 있는 혜택을 극대화하는 최소극대화 원칙(Maximin criterion)을 제시한다. 롤즈에 따르면, 사람들은 자신이 사회계층의 어디에 속하게 될지 모르는 원초적 상황(original position)에서 분배문제에 대한 공정한 판단을 내리게 된다. 이러한 원초적 상황에서는 자신이 처하게 될지도 모를 최악의 결과에 대비하여 보험과 안전장치를 두려 하기 때문에 최소극대화의 원칙을 채택하게 된다. 즉, 사람들은 모두 자신이 사회의 최하층이 될 수 있다는 우려를 갖기 때문에 최하층의 수준을 최대로 높이는 방향으로 사회가 운영되어야 한다는 합의에 도달하게 된다는 것이다. 최소극대화의 원칙은 소득분배의 평등이 바람직한 분배의 방향임을 시사하며, 사회에서 가장 불리한 처지에 있는 사람의 복지를 증진시키는 데 도움이 될 경우에만 불평등은 허용될 수 있다고 본다(Rawls, 1971).

롤즈는 평등주의적 분배를 사회정의의 중요한 원칙으로 제시하였지만, 롤즈 사회정의론의 제1원칙은 기본적 자유에 관한 것이다. 모든 개인이 평등한 기본적 자유에 대한 권리를 동등하게 갖는 것을 사회정의의 우선적 원칙으로 제시하였다. 따라서 평등주의적 분배가 개인의 자유를 침해할 가능성이 있는 경우에는 기본적 자유를 보장하는 것을 우선해야 한다고 본다. 이러한 의미에서 롤즈의 사회정의론은 개인의 자유를 중시하는 자유주의(liberalism)적 전통을 벗어나지 않고 있다.

자유주의자들은 자유와 개인주의, 자유시장경제에 대해 강한 믿음을 가지고 있지만, 자본주의 시장경제가 자기규제적(self-regulating) 성격을 지닌다고 보지 않으며 상황에 따라서 시장에 대한 국가의 개입이 필요하다는 실용주의적 태도를 지닌다.

케인스(Keynes)의 경우 시장경제의 우월성에 대한 믿음을 가졌지만, 시장경제에서 발생하는 실업문제를 사회악으로 보았다. 그는 시장경제에서는 실업이 자동치유되지 않으며 국가의 개입을 통해서 실업문제를 치유할 수 있다고 보았다. 베버리지(Beveridge)는 완전고용을 이루는 단일한 방법은 없다고 주장하였다. 어떤 영역에서는 국가의 독점적 소유가 필요할 수 있고, 다른 영역에서는 민간기업들에 대한 공적 통제를 가하는 방식이 적절할 수 있으며 또 다른 영역에서는 공적 통제 없이 민간기업들이 자유롭게 경쟁하는 게 좋을 수 있다고 하였다. 갈브레이스(Galbraith) 또한 시장과 계획 중 어느 한쪽에 원칙적인 우위가 있는 것은 아니며 사적 영역과 공적 영역 사이의 선택은 이데올로기적으로 정할 문제가 아니고 특수한 상황에서 적절한 것을 실용적으로 결정할 문제라고 보았다(George & Wilding, 1985).

자유주의자들은 자유를 중시하지만 자유의 진정한 의미는 외적 구속이 없는 상태, 정부의 자의적 강제가 없는 상태 이상의 것이라고 주장한다. 베버리지에 따르면, 자유는 경제적 노예상태나 결핍, 불결과 다른 사회악으로부터 자유로운 상태를 의미한다. 같은 이유로 맥밀란(Harold Macmillan)은 "자유는 빈곤이 제거될 때에만 증진될 수 있다"고 하였다(George & Wilding, 1985).

그러나 자유주의자들은 빈곤에 대한 태도와는 달리 불평등에 대해서는 어느 정도 수용적 태도를 보인다. 베버리지는 보상의 차이는 자유롭고 효율적인 노동시장의 작동에 필수적이라고 보았다. 케인스도 인간의 활동 중에는 금전적 동기가 작동하고 부의 증대가 가능할 때 최대한의 성과를 내는 것들이 있다고 믿었다. 그러나 케인스는 성장이 저축보다는 소비에 의존하는 시기가 되면, 부의 불평등은 역기능적이 되고 평등이 더 기능적으로 된다고 하였다. 베버리지 또한 한 사회가 같은 정도의 부를 가지고 있다면 부가 집중되는 것보다는 분산되는 것이 더 큰 행복을 가져온다는 의견을 가지고 있었다. 이렇게 자유주의자들은 일반적으로 불평등이 감소되어야 하며 감소될 수 있다고 생각하였고, 누진세제 등 정부의 개입을 옹호하였다(George & Wilding, 1985).

2) 자유지상주의

자유주의적 전통에서는 개인이 국가의 규제로부터 벗어날 때 자유를 누릴 수 있다고 본다. '만인의 만인에 대한 투쟁'이라는 표현으로 무제한의 자유가 무제한의 투쟁으로 이어진다는 점을 강조하고 국가의 질서유지 기능을 강조한 홉스(Thomas Hobbes)와는 달리, 로크(John Locke)는 국가가 침해할 수 없는 개인의 자연권(natural rights)을 강조하였다.

이러한 19세기 자유주의적 전통을 이어받으며 자유방임주의적 시각에서 사회정의를 다룬 학자로는 하이에크(Friedrich Hayek)와 프리드먼(Milton Friedman), 노직(Robert Nozick)을 들 수 있다. 하이에크에게 자유란 개인이 다른 사람들의 강제를 받지 않고 행동할 수 있는 상태를 의미한다. 이러한 자유 개념에 따르면, 강제를 최소화하여 개인의 선택을 보장하는 것이 국가의 주된 역할이며, 자발적인 시장질서 속에서 개인의 자유가 가장 잘 보장된다. 국가가 사회정의를 내세우고 시장이 분배한 것을 재분배하는 정책을 추진하는 것은 개인의 자유를 위협하며 국가 권력을 남용하게 되는 것이다. 프리드먼도 개인의 자유에 최우선의 가치를 부여하며 정부활동의 제한을 주장하였다(Barr, 2004).

하이에크와 프리드먼은 규범적 기준에서 국가 개입을 비판하기보다는 국가 개입이 전체주의로 이어져 국민복지 수준을 감소시킬 것이라는 경험적 주장에 근거하여 반대하기 때문에 경험적 자유지상주의자(empirical libertarianist)로 불린다. 1980년대 미국의 레이건 행정부 등장, 영국의 대처 행정부 출범과 함께 이들이 주창한 신자유주의적 노선은 광범위한 정치적 지지를 얻게 되었다(Barr, 2004).

한편 노직과 같이 국가의 개입은 매우 제한적인 경우 이외에는 도덕적으로 잘못된 것이라고 보는 자연권적 자유지상주의(natural-rights libertarianism) 주장자들도 있다. 노직은 보유의 정의(justice in holding)라는 개념으로 모든 개인이 정당한 과정을 통해 얻은 노동의 대가를 보유할 권리를 가지고 있음을 주장하였다. 보유의 정의는 3가지 요소로 이루어진다. 첫째는 획득의 정의(justice in acquisition)로써 정당한 소득활동을 통하여 이루어진 보유에 대한 권리를 말한다. 둘째는 이전의 정의(justice in transfer)로서 정당한 부의 상속에 대해서는 보유권을 인정해야 한다는 것이다. 셋째는 교정의 원리(principle of rectification)인데, 부당한 방법으로 얻은 보유에 대해서는 정부가 재분배할 수 있다. 이러한 관점에 따르면, 국가는 상거래와 재산권 보호 등의 기능을 하는 야경국가가 되어야 한다. 그리고 정당한 과정을 통해 보유한 소득과 재산에 대한 조세는 국가가 시민의 소득을 빼앗는 도둑질과 같은 것으로 본다(Barr, 2004).

하이에크와 프리드먼, 노직과 같은 자유지상주의자들은 자유와 개인주의, 불평등을 옹호하며 집합주의(collectivism)에 반대하는 입장을 가진다. 자유지상주의자들은 개인의 자유가 보장된다면 시장은 바람직한 성과를 거둘 수 있다고 보았다. 이들에게 자유란 외적인 강제의 부재를 의미한다. 하이에크에 따르면, 정부개입의 확대는 인간의 무지와 한계 때문에 부작용만 초래하며 전체주의로 귀결된다. 반면에 시장은 자유의 보존을 위한 핵심요소라고 생각한다. 프리드먼은 개인이 다른 개인의 활동에 간섭하는 것을 예방하는 것이 시장의 핵심적 기능이라고 하였다(George & Wilding, 1985). 이들은 평등주의적 정책을 추구하는 것은 개인의 자유를 침해하는 것으로 이어진다고 본다. 더 나아가 노직은 최소수혜자에 유리한 분배를 주장하는 롤즈의 평등주의적 자유주의에 대해 도덕적 근거 없이 개인 자유에 대한 침해를 옹호하는 견해라고 비판한다.

자유지상주의자들도 개인의 자유를 내세우는 것이 분배정의와 갈등을 일으킬 수 있다는 점을 인정한다. 자유로운 사회에서 어떤 개인들은 공정한 보상을 받지 못하는 경우가 있다. 그러나 자유지상주의들의 눈에는 이러한 문제는 자유가 가진 많은 장점을 위해서 치러야 할 비용에 불과하다. 더욱이 불평등은 혁신과 노력에 대한 인센티브로 작용하기 때문에 경제적 이득을 가져오는 장점이 있다. 이들 자유주의자들이 핵심적으로 반대하는 평등은 결과의 평등이다. 법 앞의 평등과 같은 일반적 규칙의 평등, 공민권과 정치권에서의 평등, 기회의 평등은 수용 가능한 평등으로 이해된다. 프리드먼은 기회의 평등은 자유(liberty)의 본질적 요소에 해당된다고 하였다(George & Wilding, 1985).

3) 사회민주주의

사회민주주의의 핵심가치는 평등, 자유, 우애로 이루어진다. 특히 평등은 사회정의 실현에서 최우선되어야 할 목표이다. 토니(Richard Henry Tawney), 티트머스(Richard Titmuss), 크로스랜드(Anthony Crosland) 같은 사회주의자들은 평등을 사회통합과 사회적 조화를 위해서 필수적인 조건이라고 보았다. 토니에 따르면 불평등의 감소는 사회적 소속감을 고양하여 사회질서를 보호하는 기능을 한다. 크로스랜드는 사회적 불평등에 대한 분노는 사회가 자신의 사회적 열망을 실현할 길을 봉쇄당한 경제 집단들을 동화하는 데 실패한 결과로 보았다. 이러한 좌절감은 개인적인 문제라기보다는 근로계급의 집단적 문제로서 민주주의와 사회적 평화, 개인의 자유를 위협하는 결과를 초래한다. 티트머스는 역사적 경험을 통해서 소득과 부의 불평등이 존재하는 사회에서는 인간의 본성이 유지, 발전되기 어렵다는 것을 알 수 있다고 하였다. 불평등은 사회의 힘이 인간적 욕구보다는 시장수요에 따라 작동하도록 하며, 인간의 능력과 재능을 낭비시키는 비효율성, 비생산성을 가진다는 점도 지적한다(George & Wilding, 1985).

사회민주주의에서는 기회의 평등은 결과의 불평등으로 이어지기 때문에 평등실현을 위해서는 기회의 평등 보장을 넘어서는 적극적인 국가의 행동이 필요하다고 본다. 사회주의자들이 경제적·사회적 평등의 성취를 주장하지만, 달성하고자 하는 것이 어느 정도의 평등인지는 분명하지 않다. 토니는 부와 소득의 불평등을 줄이는 것을 주장하지만 소득의 완전한 평등에 대해서는 반대하였고, 어느 정도의 불평등이 용납될 수 있는지에 대해서는 구체적인 의견을 표명하지 않았다. 합리적 수준의 급여가 모두에게 제공된다면 대단히 큰 책임을 수행한 사람에 대해 높은 수준의 보상을 하는 것이 형평성에 어긋나는 것은 아니라고 본다. 크로스랜드 또한 바람직한 수준의 평등에는 일정한 한도가 있는 것이며 소득불평등 자체보다는 소득불평등이 발생하는 방식이 더 중요하다고 본다. 즉, 기회 평등의 부재로 생기는 소득불평등이 문제라는 것이다(George & Wilding, 1985).

　　사회민주주의의 주요 가치가 자유라는 입장도 있다. 그러나 사회주의에서 보는 자유는 자유주의적 시각에서 말하는 자유와 차이가 있다. 사회주의에서 자유는 평등을 전제한다. 자원과 경제적 권력의 불평등이 큰 사회에서는 일부 사람들이 다른 사람들에 종속되는 일이 있게 마련이다. 또 사회주의에서 자유는 법적, 정치적 자유만이 아니라 경제적 안정을 전제로 하는 것으로서, 자유의 실현을 위해서는 빈곤과 부와 권력의 불평등이 없어야 한다. 따라서 자유의 목표를 실현하기 위해서도 정부는 적극적인 역할을 해야 한다(Barr, 2004).

　　평등과 자유가 사회민주주의의 주요한 가치이지만 사회주의의 핵심에 있는 가치는 우애(fraternity)라는 의견도 있다. 우애의 가치에 따라 사회주의는 경쟁과 이기심보다는 연대와 협력, 이타심을 강조한다. 또 권리보다는 의무를 강조하고, 개인의 요구보다는 사회의 이익을 내세운다. 사회주의 사회에서 사람들은 자신을 권리의 소유자일 뿐만 아니라 사회적 목적의 수행자로 본다. 사람들은 사회의 이익을 위해 수행해야 할 의무와의 관계 속에서 자신의 권리를 파악하는 것이다. 이러한 맥락에서 토니가 사회제도의 구성을 강조하였다면, 티트머스는 사회서비스를 제공하는 방식으로 타인들에게 이타적으로 행동하는 개인의 의지를 강조한다. 사회에서 기부와 원조를 통한 유대가 무너진다면 적대와 사회적 갈등이 그 자리를 차지할 것으로 보았다(George & Wilding, 1985).

　　사회민주주의의 시각에서 시장은 불공정한 분배기구로서 빈곤과 불평등을 초래한다.

또 시장은 정부의 규제를 받지 않으면 비효율을 초래한다. 시장은 생태계 파괴, 지역 간의 불균등한 발전, 주기적인 경기 침체와 과잉생산 등으로 경제발전과 삶의 질에 해로운 영향을 미친다. 사회민주주의는 자본주의 시장경제의 문제를 해결하는 수단을 합목적적인 국가의 개입에서 찾는다. 민주적인 의회정치 과정으로 정부계획을 통제한다면 정부는 일반대중의 욕구에 봉사하는 방향으로 작동할 것이다. 정부계획을 위해서 광범위한 국유화를 강조하는 견해가 있는가 하면, 제한적인 국유화를 통해서도 복지자본주의는 사회주의적 목적에 맞게 조절될 수 있다는 견해도 있다(George & Wilding, 1985).

사회민주주의자들에 따르면 시장경제는 국가의 적절한 조절과 개입을 통해 규제되어야 한다. 전통적인 사회민주주의자들은 정부의 계획을 통해 개인의 자유를 침해함이 없이 자본주의를 사회주의로 변혁해야 한다고 보았다. 그러나 현대 사회의 사회민주주의자들은 경제 영역에서 국가의 역할이 확장되고 기업에서는 소유와 경영의 분리가 일어남에 따라 국가가 시장을 규제하는 혼합경제를 통해 자본주의 틀 내에서 평등의 목표를 실현할 수 있다고 본다(Barr, 2004). 전체적으로 사회민주주의자들은 복지국가와 사회주의는 다른 것으로 보았다. 복지국가는 사회주의적 변화에 긍정적 영향을 미치지만 복지국가가 사회주의로 직결되지는 않는다. 복지국가는 사회주의로 가는 단계로서 기능할 수 있지만 복지국가에서 사회주의로 가는 길은 멀고 험하며, 복지국가가 사회주의로 발전할 필연성이 있는 것도 아니다(George & Wilding, 1985).

4) 마르크스주의

마르크스주의에서 자본주의는 노동계급을 착취하고 소외시키는 비인간적 체제이다. 그러나 마르크스주의에서는 지향해야 할 사회적 가치 논의는 매우 드물다. 마르크스주의는 역사의 변화를 유물론적으로 해석하기 때문에 사회적 가치를 논하는 것을 공상주의적(utopian)이라고 본다. 즉, 사회적 가치는 지배적인 경제적 관계의 반영일 뿐이어서 사회주의적 가치는 자본주의적 생산관계의 변화의 결과로써 나타난다고 본다. 분배원리에 관한 마르크스주의의 견해는 사회주의 사회에서는 노동에 따른 분배가 이루어지며 공산주의 사회에서는 욕구에 따른 분배가 이루어진다는 표현에서 일부 드러난다.

마르크스는 분배 원리가 지배적인 경제적 조건과 대중의 태도를 반영하는 것이기 때문에 사회주의 사회를 통해서 물질적 풍요가 이루어지고 대중의 의식이 개인주의에서 집합주의로 변화한 이후인 공산주의 사회에서는 욕구에 따른 분배가 가능하다고 보았다(George & Wilding, 1985).

라스키(Lasky)는 마르크스주의에서 말하는 평등은 동일성(sameness)과 다르다고 말한다. 평등은 특권의 부재와 모두에 대한 적절한 기회의 보장을 의미한다. 노력의 정도에는 차이가 있는데 동일한 보상을 하는 것이나 욕구가 다른데 동일하게 보상하는 것은 정의롭지 못하기 때문에 경제적 평등이 소득의 평등을 의미할 수 없다. 라스키는 평등이란 우선 시민권의 실질적 행사가 이루어지기 위해서 필요한 욕구에 관한 것이며, 기본적 욕구가 충족된 이후 보상에서의 차이는 노력이나 능력에 따라 이루어져야 한다고 본다(George & Wilding, 1985).

사회주의는 사회의 자원은 공동체 모두를 위해서 활용되어야 할 대상으로 간주하며, 이를 위해서 국가의 적극적 활동이 필요하다고 본다. 사회민주주의는 자본주의 체제 내에서 혹은 사회주의로의 평화적 이행을 통해서 평등의 성취가 가능하다고 보지만, 마르크스주의는 자본주의를 사회주의로 대체해야 평등 목표가 실현될 수 있다고 주장한다. 마르크스주의는 자본주의에서는 사적 소유권 때문에 도둑질과 같은 착취가 이루어지고, 따라서 자본주의 내에서 평등의 실현이 불가능하다고 본다. 계급투쟁과 자본주의의 축적위기가 심화되고 이에 대응한 자본가계급의 책략의 결과로 사회정책과 복지국가가 발전하지만 복지국가가 자본주의의 계급착취를 해결할 수는 없다. 따라서 마르크스주의에서는 평등의 달성은 국유화와 사회주의로의 이행을 통해서만 가능하다는 점을 강조한다(Barr, 2004).

5) 사회정의론과 복지국가

사회정의에 대한 다양한 견해들은 현대 서구의 선진 산업국가에서 발전되어 온 복지국가에 대해서도 다른 태도를 보인다. 먼저 자유지상주의를 보면, 자연권적 자유지상주의에서는 복지국가는 비도덕적으로 평등을 추구하고 개인의 자유를 침해한다고 비판한다. 복지국가에 대해 근본적인 반대 입장을 보이는 자연권적 자유지상주의자들과는 달리 경험적 자유지상주의자들은 한시적 빈곤구제 등을 수행하는 잔여적 복지국가에 대해서는 긍정적인 기능을 인정한다. 자본주의 시장경제에서 불가피하게 발생하는 빈곤에 대한 대응으로서 복지국가의 의의를 제한적으로 인정하는 것이다. 그러나 경험적 자유지상주의자들도 자연권적 자유지상주의자들과 함께 소득재분배를 목표로 하는 제도적 복지국가에 대해서는 반대한다. 복지국가에서 국가개입과 중앙계획의 확대는 개인의 자유를 억압하여 점차 전체주의 체제로 귀결된다는 것이다. 또 과중한 조세부과와 과대한 국가보조와 같은 국가 개입은 비효율을 초래한다고 비판한다.

한편 마르크스주의에는 복지국가에 대한 2가지 대립적인 견해가 존재한다. 한쪽 견해는 복지국가는 자본주의 체제의 정당성을 유지하기 위한 자본가계급의 전략이 반영된 것으로 노동자의 계급의식을 약화시키고 체제내화하는 기능을 한다고 보아 복지국가에 대해 반대한다. 다른 견해는 복지국가는 노동자계급이 자신들의 욕구충족과 권리신장을 위한 투쟁의 과정에서 얻은 제도적 장치로서 의의가 있다고 본다. 이 견해에서는 복지국가에 대해 긍정적인 태도를 보이지만, 복지국가는 자본주의에서 사회주의로 이행하는 과정에서 자본주의의 병폐를 해결하기 위한 하나의 중간단계라고 본다(Barr, 2004).

자유주의자들은 시장경제에서 발생하는 비효율과 불평등을 완화하기 위해서 국가의 역할을 확대하고 사적 소유권을 제한하는 것이 정당화된다고 본다. 제2차 세계대전 후 영국 복지국가의 청사진을 제시한 자유주의 경향의 베버리지는 빈곤, 질병 등의 사회악을 방지하기 위해 복지국가의 역할이 필요하다고 보았다. 케인스나 마샬 같은 이들도 자유주의적 입장에서 복지국가의 역할을 인정하는 태도를 보였다.

사회민주주의는 복지국가가 혼합경제를 통해 평등을 실현하는 데 큰 역할을 한다고 보았다. 티트머스나 에스핑-안데르센과 같은 학자들은 복지국가의 보편주의적 정책을 통해 시장경제로 인한 불안정과 불평등을 극복할 수 있다고 보았다. 특히 에스핑-안데르센은 복지국가의 탈상품화 정책을 통해 시민의 사회권을 보장할 수 있다고 주장하였다. 스웨덴 등 북구의 사민주의 국가에서 이러한 복지국가의 가능성이 실현될 수 있을 것으로 기대하였다.

이렇게 자유주의와 사회민주주의는 모두 복지국가를 지지한다. 자유주의는 개인의 권리 보장을 위해 복지국가를 통한 분배 개선이 필요하다고 본다. 집합주의적 경향이 강한 사회민주주의는 복지국가가 사회적 연대와 통합에 기여할 수 있다고 보는 한편, 시민의 사회권 실현을 위한 복지국가의 역할에 대해서도 적극적인 의미를 부여한다. 이렇게 이 두 입장은 자유방임적 시장경제에 의존해서는 시민의 삶의 질을 개선하고 사회권을 실현하는 것은 어렵다고 인정하여 사회권 실현 목적을 위해 복지국가와 사회복지정책의 기능을 확대해야 한다고 주장한다.

3. 사회정의론의 쟁점

1) 소극적 자유와 적극적 자유

사회정의에서 자유가 차지하는 중요성에 대해서는 자유주의적 전통, 특히 자유지상주의적 견해에서 많이 언급되었지만, 다른 견해에서도 정의로운 사회에서 개인의 자유가 보장되어야 함을 간과하지 않는다. 그러나 자유의 내용에 대해서는 다른 견해를 보인다. 벌린(Isiah Berlin, 1969)은 자유를 소극적 자유(negative liberty)와 적극적 자유(positive liberty)로 구분하였다. 소극적 자유는 외부적 제약이 없는 상태를 의미하고, 적극적 자유는 어떤 목적을 추구하기 위해 행동할 수 있는 능력을 갖춘 상태를 의미한다.

일반적으로 자유는 개인이 자신의 의지와 선택에 따라 행동할 수 있는 상태를 가리킨다. 그런데 자유주의적 전통에서의 자유는 소극적 자유를 의미하여 '개인의 행동에 대한 외적 강제가 없는 상태'로 해석한다. 자유의 보장을 위해서는 개인의 자율성에 간섭하는 국가의 역할을 최소화해야 한다고 본다. 그러나 현실사회에서 자유의 침해는 외적 강제가 없는 경우에도 존재한다. 개인이 다양한 가능성 중에서 자신이 원하는 선택을 하기 위해 필요한 자원이나 기회를 가지고 있지 못한 경우가 많고 이러한 상태의 개인은 자유롭지 못하다고 할 수 있다. 다시 말해 자유를 침해하는 요인들에는 국가의 강압이나 규제 이외에도 빈곤이나 질병, 기회의 제한 등 여러 가지가 있다(Fredman, 2008).

이러한 이유로 센(Amartya Sen)은 자유를 간섭이 없는 상태로 보지 않는다. 센은 자유를 개인이 진정한 선택을 할 수 있고 선택에 맞춰 행동할 수 있는 역량(capability)으로 보아 자유를 적극적 의미로 정의한다. 즉, 자유란 개인이 자신이 중시하는 목표를 실현할 수 있는 역량을 가진 상태를 말한다. 센의 이론에서는 개인이 선택할 수 있는 형식적 권리를 가지는 것만이 아니라 자신의 선택을 실행할 수 있는 역량을 갖추는 것이 중요하다. 센은 기능(functioning)과 역량(capability)의 개념을 구분한다. 기능이란 사람이 소중히 여기는 목표를 나타낸다. 기능에는 충분한 영양섭취, 질병예방과 같은 기본적 욕구에 관한 것부터 지역 사회활동에 대한 참여 등의 높은 수준의 것들에 이르기까지 다양한 사항들이 있다. 그러나 모든 기능이 충족되거나 실행 가능한 것은 아니다. 기능이 충족되기 위해서는 그 기능을 달성할 수 있는 역량이 있어야 한다. 기능을 달성하지 못하게 되는 것은 정치적 간섭이나 사회적, 경제적, 신체적 제한 때문에 생기며, 기본적 역량이 박탈된 상태를 빈곤이라고 한다(Fredman, 2008).

센의 견해에 따르면 국가의 강압이나 간섭뿐만 아니라 빈곤이나 경제적 자원의 부족, 공공서비스의 결여 같은 요인들을 제거하는 것이 자유의 실현에 필수적이다. 따라서 자유는 무언가의 기능을 할 수 있는 역량의 상태라는 적극적인 의미를 띠며, 자유실현을 위해서 시민은 정부에 적극적인 요구를 할 수 있고, 국가도 적극적인 개입의 의무가 있다(Fredman, 2008).

사회민주주의도 자유를 적극적 개념으로 해석한다. 자유의 내용에는 억압과 굶주림, 실업, 질병, 노후의 공포로부터의 보호와 같은 적극적 자유가 포함된다. 더 나아가서 사회민주주의에서는 자유를 개인주의적 맥락에서 바라보는 자유주의적 경향에 반대한다. 자유주의는 사회구성원 사이의 상호의존성을 무시하고 개인의 자유가 작동하는 사회적 맥락을 고려하지 않는다고 비판한다. 사회주의적 시각에서 보면 한 개인의 자유증대가 타인의 자유감소를 초래할 수 있다. 가령 주택임대에 대해 집주인의 자유를 증대시키는 것은 주거안정에 대한 임차인의 자유를 감소시킬 수 있다. 더욱이 이러한 개인주의적 자유의 개념을 외적 강제의 부재와 같이 좁게 해석할 경우에는 자유는 사회의 강자들만을 위한 자유, 약자의 자유를 희생시키는 자유가 된다고 비판한다. 모든 개인이 사회구성원으로서 공동의 규칙을 준수해야 한다고 보는 점에서 사회민주주의는 집단주의적 견해에서 자유를 바라보며 다수를 위한 자유를 강조한다(Carlsson & Lindgren, 1996).

2) 기회의 평등과 결과의 평등

평등과 관련해서는 평등한 분배의 대상을 무엇으로 해야 할지에 관해서 의견의 차이가 존재한다. 기회의 평등과 결과의 평등을 둘러싼 논쟁이 그것이다. 기회의 평등 주장은 평등한 분배의 대상을 비교적 좁게 잡는다. 이 주장에 따르면 제거되어야 할 불평등은 법률적 특권과 같은 자의적 기준에 의해 평등한 기회가 제약되어 발생한 불평등이다. 반면 불평등이 개인들 사이의 능력 차이나 성공적인 성취 노력의 결과로 인해 나타난 것이라면 이러한 불평등은 존중되어야 한다고 본다. 이러한 불평등은 능력주의(meritocracy) 원리와 부합한다는 점에서 도덕적으로 정당하고, 상과 벌의 인센티브를 제공한다는 점에서 경제적으로 바람직하다고 본다. 이러한 전통적인 기회평등 주장에 따르면 법적 권리(legal rights)의 평등이 보장되어 경제적 기회가 확대된다면 다른 종류의 평등은 불필요하거나 위험하다. 이 견해에서는 부유하게 되고 권력을 가질 기회가 모든 사회구성원에게 열려 있는 사회라면, 부와 권력의 불평등이 매우 심각하더라도 큰 문제가 아니라고 본다(Tawney, 1961).

사회정의에서 실현되어야 할 것은 기회의 평등이라는 주장에 대해서는 일찍부터 반박이 이루어졌다. 기회의 평등이 결과의 평등을 담보할 수 없으며 따라서 기회 평등과 별도로 결과의 평등을 위한 사회의 노력이 필요하다는 것이다. 결과의 평등이 필요한 것은 공동체 모든 성원의 공통된 욕구를 충족시키는 것이 중요하기 때문이다. 또 결과의 평등은 모든 개인이 자신의 능력을 발휘할 수 있도록 하기 위해서도 필요하다. 이러한 결과의 평등론에서는 재분배를 통한 불평등 완화, 복지국가의 확대가 필수적인 전략으로 선택된다(Tawney, 1961). 분배정의에 대한 전통적 견해 중에서 개인들의 효용의 총합을 극대화하는 목표를 제시하는 공리주의나 사회의 연대를 강조하는 사회민주주의적 견해도 이러한 결과의 평등론에 기초해 있다.

최근에는 기회의 평등에 대한 확대된 해석을 통해 분배정의론을 재구축하려는 시도가 이루어지고 있다. 드워킨(Dworkin)의 사회정의론은 개인이 통제할 수 없거나 개인의 책임이 없는 환경적 요인으로 인한 불이익에 대해서는 보상이 이루어져야 한다는 점을 강조한다. 그에 따르면 정의로운 사회에서는 재능의 차이를 포함한 선천적 차이에 대해서도 보상이 이루어져야 한다(World Bank, 2006).

로머(Roemer, 1998)는 드워킨의 논의를 이어받아 기회평등정책의 확장을 주장한다. 그에 따르면 기회의 평등은 2가지 원리로 이루어져 있다. 하나는 비차별(nondiscrimination) 원리 혹은 능력주의 원리이다. 이 원리는 성별이나 인종, 신분 등 업무수행과 관련되지 않은 속성에 의한 차별을 배제하는 원리이다. 이 원리는 공평한 기회의 제공을 막는 특권이나 자의적 기준의 배제 등을 주장하는 전통적인 기회평등론에서도 강조한 것이다. 둘째는 지위경쟁을 하는 개인들의 출발선을 동등하게 하여(level the playing field) 모든 잠재력 있는 개인들이 지위경쟁 후보의 풀에 포함되도록 하는 것이다. 이 원리는 개인이 통제할 수 없는 모든 불이익(disadvantage)에 대해 적극적 보상(compensate)을 하여 일부 개인이 다른 개인에 비해 지위경쟁에서 이익(advantage)을 누릴 수 없도록 하는 것으로서 첫 번째의 비차별 원리를 크게 넘어선다. 예를 들어, 소수인종 등 불이익을 받는 사회적 배경을 가진 아동들에 대해서는 적극적인 교육지원 혜택을 주어 다른 아동들과 대등하게 경쟁할 수 있도록 하는 것이다.

이러한 기회평등의 견해는 한편에서는 기회의 평등을 특권과 차별의 배제로 한정하지 않고 사회적 개입을 통해 적극적으로 보상해야 할 대상으로 설정한다는 점에서 과거 결과의 평등 논의와 맥락을 같이한다. 그러나 다른 한편에서는 교육, 건강, 고용, 소득, 효용 등의 성취 결과에서 개인의 책임으로 생기는 차이를 설정한다는 점에서 결과의 평등 주장과는 구별된다. 즉, 사회의 개입에 의해 기회의 평등이 보장되고 확대되어야 하지만, 그 이후의 성취결과에 대해서는 개인이 책임을 져야 한다고 본다.

그러나 확대된 기회평등의 주장이 결과 평등론을 대신할 수 있는 것인지는 의문이다. 게임의 룰이 공정하다는 것과 게임의 승패에 따른 보상 차이가 적절하다는 것은 서로 다른 차원의 문제이기 때문이다. 기회의 평등과 결과의 평등을 양자택일의 대상으로 보기보다는 상호 보완적인 관계에 있는 것으로 보는 것이 적절할 것이다.

3) 분배정의의 다양한 차원

사회권 실현에서 결과 평등의 중요성을 고려하면, 분배 개선이 사회복지정책이 역점을 두어야 할 목적임을 이해할 수 있다. 시민들이 사회의 일반적인 생활수준에서 과도한 불평등을 경험하거나 최저한의 생활을 누릴 수 없는 빈곤 상태에 처한다면 시민으로서의 존엄성을 유지하기 어려워지기 때문이다. 사회권 실현은 경제적 자원을 형평에 맞게 분배하는 노력 없이는 이루기 어렵다.

경제적 자원의 분배는 여러 차원에서 이루어지는데, 우선 수직적 분배(vertical distribution)와 수평적 분배(horizontal distribution)로 나누어 볼 수 있다. 수직적 분배는 소득계층 간 분배를 의미하는 것으로 부유층으로부터 빈곤층으로의 분배를 가리킨다. 우리가 분배정의를 말할 때 가장 널리 생각하는 것이 수직적 분배에서의 정의이다. 수평적 분배는 동일한 소득계층 내에서의 분배를 뜻하며, 소득계층에서 차이가 없지만 건강한 사람으로부터 질병을 가진 사람으로의 분배가 이루어지거나, 아동을 부양하지 않는 가족으로부터 아동을 부양하는 가족으로의 분배, 취업층으로부터 실업층으로의 분배가 이루어질 때를 가리킨다.

영국의 경제학자, 니콜라스 바(Nicholas Barr)는 복지국가의 재분배 기능을 로빈후드(Robinhood) 기능과 돼지저금통(piggy bank) 기능의 두 가지로 나눈다. 로빈후드(Robinhood) 기능은 복지국가가 마치 옛날 의적처럼 부자로부터 빈자로의 분배를 수행하는 점을 가리키는 것으로 앞에서 말한 수직적 분배에 관한 것이다. 돼지저금통 기능은 수평적 분배에 관한 것으로 취업 시기에 실업보험료를 납부하고 실업 시기에는 실업급여를 받거나 건강한 시기에 보험료를 납부하고 질병에 걸린 시기에 지원을 받는 것을 가리킨다. 니콜라스 바의 평가로는 영국 복지국가의 기능에서 70~80%는 돼지저금통 기능에 해당되고 나머지가 로빈후드 기능에 해당된다(Barr, 2001).

수직적 분배와 수평적 분배는 한 세대 내에서 이루어지는 분배인 세대 내 분배를 대상으로 구분한 것이다. 그런데 최근에는 인구고령화가 진행되면서 세대 간 분배에 대한 관심이 커지고 있다. 노령연금제도의 재정적 분담을 둘러싸고 세대 간 분배의 공평성이 쟁점으로 등장하기도 한다. 많은 나라에서 공적노령연금제도의 급여액이나 수급기간을 조정하거나 보험료를 인상하는 등의 연금 개혁을 추진하는데, 여기에는 현재의 연금제도가 그대로 유지되면 당장 연금급여 혜택을 볼 중고령 세대에 비해 미래에 노년을 맞이할 청년 세대가 불이익을 겪을 것이라는 우려가 반영되어 있다. 인구고령화가 진행되면 늘어난 노인 인구를 부양하기 위해 근로 연령대가 져야 할 경제적 부담이 커지게 되기 때문이다.

이렇게 분배정의는 수직적 분배와 수평적 분배, 세대 내 분배와 세대 간 분배로 나누어 살펴볼 수 있다. 그런데 어떠한 분배가 형평에 맞는 것인지에 관한 생각은 시기에 따라 사회에 따라 달라지고 한 사회 내에서도 사람마다 다를 수 있어, 분배정의에 대한 논의는 정치 철학의 핵심적인 주제가 되었다. 여러 차원에서 이루어지는 분배 중에서도 수직적 분배에 대해서 논란이 많았다. 분배정의에 대한 그간의 정치 철학적 논의는 주로 수직적 분배와 관련되어 있다. 그러나 최근에는 인구고령화가 모든 사회의 주요한 도전으로 등장하면서 생애주기에 걸친 수평적 분배나 청년 세대와 노년 세대 등 세대 간 분배를 둘러싸고 갈등이 발생하며 형평에 맞는 분배를 이루기 위한 모색이 이루어지고 있다. 복지국가와 여러 사회복지정책은 다양한 차원의 분배 개선을 목적으로 발전하였고, 새로운 환경에서 분배 형평을 이루기 위한 재편 과정에 있다.

4. 사회복지정책의 목적

사회복지정책의 목적은 시민의 사회권 보장에 있다. 이러한 사회권 보장에는 분배정의 실현이 수반되어야 한다. 분배정의의 범위와 내용에 대해서는 각각의 사회정의론 별로 다양한 시각이 존재한다. 일부 극단적인 견해를 제외한 사회정의론에서는 빈곤이나 불평등, 사회적 배제의 해소와 같은 분배 개선은 사회권 실현의 필수 요소로 이해되고, 그 자체로서 사회복지정책의 목적으로 넓게 받아들여진다. 빈곤과 불평등 등 분배문제의 개선은 결과의 평등 영역에 속하는 경우가 많지만, 결과의 평등을 중심으로 한 분배 개선 이외에도 기회의 평등이 중요한 사회복지정책의 목적이다. 그리고 아마르티아 센이 제기한 역량 강화와 그 평등이 사회복지정책의 목적에 포함되기도 한다.

　　사회복지정책의 목적으로 사회적 관계와 정치참여의 향상까지 넓게 설정될 수 있다. 사회에서의 분배 결정에 영향을 미치는 사회적, 정치적 참여는 사회적 배제를 해소하기 위한 중요한 영역이다.

　　더 나아가서 사회복지정책의 현실적 목적으로는 경제의 자동안정화 기능을 꼽기도 한다. 자동안정화 장치(automatic stabilizer)는 경기를 자동으로 조절하는 거시경제 효과를 내는 조세, 재정 정책을 가리킬 때 종종 쓰인다. 사회복지정책은 이러한 자동안정화 기능을 수행하는 경우가 많다. 예를 들어, 경기가 침체하여 고용이 감소하면, 실업자에 대한 실업급여가 자동으로 증가하게 되어 소비를 진작하고 경기를 부양하는 효과를 낸다. 공공부조 정책 또한 경제 위기로 빈곤층이 증가하면 자동으로 급여 지출이 증가하게 되어 경제 안정에 기여하게 된다. 이러한 사회복지정책의 경제 자동안정화 기능은 분배 개선이 이루어지면서 나타나는 부산물로서, 총수요 관리에서 국가의 역할을 강조하는 케인스주의(Keynesianism)가 지배하던 1960년대까지의 전후 복지국가 황금기에 특히 부각되었다. 이 시기에는 공공지출을 통한 국가개입은 시장의 안정과 상호 보완적인 것으로 파악되었고, 사회복지정책 또한 경제성장과 선순환 관계에 있는 것으로 이해되었다. 국가 개입을 통한 완전고용이 한계에 달하고 인플레이션이 심해진 1970년대 이후 신자유주의적 사조가 부상하면서 사회복지정책과 경제효율의 상충성을 강조하는 견해가 득세하였다. 그러나 21세기 경제위기에서도 복지국가의 경제안정화 기능은 여전히 중요한 역할을 하고 있다(Fitzpatrick, 2001).

생각해 볼 문제

1. 사회복지정책의 여러 가지 목적을 생각해 보자.

2. 사회복지정책이 사회권 보장이라는 목적을 실현하고 있는지 생각해 보자.

3. 다양한 사회정의론의 핵심적 주장을 비교해 보자.

4. 소극적 자유와 적극적 자유, 기회의 평등과 결과의 평등을 주장하는 논의의 장점과 단점을 생각해 보자.

5. 사회복지정책이 경제의 자동안정화 기능을 한다는 주장에 대해 생각해 보자.

제3장

사회복지정책의 수단: 국가와 시장

이 장에서는 소득보장, 의료, 교육, 주거, 고용, 돌봄 등 시민의 삶의 주요 영역에서 기본적 욕구 충족을 위한 수단으로서 국가와 시장이 수행하는 역할을 어떻게 바라볼 것인가의 문제를 다룬다. 국가와 시장의 역할은 소득 이전, 사회복지 재화·서비스 제공 등 사회복지정책의 영역별로 차이를 보인다. 소득 이전 정책은 시장에서 발생한 빈곤과 불평등을 개선하는 분배정의 실현에 목적을 둔 것이어서 대부분 활동이 국가를 통해서 이루어진다. 사회복지 역사를 보면 19세기 서구 사회에서는 빈곤 구제에서 자선조직협회 등 민간 자선활동이 중요 역할을 맡은 때도 있었다. 그러나 민간 활동의 한계가 분명하게 드러나면서 20세기 이후로는 국가가 분배 개선의 주된 책임을 지게 되었다. 소득 이전 정책과 달리 사회복지 재화와 서비스 제공과 관련된 정책에서는 시장의 역할도 중요성을 가진다. 의료와 교육 서비스는 물론 주거, 고용, 돌봄 등의 영역에서 재화와 서비스를 공급할 때에는 국가 못지않게 시장이 수행하는 역할이 주목된다. 이 장에서는 사회복지정책에서 국가와 시장이 수행하는 역할을 이론적으로 검토한다.

1. 국가와 시장, 형평과 효율

사회복지정책의 목적이 사회권 실현이나 평등에 관한 규범적 논의에 기초하여 설정된다면 이 목적을 실현하기 위한 수단으로서 국가와 시장의 역할에 대한 검토는 다른 기준으로 이루어질 수 있다. 니콜라스 바에 따르면, 재분배 등 복지국가의 목적은 형평성(equity) 기준에 따라 규범적으로 정해지지만 그 목적을 실현하는 방법의 선택은 실용적인 문제로서 효율성(efficiency) 기준에 따라 이루어져야 한다(Barr, 2004). 특정한 목적을 시장 기재를 활용해서 추구할 수도 있고 국가가 적극적으로 개입하는 방식으로 할 수도 있는데, 그 선택은 어느 방법이 그 목적을 달성하는 데 효율적인지에 따라 정해야 한다는 것이다. 사회복지정책에서 다루는 문제 영역에 따라서 국가와 시장의 기능이 다르게 작동하기 때문에 정책 수단의 선택 또한 영역별로 달라진다.

효율성 기준에 따른 정책 수단의 선택을 강조하는 이러한 접근에 모두가 동의하는 것은 아니다. 국가 개입의 확대 혹은 시장의 확대 그 자체를 중요한 목적으로 설정하는 견해들도 존재한다. 사회주의적 견해는 시장에 의존하여 시민들의 권리를 보장하는 것은 어렵다고 보아 시장의 역할을 최소화하고 국가의 역할을 최대화하는 방향을 선호하는 경향이 있다. 예를 들어, 에스핑-안데르센은 그의 초기 저작에서 시장과 국가를 이데올로기적으로 대립시키고 국가를 통한 시장의 극복을 강조하였다(Esping-Andersen, 1985). 반대로 자유지상주의적인 입장에서는 국가 개입은 윤리적으로 잘못되었고 전체주의를 초래한다고 보기 때문에 국가의 역할을 최소화해야 한다고 본다. 이러한 견해들은 국가와 시장을 수단으로 보기보다는 목적으로 이해하는 경향이 있다. 그러나 복지국가에 긍정적인 의의를 부여하는 자유주의적인 입장이나 사회민주주의 계열은 혼합경제적 접근이 시민의 복지 향상에 기여한다고 보아 국가와 시장의 역할을 결합하는 실용적인 접근을 보이는 경향이 강하다(George & Wilding, 1985).

이러한 실용적인 시각에서 국가와 시장의 선택 기준은 효율성에 있다. 효율성을 논의하면 시장의 역할을 강조하는 자유지상주의적 견해로 평가되기도 하지만, 사실 효율성은 어느 이데올로기에서나 모두 인정되는 가치, 목표라 할 수 있다. 즉, 어느 사회정의론의 입장에서도 효율은 중요한 평가 기준으로 고려된다(Barr, 2004). 경제학에서 효율성이란 사람들의 취향(tastes)을 고려하여 제한된 자원으로 사회구성원의 만족도(경제학적 개념으로 하면 효용)를 극대화하는 것을 말한다. 특히 경제학에서는 파레토 효율(Pareto efficiency)이라는 개념을 이용하기도 한다. 파레토 효율은 다른 사람의 효용을 떨어뜨리지 않고는 누군가의 효용을 증가시킬 수 없을 정도로 가장 효율적으로 자원 활용이 이루어지는 상태를 말한다.

경제학에서는 시장에서 완전경쟁이 이루어지는 여건에서는 시장에 대한 정부개입 없이 '보이지 않는 손'에 맡겨 자원을 할당하는 것이 효율성을 달성하는 최선책이라고 본다. 완전경쟁시장에서는 소비자의 한계수익(marginal benefit)과 생산자의 한계비용(marginal cost)이 일치하는 선에서 수요와 공급이 균형에 도달하게 되어 사회가 누리는 총 혜택인 사회잉여(social surplus)가 극대화된다. 한계수익이란 한 단위의 상품을 더 소비할 때 얻는 수익을 말하며, 한계비용은 한 단위의 상품을 더 생산할 때 발생하는 비용을 말한다. 한계수익이 한계비용보다 클 때에는 공급을 늘리면 총수익이 증가하고, 반대의 경우에는 공급을 줄이면 총수익이 증가한다. 그러나 세금 부과 등으로 정부가 개입하여 가격을 변화시키게 되면 한계수익이 한계비용보다 높거나 낮은 지점에서 재화의 공급이 결정되어 사회잉여가 감소하게 된다. 사회잉여 감소는 효율 하락을 의미하는 것이니, 정부개입을 없애는 것이 효율적인 자원할당을 이루는 최선책이 된다는 것이다(Weimer & Vining, 2017).

그러나 현실의 시장경제에서는 완전경쟁시장의 가정이 충족되지 않고 시장의 실패(market failure) 현상이 나타나는 경우가 많다. 이러한 시장의 실패 중 대표적인 것으로는 공공재(public goods), 외부효과(externality), 자연독점(natural monopoly), 정보의 비대칭(information asymmetry) 등을 들 수 있다. 이렇게 시장 실패가 발생하는 경우에는 국가가 개입하는 것이 효율성을 향상시키는 데 기여한다. 결국 사회복지에서 다루는 재화와 서비스의 성격에 따라 시장 실패가 발생하는 정도가 다르니 그에 맞춰 국가와 시장의 역할을 적절하게 결합하는 것이 효율성을 높이는 데 도움이 된다. 시장의 실패는 여러 사회복지정책을 통해 국가가 재화와 서비스 공급에 개입하는 근거를 제시하는 유용한 개념이다.

한편 빈곤과 불평등을 완화하기 위한 소득 이전 정책은 형평성과 관련된 영역으로 효율성 기준으로 다루기에 부적합한 영역임을 고려해야 한다. 시장에서 완전경쟁이 이루어져 시장의 실패가 나타나지 않더라도 분배의 비형평성은 발생하기 때문에, 시장의 효율성을 이유로 소득재분배를 위한 국가 개입의 필요성을 부정할 수 없다. 다만 국가가 소득 이전 정책을 통해 형평성 있는 재분배를 이루고자 할 때에도 적은 비용으로 높은 효과를 내는 효율적인 방안을 찾는 노력은 중요하다.

2. 시장의 실패

사회복지에서 다루는 특정한 영역의 재화와 서비스의 경우, 시장에 공급을 완전히 맡기기보다는 국가가 개입할 때 시민의 복지 향상을 효율적으로 달성할 수 있다. 시장의 실패가 발생하는 경우가 이에 해당하는데, 여기에서는 시장 실패를 사회복지서비스 영역을 중심으로 설명한다. 사회복지서비스는 교육, 의료, 고용, 주거, 돌봄의 영역에서 제공되는 서비스를 가리키는데, 때때로 사회서비스라는 용어도 같은 의미로 사용된다.

1) 외부효과

외부효과는 특정 개인의 행위가 타인에게 대가를 지불하거나 받음이 없이 어떤 혜택 혹은 손해를 끼치는 것을 말한다. 제3자에게 혜택을 주면 긍정적 외부효과, 피해를 주면 부정적 외부효과라고 한다(Rosen, 2002). 이 외부효과의 예로 많이 드는 게 공해다. 개인이 차를 몰거나 공장을 운영하면 그 개인은 차를 타고 가면서 소비의 만족을 얻고 공장을 운영하면서 수익을 얻는데, 그 과정에서 배출되는 공해는 타인에게 피해를 주게 된다. 차를 운전하는 사람이나 공장주는 이러한 피해를 받는 타인에게 보상이나 대가를 지불하지 않는다. 이는 부정적 외부효과의 예라 하겠다.

긍정적 외부효과(positive externality)의 예로는 교육과 의료 등을 들 수 있다. 부모는 일정한 비용을 지불하고 아동에 대한 교육을 제공받는다. 그리고 교육은 아동의 소득능력을 늘린다는 점에서 아동과 그 부모에게 직접적인 혜택을 준다. 아동이 좋은 교육을 통해서 훌륭한 시민과 능력 있는 사회인으로 성장하게 되면 사회적으로 유용한 일을 하는 등 사회에도 많은 혜택을 주게 된다. 이러한 점에서 아동교육은 특별한 대가를 치르지 않은 상태에서 사회성원들에게 혜택을 주는 긍정적 외부효과를 낳는다.

의료도 교육과 유사한 외부효과를 갖는다. 영국은 1899~1902년 남아프리카에서 보어전쟁을 치르면서 군인을 모집하다가 영국민의 건강 수준이 매우 떨어진다는 사실을 발견하게 된다. 당시 영국인의 건강은 전투에 나가서 국방의 의무를 제대로 수행할 수도 없는 형편없는 수준이었던 것이다. 이를 계기로 영국은 정부가 나서서 국민을 위한 의료보험의 도입을 추진하게 되었고, 1911년 「국민보험법」으로 그 결실을 맺게 되었다. 정부가 국민의 의료를 지원하는 것은 국민 개개인의 건강을 향상시키는 효과를 가질 뿐만 아니라 국가의 국방을 위해 중요한 인적자원을 확보하는 외부효과도 갖는 것임을 깨달은 것이다.

교육이나 의료 등의 예에서 나타나는 외부효과는 아동보육에서도 발견된다. 아동보육 서비스 제공은 아동이나 그 가족에게 여러 가지 직접적인 혜택을 주지만, 장래에 사회에서 유용한 역할을 할 인적자원을 양성한다는 의미에서 사회에도 긍정적 외부효과를 주는 것이다. 이런 의미에서 교육이나 의료, 보육 서비스는 사유재이지만, 다른 사유재와는 달리 사회에 긍정적 효과를 미치는 특수한 사유재이다.

바꾸어 말하면, 교육과 의료, 보육은 그 공급을 시장기능에만 맡겨 놓으면 그것이 사회에 주는 긍정적 효과를 충분히 거둘 만큼 적절한 수준으로 투자가 이뤄지기 어렵다. 따라서 교육과 의료, 보육 등 긍정적 외부효과가 큰 사유재에 대해서는 충분한 공급이 이루어지도록 사회가 일정하게 지원해 줄 필요가 있다. 교육에서는 정부가 공립학교를 설립하거나 장학금 등 재정지원을 집행할 수 있고, 의료 영역에서는 공적 의료기관을 설립하거나 의료비에 대한 재정을 지원할 수 있다. 보육 영역에서도 정부가 직접 서비스 공급에 나서거나 재정적 보조를 할 수 있다. 언론매체 등에서 교육이나 의료, 보육의 공공성을 얘기하고 시장기능에 맡기기보다 정부가 개입해야 한다는 주장이 등장하는 것도 이런 의미로 이해할 수 있다.

때로는 교육이나 의료, 보육의 공공성에 대해 이야기하면서 교육이나 의료, 보육 서비스 소비에서의 형평성까지 논하는 경우가 있다. 사회복지서비스 이용에서 제기되는 형평성 문제는 분배정의와 관련된 쟁점으로 그 자체로서 국가의 개입이 필요한 사안이다. 하지만 지금까지 논의한 공공재나 사유재의 외부효과는 효율성과 관련된 논의다. 즉, 사회의 효용극대화를 위해서 국가가 나서서 자원의 배분에 개입하는 것이 필요하다는 것이고, 국가가 나서지 않고 시장기능에만 맡기면 자원배분이 적절하게 이루어지지 않아 사회의 효용을 극대화할 수 없다는 것이다.

2) 공공재

공공재는 소비에서의 비경합성(non-rivalness in consumption), 비배타성(non-excludability), 비거부성(non-rejectability)의 3가지 특성을 가진 재화를 의미한다. 공공재가 아닌 많은 재화는 사유재(private goods)라고 하는데, 이 사유재는 소비에서 경합성과 배타성, 거부성을 가진 재화라 할 수 있다. 따라서 공공재를 이해하기 위해서는 이 3가지 특성을 하나씩 검토할 필요가 있다(Barr, 2004).

우선, 소비에서의 비경합성이란 특정한 재화들의 경우 일반재화들과는 달리 소비자들 사이에 경쟁적 관계가 나타나지 않는 현상을 나타내는 개념이다. 즉, 어떤 재화는 내가 그 재화를 소비하더라도 남들이 그 재화를 소비하는 데에 영향을 미치지 않고, 또 남이 그 재화를 소비한다고 해서 내가 그 재화를 소비할 수 있는 정도에 영향을 주지도 않는다. 예컨대, 고속도로를 내가 이용한다고 해서 다른 누가 그 고속도로를 이용하지 못하게 되는 일은 별로 없다. 이 경우 고속도로는 소비에서 경합성이 없는 재화라고 할 수 있다. 하지만 공공재가 아닌 많은 재화, 즉 사유재는 소비가 경합적이다. 가령 어느 식품점에서 배를 한 상자 팔고 있는데 내가 그 한 상자의 배를 사면 다른 사람들은 그만큼 배를 소비할 기회를 잃게 된다.

재화 중에는 완전히 경합성이 없는 재화도 있다. 예를 들어, 국방과 같은 공공재의 경우는 내가 국방으로부터 혜택을 받는다고 해서 우리 이웃집이 혜택을 못 받는 것은 아니다. 하지만 경합성이 없는 재화라도 그 정도는 불완전한 경우가 많다. 가령 공원의 예를 보자. 공원이 워낙 넓어 사람들이 많이 찾지 않는 평일에는 소비(공원 이용)가 경합적이지 않다. 하지만 휴일에는 많은 사람이 공원을 찾기 때문에 공원의 관리기관이 일정 규모까지만 방문객의 공원 입장을 허용한다면 내가 공원을 가는 것이 다른 사람의 공원 입장을 불가능하게 하는 경우도 생길 수 있다. 이런 경우에는 소비에서 비경합적 성격은 불완전하다고 할 수 있다.

공공재의 또 하나의 특성으로는 비배제성을 든다. 비경합성이 소비자들 사이의 관계에서 나타나는 공공재의 특성이라고 한다면, 비배제성은 재화의 생산자 입장에서 소비자와의 관계에서 나타나는 공공재의 특성을 나타낸 것이다. 공공재의 비배제성을 설명하는 예로 자주 등장하는 것이 등대이다. 가령 어떤 민간 회사가 등대를 지었고 수익을 얻기 위해서 등대를 이용하는 배들에게 이용료를 받으려 한다고 하자. 그런데 막상 회사 측에서 등대 주변을 지나가는 배에 대해 이용료를 내라고 요청했더니, 그 배의 선장들은 나는 이곳 길을 훤하게 알기 때문에 등대가 필요 없다며 요금 내기를 거부했다. 등대의 경우 생산자와 소비자 사이에 이런 분쟁이 일어날 수 있는 근본적인 이유는 생산자가 등대 이용료 지불의사가 없는 소비자에 대해서 소비를 배제할 수 없다는 데에 있다. 보통 사유재는 생산자 혹은 생산자를 대신한 판매자가 특정한 소비자의 소비를 배제할 수 있다. 식료품점의 주인은 값을 지불하지 않는 소비자에게는 쌀이나 사과를 넘겨 주지 않을 수 있다. 그런데 등대의 경우에는 어느 배의 선장이 이용료를 낼 의사가 없다고 해서 그 배에 대해서만 등대 불빛을 차단할 수가 없다.

보통 공공재를 정의할 때 소비에서의 비경합성과 비배제성, 이 2가지 특성을 주로 논의한다. 그러나 이 2가지 특성 이외에 공공재의 특성을 하나 더 든다면 비거부성을 들 수 있다. 비거부성은 소비자 입장에서 공급자와의 관계에서 나타나는 공공재의 특성을 가리킨다. 예컨대, 나는 평화주의자인데 정부는 핵무장을 통해 국방을 강화하는 정책을 추진한다고 가정해 보자. 이런 경우에 내가 핵을 이용한 국방서비스를 원하지 않는다고 하여 정부의 핵무장 국방서비스를 거부할 방법이 없다. 대부분의 사유재는 소비자가 소비의사가 없을 경우 소비를 거부할 수 있다. 가령 내가 환경을 중시하여 자동차 이용을 반대한다고 하면 자동차를 구입하지 않으면 된다. 반면에 국방과 같은 공공재는 개인이 선택하여 그 이용을 거부할 수 없다.

이렇게 소비에서 비경합적이고, 비배제적, 비거부적 특성을 지닌 재화들의 생산을 시장(영리를 추구하는 기업이나 개인)에 맡겨 둘 경우에는, 사회에 필요한 수준의 소비에 맞추어 재화의 공급이 이뤄지지 않게 되고 따라서 그 사회에 있는 사람들의 효용을 극대화할 수 없게 된다. 예를 들어, 어떤 민간기업이 한 도시에 환경정화설비를 설치한다고 가정하자. 이 회사에서는 도시 시민 중에서 환경정화설비를 원하는 사람들을 파악하고 이들에게 비용을 청구하겠다는 생각으로 자신의 자금을 들여 설비를 만들었다. 그런데 시민 중 일부는 환경정화설비의 설치를 원하지만 비용분담을 피하기 위해 자신은 설비의 설치를 원하지 않는다고 응답했다. 이들은 무임승차자(free rider)라고 불린다. 문제는 회사가 환경정화설비를 원하지 않은 이들 무임승차자들에게 정화된 환경을 누릴 수 없게 할 방법이 없다는 점이다. 이렇게 사회는 환경정화라는 공공재를 필요로 하지만 이를 시장기능에 맡길 경우 비용을 지불하지 않으려는 무임승차자들이 존재하기 때문에 적절한 수준의 환경정화를 유지하기 어렵게 된다. 이렇게 공공재의 경우에는 무임승차 등의 문제 때문에 시장기능을 통해서는 적절한 수준으로 공급이 유지되지 않는 경우가 많이 발생한다. 따라서 공공재의 공급은 시장기능에 맡기기보다는 국가가 직접 제공하는 등 적극적인 개입을 할 필요가 있다.

공공재는 외부효과의 특별한 경우로 볼 수 있다(Congdon, Kling, & Mullainathan, 2011). 특정 개인의 행위가 타인의 효용에 영향을 미치는 것을 우리는 외부효과라 하였는데, 만약 다른 사회구성원들의 행위가 집합적으로 개인의 효용에 영향을 미치면 이는 공공재라고 할 수 있다. 예를 들어, 대다수의 사회구성원이 국방에 대해 기여하면 여기에 참여하지 않은 개인도 더 안전한 삶을 누리게 되는 외부효과를 발생시키는데, 이렇게 집합적인 수준에서 외부효과를 발생시키는 재화를 공공재라고 하는 것이다. 사회복지 영역에서 이러한 공공재의 예는 흔히 발견된다. 예를 들어, 아동보육이나 의료, 교육 서비스는 미래의 생산적인 시민을 양성한다는 점에서 모든 구성원이 배제되거나 경합함이 없이 혜택을 누리는 대표적인 공공재라고 할 수 있다. 외부효과 개념은 사유재에 적용하는 경우가 많지만 외부효과가 큰 사유재를 공공재와 분명하게 구분하기는 어렵다.

3) 정보의 비대칭

지금까지 논의한 공공재나 외부효과는 정부가 사회서비스의 공급에 개입하는 근거를 설명하는 개념이다. 공공재나 외부효과의 개념이 적용되는 사회서비스의 예로는 교육, 의료, 보육 등 이외에도 고용이나 주택과 관련된 서비스를 들 수 있다. 그런데 이들 사회서비스의 경우 발생하는 시장 실패의 유형에는 정보의 비대칭도 있다.

정보의 비대칭성이란 물건의 매매와 같은 거래가 이루어질 때 거래와 관련된 정보가 공급자와 소비자 중 거래의 어느 한쪽에 편중되어 있어서 시장에서 해당 재화나 서비스의 제공이 적절하게 이루어지지 못하는 상태를 의미한다. 예를 들어, 교육, 의료, 돌봄 등 사회서비스의 편익에 대한 정보가 서비스 제공자에 비해 소비자가 부족한 경우가 있다. 이 경우 소비자가 편익에 대해 과소평가하게 되면 적절한 정보를 가지고 있을 때에 비해 수요가 줄어 가격과 소비량이 감소한다. 그러나 사회서비스의 이용에서 소비자가 실제 얻는 편익을 기준으로 보면, 한계편익에 비해 한계비용이 낮은 지점에서 소비가 결정되어 사회잉여가 줄어드는 비효율이 초래된다. 반대로 소비자가 편익에 대해 과대평가하게 되면, 한계편익에 비해 한계비용이 높은 지점에서 소비가 결정되어 마찬가지로 사회잉여가 줄어드는 비효율이 초래된다.

그런데 사회복지정책에서 다루는 재화나 서비스는 정보의 비대칭성이 심한 경우가 많다. 재화와 서비스는 정보의 비대칭 정도를 기준으로 탐색재(search goods), 경험재(experience goods), 후경험재(post-experience goods)의 세 가지로 구분된다. 탐색재에 대해서는 소비자가 약간의 정보 탐색을 통해 해당 재화의 질에 대해 적절한 판단을 내릴 수 있다. 경험재는 미용서비스나 음식처럼 직접 소비 경험을 해 본 후에 그 질에 대해 평가할 수 있는 재화나 서비스이다. 후경험재는 소비 경험을 한 후에도 질에 대한 평가를 내리기 어려운 재화를 말한다(Weimer & Vining, 2017). 대표적으로 의료나 교육, 돌봄서비스는 제공되는 서비스에 대한 이해가 어렵거나 이용자가 아동이나 노인 등 서비스에 대한 평가가 어려운 취약층이어서 소비 경험을 하더라도 질에 대한 평가가 어렵다. 때로는 서비스 제공이 이윤을 목적으로 하는 제공자에 의해 이루어지는 경우에 정보의 비대칭으로 인한 피해가 커질 수 있다. 환자가 불필요하거나 부적절한 의료서비스를 제공받고 비용을 지불하는 경우가 그 예가 될 수 있다.

거래 당사자 사이의 정보의 비대칭성으로 인해 거래가 지속되기 어려운 경우도 발생하는데, 이를 역의 선택(adverse selection)이라고도 한다. 정보 비대칭성과 역의 선택 개념은 미국 경제학자 애커로프(George Akerlof)가 중고차량 시장이 잘 작동되지 않는 현상을 발견하고 그 원인을 분석하면서 처음 제기하였다. 중고차 시장에서 판매자는 차량에 대한 많은 정보를 가지고 있지만 구매자는 차량 정보가 없는 정보의 비대칭성 현상이 존재한다. 이러한 정보의 비대칭성 때문에 중고차를 팔고자 하는 사람들은 그 차가 아직 쓸 만하면 팔지 않으려 하고 차에 뭔가 결함이 생기면 이를 숨기고 팔려고 할 가능성이 크다. 반면에 중고차를 사고자 하는 사람은 괜찮은 차를 구입하기를 원한다. 그러나 이들은 차량에 대한 정보가 없는 상태에서 구입을 하기 때문에 차량을 구입하여 사용한 후에는 구입한 중고차의 성능이 크게 떨어지는 경우를 겪게 된다. 그런데 이렇게 중고차를 속고 사는 경험이 늘어날수록 점점 중고차 거래는 줄게 된다. 이렇게 정보가 비대칭적인 중고차 시장은 갈수록 질이 낮은 구매자와 판매자들로 구성되는 역의 선택 현상이 일어나게 된다.

중고차 시장에서 나타난 정보의 비대칭성과 역의 선택 현상은 보험 시장에서도 발견된다. 보험과 관련된 정보의 비대칭성은 보험가입자에 대한 정보를 가입자는 가지고 있지만 보험회사는 가지고 있지 못한 상황을 나타낸다. 예컨대, 보험가입자의 선택이 보험제공자의 보험운영을 어렵게 하여 시장기능에 의존해서는 보험상품의 공급이 제대로 안 되는 것이다(Gruber, 2005).

가령, 갑이라는 민간보험회사에서 새로운 건강보험 상품을 새로 출시하였다. 처음 갑회사에서 보험상품을 만들 때에는, 가입자가 아프면 보험회사가 지불하는 보험금의 액수를 정하고 이 보험금 비용을 충당하고 약간의 이윤을 얻을 수 있는 수준으로 가입자가 매달 내야 할 보험료를 정하려 하였다. 그런데 이 건강보험 시장에서도 정보의 비대칭성이 존재하여, 가입자는 자신의 건강상태를 잘 알고 있지만 보험회사는 가입자의 건강상태에 대한 정보가 없다. 따라서 보험회사는 평균적으로 건강보험 가입자 중 10%가 1년에 한 번씩 아플 것이라는 예측에 근거하여 보험료를 월 5만 원으로 결정하였다. 갑회사가 건강보험 상품을 월 5만 원의 보험료에 판매하게 되면, 자신의 건강상태를 잘 아는 소비자들은 보험에 가입하는 것이 이익이 될지 손해가 될지를 판단할 수 있다. 건강한 소비자는 아픈 적이 별로 없기 때문에 군이 한 달에 5만 원을 보험료로 지불하면서 보험에 가입하려 하지 않는다. 건강하지 않은 소비자들은 자신이 자주 아플 것을 알기 때문에 보험료 5만 원을 내더라도 이익이 된다고 판단하여 보험에 가입한다. 결국 갑 회사에서 처음 예상한 것과는 달리 보험가입자들이 건강이 좋지 않은 소비자들로 구성되는 역의 선택 현상이 나타나게 된다. 그리고 이 때문에 갑 회사는 1년 뒤에 처음 예상한 것처럼 이윤을 내기는커녕 보험금의 과다지불로 적자를 겪게 된다.

그래서 갑 회사는 지난 1년간의 경험에 기초하여 다음 해에는 보험금 지불 비용과 적정 이윤을 얻을 수 있도록 보험료를 10만 원으로 인상하였다. 보험금이 인상되자 이번에는 소비자 중에서 아주 심하게 질병이 있는 사람들이 가입자로 남고 나머지 사람들은 보험에 가입하지 않았다. 이렇게 다시 한번 역의 선택이 일어나고 다음 해에도 보험회사는 적자를 겪게 된다. 이런 역의 선택이 반복되다 보면 결국 보험회사는 망하게 되어 건강보험 상품의 공급이 사회의 수요를 충족시킬 수 있는 수준으로 이루어지지 못하게 된다. 요컨대, 시장기능에 의존해서는 건강보험 상품을 적절한 수준으로 제공하기 어렵다는 것이다. 그리고 정부가 나서서 모든 시민이 의무적으로 가입하게 하는 방법으로 역의 선택을 제도적으로 차단하여야 시민의 수요를 충족시킬 정도의 건강보험을 공급할 수 있다는 것이다. 이렇게 역의 선택 개념은 건강보험과 같은 영역에 국가가 개입하는 것이 효율성 제고를 위해서 필요하다는 점을 보여 준다.

민간에서 건강보험을 공급하는 경우에 공급자가 주도하는 소비자 선별 현상이 나타나기도 한다. 이러한 공급자에 의한 소비자 선별을 크림 스키밍(cream skimming)이라고 하는데, 맛있는 크림 부분만을 걸러 내어 취한다는 의미이다. 이러한 소비자 선별은 정보의 비대칭성, 역의 선택에 대한 공급자의 대응이라 볼 수 있는데, 예를 들어 민간보험회사에서 질환이 없음이 입증되는 건강한 소비자에 대해서만 보험가입을 허용하는 것이다. 이 때문에 민간회사가 건강보험을 공급하는 미국과 같은 제도에서는 실제로 건강보험이 절실히 필요한 건강이 안 좋은 사람들은 애초에 건강보험 가입이 어렵게 되어 정상적인 의료혜택으로부터 배제되는 상황이 생기게 된다.

이러한 보험시장에서의 정보 비대칭성, 역의 선택은 건강보험 이외에도 실업보험, 산재보험, 연금보험 등 여러 분야에서 발생할 수 있다. 이 때문에 정부가 건강보험, 산재보험, 실업보험, 연금보험 등의 운영에 개입하고 정부가 직접 이들 보험을 운영하는 사회보험의 형태를 가지는 것이 일반적이다. 이러한 사회보험의 핵심은 모든 위험 대상자에게 가입을 강제하여 역의 선택을 방지하는 데에 있다.

사회보험이 필요한 다른 이유로는 도덕적 해이(moral hazard)를 들 수 있다. 도덕적 해이는 특정한 위험에 대비하는 안전망을 갖게 될 때 사람들이 위험에 노출될 가능성을 줄이는 노력을 게을리하는 것을 말한다(Gruber, 2005). 예를 들어, 실업보험에서는 보험에 가입한 개인의 행동이 실업 확률이나 실업 지속기간에 영향을 미칠 가능성이 있다. 실업에 처한 개인에 대한 완전한 정보를 얻을 수 없는 상황에서 보험회사로서는 개인이 일자리 부족으로 실업에 처했는지, 자발적으로 실업상태를 유지하는지에 대해 판단하기가 어렵다. 이러한 상황에서 보험가입자는 실업기간을 의도적으로 늘려 실업급여를 받는 도덕적 해이 현상을 보일 수 있고 이에 대해 민간보험회사는 대처하기가 쉽지 않다. 그러나 정부가 실업보험을 운영하는 경우에는 정부의 공권력을 이용하여 구직활동을 강제하는 등의 수단을 취하여 가입자의 도덕적 해이를 줄일 수 있다. 건강보험의 경우에는 건강보험 가입으로 의료 이용 비용이 경감되면, 보험 가입자가 가벼운 질병에도 의료서비스를 과다하게 이용할 가능성이 있다. 이러한 경우를 대비하여 국가는 적정한 의료 이용에 대한 규제를 하거나 의료 이용에 대한 자기부담을 부과하는 등의 소치를 취할 수 있다.

3. 정부의 실패

지금까지 시장의 실패에 대해서 검토하였는데, 이러한 시장 실패론은 특정한 재화와 서비스 제공에서는 정부가 적극적인 개입을 통해서 효율을 향상할 수 있다는 함의를 갖는다. 그러나 시장의 실패는 정부가 개입할 근거가 되지만, 정부의 개입이 모두 성공할 것을 보장하지는 않는다. 정부의 정책 결정과 정책 집행에서 정부 개입이 성과를 거두지 못하도록 하는 문제점이 나타나는데 이를 정부의 실패(government failure)라고 한다

(Weimer & Vining, 2017). 정부가 항상 시민들이 원하는 대로 정책을 결정하는 것은 아니
며, 정책이 결정된 의도에 맞춰 집행되지 않는 경우도 있다. 사회복지정책이 목적을 실
현하기 위해서는 정부가 정책의 결정 과정이나 집행 과정에서 보이는 실패에 대해서 이
해하고 정책의 설계에서 이러한 정부 실패를 최소화하도록 유의해야 한다.

1) 민주주의 정책 결정의 한계

민주주의하에서 정부의 정책 결정이 시민의 의사를 반영하여 이루어지는가와 관련하
여서 직접 민주주의(direct democracy)의 기능이 첫 번째 쟁점이 된다. 우리는 소수에게
의사 결정의 권한이 집중되고 국민 다수는 의사 결정과정에서 배제된 독재 정치에서보
다 모든 시민에게 1인 1표의 투표권을 평등하게 보장하는 민주주의에서 정부의 의사결
정이 국민 다수의 의지를 반영할 것이라고 믿는다. 이러한 이유로 현대 사회에서도 중
요한 정책에 대해서는 국민투표와 같은 직접 민주주의 제도를 통해서 의사 결정을 한
다. 스위스가 2016년도에 보편적인 기본소득 도입에 대해 찬반을 묻는 국민투표를 한
것은 사회복지정책에 대해 직접 민주주의적 의사 결정을 한 흥미로운 사례이다. 그 국
민투표에서는 보편적 기본소득에 대한 찬성표가 소수에 그쳐 부결되었다.

그런데 이러한 직접 민주주의 제도를 통한 의사 결정이 반드시 시민의 의사를 반영한
방안의 채택으로 이어지지는 않는다. 노벨상을 수상한 경제학자 애로우(Kenneth Arrow)
의 불가능성 정리(impossibility theorem)에 따르면, 세 가지 이상의 경쟁하는 방안을 놓고
선택하는 상황에서 민주주의적 의사 결정을 통해 일관된 결과를 내는 것이 불가능하다
(Rosen, 2002). 애로우에 따르면, 민주주의에서의 정책 결정은 다음과 같은 네 가지 조건
이 충족되어야 한다. 첫째, 독재적인 의사 결정이 아니어야 하고, 둘째, 만장일치의 지
지를 받는 방안은 반드시 선택되어야 하며, 셋째, A 방안이 B 방안보다 더 많은 지지를
받는다면 C 방안을 포함한 투표에서도 A 방안이 B 방안보다 다수표를 얻어야 한다. 넷
째, A 방안이 B 방안보다 많은 지지를 받고, B 방안이 C 방안보다 많은 지지를 받는다면
A 방안이 C 방안보다 많은 지지를 받아야 한다. 그런데 이러한 네 가지 조건이 충족되
는 상황에서도 의제를 설정하는 방식에 따라 최종적으로 선택되는 방안이 달라진다.

나아가서는 민주주의하에서 기회주의적 투표행위를 통해서 의사 결정이 왜곡될 수도 있다. A 방안이 B 방안이나 C 방안에 비해 다수의 지지를 받는다면 A 방안으로 결정되는 것이 시민의 의사를 반영한 결정이라고 하겠다. 그러나 투표 방식의 조종을 통해서 B 방안이나 C 방안을 지지하는 사람들이 연합하여 A 방안을 부결시키고 B 방안이나 C 방안 중에서 최종방안이 선택되는 경우도 발생한다. 민주주의하에서 정책 결정이 반드시 시민의 선호를 적절하게 반영하지 않는 경우도 있는 것이다. 민주주의 의사 결정에 관해 더 많이 알려진 문제점으로는 다수자의 독재 가능성이다. 모든 투표에서 소수파는 항상 다수파에게 패배하게 된다. 이는 민주주의가 1인 1표를 기본 원리로 하기 때문인데, 이로 인해 어떤 사안에 대해 소수파가 강력한 지지의사를 갖더라도 약한 반대 의사를 가진 다수에 의해 이들의 의견이 정책 결정에서 배제되는 문제가 발생한다.

이러한 지적들은 직접 민주주의가 이상적인 정책 결정을 보장하는 것은 아니라는 점을 보여 준다. 그러나 현실적으로는 민주주의가 의사 결정의 원리 중 선택할 수 있는 대안 중 최선책이라는 점 또한 사실이다. 민주주의를 통해서 모든 의사 결정이 시민의 의사에 따라 이루어지지는 않는다고 하더라도 결정 권한이 소수에게 집중되어 나타나는 최악의 선택은 피할 수 있다는 점에 주목해야 한다. 다른 한편으로는 사회복지정책을 분석하고 제안하는 전문가의 입장에서는 이러한 민주주의적 의사 결정의 한계에 대해 이해하는 것이 중요하다.

둘째, 현대 민주주의 사회에서는 대의제 민주주의를 통해 대다수의 정책 결정이 이루어지는데, 대의제 민주주의가 시민의 의지를 대변하는지에 대해서도 논란이 많다. 현대 의회 민주주의 사회에서는 시민들은 자신의 권한을 위임할 의원을 선출하고 의원들로 구성된 의회에서 여러 정책에 대한 의사 결정이 이루어진다. 그러나 의원들이 자신을 선출한 시민들의 의사를 대변하지 않고 자신의 사적 이익을 추구하는 경우가 발견된다. 더 나아가서는 의원들의 정책 결정이 소수의 조직화된 이익 집단에 크게 영향을 받는 경우도 있다. 의회에서 다루는 정책 중에는 그 혜택은 소수에게 집중되고 불이익은 다수 시민들에 분산되는 경우가 있다. 이럴 때에는 이해관계가 큰 소수는 강력한 조직을 이루어 자신들의 이익을 관철하기 위한 여러 활동을 전개하여 정책 결정이 공익과 괴리되는 방향으로 이루어지게 된다(Weimer & Vining, 2017). 사회복지정책에서는 혜택을 보는 다수의 시민들이 조직화되어 있지 못해 정책 결정 과정에서 발언권을 행사하지 못하기도 한다. 또 정책의 혜택을 보는 시민들이 취약집단에 속하여 자신의 목소리를 정책 결정에 반영하는 데에 어려움을 겪는 경우도 있다.

이렇게 대의제 민주주의는 공익적인 차원에서 필요한 정책이 채택되지 못하는 경우가 발생하는 등 민주적 의사 결정에서 한계를 보인다. 다른 한편으로는 이러한 대의제 민주주의의 한계를 극복하려는 노력도 활발하다. 여러 사회에서는 시민들이 자발적으로 조직한 사회단체들이 여러 활동을 통해 중요 정책에 대해 시민들의 관심을 환기시키고 캠페인을 통해 정책 의제를 만들고 정책 채택을 주도하는 등의 활동을 전개한다. 1990년대 이후 한국에서는 국민기초생활보장제도, 건강보험 통합 등 주요 사회복지정책의 도입이나 개혁 과정에서 시민단체들이 중요한 역할을 하였다.

이외에도 현실의 대의제 민주주의는 여러 문제를 드러낸다. 예를 들어, 한국, 미국을 비롯한 여러 사회에서 대의제 민주주의가 지역대표제 방식으로 이루어져 정책 결정이 왜곡되기도 한다. 한국에서는 의회가 선거구별로 소수의 의원을 뽑는 지역대표제 방식으로 구성되다 보니, 의원의 의사 결정이 전국적인 범위에서 시민의 의사를 대표하기보다는 특정 지역 주민들의 이해관계를 관철하는 방향으로 이루어지기도 한다. 이와는 반대로 유럽 국가들은 의원 선출을 지역의 대표자가 아니라 전국적인 범위에서 지지정당의 대표자를 뽑는 비례대표제 방식으로 행하여 지역대표제 방식의 대의 민주주의의 문제점을 해결하고 있다. 대의제 민주주의에는 대표자를 선출하는 선거 주기가 단기적이어서 나타나는 문제들도 있다. 장기적으로는 사회를 위해서 필요한 정책이 당장의 선거 정치에서는 별 도움이 되지 않거나 불이익을 일으키는 경우에는 정책 추진이 어려워진다. 사회복지정책 중에는 공적연금제도의 개혁이 이에 해당된다. 연금개혁과 같은 사안들은 개혁의 성과가 나타나는 데에는 오랜 시간이 걸리고 당장에는 일부 시민들이 불이익을 경험할 수 있어서 단기적인 선거 주기로 이루어지는 대의정치에서 추진이 지연되는 경향이 있다.

이러한 대의제 민주주의의 한계로 인해 합리적인 의사 결정이 이루어지지 않는다면 도입되어야 할 정책이 외면되는 등 정책 결정의 왜곡이 발생한다. 정책을 분석하고 제안하는 전문가들은 이러한 대의제 민주주의의 현실과 한계를 바르게 이해하는 것이 중

요하다. 또 대의제 민주주의의 한계를 극복하기 위한 적극적인 노력이 다양하게 이루어
질 필요가 있다.

2) 정부 정책 집행의 문제

현대 민주주의 사회에서 정책 결정이 시민의 의사를 대변하는 방식으로 이루어지는
가와 별도로 채택된 정책을 정부가 적절하게 집행할 수 있는가에 대해서도 여러 가지
문제가 지적된다. 정부는 일반적으로 법적으로 독점적 권한을 가지고 업무를 수행하게
되고 유사한 기능을 하는 경쟁 기관이 존재하지 않는다. 이는 민간기업들이 효율적인
경영에 실패하면 시장 경쟁을 통해 도태되는 상황과 비교되면서 정부의 집행 기능에 대
한 의심을 불러일으키기도 한다.

정부 관료제에 의한 정책 집행의 핵심적인 문제를 제시하는 논의로는 주인-대리인
이론(principal-agent theory)을 들 수 있다(Rosen, 2002). 사회복지정책의 경우 입법을 수
행하는 의회(혹은 시민)를 주인으로 보면, 입법된 정책을 집행하는 책임을 지는 정부의
소관 부처는 대리인이 된다. 이 경우 의회의 입법 취지에 따라 정부 부처가 정책을 집행
하는가가 정책 성패의 관건이 된다. 그런데 정부 관료제는 예산이나 인력 확보 등 여러
차원에서 의회와는 다른 관료제 독자의 이해관계를 갖는 한편, 의회에서 정부의 정책
집행을 세세하게 모니터링하지 못하고 의회와 정부 사이에 정보의 비대칭이 발생하여
주인의 기능을 행사하는 데에 한계가 있다. 사회복지정책의 경우에는 정책을 통해 얻고
자 하는 산출(outcome)이 의료, 교육, 고용, 주거 돌봄 등 주민의 삶의 질 향상과 관련된
무형의 것이고 관측되기 어려워서 다른 영역의 공공서비스에 비해 정보 비대칭 문제가
더 크게 나타날 수도 있다. 이러한 사회복지정책 산출의 특성으로 인해 정책 집행에서
이윤동기에 지배되어 자기이해 추구 경향이 강한 영리조직보다는 정부나 민간 비영리
조직에 의존하는 예가 많다.

이러한 주인-대리인 문제는 정부에만 국한되는 문제는 아니다. 민간기업에서도 주
주(혹은 이사회)와 경영진 사이에서 같은 문제가 발생한다. 물론 민간기업의 경우에는
시장경쟁을 통해 혁신의 압력에 노출되지만 정부는 독점적으로 업무를 수행하여 그러

한 압력으로부터 벗어나 있다는 차이가 있다. 이로 인해 정부의 활동은 주민의 요구에 민감하게 반응하지 않는 관료화의 위험을 갖는다. 하지만 정부 관료제는 부당한 정치적 간섭으로부터 독립성을 유지하기 위해 인력의 채용과 해고, 보상에서 민간기업과는 다른 규칙에 따라 운영하도록 되어 있다는 점도 이해되어야 한다. 민간기업과의 단선적 비교는 정부의 관료제 문제를 과장할 수 있다. 정부 기관에 비해 사적 이해에 더 강하게 지배되는 민간기업에서 시민의 공익 실현이 더 왜곡될 가능성도 있다.

정부의 정책 집행과 관련된 두 번째 문제는 민주주의 국가에서는 일반적으로 채택되는 정부 기능의 지방분권화로 인해 발생한다(Rosen, 2002). 많은 사회복지정책은 의회에서 입법을 통해 도입된 후 정부의 담당부처로 넘어가서 집행되게 된다. 그런데 이들 사회복지정책 중 많은 것에 대해서는 중앙정부가 아니라 지방정부가 정책 집행의 직접적인 주체가 된다. 한국에서도 2005년 복지분권화 추진 이래로 많은 사회복지정책이 시군구 수준의 기초자치단체에 의해 집행되고 있다(구인회, 양난주, 이원진, 2009). 이러한 지방분권화는 정부 정책에 해당 지역 주민의 선호를 반영하려는 긍정적인 취지를 반영하고 있지만, 정책 집행의 차원에서 보면 추가적인 어려움을 제기하기도 한다. 중앙집권적인 정부에서 집행되는 정책은 하나의 위계적인 조직 내에서 집행의 세부 사항이 일관되게 추진될 수 있지만, 지방분권 상황에서 정책 집행은 중앙정부와 지방정부라는 독립적인 두 조직 사이의 협력과 조정을 통해서 이루어지기 때문이다. 무엇보다도 전국적인 범위에서 시민의 이해를 반영해야 하는 중앙정부의 시각과 지방 주민의 의사를 대변하는 지방정부의 입장에 차이가 있을 수 있다.

중앙정부와 지방정부의 이해관계 차이는 취약계층을 지원하는 사회복지정책에서 잘 드러난다. 일부 지방정부는 취약층 복지 지원을 강화하게 되면 해당 지역으로 취약층을 이주하도록 유인할 것이라는 우려를 한다(Moffitt, 1992). 이러한 경우 취약층 지원을 강화하려는 중앙정부의 정책에 대해 지방정부는 소극적인 태도를 취하게 되어 정책의 일관된 집행에 어려움이 발생할 수 있다. 예를 들어, 2005년 복지분권화 대상에 노숙인 정책이 포함되면서 지방정부 중에서 노숙인 지원 서비스가 약화되는 경향이 발견되기도 하였다. 이러한 지방정부의 태도는 중앙정부와 주변의 지방정부에게 부정적인 외부효과를 발생시킨다. 한 지역에서 취약층에 대한 서비스를 적절하게 제공하지 않는다면,

그 주변 지역 주민과 전국의 시민들에게 추가적인 서비스 부담을 지우는 셈이 되기 때문이다.

따라서 지방분권이 정책 집행에서 정부의 실패를 낳지 않도록 사회복지정책의 설계와 집행에서 세심한 주의가 필요하다. 사회복지정책의 설계 단계에서부터 중앙정부와 지방정부 사이에서 정책 집행에서의 역할 분담이 적절하게 설정할 필요가 있다. 정책의 성격에 따라 중앙정부 차원에서의 일관된 정책 집행이 필요한 경우와 지방정부의 적극적인 역할과 협력이 필요한 경우를 구별하고 이를 정책 설계에서부터 반영할 필요가 있다.

4. 사회복지정책에서 국가와 시장의 역할

사회복지정책의 목적은 사회권 보장, 분배 형평 실현 등과 관련된 규범적인 논의 차원에서 다루어지는 것으로서 사회구성원 다수가 원하는 방향에서 정해지게 된다. 이렇게 정해진 사회복지정책의 목적을 실현하는 정책 수단에 대해서는 공공의 역할을 강조하는가, 민간의 역할을 중시하는가를 둘러싸고 상당한 논란이 있다. 분배 형평성 실현 목적을 위해서는 국가가 주도적 역할을 하는 것이 일반적으로 인정되지만, 의료, 교육, 주거, 고용, 돌봄 등의 영역에서 재화와 서비스에 대한 시민의 접근성을 보장하는 데에서 국가와 시장이 수행하는 역할에 대해서는 논란이 많다.

이 장에서는 의료, 교육, 주거, 고용, 돌봄 등의 영역에서 재화와 서비스를 시민에게 적절하게 제공하는 목적을 실현하기 위해 국가와 시장을 어떻게 활용할 것인지에 대해 경제학 이론을 주로 이용하여 설명하였다. 경제학에서는 재화와 서비스 공급의 효율성 증진을 위하여 국가가 시장에 개입해야 하는 경우를 설명한다. 공공재와 외부효과, 정보의 비대칭성 등 시장의 실패가 발생하는 경우에는 시장에 방임하기보다는 국가가 적극적으로 개입함으로써 사회복지정책의 목적을 효율적으로 달성할 수 있다. 공공재와 외부효과는 교육, 고용, 의료, 주거, 돌봄 등 많은 사회서비스 영역에서 국가가 개입하는 이유를 설명하는 주요 개념이다. 이들 서비스의 경우 그 공급을 시장에만 맡겨 놓을 경우 사회적으로 적정한 양의 서비스 제공이 어렵게 된다고 본다. 또 정보의 비대칭성은 사회서비스 제공에서 국가가 적극적인 역할을 하는 이유를 설명하기에 적절한 개념이다. 정보의 비대칭성과 역의 선택은 사회보험 프로그램을 국가가 운영하는 근거를 제공한다. 건강, 실업, 재해, 노령 등의 위험에 대비하는 보험서비스를 시장에만 맡겨 놓으면 역의 선택 현상으로 사회적으로 적정한 수준의 보험기능이 유지되기 어렵기 때문에 국가가 개입해야 한다.

　자본주의 시장경제에서 대다수 재화는 시장을 통해서 공급된다. 완전경쟁시장에서는 시장의 가격기제는 대다수 재화와 서비스의 수요와 공급을 반영하여 자원의 효율적인 할당을 이룬다. 그러나 현실의 시장에서 완전경쟁시장의 가정이 충족되지 않는 경우가 많다. 따라서 사회복지정책을 설계하고 집행할 때에는 시민의 삶에 밀접한 영역의 재화나 서비스의 성격을 보다 정밀하게 고려하여 국가와 시장의 역할을 평가할 필요가 있다. 시장 실패 이론은 사회복지와 관련된 특정한 재화나 서비스의 제공에서 정부가 적극적인 역할을 해야 하는 근거를 제공한다. 다른 한편으로는 사회복지 재화와 서비스 제공에서 정부의 역할을 설정할 때 민주주의에서 이루어지는 정책 결정의 한계와 정부의 정책 집행에서 제기되는 문제에 대해서도 이해가 필요하다. 사회복지정책의 설계와 집행에서 이러한 정부 실패의 현실에 대해 민감하게 고려하는 지혜가 필요하다.

생각해 볼 문제

1. 사회복지정책에서 국가의 역할이 중요한 이유에 대해서 생각해 보자.

2. 시장의 실패가 나타나는 다양한 경우를 생각해 보자.

3. 외부효과가 존재하거나 공공재의 경우에 정부의 개입이 정당화되는 이유에 대해 생각해 보자.

4. 정보의 비대칭으로 시장 실패가 나타나는 경우에 정부는 어떤 역할을 해야 하는지 생각해 보자.

5. 정부의 정책 설계와 집행에 대해서 시민의 감시가 필요한 이유에 대해서 생각해 보자.

제**4**장
사회복지정책의 유형 I:
소득 이전

　제2장에서는 사회복지정책의 목표가 사회권 실현, 분배 개선 등에 있음을 논하고 이와 관련된 다양한 입장을 검토하였다. 이 장에서는 분배 개선을 위해서 사회복지정책이 어떻게 설계되어야 할지에 대해서 검토한다. 현대 사회에서 분배 개선의 목적은 국가에 의한 소득 이전(income transfer), 좀 더 범위를 넓혀서 본다면 소득을 포함한 재정 자원을 재분배하는 재정 이전(fiscal transfer)이라는 유형의 정책을 통해서 추진된다. 분배 개선을 위한 사회복지정책의 주된 유형인 소득 이전 정책으로는 공공부조, 사회보험, 보편적 프로그램의 세 가지 프로그램이 많이 활용되었다. 소득 이전에서 이들 세 가지 프로그램의 역할과 관계를 어떻게 설정할 것인지는 오랜 논쟁의 대상이 되었다. 선별주의(selectivism)와 보편주의(universalism)에 대한 찬반을 둘러싼 이 논쟁의 핵심적인 쟁점은 공공부조에 대한 평가와 관련된 것이다. 아울러 공공부조를 극복하는 대안으로서 사회보험과 보편주의 프로그램의 가능성과 한계에 대해서도 논쟁이 지속되고 있다. 이 장에서는 우선 국가의 재분배(redistribution) 정책의 기본 방향과 관련된 논의를 하고 이와 관련된 선별주의 대 보편주의 논쟁을 검토한다. 그리고 이들 쟁점에 대해 검토하면서

분배 개선을 위한 사회복지정책의 방향을 모색하고자 한다.

1. 소득 이전 정책의 이해

한 사회에서의 소득 등 경제적 자원의 분배에는 여러 가지 요인이 영향을 미친다. 우선, 경제적 자원의 일차적인 분배는 시장에 의해서 결정된다. 또 시장에서의 분배는 조세(tax)와 이전(transfer) 제도와 같은 재분배 정책에 의해서 조정을 받는다. 조세는 정부가 국민으로부터 재원을 거두는 것이라면 소득 이전은 정부가 걷은 재원을 시민들에게 전달하는 기능을 하여, 조세와 이전 제도가 결합해서 한 사회의 재분배 구조를 결정한다. 소득세, 소비세 등으로 이루어진 조세는 그 규모와 함께 누진성 정도에 따라서 재분배 효과가 달라진다. 조세의 누진성은 소득이 증가할수록 세율이 늘어나는 정도를 말하는데, 소득이 늘어날수록 세금을 낼 수 있는 능력도 증가하니 누진성을 강화하는 것이 공평성의 원리에 부합한다. 이렇게 누진적인 조세 제도가 작동하는 사회에서는 시장 소득의 분배 상태에 비해 조세를 거둬들인 이후의 분배가 개선되는 결과를 보이는데, 이를 조세의 재분배 효과라고 한다. 조세의 재분배 효과에 대해서는 공공경제학 분야에서 상세하게 다룬다(Rosen, 2002). 사회복지정책에서는 주로 소득 이전 정책을 통한 재분배를 다루지만, 조세의 재분배 효과에 대해서도 관심을 가질 필요가 있다.

사회복지정책에서 다루는 이전 프로그램은 제도의 원리 차원에서 사회보험과 보편적 프로그램, 공공부조(혹은 사회부조)의 세 가지로 구분된다(Atkinson, 2015). 이 세 가지

표 4-1 소득 이전 프로그램의 비교

	사회보험	공공부조	보편 프로그램
수급 자격	기여금 납부	경제적 자원 부족	시민권
수급 요건	노동시장지위 상실	욕구 미충족	인구학적 조건
수급 단위	개인	가족	개인
재원	기여금	조세	조세

제도의 차이는 각 제도에서 제공하는 급여의 수급 자격, 수급 요건, 수급 단위를 어떻게 설정하는지, 급여 지급에 필요한 재원을 어떻게 충당하는지를 보면 잘 알 수 있다. 〈표 4-1〉에서는 사회보험과 보편적 프로그램, 공공부조제도를 네 가지 차원에서 비교하고 있다.

사회보험에서는 사회보험 기여금(보험료)을 납부한 가입자에 대해서 급여의 수급 자격(entitlement)을 부여한다. 이를테면 개인이 노령연금을 받을 자격을 얻기 위해서는 공적연금에 가입하여 일정 기간 이상 보험료를 납부해야 한다. 더 나아가서 노령연금을 실제로 수급하기 위해서는 은퇴로 노동시장에서 퇴장하고 일정한 연령에 도달하여 수급 요건(eligibility)을 갖추어야 한다. 실업보험의 경우에도 일정 기간 이상 보험료를 납부하여 수급 자격을 갖춘 사람이 실업을 당하여 수급 요건을 갖추었을 때 급여를 지급한다. 이러한 사회보험에서는 일반적으로 가입과 급여가 개인 단위에서 이루어진다. 우리나라 건강보험의 피부양자 제도처럼 사회보험에서 가족 단위의 급여를 제공하는 경우가 있지만 이러한 가족 단위의 급여 지급이 모든 사회보험에 적용되는 보편적인 특성은 아니다. 사회보험에서 급여를 제공하는 데 요구되는 재원의 대부분은 사회보험 기여금으로 충당된다. 많은 나라에서 사회보험의 행정비용 등 사회보험의 일부 재원을 정부의 조세로 충당하기도 한다.

공공부조는 소득이나 재산 등 경제적 자원이 일정 수준에 미달하는 계층에 대해서 수급 자격을 부여한다. 사회보험의 혜택으로 일정 수준의 생활을 유지할 수 없는 빈곤층을 대상으로 하므로 기여금 납부 등의 다른 자격을 요구하지 않는다. 소득과 재산 수준을 판별하기 위해 자산조사(means test)를 이용하기 때문에 공공부조는 자산조사 프로그램이라고도 불린다. 공공부조의 경우에도 수급 자격과 수급 요건을 구분할 수 있다. 예를 들어, 많은 나라에서 제공하는 주거 급여는 저소득 계층이라는 수급 자격을 갖추고 임차료 충당이 어려워 주거 욕구를 충족할 수 없다는 수급 요건을 충족하는 대상자에게 지급된다. 공공부조 급여는 가족 단위로 제공되는 것이 일반적이다. 생계 유지에 필요한 자원은 가족 단위에서 공유되기 때문에 자산조사나 급여 지급이 가족 단위에서 이루어진다. 공공부조 급여는 정부의 조세를 재원으로 충당된다.

보편적 프로그램의 급여에 대해서는 시민권을 가진 모든 개인이 수급 자격을 갖는다. 보편적 프로그램에서는 생애주기상 독립적인 생활이 어렵고 사회적인 지원이 필요한 경우에 급여가 지급되는 제도가 많아 수급 요건이 연령을 기준으로 정해지는 경향이 있다. 가장 대표적인 보편 프로그램으로 아동수당은 대다수 나라에서 시민권을 가진 일정 연령 이하의 아동에 대해서는 보험료 납부나 소득수준에 상관없이 급여를 제공한다. 그러나 근래 큰 관심을 받게 된 보편적 기본소득(universal basic income) 제도의 경우 별도의 수급 요건 제한 없이 무조건적으로 모두에게 급여를 제공한다(Van Parijs & Vanderborght, 2017). 이러한 보편적 프로그램은 개인을 단위로 급여를 지급하며, 그 재원은 조세로 충당된다.

이상의 세 가지 유형의 이전 프로그램은 빈곤과 불평등을 완화하고 사회적 배제를 해소하는 재분배 효과를 가진다. 빈곤은 경제적 자원의 부족을 나타내는 것이고 불평등 또한 주로 경제적 자원의 격차에 관한 것이니 소득 이전을 통해 개선될 수 있다. 사회적 배제는 취업이나 지역주민과의 교류 등 사회적 참여로부터 제외된 상태를 의미하는 것이어서 그 해소를 위해서는 다차원적인 노력이 필요하지만 소득 이전을 통한 경제적 결핍의 완화가 중요하다. 공공부조의 경우 조세를 재원으로 저소득층에 집중하여 급여를 제공하기 때문에 빈곤을 완화하고 불평등을 감소하는 등 재분배 효과를 가진다. 보편적 프로그램의 경우에도 많은 프로그램이 아동이나 노인 등 소득 능력이 낮은 연령층을 대상으로 하는 경우가 많아 분배 개선 효과를 가진다. 모든 시민을 대상으로 동일한 액수의 급여를 제공하는 보편적 기본소득의 경우에도 시장소득보다 기본소득의 분배가 평등하기 때문에 시장소득의 불평등도를 개선하는 재분배 효과를 낸다.

사회보험 또한 재분배 효과를 가진다. 대표적인 사회보험인 건강보험에서는 질병의 위험과 상관없이 보험료를 책정하는 정책을 쓴다. 이렇게 되면 질병의 위험이 낮은 건강한 시민들의 보험료로 질병의 위험이 높은 시민들을 지원하는 수평적 재분배 효과가 발생한다(Barr, 2001). 실업보험의 경우에는 실업의 위험이 낮은 근로자로부터 실업의 위험이 높은 근로자로 재분배가 이루어진다. 또 저소득층이 고소득층에 비해 질병에 걸리거나 실업을 경험할 가능성이 높기 때문에 사회보험은 저소득층을 지원하는 수직적 재분배 효과를 갖는다. 사회보험이 저소득층에게 상대적으로 더 큰 혜택을 제공하도록 운영되는 경우에는 더 큰 재분배 효과를 가질 수도 있다.

이러한 이전 정책의 재분배 효과를 높이기 위해서는 이들 정책에 사회의 자원을 많이 투자해야 한다. 그간의 복지국가 역사와 다양한 복지국가의 비교 연구를 통해 밝혀진 바로는 어떤 선진 산업국가도 상당한 수준의 소득 이전 지출 없이는 불평등과 빈곤을 개선할 수 없었다. 각 나라가 처한 경제성장의 수준이나 자연환경의 조건과 상관없이 상당 수준의 사회복지 지출이 없이는 불평등과 빈곤을 낮추는 데 성공한 나라는 없다 (Nolan & Marx, 2009). 자본주의 시장경제에서는 시장경제에서 실패를 경험하는 집단이 있을 수밖에 없고 이들의 경제적 안정을 지원하는 사회적 지출이 이루어지지 않는 한 분배 개선이 어렵다. 한국의 사회지출은 90년대 초 GDP의 3% 수준이었는데, 2020년경에는 GDP의 15% 정도로 증가하였다. OECD 회원국이 평균적으로는 GDP의 20%를 조금 넘는 수준의 사회지출을 하고 있는 점을 고려할 때 한국은 아직 경제규모에 비해 사회지출 수준이 낮음을 알 수 있다. 따라서 재분배를 위한 사회지출을 늘리는 노력이 지속되어야 한다는 점이 사회복지정책을 설계하고 발전시키는 기본적인 전제임을 인식할 필요가 있다.

또한 소득 이전 정책의 설계를 어떻게 하는가에 따라서 재분배 효과가 달라진다. 세 가지 유형의 이전 제도 중 어느 제도를 중심으로 이전 정책을 운영하는가, 상이한 특성이나 운영 원리를 가지고 있는 제도들을 어떻게 결합하여 운영하는가에 따라 재분배 효과가 달라진다. 이에 대해서는 2절에서 검토한다.

한편 분배 형평성을 위한 소득 이전 정책은 효율을 떨어뜨리는 부작용이 있다는 비판이 지속되었다. 미국의 경제학자인 아서 오쿤(Okun, 1975)은 그의 저서 『형평과 효율의 상충관계(Equality and Efficiency: The Big Tradeoff)』에서 형평을 추구하는 대가로 효율이 떨어질 수 있다는 지적을 하였다. 빈곤이나 불평등을 완화하기 위해 부유층으로부터 세금을 거두어 저소득층을 지원하는 경우에 형평성은 향상되지만 세금을 걷는 과정에서 부유층의 근로동기가 약화되고 소득을 지원하는 과정에서 저소득층의 자립노력이 약화되는 비효율성이 초래된다는 것이다. 하지만 이러한 주장은 소득 이전이 시민의 소득 단절 시 소비 생활을 유지하게 하고 경제활동 동기를 높이고 생산적 능력을 향상하는 데 기여할 수 있다는 점은 간과하고 있다. 소득 이전이 효율에 미치는 영향에 양면이 있음을 균형적으로 인식해야 한다. 따라서 소득 이전 정책의 형평성을 높이고 효율성 저하의 가능성을 최소화하도록 정책을 설계하는 것이 중요하다.

2. 공공부조의 한계

재분배를 위한 사회복지정책의 설계와 관련해서는 선별주의와 보편주의에 대한 찬반을 둘러싼 매우 오래된 역사적인 논쟁이 있다. 선별주의는 자원이 한정된 현실에서 복지급여에 대한 욕구가 큰 집단을 선별하여 자원을 집중하여 지원하는 것이 정책의 효과를 높이는 방법이라고 본다. 반면에 보편주의는 사회권을 보장하기 위해서는 소득계층에 상관없이 모든 시민을 대상으로 보편적으로 혜택을 제공해야 한다고 본다(Esping-Andersen, 1990; Titmuss, 1976b). 이러한 선별주의와 보편주의는 그 평가를 둘러싼 논쟁이 해소되지 않고 있고 또 양자택일의 문제로 보기에 어려운 점이 있지만, 사회복지정책에서는 보편주의를 우월한 접근으로 평가한다. 티트머스의 제도주의적 복지국가나 에스핑-안데르센의 사회민주주의적 복지국가는 모두 보편주의에 입각해 있다. 다른 한편 현실에서는 선별주의 정책이 강화되는 변화가 나타나기도 한다(Atkinson, 2015). 선별주의와 보편주의는 복지국가의 발전 방향을 가르는 기본적인 관점의 대립으로서 두 입장에 대한 평가에 따라 재분배를 위한 사회복지정책 설계에 큰 차이가 나타난다.

1) 공공부조의 근로동기 감소 효과

선별주의 원리는 자산조사(means test)에 기초한 공공부조제도에 중심적인 역할을 두고, 보편주의는 사회보험이나 보편적 프로그램의 역할을 강조한다. 역사적으로 보면, 현대 복지국가는 공공부조의 원형인 구빈법을 극복하려는 노력으로 볼 수 있다. 1601년 영국에서 엘리자베스 구빈법이 생기고 1834년에 구빈법이 개정되어 신구빈법이 실시되었지만, 여전히 구빈법은 많은 비판의 대상이 되었다. 그리고 1890년대에 왕립위원회를 통해 구빈법 개선 논의가 이루어졌고, 1910년경에는 여러 가지 사회보험제도가 확산되었다. 그러나 이러한 변화에도 불구하고 1940년대 제2차 세계대전에 이르기까지는 구빈법이 복지제도에서 핵심적인 지위를 유지하였다. 1942년 발표된 베버리지 보고서의 목적은 자산조사를 이용하여 빈곤층을 선별하여 지원하는 공공부조인 구빈법의 대안을 제시하는 데에 있었다. 베버리지 보고서에서는 공공부조의 대안으로 사회보험을 제시한다. 완전고용을 유지하고 아동수당과 전 국민 의료서비스를 제공하게 되면 사회보험을 통해 구빈법을 대체할 수 있다고 보았다(Beveridge, 1942). 이러한 구상하에서 1950년대까지 여러 제도가 도입되고 확대되었지만 그 이후 영국의 수십 년간 역사를 보면 베버리지 구상이 성공을 거두었다고 보기는 어려워 논란이 지속되고 있다.

선별주의와 보편주의의 대립은 구빈법 혹은 그것이 대표하는 공공부조적 접근에 대한 평가와 밀접하게 관련된다. 공공부조제도의 편익 측면에서는 논란이 많지 않다. 빈곤층을 대상으로 지원을 하는 것은 분배정의의 기준에서 정당화될 수 있다. 하지만 공공부조 정책을 수행하는 과정에서 발생하는 비용에 대해서는 논란이 많다. 빈곤층을 선별하는 과정에서 발생하는 행정 비용이 문제로 제기된다. 가장 큰 우려는 빈곤층에 대한 급여 제공이 이들의 근로의욕을 떨어뜨린다는 점에 집중되었다(Gruber, 2005).

$$B = G - \tau \times \boxed{w \times h}$$

급여액　　보장급여　　급여　　　　　근로소득
　　　　　　　　　　감소율

이 논쟁을 이해하기 위해서는 공공부조제도의 운영 원리를 살펴볼 필요가 있다. 위의 식에서 B는 공공부조 급여액을 나타내는데 이 급여액은 몇 가지 정책요소에 의해 정해진다. 첫 번째 요소는 G로 나타낸 보장액으로 수급자가 소득이 전혀 없을 경우 받을 수 있는 최대급여액이다. 그러나 대상자가 소득이 있는 경우 이를 반영하여 급여액을 감액하도록 한다. 여기에서 대상자의 소득은 시간당 임금(w)과 근로시간(h)의 곱으로 나타낼 수 있는데, 최대급여액에서 대상자 소득에 급여감소율 τ를 곱한 값을 제한 액수로 급여를 지급한다. 전통적인 공공부조에서는 급여감소율을 100%로 정하여 대상자가 버는 소득의 100%를 최대급여액에서 제외하고 급여를 지급한다. 따라서 대상자 입장에서는 일을 하여 소득을 늘리더라도 그만큼 급여가 삭감되어 최종적인 가처분소득은 동일하게 되니 근로의욕을 상실하게 된다. 그리고 이렇게 급여감소율을 100%로 높게 유지하면 수급자는 근로의욕을 상실하게 되어 빈곤을 벗어나기 어렵게 되는 빈곤의 함정 (poverty trap) 현상이 발생하게 된다. 이것이 공공부조제도의 첫 번째 실패로 지적된다 (Atkinson, 2015).

공공부조가 빈곤층에 일으키는 도덕적 해이 효과를 이해하기 위해서는 공공부조제 도가 없을 때와 공공부조제도가 있을 때 빈곤층의 노동 공급에 어떤 차이가 발생하는지 를 살펴보는 것이 필요하다. 한 근로자가 1년 동안 근로나 여가에 활용할 수 있는 최대 시간이 2천 시간이라고 하고(노동시간 = 2000 − 여가시간), 임금이 시간당 1만 원이라고 하 자. [그림 4−1]을 보면, ABC선은 여가시간이 2천 시간부터 점차 줄어듦에 따라(반대로 말하면 노동시간이 늘어남에 따라) 임금소득이 증가하는 모습을 보여 준다. 이 선은 경제 학에서 예산제약선(budget constraint)이라고 하는 것으로 선의 기울기는 시간당 임금률 1만 원을 음수로 나타낸 값이다.

공공부조제도가 없는 상황에서 갑, 을, 병 세 명의 근로자가 일하고 있다고 가정해 보 자. 갑은 1년간 1천6백 시간을 여가시간으로 쓰고 4백 시간을 일하여 근로소득으로 연 4백만 원을 벌었다. 을은 1년간 1천3백2십 시간을 일하였고, 병은 1년간 1천6백 시간을 일하였다. 이들 각자의 노동공급 결정은 동일한 수준의 효용을 나타내는 무차별곡선과 예산제약선이 접하는 지점에서 결정된다. 여기에서 무차별곡선은 소득 변화로 인한 효 용의 증감과 여가시간 변화로 인한 효용 증감이 상쇄하여 동일한 효용을 이루는 점을 연결한 곡선이다. 여가시간이 많을 때에는 소득이 조금 늘어도 일을 하려 하고, 여가시 간이 적을 경우에는 소득이 크게 늘어야 노동시간을 늘리려고 할 것이기 때문에 무차별 곡선은 직선이 아니라 곡선의 형태를 띠게 된다. 무차별곡선은 좌표의 원점으로부터 멀 수록 높은 수준의 효용을 나타낸다. 개인은 예산제약하에서 달성할 수 있는 가장 높은 수준의 효용을 얻는 선택을 하게 된다.

이제 공공부조 프로그램이 새로 도입된 상황을 가정해 보자. 공공부조 프로그램이 도 입된 상황에서는 소득이 0인 빈곤층에게 제공하는 최대급여 수준이 월 1백만 원(연 1천 2백만 원)이고, 급여감소율(benefit reduction rate)이 100%여서 근로소득이 1만 원씩 늘어 날 때마다 급여가 최대급여액으로부터 1만 원씩 삭감된다. 그래서 근로소득이 월 1백만 원(연 1천2백만 원)에 도달하면 급여가 0으로 되는 손익분기점(break-even point)에 도달하

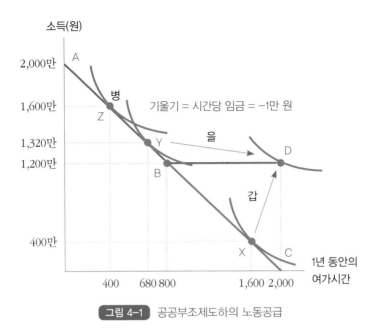

공공부조제도하의 노동공급

게 된다. 이러한 공공부조하에서는 예산제약선이 ABD로 변화한다. 근로시간이 월 1백 시간(연 1천2백 시간)보다 많은 경우에는 예산제약선이 AB에 있게 된다. 그러나 근로시 간이 월 1백 시간(연 1천2백 시간)보다 적은 경우에는 공공부조제도로 인해 예산제약선 이 BD에 있게 된다.

공공부조 프로그램이 도입된 상황에서 근로자들의 노동공급이 어떻게 변화할까? 근 로시간이 다른 갑, 을, 병 세 근로자의 경우를 따져 보자. 갑은 X 지점에서 D 지점으로 이동하여 2천 시간을 모두 여가시간으로 쓰고 공공부조 급여를 연 1천2백만 원 받는 선 택을 하게 된다. 갑은 이런 선택을 통해서 여가시간도 늘리고 소득도 늘려 이전보다 높 은 효용(만족)을 얻게 되기 때문이다. 을은 공공부조가 도입되기 이전 월 110시간(연 1,320시간)을 일하여 월 110만 원(연 1,320만 원)을 벌었다. 공공부조가 도입되면 을도 Y 지 점에서 D 지점으로 이동하는 선택을 할 가능성이 있다. 을이 근로를 전혀 하지 않고 공 공부조를 수급하게 되면 공공부조 급여는 월 1백만 원(연 1천2백만 원)으로 일할 때보다 월 10만 원(연 120만 원)이 감소하지만, 여가시간은 월 110시간(연 1,320시간)이 증가하여 전체적인 효용(만족) 수준은 더 높아지기 때문이다. 마지막으로 병의 경우를 보면, 공공부조 도입 이전에 1천6백 시간을 일하여 연 1천6백만 원의 소득을 벌었다. 병은 공공부조 도입 이후에도 그대로 일을 하고 공공부조 수급을 하지 않을 것이다. D 지점으로 이동하면 여가시간이 연 1천6백 시간이 늘지만 소득이 연 4백만 원 줄어 Z 지점에 비해 전체적인 효용이 줄어들기 때문이다.

이러한 근로자들의 공공부조제도에 대한 반응을 요약하면, 병의 경우에는 공공부조 수급에 비해 근로를 유지하는 것이 더 큰 효용을 제공함으로 공공부조제도 도입의 영향을 받지 않고 노동시간을 유지한다. 하지만 갑과 을의 경우에는 공공부조를 수급할 경우 근로를 하더라도 효용이 증가하지 않아서 노동시간이 0인 상태로 고착된다. 이들에게 공공부조는 근로의욕을 줄여 빈곤을 벗어나기 어렵게 만드는 빈곤의 함정이 될 수 있다.

공공부조가 빈곤의 함정으로 되는 것을 막기 위해서는 빈곤층이 경험하는 높은 급여 감소율을 낮추어 노동을 늘리면 가처분소득이 증대하도록 제도를 개선하는 것이 필요하다. 전통적인 공공부조제도에서 설정된 100%의 급여감소율을 50% 이하로 낮춘다면 노동시간을 늘리고 가처분소득을 증가하게 하여 공공부조가 빈곤을 벗어나는 가교가 될 것이다. 급여감소율을 낮추고 근로의욕을 높여서, 공공부조가 빈곤의 함정이 아니라 빈곤을 벗어나는 다리 기능을 하도록 해야 한다.

2) 비수급 빈곤층의 발생

공공부조가 취하는 선별주의적 접근의 두 번째 약점은 빈곤층 중에서 급여를 수급하지 못하는 사각지대가 널리 발생한다는 점이다. 특히 법에서 정한 규정상으로 수급 자격이 있음에도 불구하고 본인이 급여를 신청하지 않아 급여를 받지 않는 비수급(non-takeup) 현상이 발견된다(Atkinson, 2015; Currie, 2006). 어느 급여 제도든지 자격이 있음에도 불구하고 정보의 부족이나 제도에 대한 오해로 자신이 수급 자격이 없다고 생각하여 신청을 하지 않아 비수급이 발생할 수 있다. 특히 소수만을 대상으로 하는 제도일수록 이러한 정보 부족으로 인한 비수급 현상이 발생할 수 있는데 이러한 비수급은 정보 제공 노력이 강화되면서 줄어들 것이다. 그러나 많은 공공부조제도에서 비수급 현상이 지속되는 경우가 많다. 정책이 효과를 발휘하기 위해서는 일차적으로 해당 급여를 의도한 대상에게 전달하는 것이 필요한데, 비수급 현상으로 이러한 일차적인 관문을 통과하지 못한다면 정책은 성공을 거두기 어렵다.

공공부조제도에서 비수급 현상이 지속되는 원인에 대해서는 여러 가지 연구가 이루어졌다. 초기적인 연구에서는 빈곤층이 공공부조 수급자가 되기 위해서는 시간과 노력을 들여 신청 과정을 거쳐야 하는데 수급자가 되어서 얻을 수 있는 급여가 크지 않은 사람들은 비용에 비해 편익이 크지 않아 수급 신청을 하지 않는다는 설명이 제시되었다. 이러한 설명에 따르면 비수급 현상은 수급을 하지 않더라도 경제적 어려움이 별로 발생하지 않는 사람들 사이에 나타나는 현상이어서 그다지 심각한 문제가 아닌 것으로 여겨진다. 그러나 경제적으로 어려운 사람들 중에서 비수급자가 많다는 사실이 알려지면서 새로운 설명이 제기되었다. 급여 신청을 하지 않는 빈곤층이 많은 것은 공공부조 수급자에 대한 낙인(stigma) 부여 때문이라는 것이다. 대표적인 예로 미국에서 빈곤층에게 지급하는 식품권(Food Stamp) 제도를 들 수 있다. 이 제도는 2008년 영양실조 프로그램(Supplemental Nutrition Assistance Program: SNAP)으로 명칭이 바뀌었다. 이 식품권 제도는 빈곤층의 영양 섭취를 지원하는 취지로 실시되었지만, 이용자들이 식품점 등에서 식품권을 이용하는 과정에서 주변의 눈총을 따갑게 받게 되는 것을 꺼려서 식품권 신청을 하지 않는 경우가 많다는 것이 알려졌다(Moffitt, 1983).

이러한 낙인 현상은 현물 지원이 이루어져 주변에 쉽게 노출되는 경우에 심하지만, 공공부조 전반에서 널리 나타나고 있다. 빈곤층을 선별하는 공공부조가 지속되면 시민이 공공부조의 혜택을 보는 수급자와 그 재정 충당을 위해 조세를 부담하는 비수급자로 구분되고 수급자에 대해 부정적으로 인식하는 낙인이 확산되기 때문이다. 특히 공공부조가 수급자의 근로의욕을 떨어뜨리고 빈곤의 함정으로 작용할 경우에는 납세자와 수급자의 괴리감이 커지고 수급자를 이질적인 존재로 보는 사회구성원의 인식이 강화될 수 있다.

공공부조의 수급 요건이 엄격할수록 처리해야 할 신청 절차가 복잡하게 되어 신청 과정에 요구되는 기술적인 지식이나 시간과 노력이 증가하면서 비수급이 발생하기도 한다. 행정당국에서 자격 없는 빈자(undeserving poor)를 수급에서 제외하려는 의도로 신청절차를 까다롭게 하는 경우도 있다. 하지만 이로 인해 수급 신청에 어려움을 겪어 수급 기회를 잃는 피해는 저학력층 등 취약 빈곤층에 집중된다(Congdon, Kling, & Mullainathan, 2011). 또 최근에는 복지행정에서 대면서비스가 감소하고 비대면서비스가 증가하는 것도 디지털 리터러시(digital literacy)가 떨어지는 취약층의 수급 신청을 어렵게 한다. 2016년에 개봉한 켄 로치 감독의 영화 〈나, 다니엘 블레이크〉는 영국의 복지제도에서 수급자들이 겪는 어려움을 생생하게 묘사한다.

　빈곤층을 지원하는 공공부조제도에서는 가족부양 우선의 원칙을 강조하는 경우가 많다. 경제적 어려움에 처한 시민에 대해서는 정부가 지원하기에 앞서 가족이 경제적 부양을 할 의무가 있다는 생각은 가족주의적 문화가 강한 사회에서 자주 발견된다. 동아시아 유교문화권에 속하는 한국도 그에 속한다. 그런데 이러한 가족주의를 공공부조제도에서 경직되게 적용하는 경우에는 부작용이 크게 나타난다. 우리나라 국민기초생활보장제도에서는 부양능력 있는 가족을 가진 빈곤층에 대해서는 수급 자격을 인정하지 않도록 하는 부양의무자 기준이 존재한다. 이러한 조항으로 인해 신청자는 부모 자녀 관계에 있는 모든 가족의 동의를 얻어야 수급 신청을 할 수 있도록 되어 있어 수급 신청을 포기하는 사례가 많이 발생하였다. 그간의 제도 개선으로 많이 나아지기는 했지만, 빈곤노인들이 성인 자녀들에 부담을 주는 것을 꺼려서 수급 신청을 기피하는 현상이 여전히 존재한다.

　공공부조제도에서 비수급 빈곤층이 넓게 존재하면 빈곤층 지원이라는 공공부조의 정책 목적을 실현할 수 없게 된다. 이 때문에 비수급 사각지대의 존재는 공공부조의 실패를 나타내는 중요한 지표라고 하겠다. 따라서 공공부조가 제 역할을 하기 위해서는 과도하게 엄격한 기준을 내세워 수급자의 신청을 억제하지 않도록 해야 한다. 공공부조의 자산 기준을 관대하게 개선하는 것도 사각지대 해소에 도움이 된다. 이러한 노력을 통해 공공부조가 일시적으로 빈곤에 빠진 모든 대상에게 지원을 제공하고 이들의 탈빈곤을 돕는 제도가 되도록 해야 한다.

3. 보편주의적 접근

보다 근본적으로는 경제적 위험에 대한 제도적인 지원장치로써 공공부조를 넘어선 보편주의적 접근을 강화하는 것이 반드시 필요하다. 20세기 복지국가의 청사진을 제시한 베버리지 보고서에서는 사회보험제도를 통해 공공부조적 접근을 극복할 것을 제안하고 있다. 21세기로 들어서는 보편적인 기본소득 등 공공부조를 극복할 다른 대안들이 제기되고 있다. 여기에서는 보편주의적 접근의 실현 방안에 대해 검토한다.

1) 보편적 프로그램

기존 복지국가에서 제공되는 보편적 프로그램 중 대표적인 것으로는 아동수당(child allowance)과 기초연금(basic pension)을 들 수 있다. 보편적인 프로그램은 시민권을 근거로 급여를 제공하는 성격을 가지는데 현실적으로는 독자적인 소득 능력이 약하여 공적 지원의 필요성이 널리 인정되는 아동, 노인 등의 연령 집단에게 지급되는 경우가 일반적이다.

아동수당은 아동을 부양하는 가구에게 지급되는 현금급여이다. 일반적으로 모든 미성년 아동을 대상으로 지급되어 가족 내에 아동 수가 증가하면 가족이 받는 아동수당 지급액도 증가한다. 아동을 부양하는 가구는 아동을 부양하지 않는 가구보다 더 큰 경제적 욕구를 갖기 때문에 이들에게 공적인 지원을 제공하는 것은 수평적 공평성 원리에 부합한다. 아동 부양이 그 가족만이 아니라 사회에 주는 긍정적인 혜택이 존재하는 만큼 아동 부양의 비용을 사회(혹은 아동을 부양하지 않는 가족)가 분담하는 것이 공평하다고 볼 수 있다. 더 나아가서 우리 사회의 구성원으로서 아동이 갖는 권리를 보장하는 차원에서 아동수당은 정당화될 수 있다. 가족 구성원들 사이에서 가족의 경제적 자원이 평등하게 공유된다는 보장이 없는 상황에서 아동수당이 제공되는 것은 아동의 권리를 실현하는 데에 도움이 될 것이다.

이렇게 아동수당을 아동을 부양하는 가족에 대한 사회적 지원, 혹은 아동 개인의 권리 보장을 위한 공적 지원으로 바라본다면, 가족의 자산 수준을 그 수급의 요건에 포함할 근거는 없다. 이러한 이유로 아동수당은 자산 수준에 상관 없이 보편적으로 제공하는 것이 적절하고 베버리지 보고서에서 제안된 이래 역사적으로도 대다수 사회에서 아동수당은 보편적으로 제공되어 왔다.

아동수당은 또한 불평등과 빈곤 해소에 중요한 역할을 하고 있다. 많은 사회에서 아동과 아동을 부양하는 가족은 높은 빈곤 수준을 보인다. 아동부양가구는 아동을 부양하지 않는 가구와 동일한 생활수준을 유지하기 위해서 더 높은 소득이 필요하다. 특히 한부모가구의 경우에는 아동양육과 경제적 부양의 이중부담으로 빈곤에 처하는 경우가 많다. 이러한 이유로 아동수당은 아동과 아동부양가족의 빈곤을 낮추는 데에서 중요한 역할을 한다(Atkinson, 2015).

아동수당의 중요성이 증대하고 재정 소요가 커짐에 따라 아동수당을 자산조사 급여로 전환하자는 주장이 등장하기도 한다. 영국 같은 곳에서는 상위소득층 아동을 수급대상에서 제외한다. 아동수당을 자산조사 급여화하게 되면 재정을 절감하는 장점을 얻을 수 있다. 그러나 보편적 아동수당이 모든 아동이 동등한 처우를 받는다는 점에서 시민의 연대의식을 강화한다면, 선별적 아동수당에서는 수급자와 비수급자가 구분되어 이해관계의 대립이 증가할 가능성이 있다. 이렇게 되면 제도를 지속적으로 유지하는 것이 정치적으로 어려워지거나, 유지되는 경우에는 급여 수준이 점차 낮아질 위험이 있다. 이러한 점에서 아동수당을 지속적으로 발전시킬 제도로 인정한다면 과도한 선별화는 피하는 것이 바람직하다.

다른 한편, 보편적인 아동수당을 유지하면서 재정부담을 줄이는 방안도 모색할 수 있다. 캐나다에서는 아동수당을 보편적인 프로그램으로 유지하되 아동수당 급여를 과세대상 소득으로 포함하여 상위소득자에 대해서는 아동수당 지급액을 누진적 세금으로 다시 거두어들이는 정책을 실시한다. 이러한 방식의 장점은 아동수당을 보편적 제도로 유지하여 자산조사 급여화에 따른 부작용을 피하면서 재정 절감 효과를 기대할 수 있다는 데 있다.

우리나라 아동수당의 도입 경험도 참고할 만하다. 2018년 7세 미만 아동에 대해 월 10만 원의 아동수당이 도입될 당시 상위소득층을 제외하고 90%의 아동에게 지급하였다. 그러나 지급 대상을 90%의 아동으로 제한하여 얻은 재정 절감 효과에 비해 대상 아동을 선별하는 행정적인 비용이 상당히 크다는 점이 확인되었다. 더욱이 정부의 행정비용만이 아니라 부모들이 신청과정에서 치르게 되는 비용까지 생각하면 선별적 제도의 실익이 없어 보편적인 아동수당으로 전환되었다.

저출산으로 인해 지급대상 규모가 크지 않고 급여액도 비교적 낮은 아동수당에 비해 기초연금제도는 더 큰 논쟁을 불러일으킨다. 기초연금은 아동수당에 비해 급여액이 높고 고령화가 진행되는 상황에서 대상자의 규모와 지급 기간 모두 빠르게 증가할 것이기 때문이다. 우리나라에서는 2008년 기초노령연금으로 시작되어 2014년 기초연금으로 바뀌고 급여가 지속적으로 인상되면서 기초연금은 중요한 노후소득지원제도가 되었다. 2021년 시점에서 우리나라 기초연금은 65세 이상 노인 중 하위소득자 70%에 대해 일인당 월 30만 원의 급여를 지급한다.

노인빈곤이 심각한 상황에서 기초연금의 중요성은 더욱 커지고 있지만, 현재의 기초연금의 성격이 다소 모호하여 상반된 발전 방향이 제시되고 있다. 한편에는 기초연금을 자산 수준에 상관없이 모든 노인에게 급여를 지급하는 보편적 제도로 확대하자는 주장이 있고, 다른 한편에는 노인빈곤층으로 대상을 한정하여 급여를 집중하자는 주장도 나온다. 더욱이 기초연금의 경우에는 국민연금이라는 공적연금제도가 존재하고 있어 아동수당의 경우보다 제도의 발전 방향에 대한 논쟁이 복잡하게 된다. 기초연금을 보편급여화할지, 공공부조제도화할지에 대해서는 국민연금이라는 사회보험제도와의 관련 속에서 검토해야 할 사안이기 때문이다.

보편적 프로그램의 가장 확장된 형태로는 보편적 기본소득(universal basic income)을 들 수 있다. 아동수당 등 기존의 보편적 프로그램과 같이 시민권에 기초하여 자산 수준에 상관없이 무조건적으로 급여를 지급하는 점에서는 동일하지만 지급 대상을 모든 연령층의 시민으로 한다는 점에서 차이가 있다(Van Parijs, & Vanderborght, 2017). 보편적 기본소득 제안은 근로연령대의 성인에 대해서 무조건적으로 급여를 제공하도록 하고 있어서, 근로를 하지 않는 성인에 대한 지원이 윤리적으로 정당한지에 대해서 비판하는 견해도 있다.

보편적 기본소득은 공공부조만이 아니라 기존 복지국가의 사회보험이 갖는 한계를 극복하는 방안으로 제안되었다. 그런데 이러한 보편적 기본소득을 실시하는 데에 요구되는 재정 소요가 매우 크다. 단순한 예로 전 국민에게 평균소득의 30% 정도에 상당하는 기본소득을 보편적으로 보장하고자 하면 전 국민 평균소득의 30%를 조세로 거두어들여야 한다. 여기에 다른 분야에 지출되는 국가재정까지 충당하기 위해 필요한 조세는 더욱 많아진다. 이렇게 보편적 기본소득을 실현하기 위해서는 감당하기 어려운 수준의 재원이 요구된다는 점이 큰 장애요인이 된다. 이러한 이유로 전 국민을 대상으로 보편적 기본소득제도의 취지를 구현한 제도는 아직 도입되지 않고 있다.

2) 사회보험

　보편적인 급여가 공공부조를 극복하는 완전한 대안이 되기 어렵다면 20세기 복지국가의 출발점으로 돌아가서 사회보험을 통해 공공부조를 극복하는 방안을 대안으로 생각할 수 있다. 복지국가의 청사진을 제시한 베버리지 보고서에서는 5대 거악 중에서 빈곤을 해결해야 할 가장 중요한 문제로 보고, 시장경제에서 발생하는 소득 단절 위험에 대응하는 실업급여나 노령연금 등의 사회보험을 확립하여 공공부조 없이 빈곤을 해소하자고 주장하였다. 제2차 세계대전 종전 이후 영국을 비롯한 많은 선진 산업국가에서는 베버리지 구상과 유사하게 사회보험을 도입하고 확장하는 노력을 기울였고 큰 성과를 거두었다.

　그러나 1970년대와 1980년대를 거치면서 서구에서는 복지국가의 한계가 드러나기도 하였다. 경제성장이 정체하고 고용이 불안정해지며 사회보험의 확대가 기대에 미치지 못하면서 공공부조제도에 의존하는 빈곤층이 증가하는 나라들이 나타나기 시작했다. 영국의 경우 제2차 대전 이후 정액급여를 지급하는 기초연금을 통해 노인빈곤을 해결하고자 하였다. 이후 기초연금을 통한 빈곤 해소가 한계를 보임에도 불구하고 1950년대 후반 소득비례연금을 도입하는 시도가 실패하게 된다. 같은 시기 스웨덴에서 소득비례연금을 도입하면서 중산층을 포괄하는 공적노령연금제도가 확립되는 사례와 대비된다. 이렇게 영국에서는 공적연금 확대가 실패하면서 노인빈곤층이 늘어나고 공공부조의 비중이 다시 커지게 된다. 대처정부가 등장한 이후 1980년대에 신자유주의적 개혁이 추진되면서 실업급여와 같은 근로연령층에 대한 사회보험 급여가 삭감된 것도 공공부조에 대한 의존성을 증가시키는 결과로 이어졌다.

이러한 역사적 경험을 반성하면서 21세기에 다시 한번 베버리지 구상으로 돌아가서 사회보험을 확장하는 노력을 기울여야 한다는 주장이 등장한다(Atkinson, 2015). 공공부조가 가진 빈곤 함정의 문제나 사각지대의 존재 등을 해결하기 위해서는 사회보험의 개혁을 통해서 보편적인 접근을 강화해야 한다는 것이다. 사회보험을 통한 공공부조의 극복은 사회보험이 적절한 급여 수준을 제공하도록 하는 개혁을 통해서 가능하다. 실업급여나 노령연금 등 사회보험의 급여 수준이 낮다면 그 급여에 의존하여 적절한 생활 수준을 유지할 수 없게 되어 점차 빈곤층으로 전락하게 되고 공공부조에 대한 의존을 피할 수 없게 되기 때문이다.

사회보험은 정해진 보험료를 납부한 가입자들이 실업이나 은퇴, 재해나 질병, 육아부담과 같은 위험(risk)에 처하여 경제활동을 통한 소득 획득이 어렵게 될 때 소득을 지원한다. 대표적으로 실업보험, 공적연금, 산업재해보상보험, 유급 육아휴직 급여, 상병수당 등이 존재한다. 실업보험, 공적연금, 산업재해보상보험은 각각 실업과 은퇴, 재해 위험에 대응하여 보상하는 제도로서 잘 알려져 있다. 유급 육아휴직 급여(paid parental leave)는 자녀의 양육을 위해서 근로를 중단하는 경우에 직전 소득의 일정 수준을 지급하는 제도로서 일과 가족의 양립을 지원하는 역할을 한다. 유급 육아휴직 급여는 성격상 실업급여와 유사한 점이 있어 많은 나라에서는 실업보험의 일부로 운영된다.

상병수당(sickness payment)은 질병으로 인해 근로를 중단하게 될 때 상실된 소득의 일부를 지원하는 제도로서 우리나라를 제외한 대다수 복지국가에서 실시 중이다. 질병 발생 시에 지원하는 또 다른 사회보험제도로는 건강보험이 있다. 건강보험은 보험료를 납부한 가입자가 질병에 걸려 의료서비스를 이용할 때 그 비용을 지원하는 제도이다. 건강보험이 요양서비스 이용 비용을 지원하는 장기요양보험을 포함하기도 한다. 영국이나 북구 국가 등 일부 나라에서는 세금을 재원으로 국가가 무상의 의료서비스를 제공하지만, 다수의 나라에서는 사회보험 방식의 건강보험을 실시한다. 건강보험에서 의료서비스 소비를 재정적으로 지원하는 기능이 중요하지만, 많은 나라의 건강보험이 소득지원을 목적으로 하는 상병수당을 급여로 지급한다. 산업재해보상보험의 경우도 소득지원과 함께 치료비에 해당하는 요양급여를 제공한다. 사회보험은 종류에 따라 급여 내용에서 이러한 차이가 있지만, 주된 목적은 소득 지원에 있다고 하겠다. 여기에서는 소득 지원 기능을 중심으로 사회보험에 대해 검토한다.

사회보험은 보험료로 형성된 재원을 바탕으로 소득을 상실한 가입자에게 일정 수준의 현금급여를 지급한다. 이 때문에 사회보험의 급여 수준은 직전 소득에서 급여가 차지하는 비율인 소득대체율(income replacement rate)로 제시된다. 사회보험 급여는 경제활동이 중단되어 지급되는 경우가 많은데, 경제활동 시에 요구되는 추가적 지출 부담이 없음을 고려하여 직전 소득보다는 낮게 책정된다. 하지만 사회보험 급여가 이전 소비 수준을 유지할 수 있는 정도의 소득대체율이 되도록 하는 것이 적절하다고 보는 것이 일반적이다. 사회보험의 중요한 기능이 소득 단절 시에 소비의 평탄화(consumption smoothing)를 이루는 것이기 때문이다(Gruber, 2005). 그런데 소득 단절 시에 이전 소득에 크게 미치지 못하는 소득이 보험급여로 지급되면 소비의 평탄화를 이룰 수 없는 문제가 발생한다. 개인의 자원 할당 기준에서 보아도 비합리적 선택이라고 하겠다. 이러한 급격한 소비 하락은 의료, 교육, 주거 등 여러 영역에서 가족의 정상적인 생활을 어렵게 하고 개인의 건강한 생활 유지와 노동시장 복귀에도 지장을 초래할 가능성이 크다.

사회보험의 확대에서 또 하나의 과제는 모든 취업자가 사회보험에 가입하여 급여 혜택을 보도록 사회보험의 포괄 범위(coverage)를 넓히는 것이다. 사회보험의 수급 자격을 얻기 위해서는 취업자가 사회보험에 가입하여 기여금을 납부해야 한다. 그런데 사회보험 가입 자격을 가진 취업자가 기여금을 납부하지 않아 급여 혜택에서 제외되는 사회보험의 사각지대가 해소되지 않고 있다(Atkinson, 2015).

21세기에 들어서서는 사회보험 사각지대 해소를 어렵게 하는 새로운 문제도 등장하고 있다. 산업화 시기에는 노동시장은 표준적인 고용관계를 맺는 정규직 노동자들로 채워졌는데, 임시직, 단시간 노동자나 하청, 외주업체 등을 통한 간접고용과 같은 비표준적인 고용계약 상태의 노동자 비중이 증가하였다. 나아가서 특수형태근로종사자와 프리랜서 등 새로운 유형의 취업자가 플랫폼 경제의 확산과 함께 늘고 있다. 이들 유형의 취업자들은 과거에는 사업체의 피용자로 소속되어 서비스를 제공하다가 이제는 유사한 내용의 서비스를 독립사업자로서 제공하게 되어 피용자와 자영자의 중간적 성격을 지니게 되었다. 이러한 변화는 기술발전에 따른 생산과정의 합리화를 반영하기도 하지만,

사용자가 수익 극대화를 위해 선택한 고용전략이라는 측면도 있다. 이와 같은 고용관계 다변화의 결과 취업자의 경제적 불안정 위험은 증가하는데, 피용자를 주요 대상으로 운영되어 온 기존 사회보험으로 위험을 대비하기는 어려워지고 있다. 산업과 업종, 사업체 단위에서 이루어지던 사회보험 가입과 적용을 근로소득을 발생시키는 모든 취업활동으로 확장하는 사회보험의 개편이 요구되는 상황이다(구인회 외, 2021b).

인구 고령화가 가속화되면서 사회보험의 재정적 여건이 악화되는 것도 큰 도전이다. 고령화로 노인이 급여 수급자의 다수를 차지하는 공적 노령연금과 건강보험의 재정적 지출은 증가하지만, 근로연령층이 부담하는 보험료 재원은 저출산으로 감소하기 때문이다. 특히 공적노령연금제도의 재정적 지속 가능성에 어려움이 생기고 있다. 노인의 수명은 길어지고 출산율은 떨어지면서 연급 보험료를 내는 근로인구에 비해 연금 급여를 받는 노인인구의 비율이 커지니 연금재정의 균형을 이루는 것이 어려워지기 때문이다.

[그림 4-2]는 1950년에서 2100년에 이르는 시기의 근로연령인구 백 명당 노인인구 수의 변화를 보여 준다. OECD 회원국의 평균은 2020년 30에서 2070년 60 정도로 증가하는데, 회색 선으로 나타낸 한국은 2020년 20을 조금 넘은 수준에서 2070년 95 정도로 가파르게 증가한다.

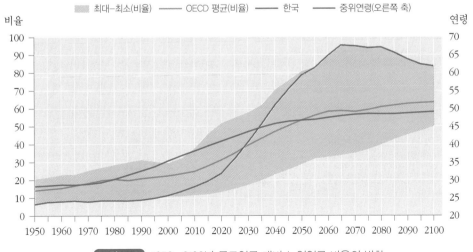

그림 4-2 1950~2100년 근로인구 대비 노인인구 비율의 변화

출처: OECD(2021).

이렇게 향후 50년간 고령화가 빠르게 진행되는 만큼 공적연금의 재정안정을 위한 개혁도 큰 폭으로 진행해야 하는 상황에 있다. 이러한 이유로 20세기 말부터 여러 복지국가에서 연금개혁이 진행되고 있다. 이러한 연금개혁은 누군가 보험료 부담을 더 지고 다른 누군가는 연금 급여를 줄여야 하는 것이어서 상당한 정치적, 사회적 갈등을 수반하게 된다. 문제는 은퇴연령을 조정하면서 재정적 부담을 세대 간, 세대 내에서 공평히 나누는 방안을 찾아 합의하고 실행하는 것이다. 다행히 많은 국가에서는 사회적 합의를 통해 개혁의 성과를 거두고 있다.

4. 분배 개선에서 국가의 역할

이 장에서는 분배 개선을 위한 사회복지정책의 방향을 검토하였다. 분배 개선은 민간이나 시장의 영역에 맡길 수 없는 과제여서 국가의 역할이 중요하다. 정부는 조세와 이전 정책을 통해 시장에서 이루어진 분배를 개선한다. 사회복지정책에서 다루는 이전 프로그램은 사회보험과 보편적 프로그램, 공공부조(혹은 사회부조)의 세 가지 제도로 구성되는데 공공부조제도를 극복한 보편적인 대안을 추진하는 게 중요하다는 점에 대해서 검토하였다. 보편적인 프로그램의 기능을 개선하고 특히 사회보험제도를 강화하는 것에 역점을 두어야 한다는 점을 강조하였다.

그런데 한 사회에서의 소득 등 경제적 자원의 분배는 우선 노동시장에 의해서 결정된다. 정부의 역할 또한 시장에서 이루어진 분배를 조세와 이전 정책을 통해 재분배하는 것에 국한되지 않는다. 정부는 노동조합과 단체교섭 등 노동시장에서의 소득분배에 영향을 미치는 제도를 개선하고, 양질의 고용을 늘리고 저임금 해소를 위해 최저임금제를 실시하며, 고용과 임금에서의 차별을 해소하는 등으로 일차적인 분배에 다양한 개입을 할 수 있다. 최근에는 우리나라를 포함한 여러 국가에서 저소득 근로자가족을 지원하는 근로장려세제(earned income tax credit)가 확대되고 있다. 분배 개선을 위한 사회복지정책은 이러한 일차적 분배 정책과 재분배 정책을 포괄하여 효과를 높일 수 있도록 설계되어야 한다.

생각해 볼 문제

1. 분배 개선을 목적으로 하는 소득 이전 정책에는 어떠한 프로그램들이 있는지 생각해 보자.

2. 선별주의와 보편주의의 장단점에 대해 생각해 보자.

3. 공공부조가 갖는 장점에도 불구하고 문제점에 대한 비판도 많다. 공공부조의 중요한 문제점은 무엇인지 생각해 보자.

4. 사회보험은 공공부조의 문제를 해결할 수 있는 대안이 될 수 있는지 생각해 보자.

5. 보편적 기본소득은 복지국가의 대안이 될 수 있는지 생각해 보자.

제**5**장

사회복지정책의 유형 II: 사회서비스 공급

제4장에서는 분배 개선을 위한 사회복지정책 중 소득 이전 정책의 설계에 대해서 검토하였다. 그러나 소득 이전만으로 시민의 기본적 욕구 충족을 모두 이룰 수는 없다. 의료, 교육, 주거, 고용, 돌봄 등 사회복지 재화 · 서비스를 적절하게 제공하는 것은 시민 삶의 질 향상과 사회권 실현에 큰 영향을 미친다. 이 장에서는 사회복지 재화·서비스 공급 정책을 검토한다. 사회복지 영역에서 공급하는 재화와 서비스는 대다수가 서비스에 집중되어 있으므로 이하에서는 사회서비스와 사회복지서비스라는 용어를 같은 의미로 이용한다.

제3장에서 시장의 실패에 대한 대응책으로 국가의 개입 필요성을 논의하였는데, 국가의 개입 필요성이 인정되는 경우에 국가가 선택할 수 있는 개입 방식은 다양하다. 우선, 정부와 공공기관이나 비영리 민간기관이 재화와 서비스 생산과 전달에 나서는 비시장적 기제(nonmarket mechanism)를 이용한 방식이 있다. 여기에서는 편의상 이 방식을 공공 제공(public provision) 유형이라고 하겠다. 둘째로는 시장에서 이루어지는 재화와 서비스 공급에 대한 통제를 통해 정부의 의도를 실현하는 규제(regulation)

가 있다(Weimer & Vining, 2017). 전통적인 서구 복지국가에서는 사회복지서비스를 정부 등 공공기관이나 비영리기관이 제공하는 것이 일반적이었다. 시민의 욕구 충족에 중요하지만 시장의 영리기관들에 의해 공급이 원활하게 이루어지는 서비스에 대해서는 민간시장에 대한 정부 규제 방식이 이용되었다. 그러나 1980년대 이후 사회복지서비스 공급이 이용자의 욕구에 민감하게 반응하지 않는 관료주의적 관행에 대한 비판이 제기되었다. 그리고 신자유주의의 부상과 함께 민영화(privatization)와 탈규제(dereguation)가 추진되면서 시장기제를 활용하여 공급자 간 경쟁과 소비자 선택을 강화하는 서비스 공급방식이 모색되었다(Powell, 2007). 정부가 조세와 보조금 지급 등의 유인책을 통하여 시장에서 재화와 서비스가 적절하게 제공되도록 유도하는 재정적 유인(financial incentive)이 새로운 서비스 공급 유형으로 부상하였다(Weimer & Vining, 2017).

공공 제공, 규제, 재정적 유인의 사회복지서비스 공급의 세 가지 방식은 해당 서비스가 공공재에 해당하거나 외부효과, 정보의 비대칭성을 가져 시장의 실패가 발생할 때 쓰인다. 사회복지서비스 공급에 이용되는 이 세 가지 방식은 분배 개선을 목적으로 한 소득 이전(income transfer)과 함께 사회복지정책의 대표적인 유형을 이룬다.

1. 공공 제공

1) 정부의 직접 제공

정부가 재화나 서비스의 제공자 역할을 맡는 공공 제공은 사회복지 재화와 서비스 전달의 대표적인 국가개입 방식이다. 정부의 공공 제공과 함께 비영리기관이 큰 역할을 하기도 하여 비시장적 방식의 서비스 공급이 많이 이루어졌다. 서구 사회에서는 의료와 교육, 고용, 주거, 돌봄 등의 영역에서 정부가 중요한 재화와 서비스 제공자 역할을 하는 경우를 종종 발견한다. 복지국가 제도가 일찍부터 발전한 서구 사회에서는 시장에서 이들 서비스를 제공하는 민간기업이 발달하지 않은 상태에서 정부가 서비스 제공의 주체로 나서는 경우가 많았다. 이에 비해 한국과 같이 복지국가 발전이 늦은 사회에서는 시장에서 민간 제공자가 형성되어 있는 상황에서 정부가 사회복지서비스를 공급하는 주체로서 역할을 하는 데에 소극적인 태도를 보이면서 많은 사회복지서비스 제공이 민간에서 이루어지는 경향도 보인다.

  사회복지 재화와 서비스에서 공공 제공 확대는 시장의 실패에 대응하는 성격을 띤다는 점에 주목할 필요가 있다. 제3장에서 우리는 시장 실패의 한 유형으로 정보 비대칭성을 다루었다. 특히 이용자 입장에서 재화와 서비스의 효용에 대한 판단을 하기 어려운 후경험재 성격의 재화와 서비스의 경우에는 시장을 통한 합리적 선택을 기대하기 어려움을 지적하였다(Weimer & Vining, 2017). 옷이나 가구와 같이 일정한 조사를 통해 재화의 질을 판단할 수 있는 탐색재나 식당이나 미용실같이 약간의 이용 경험을 통해 서비스의 질을 평가할 수 있는 경험재는 시장을 통한 욕구 충족에 어려움이 발생하지 않는다. 그러나 후경험재는 탐색재나 경험재와 큰 차이가 있다. 의료와 교육과 같이 이용자가 서비스의 질 판단에 요구되는 전문적 지식을 갖지 못한 경우에는 시장을 통해 적절한 서비스 제공이 어렵게 된다. 특히 돌봄 서비스의 경우에는 아동이나 질병 상태의 노인처럼 자기방어 능력이 취약한 이용자가 학대나 폭력의 희생자로 되는 경우도 발견된다. 이러한 후경험재적 성격의 재화와 서비스에 대해서는 정부가 직접 혹은 공공기관 운영을 통해 서비스를 제공하는 것을 대안으로 생각할 수 있다. 의료서비스처럼 영리를 추구하는 민간기업을 서비스 제공 주체에서 배제하여 비시장적 기제를 통해 서비스를 제공하는 경우도 있다. 이러한 경우에는 소명의식을 갖고 서비스를 제공하며 수익 추구에 제한을 받는 비영리기관이 중요한 역할을 담당한다.

  사회복지에서 공공 제공이 매우 큰 역할을 하는 다른 예로는 사회보험을 들 수 있다(Barr, 2004). 제3장에서 질병이나 실업, 은퇴와 같은 사회적 위험에 대비하는 보험 제공을 시장에서의 민간기업에 의존하는 방식은 정보의 비대칭으로 인해 나타나는 역선택 때문에 지속될 수 없음을 설명하였다. 민간기업이 실업보험을 제공할 경우 실업 위험이 높은 개인들이 주로 가입을 선택하고 기업은 이에 보험료 인상으로 대처하게 되는데, 이러한 과정이 반복되면 민간의 보험 제공은 지속되기가 어렵다. 사회보험은 정부가 모든 대상자에 대해 가입을 의무화하는 방식으로 보험 가입에서의 역선택을 방지하여 시장에서의 민간보험의 대안이 되었다. 더 나아가 실업보험으로 실업에 대한 안전망이 생기면 가입자는 실업 발생을 방지하는 노력을 약화할 가능성도 있어 실업보험의 지속 가능성을 어렵게 할 수 있다. 이렇게 어떤 위험 행위에 대한 안전망이 제공되면 위험 행위를 줄이기 위한 노력을 게을리하는 도덕적 해이(moral hazard)가 발생한다. 이때 구직활동을 실업급여의 조건으로 강제하는 등 정부는 공권력을 통해 도덕적 해이에 대한 방지책을 실시할 수 있어서 사회보험은 민간보험에 비해 강점을 갖는다. 니콜라스 바(Nicholas Barr)는 이러한 사회보험이 영국의 사회복지 지출에서 70~80%의 비중을 차지할 정도로 큰 역할을 하고 있음을 지적한다(Barr, 2001).

2) 정부의 간접 제공

사회복지 재화와 서비스의 제공에서 정부가 간접적인 역할을 하는 경우도 종종 발견된다. 정부가 외부의 민간 제공자와 계약(contracting out)을 맺고 서비스 제공을 위탁하는 방식으로 외주화(outsourcing)를 하는 것이다. 이렇게 정부가 서비스 구매계약을 하거나 민간에 위탁하는 일종의 민영화는 유사시장(quasi-market)의 개념으로 설명되기도 한다(Le Grand, 1991). 정부가 시민의 욕구 충족을 위한 공공서비스 제공에 시장 경쟁을 도입한다는 것이다. 과거 정부 기관이 직접 제공하던 서비스, 예를 들어 거리 청소 서비스를 외부 업체에 위탁하는 경우를 볼 수 있다. 많은 복지국가에서 사회복지서비스도 이러한 외주화 방식으로 제공되는 예가 늘고 있다.

사회서비스의 외주화는 1980년대 이후 사회복지 프로그램이 시민의 욕구에 민감하게 반응하지 않고 관료적으로 운영된다는 비판이 제기되면서 시작되었다. 또 신자유주의적 추세가 강화되면서 작은 정부로의 전환 압력이 강화되고 복지비용의 증가를 억제하는 개편이 진행되면서 증가하였다. 정부 부처에서 직접 제공하던 서비스를 정부 부처와 독립적으로 운영되는 공공기관을 설립하여 제공하도록 하거나 민간기관과의 계약을 통해 서비스 제공을 위탁하는 변화가 진행되었다. 이들 공공기관이나 민간기관은 정부 부처에 비해 유연한 업무 처리가 가능하고 독립채산제의 도입으로 시장 경쟁에 노출되기 때문에 서비스 질 개선이나 비용 감축 등 효율 개선이 이루어질 것으로 기대되었다. 정부의 서비스가 시민이나 시민을 대표하는 대의기관의 요구에 맞춰 운영되지 못하는 현상은 정부의 정책 집행에서 나타나는 주인-대리인(principal-agent) 문제로 설명된다. 주인인 시민을 위하여 일하기로 약속한 대리인인 정부가 정보비대칭성을 이용하여 주인이 아니라 자신의 이익을 추구하는 것이다(Rosen, 2002). 그러나 사회서비스 외주화가 이러한 주인-대리인 문제를 극복하는 대안이 되는지, 효율성 제고라는 목적을 이루어 내는지에 대해서는 의문이 제기되기도 한다. 사회서비스의 외주화에 대한 평가는 매우 어려운 작업이다. 사회서비스 제공을 통해 이루고자 하는 시민의 삶의 질 개선이 측정하기 어려워 성과 평가에 한계가 있다. 사회복지정책의 공공적 가치를 생각하지 않고 민간기업에 적용하듯이 비용 절감이나 수익성 증대만을 잣대로 평가하는 것도 적절하지 못하다.

이러한 논란에도 불구하고 정부 기능을 외주화하여 민간기관에 위탁하는 방식의 공공-민간 협력체계(public-private partnership)는 널리 확산되는 추세이고 사회복지 영역에서도 중요성이 커지고 있다. 이러한 추세는 민간 제공자와의 계약을 통한 사회서비스 제공이 효율성 향상에 기여할 것이라는 기대를 반영한 것이다. 정부가 직접 제공하는 서비스를 민간업체에서 제공하면 생산비용(production cost)이 절감될 것이라는 생각이다. 하지만 민간 위탁 서비스의 효율성에는 이러한 생산비용 이외에도 몇 가지 요인이 중요한 영향을 미친다(Weimer & Vining, 2017).

첫째, 위탁하는 업무의 복잡성(task complexity)이다. 위탁하여 제공하는 서비스가 복잡할 경우 정부가 서비스에 대한 모니터링을 하기가 어렵다. 정부가 민간의 서비스 제공이 적절히 이루어지는지를 점검하지 못한다면 서비스 효율 향상은 기대할 수 없다. 둘째, 위탁 업무 영역에서 민간기관들의 경합 가능성(contestability)이 있는지도 중요하다. 어떤 사회서비스의 경우에는 서비스 수요자층이 넓지 않거나 수요자의 구매력이 크지 않아 서비스 제공 기관들이 소수만 존재하는 경우가 있다. 이렇게 경합 가능성이 적은 시장에서는 업무를 위탁할 수 있는 민간기관들의 수가 많지 않아 정부가 교섭력을 행사하기 어렵다. 셋째, 서비스 제공 기관의 자산 특수성(asset specificity)이 영향을 준다. 특정한 사회서비스를 제공하는 데 요구되는 시설이나 장비가 특수한 것이어서 해당 서비스를 제공할 수 있는 기관이 드문 경우이다. 이 경우 기존 서비스 제공 기관은 일종의 독점적 지위를 활용한 기회주의(opportunism) 행동으로 정부와의 계약 내용을 자신에게 유리한 방향으로 변화시키는 전략을 취할 수 있다(Weimer & Vining, 2017).

사회서비스는 다른 재화와 서비스에 비해 외주화하는 것이 용이하지 않다. 계약 이행을 쉽게 확인할 수 있는 서비스와는 달리 사회서비스는 위탁한 민간기관에서 계약 내용을 잘 이행하는지를 확인하기가 어렵다. 예를 들어, 청소 서비스의 경우 거리나 건물의 청결 상태를 확인하는 것이 어렵지 않지만, 아동이나 청소년 발달을 지원하는 서비스는 그 성과를 측정하기가 어렵다. 또 일부 사회복지 시설의 경우 정부가 기관 업무상의 문제점을 발견하더라도 이 기관을 대체할 수 있는 다른 시설이 없다면 서비스 개선을 강력히 요구하지 못하기도 한다. 민간기관이 독점적인 지위를 이용하여 사회서비스 이용자를 볼모로 기회주의적 횡포를 할 경우에 정부가 대처하기 어렵다.

거래비용(transaction cost) 이론에 따르면 외주화 계약의 평가를 위해서는 생산비용만이 아니라 다른 거래비용을 포함한 총 사회비용(social cost)을 살펴보아야 한다. 이러한 거래비용에는 계약 대상 업체를 찾고 적절한 계약을 체결하며 서비스 제공이 제대로 이루어지는지 모니터링하고 서비스 제공의 성과를 반영하여 재계약을 체결하는 과정에서 드는 교섭비용(bargaining cost)이 포함된다. 업무의 복잡성으로 인해 모니터링이나 서비스 질 평가도 쉽지 않은 사회서비스 영역에서는 교섭비용이 적지 않다. 경합하는 제공기관이 많지 않은 분야에서는 계약 기관이 자신의 독점적 지위를 이용해 정부에 무리한 요구를 하는 등의 기회주의 비용이 크게 발생하기도 한다. 이 이론에 따르면, 정부는 사회서비스의 생산비용만이 아니라 이러한 거래비용을 고려하여 외주화 계약의 적절성에 대한 판단을 해야 한다(Weimer & Vining, 2017).

이렇게 정부의 사회서비스 외주화 계약에서 그에 적절한 대상 서비스를 선정하거나 적절한 기관을 선택하는 데에는 제약 요인이 많다. 그간 여러 나라에서 정부 서비스의 위탁 기관 선정 시에 비영리기관을 우선하는 경향이 있었고, 위탁 기관의 선정에서 영리기관을 포함할지가 큰 쟁점이 되기도 하였다. 비영리기관은 공익을 추구하여 해당 서비스 제공에 소명의식을 갖고 임하는 경우가 많고, 기관 운영 시 발생하는 잉여 수입을 기관의 수익으로 전환하는 것이 불가능하다(Salamon, 1995). 따라서 기관이 이용자에게 불이익을 주거나 기회주의적 행동을 할 가능성이 적은 것으로 평가된다. 이러한 이유로 우리나라에서는 사회복지법인이나 종교법인 등 비영리기관에 사회서비스를 위탁하는 경우가 많았다.

그러나 최근에는 영리기관이 사회서비스 위탁에 참여하는 경우가 늘고 있다. 이는 특히 서비스 수요자층이 넓어 비영리기관만으로 수요를 충족하기 어려운 경우에 나타난다. 또 영리기관의 사회서비스 참여는 시민 선택의 폭을 넓히고 서비스 질의 향상을 이룰 수 있다는 기대를 받기도 한다. 그러나 다른 한편으로는 영리기관이 이윤 추구를 위해 사회서비스 인력의 고용 안정성과 처우를 떨어뜨리고 서비스 질을 하락시킨다는 비판이 제기되기도 한다. 더 나아가서 이윤 추구를 가장 중요한 동기로 운영되는 영리기관은 정부의 위탁 계약에서 기회주의 행동을 할 가능성이 크다는 우려도 있다.

최근에는 비영리조직과 영리조직의 전통적인 경계를 넘어선 다른 새로운 형태의 조직들도 등장한다. 사회적 기업, 협동조합 등이 사회서비스 제공의 주체로 참여하고 있다. 이들은 영리조직과 비영리조직의 중간 형태로, 사회적 목적을 추구하면서 영리 활동을 수행하는 조직이다. 이제 사회서비스의 효과적이고 효율적인 제공을 위해서는 이들 다양한 서비스 제공 기관들의 특성과 성과에 대한 이해를 넓혀 나가야 한다.

2. 규제

정부는 사회복지 영역의 재화와 서비스를 직접 제공하는 역할을 수행할 뿐만 아니라 민간부문에 대한 규제를 통해서 시민 삶의 질 개선에 영향을 미칠 수 있다. 규제는 정부가 자신의 강제력을 이용하여 민간부문에 대한 명령과 통제를 행사하는 것을 말한다. 하지만 규제는 강제 없이도 대상자들이 순응할 것이라는 기대 속에서 도입되며, 따라서 규제를 당하는 행위 주체들이 그 규제를 옳고 선한 것으로 받아들이게 하는 정당성(legitimacy)이 중요하다(Stone, 2012). 이러한 규제의 예로는 환경오염물질을 배출하는 공장에 대해 환경정화시설의 설치와 가동을 의무화하는 것을 들 수 있다. 정부의 규제는 특정한 재화나 서비스의 가격을 규제하거나 그 공급량이나 질을 제한하는 등 경제활동에서 발견된다. 가령 일부 재화에 대해서 그 수입 가격이나 수입량을 정부가 제한하

는 경우가 있다. 또 식품이나 의약품 등에 대해서는 유해성 등 질에 대한 통제를 하기도
한다.

정부의 규제는 사회복지와 관련된 영역에서도 이용된다. 대표적으로 모성보호를 위
해 사업장에 대해 산전 및 산후 휴가제도의 실시와 직장 보육시설의 설치, 운영을 법률
로 강제하는 것을 생각할 수 있다. 정부가 기업에 대해 장애인에 대한 의무고용 의무를
부과하는 것은 장애인의 자립과 사회통합을 위한 중요한 장치로 작동한다. 또 일정한
인력과 시설 기준을 충족하는 경우에 공급자로서 자격을 인정하는 방식으로 사회서비
스의 양과 질에 대한 규제를 한다. 아동보육 등 일부 서비스에 대해서는 가격 상한을 설
정하는 방식으로 규제를 하기도 한다. 최저임금제도는 일종의 가격 규제로서 노동력에
대한 가격인 임금의 하한을 둠으로써 노동자를 보호하고자 한다.

정부 개입의 한 유형으로서 규제 정책에 대해서는 그 대상이 되는 이해당사자의 저
항이 발생하는 등 논란이 되는 경우도 있다. 특히 정부가 재정적인 보조금(financial
subsidy)이나 조세를 이용하여 민간부문의 활동을 일정한 방향으로 유도하는 재정적 유
인 정책과 비교하여 장단점이 비교되기도 한다. 규제 정책은 부정적 외부효과(negative
externality)에 대한 정부의 개입 방식으로서 설득력을 갖는다(Weimer & Vining, 2017). 예
를 들어, 유해한 오염 물질을 배출하는 사업체는 주변 주민들에게 피해를 주는 행위를
하는 것이어서 도덕적인 기준에서 용납될 수 없는 것으로 볼 수 있다. 이러한 경우에는
법적인 강제력을 동원한 규제를 통해서 부정적 외부효과의 발생을 막는 것이 정당화된
다. 이와 달리 긍정적 외부효과를 발생시키는 경우에는 금전적인 보상을 제공하는 재정
적 유인 정책이 적합할 것이다. 한편 부정적 외부효과를 발생시키는 경우에 부과하는
세금을 가리키는 피구세(Pigouvian tax)에 대해서는 부정적인 평가가 제기될 수 있다. 제
3자에 피해를 주는 행위에 대해서 정부가 조세나 부담금을 부과하는 방식의 재정적 유
인책을 쓰는 것은 타인에 해를 끼치는 행위에 대한 윤리적 책임을 금전적인 보상으로
면할 수 있다는 인상을 주기 때문이다.

규제와 금전적 유인 정책의 적절성에 대한 이러한 상이한 입장은 정책 효과를 근거로
평가될 수 있다. 이스라엘의 어린이집 사례는 잘 알려진 예이다(Sandel, 2013). 어린이집
에서는 자녀를 정해진 보육 종료시간보다 늦게 데려가는 일부 부모들 때문에 보육 교사

들이 정시에 퇴근하지 못하는 피해를 자주 겪었다. 그 대책으로 어린이집에서는 자녀를 늦게 데려가는 부모에 대해서는 벌금을 부과하는 일종의 재정적 유인 정책을 도입하였다. 자녀를 늦게 데려가는 경우에 겪게 될 금전적인 손실을 피하기 위해 부모들이 자녀를 정시에 데려갈 것이라 기대한 것이다. 그런데 정책 도입 이후에 자녀를 늦게 데려가는 부모들이 더 늘었다. 왜 이러한 반대 결과가 나타났을까? 부모 입장에서는 정책 도입 이전에는 자녀를 늦게 데려가게 되면 보육 교사들에게 미안한 마음이 들었는데, 벌금 도입 이후에는 이제 자녀 보육 시간을 연장하는 금전적 비용을 부담하니 자녀를 늦게 데려가는 행위에 대해 도덕적인 부담감을 덜게 된다는 것이다. 이 사례는 부모와 보육 교사 사이에 지켜야 할 도덕적 의무에 관한 문제를 재정적 유인 정책으로 해결하려 할 때 나타나는 부작용을 보여 준다.

규제 정책에 대한 찬반에는 정책에 대한 당사자들의 순응(compliance)에 대한 기대도 영향을 미친다. 최저임금제를 예로 든다면, 모든 근로자에 대해 최저 수준의 임금을 보장해야 한다는 취지에 대한 동의 여부를 떠나서 최저임금 인상이 임금을 지급하는 고용주 등 이해당사자들의 협조 속에 집행될 수 있는가에 대해서는 별도의 검토가 필요하다. 규제는 명령과 통제에 의존한 방식이어서 그 집행에는 강제력이 수반된다. 규제가 성공적으로 집행되기 위해서는 당사자들이 제도의 취지를 따르는 사회적 분위기도 중요하다. 반면에 재정적 유인 정책은 강제력이 높지 않은 상황에서 당사자들의 순응을 이끌어 내는 효과를 가져올 수 있다. 이 때문에 저소득 근로자에 대해 근로소득이 증가할수록 높은 보조금을 지원하는 미국의 근로소득 세액공제(Earned Income Tax Credit)나 그와 유사한 우리나라의 근로장려세제가 실시되고 있다. 이러한 제도는 일정한 소득 수준까지는 근로소득이 증가할수록 보조금도 증가하도록 하여 저소득 근로자의 근로를 유인하면서 저소득을 탈피하도록 돕기 때문에 당사자들의 제도 순응을 이끌어 내기가 쉽다.

정부의 규제 정책은 정보의 비대칭성 문제에 대한 대응책으로 활용되기도 한다. 공급자들에게 재화와 서비스에 관한 정보를 제공할 의무를 부과하여 수요자가 재화와 서비스의 질을 판단할 때 겪는 정보의 비대칭성 문제를 해소할 수 있다. 사회서비스에서는 서비스 제공 기관에 대해 품질 인증 참가 의무를 부과하고 그 결과를 공시하게 하면 소비자들이 서비스 이용 선택 시에 이 정보를 유용하게 이용할 수 있다. 사회서비스 이용에서 소비자 선택을 돕고 품질 향상을 이루기 위해서는 여러 정책이 요구되지만, 정보 제공에 관한 규제 정책도 그 필수적인 일부가 되어야 한다.

정부의 개입 유형 중에서는 행동경제학에서 나온 여러 제안이 주목을 받기도 한다. 행동경제학에서는 선택 건축(choice architecture)이라는 개념을 도입하여 소비자에게 선택의 권한을 주되 특정한 방향으로 선택을 유도하는 정책 설계를 강조한다. 노벨경제학상을 수상한 세일러(Richard H. Thaler)와 그의 동료 선스타인(Cass R. Sunstein)은 규제처럼 강제적인 명령 방식이 아닌 선택 방식을 취하되 가볍게 유도한다는 의미에서 자신들의 정책적 접근을 "슬쩍 찌르기(nudge)"라고 한다(Thaler & Sunstein, 2008). 정책 목적을 달성하기 위해서 직접적인 규제는 아니지만 특정한 방향을 유도하는 온정적 간섭주의(paternalism)에 입각한 예로는 특정한 제도에서 자동 가입을 초기설정값(default)으로 한 제도 선택 설계를 들 수 있다. 보통의 선택 설계에서는 비가입을 기본값으로 하여 가입을 선택할 수 있도록 하는 것이 일반적인데 이 경우에는 가입을 기본값으로 하여 소비자들이 선택하면 비가입을 허용하는 방식이다. 이러한 설계를 통해 유용한 제도에 대해 소비자 가입을 유도하되 개인의 선택 여지를 열어 두어 규제의 부작용을 줄이고자 한다.

3. 보조금과 조세를 이용한 재정적 유인

사회복지 영역에 정부가 개입하는 방식 중 하나는 정부가 자신의 조세 징수권과 재정 능력을 이용하여 민간부문의 활동을 유인하는 것이다. 정부는 특정한 활동의 참여자에게 보조금을 지급하거나 조세를 부과 혹은 감면하여 민간부문이 해당 활동을 증가시키거나 감소하도록 유도할 수 있다(Weimer & Vining, 2017). 이러한 재정적 유인 정책은 앞에서 논의한 시장 실패 중 외부효과에 대해 대응하기 위해서 이용되는 경우가 많다. 재화와 서비스의 이용이 긍정적 외부효과를 창출하는 경우에도 참여자 개인은 자신이 향유하는 사적인 가치에 기초하여 그 이용량을 결정하게 된다. 따라서 이러한 이용량은 그 외부효과까지를 포함하여 사회적 가치를 기준으로 보면 부족한 것이 된다. 따라서 정부는 이러한 재화와 서비스 이용자에게 보조금을 지급하거나 세금을 감면함으로써 사회적 가치에 부합하는 수준으로 재화와 서비스 이용을 증대시키도록 유도한다. 이러한 점에서 재정 유인으로서 쓰이는 조세는 세입을 늘리는 목적으로 이용되는 조세 정책과 다르다.

재정적인 유인 정책은 해당 재화와 서비스 이용 시에 발생하는 외부효과를 이용자에게 내부화하는 것이다. 그런데 재정적 유인 정책은 금전적 지원을 재화와 서비스의 공급자에게 줄 것인지, 수요자에게 줄 것인지에 따라 구분할 수 있고, 또 보조금 방식을 선택하는지, 조세 방식을 선택하는지에 따라서 달라진다. 결국 재정적 유인은 공급 측면 조세, 공급 측면 보조금, 수요자 측면 보조금, 수요 측면 조세의 네 가지로 나누어진다.

공급자에 대한 조세로는 환경 오염과 같은 부정적 외부효과를 발생시키는 공급자에게 부과하는 조세인 피구세(Pigouvian tax)를 들 수 있다. 이러한 정책은 환경오염물질 배출을 금지하는 규제와는 달리 세 부담을 덜기 위해서 오염물질을 배출하는 생산활동을 줄이는 선택을 하도록 유도한다(Rosen, 2002).

공급자에 대한 보조금은 긍정적 외부효과를 발생시키는 공급자에 대해 보조금을 지급하거나 조세를 감면하는 정책을 들 수 있다. 예를 들어, 지방정부가 특정한 공공재의 공급을 늘리도록 보조금(grants)을 지급하는 경우가 이에 해당한다. 특히 지방정부가 해당 공공재에 대해 지출하는 재원의 일정 비율을 중앙정부가 보조금으로 지급하는 제도를 대응보조금(matching grants)이라고 한다. 공급 측면 보조금 정책에는 공급자에 대한 조세지출(tax expenditure)도 있다. 특정한 재화와 서비스의 공급자에 대해서는 과세대상 소득을 줄이는 소득공제(tax deduction)나 부과세액을 줄이는 세액공제(tax credit) 등으로 조세 부담을 줄여 재화와 서비스의 공급 가격을 낮춤으로써 더 많은 공급을 유도하는 것이다(Rosen, 2002). 공급자에 대한 조세지출은 형식적으로는 조세 방식에 속하지만, 실질적으로는 보조금을 지급하는 것과 같은 효과를 가지기 때문에 공급 측면의 보조금 정책으로 분류한다.

공급자에 대한 보조금에서는 지방정부의 공공재 공급을 지원하기 위해 중앙정부가 제공하는 보조금이 중요하다. 일반적으로 공공재는 전국적 공공재(national public goods)와 지방적 공공재(local public goods)로 대변된다. 전국적 공공재란 그 혜택이 국가의 시민 전체에게 돌아가는 공공재를 말하며, 지방적 공공재란 그 혜택이 특정 지역 사회 주민에게만 돌아가는 공공재를 말한다. 전국적인 공공재는 국가적 수준에서 제공되는 것이 효율적이다. 만약 전국적 공공재의 공급 책임을 지방으로 넘긴다면 무임승차자(free rider) 문제가 심각하게 되어 해당 공공재가 적절한 수준으로 공급되기 어렵다. 예를 들어, 빈곤층 소득 지원에 대해 어떤 지방정부는 노력하지 않고 주변의 지방정부 노력의 혜택을 누리는 무임승차자가 되려는 태도를 보일 수 있다. 한편 지방공공재의 공급은 지방정부가 책임을 맡을 때 주민들의 선호를 반영하게 되고, 지방정부 사이의 경쟁이 이루어지게 되어 효율적이게 된다(Rosen, 2002). 그런데 공공재에는 전국적 공공재, 지방적 공공재 외에도 중앙정부의 개입이 요구되는 지방공공재가 존재한다. 때로 중앙정부는 지방공공재의 공급에서 지역 간 불평등을 완화하거나 모든 지역이 전국적인 최저기준을 충족하게 하는 적극적 역할을 수행할 필요가 있다. 사회복지 영역에도 지방적 공공재로서의 특성을 가졌음에도 불구하고 중앙정부의 개입이 요구되는 성격의 공공재가 존재한다. 가령 지역 주민의 문화생활을 지원하는 사회서비스는 성격상으로는 지방적 공공재의 성격을 가지나, 지역 간 형평성을 위해 중앙정부가 지방정부를 지원할 필요가 있다.

다음으로 수요자에 대한 보조금 정책은 소비자에게 특정한 재화에 대한 보조금을 지급하여 해당 재화에 대한 소비를 증대시키는 것을 목적으로 한다. 수요자에 대한 지원은 보조금 지급이나 조세지출 방식으로 이루어진다. 이러한 수요 측면 보조금 정책은 종종 특정한 재화의 소비를 지원하는 현물보조(in-kind grants) 방식으로 이루어진다. 엄격히 정의하면 현물보조는 특정한 재화를 정부가 직접 제공하는 것을 말하지만, 대부분의 현물보조는 수급자에게 시장에서 특정한 영역의 재화를 구입할 수 있는 바우처를 제공하는 방식으로 이루어진다. 대표적인 예로, 빈곤층의 식품 소비를 지원하는 미국의 식품권 제도(현재 SNAP이라는 제도로 과거의 Food Stamp를 대신함)는 식품이 아니라 바우처를 지급한다. 한국에서 지급하는 아동보육 바우처도 아동보육서비스 이용을 촉진하는 매우 중요한 역할을 한다. 그 외에 교육비로 지출한 소득을 과세 대상에서 제외하는 소득공제는 조세지출 방식의 수요자 지원이라고 할 수 있다.

현금지원과 달리 바우처는 소비자의 선택을 제약함으로써 해당 재화에 대한 지출을 일정 수준 이상으로 늘리도록 영향을 미친다. 현물보조제도는 때로는 소득 이전(transfer)의 목적으로 제공되기도 한다. 현물 지원에 대한 보조는 소비자의 해당 지출을 줄이는 만큼 소득을 증대하는 효과를 갖기 때문이다. 하지만 현물보조가 특정한 재화의 소비에 대해 소비자의 선택을 제약한다는 점에서 현금 이전과는 차이가 있다.

4. 사회복지서비스 공급에서 국가와 시장의 역할

공공 제공, 규제, 재정적 유인은 시장의 실패에 대응하여 사회복지 재화·서비스와 같은 공공재에 대한 시민의 접근성을 보장하는 것을 목적으로 하는 세 가지 대표적인 정책 유형이다. 그런데 사회복지서비스 제공에서 국가와 민간의 역할을 구체화하는 데에서는 이론적으로 모호한 영역이 있다. 공공재 제공에서 어느 정책 유형을 주로 이용하는지는 시대와 사회적 여건에 따라 달라지기도 한다.

19세기 후반부터 발전하기 시작한 서구 복지국가 중에는 국가가 사회복지서비스를 직접 제공하는 예가 많았다. 그러나 1980년대에 들어서면서 복지국가의 재정적 부담이 커지고 시민들의 요구에 민감하게 반응하지 못하는 관료화에 대한 비판이 제기되었다. 이와 함께 세계적으로 신자유주의 기조가 부상하면서 국가가 제공하던 공공재를 민간과의 협력관계 속에서 시장에서 제공하는 방향으로 전환하는 예가 증가하였다. 중앙정부가 맡던 역할을 지방정부로 이양하는 경향도 늘었다. 특히 공공기관이 담당하던 역할을 민간기관으로 이양하고, 민간부문에 대해 정부가 지원하는 경우도 영리기관의 역할을 늘린다. 또 제공 기관에 대한 보조금을 지원하는 방식에서 바우처와 같은 수요자 재정지원 방식으로 변화하는 흐름도 발견된다. 이러한 변화는 복지혼합(welfare mix), 복지다원주의(welfare pluralism)라는 개념에서도 포착된다(Powell, 2007).

이러한 변화는 소비자 선택권을 보장하고 경쟁을 촉진하여 공공재 제공의 효율과 효과를 높일 수 있다는 가정에 입각해서 진행되었다. 예를 들어, 우리나라 보육 서비스의 경우에는 국가가 직접 운영하는 보육시설은 매우 드물고, 정부의 주된 개입 방식은 재정지원이었다. 과거에는 재정지원이 공급자 위주로 이루어져 보육시설에 대해 지원을 하였다. 근래에는 바우처를 이용하여 아이를 보육시설에 보내는 부모에게 보육료 지원을 하는 재정지원 방식이 확대되고 있다. 그러나 서비스 질에 대한 불만 등이 지속되면서 국가의 직접적인 서비스 제공 등 보육의 공공성을 강화하라는 요구 또한 지속되고 있다. 소비자 선택과 시장 경쟁이 시민의 사회권 보장에 기여하는지에 대해서는 엄밀한 검토가 이루어져야 하고, 공공 제공의 확대와 같은 보완 노력도 기울여야 한다.

지금까지 살펴본 바와 같이 사회서비스 제공에서 국가의 개입 필요성에 대해서는 다양한 차원에서 그 이론적 근거가 논의될 수 있고, 국가의 개입 방식도 어느 하나로 정해져 있는 것이 아니다. 때때로 국가개입의 정당성이나 국가개입의 적절한 방식에 대해서는 상당한 사회적 논란이 일어나기도 한다. 사회복지서비스 공급에서 국가와 시장이 담당해야 하는 역할에 대해서는 지속적인 검토와 개선 노력이 필요하다.

생각해 볼 문제

1. 사회서비스 공급에 이용되는 정책 유형에는 무엇이 있는지 생각해 보자.

2. 사회서비스를 공공에서 제공하는 것의 장단점에 대해 생각해 보자.

3. 사회서비스의 민간 위탁 시에 발생하는 비용에는 어떤 것이 있는지 생각해 보자.

4. 시장에서 이루어지는 사회서비스에 대해 정부는 규제와 재정적 유인 방식으로 개입한다. 규제와 재정 유인은 어떤 경우에 적합하게 적용할 수 있는지 생각해 보자.

5. 사회서비스 제공에서 소비자 선택과 시장 경쟁을 강화하는 접근의 장단점에 대해 생각해 보자.

제6장
사회복지정책의 정책 과정

　사회복지정책은 다른 공공정책처럼 일련의 과정을 거치며 형성되고 변화된다. 전통적인 접근에서 정책 과정은 일반적으로 세 단계로 구분된다. 첫째는 의제 설정(agenda setting)의 단계이다. 의제 설정은 국가가 특정한 사회문제를 정부 정책으로 다루어야 할 대상으로 설정하는 것을 말한다. 둘째는 정책 채택(policy adoption)으로서 의제로 설정된 문제에 대한 해결책으로서 몇 가지 정책 방안을 제기하고 그것들의 장단점 평가를 통해 특정한 정책 방안을 최종적으로 채택하는 단계이다. 셋째는 채택된 정책이 담당 조직으로 넘겨져 실행되는 정책 집행의 단계이다(Peters, 2015; Weimer & Vining, 2017). 의제 설정, 정책 채택, 정책 집행은 그 자체가 흥미로운 정치 현상으로서 각각의 과정에서 영향을 미치는 요인을 분석하는 것은 여러 사회과학 분야의 중요한 연구 주제이다. 또한 정책 과정에 대한 이해는 이 책의 주요 관심 대상인 정책 분석과 정책 평가의 역할을 인식하는 데에서도 중요하다. 일반적으로 정책 분석은 의제 설정 단계와 정책 채택 단계의 사이에 이루어지고, 정책 평가는 정책 집행이 이루어진 이후에 수행된다. 하지만 성공적인 정책 분석을 위해서는 정책의 채택만이 아니라 의제가 설정되고 정책이 집행되는 과정에 대한 이해가 필요하다. 정책 평가 또한 의제 설정에서 정책 채택과 집행에 이르는 전체 정책 과정에 대한 충분한 이해 없이 성공적으로 이루어지기 어렵다. 이 장에서는 의제 설정, 정책 채택과 정책 집행으로 이루어진 정책 과정에 대해 소개하고 정책 채택과 정책 집행에 영향을 미치는 요인들에 대해 검토한다.

1. 정책 과정

　사회복지정책 분석을 위해서는 정책 채택 과정에 대한 이해가 필요하다. 정책 과정은 특정한 사회문제가 정책적 대처가 필요한 의제로 수용되는 정책 의제 설정에서 시작된다. 그리고 정책 분석은 정책 의제로 설정된 문제를 분석하여 그에 대한 해법들을 제시하고 여러 해법의 장단점을 평가하면서 최종적으로는 특정한 정책 방안을 추천하는 연구활동이다. 추천한 정책 방안이 정책으로 채택되면 그다음 단계에서는 채택된 정책은 집행을 담당하는 조직으로 넘어가 집행되는 과정을 겪게 된다. 그리고 일정한 시간이 경과하면 정책에 대한 평가가 이루어지게 된다. 예를 들어, 의회에서 입법과정을 거쳐 정책이 채택되면, 해당 업무를 담당하는 정부 부처에서는 정책 집행의 계획을 세우고 지침을 만들고, 정책을 집행하는 데 필요한 예산을 확보하고 인력을 충원하고 조직을 구축한다. 그리고 법과 제도에 따라서 도입된 정책이 성공적으로 집행되면 정책의 대상자에게 급여나 서비스가 제공되어 대상자의 욕구를 충족시키거나 대상자의 행동을 변화시키는데, 이후 그 영향에 대한 평가가 이루어진다. 이렇게 의제 설정, 정책 분석과 정책 채택, 정책 집행과 정책 평가로 이루어지는 순차적인 과정을 그림으로 나타내면 [그림 6-1]과 같다(송근원, 김태성, 1995).

　그러나 정책 과정을 의제 설정과 정책 채택, 정책 집행으로 이어지는 순차적인 단계

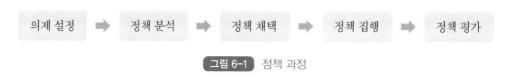

그림 6-1 정책 과정

로 구성되는 것으로 보는 전통적인 단계 설명법(stage hueristic)이 실제 과정을 적절히 반영한다고 볼 수는 없다. 실제 정책 과정에서는 각 단계의 경계가 분명하지 않은 경우가 많다. 정책 집행의 단계에서 정책의 설계가 구체화되는 결정이 이루어지는 등 일종의 정책 채택 기능이 이루어지기도 한다. 때로는 정책 채택의 단계에서 정책 집행 과정에서 예상되는 문제점을 검토하여 정책의 설계를 수정하기도 한다. 다른 한편으로는 정책에 대한 평가가 새로운 의제 설정을 초래하는 경우도 있다. 이러한 이유로 1980년대 후반부터는 단계적인 설명법에 대한 비판이 제기되었고, 정책 과정을 여러 단계가 뒤바뀌면서 상호작용하는 것으로 보았다(Sabatier & Weible, 2014).

이러한 논란을 떠나서 정책 분석을 성공적으로 수행하기 위해서는 정책 과정 전반에 대한 이해가 필요하다는 점이 중요하다. 일반적으로 정책 분석은 의제 설정이 이루어진 후 문제와 해결책 분석을 통해 정책 방안을 제시하는 활동이다. 따라서 정책 분석은 정책 채택의 과정으로 들어가면 종료되는 것으로 생각된다. 그러나 정책 분석에서 정책 채택이나 정책 집행 단계에서 발생할 문제들까지 검토할 필요가 있다. 정책 분석에서 정책 채택 단계를 검토해야 하는 것은 정책을 분석하고 설계하는 전문가가 정책이 채택되는 과정을 이해하고 정책 채택에 관여하는 이해당사자와 정책 결정자들이 나타낼 반응을 예상할 수 있을 때 현실적이며 채택 가능한 정책 방안을 제시할 수 있기 때문이다. 나아가서 정책이 채택되기 위해서 어떤 접근방법을 취할 것인지에 대해서도 생각할 수 있다. 또 정책 분석 단계에서부터 정책이 집행될 때 제기될 수 있는 어려움이 무엇인지를 이해하고 정책을 설계하는 것이 필요하다. 채택된 정책이 해당 업무를 담당하는 기관으로 넘어가서 원활하게 집행될 수 있을 때 정책이 의도한 목적을 이룰 수 있기 때문이다. 이러한 점에서 정책 분석에서는 전략적인 사고가 필요하다. 정책 분석의 과정에서 해당 정책의 채택과 집행의 가능성과 용이성을 적절히 평가하는 능력이 요구된다.

이렇게 정책 분석을 수행하는 데에는 정책의 채택이나 집행에서 나타나는 정치적인 과정에 대한 지식과 이해가 요구된다. 의회와 정부에서의 정책 결정의 방식과 과정, 언론의 태도나 이해관계자, 시민사회단체의 활동 양상 등에 대한 실제적인 지식이 유용하다. 또 여러 사회과학에서 발전시켜 온 정책 과정에 관한 이론들을 학습하여 정책 과정에 영향을 미치는 요인들을 파악하는 것이 정책 분석에 도움이 된다.

2. 정책 과정 이론

정책 과정 이론은 공공정책과 그를 둘러싼 행위자들, 사건, 맥락과 결과(outcomes) 사이의 상호작용과 같이 정책 과정에서 나타나는 현상들을 설명하고자 한다(Sabatier & Weible, 2014). 정책 채택을 중심으로 발전해 온 정책 과정 이론들은 사회복지정책의 채택과 발전의 이해에 도움이 된다(김상균, 1999). 다양한 정책 과정 이론이 존재하는데, 여기에서는 이익집단 이론(interest group theory), 신제도주의 이론(new instituionalism), 정책 옹호 연합 이론(policy advocacy coalition framework), 사회구성론 접근(social construction framework), 다중 정책 흐름 접근(multiple policy streams framework)을 중심으로 검토한다.

정책 채택에 관한 이론으로서 가장 널리 논의되는 것 중 하나가 이익 집단 이론이다. 이 이론에서는 특정한 정책이 채택되거나 기각되거나 하는 과정에서 이익 집단이 하는 역할에 주목한다(Weimer & Vining, 2017). 특정 정책이 채택될 경우 그 혜택은 소수에게 집중되고, 그 비용은 다수의 시민에게 분산되는 경우가 많다. 반대로 정책 채택으로 인한 비용은 소수가 집중적으로 부담하지만 그 이익은 다수에게 분산되기도 한다. 어떤 정책의 채택으로 이익이나 손해가 집중되는 집단이 존재하는 경우에는 그 소수의 이익 집단이 자신들의 이해를 관철하기 위해서 다양한 활동을 전개하여 정책 결정에 큰 영향을 미치는 경향이 있다. 이와 달리 분산된 이해관계를 가진 다수의 시민은 '잠자는 거인'이라고 할 만큼 정책에 대한 관심이 낮은 상태에 있는 경우가 많다. 그러나 소수 이익 집단이 반드시 성공하는 것은 아니다. 분산된 이해관계를 갖는 다수의 관심을 환기시키고 이들을 조직하고 동원하는 역량을 갖춘 기획가(entrepreneur)들이 성공적으로 활동하는 경우에는 다수의 의사가 소수 이익 집단의 영향을 압도하는 정책 결정을 이끌어 내는 경우도 있다. 잠자는 거인을 일깨워 내면서 이들의 요구를 입법이나 제도 도입으로 연결하는 역량을 가진 개인이나 단체의 활동이 중요하다. 국내외의 사회복지 역사에서 시민사회와 노동조합, 정당의 지도자들이 이러한 역할을 하였다.

최근에 주목받는 다른 이론으로는 경로의존성(path dependency)을 강조하는 신제도주의가 있다. 우연한 계기로 어떤 정책이나 제도가 일단 채택되면 자기를 재생산하는 방식으로 이후의 제도발전 경로에 큰 영향을 미친다는 것이다. 간단히 말하면 현재의 제도가 이후의 제도 선택을 규정한다. 이는 제도가 만들어지면 그 제도와 관련된 이해 관계자들이 많이 늘어나게 되어 이들이 제도의 변화에 저항하는 세력이 된다. 또 제도가 한번 도입되어 운영되면 그로부터 혜택을 경험하는 학습 과정을 통해서 제도의 지지자가 확산되기도 한다(Weimer & Vining, 2017).

미국에서 오랫동안 공적인 건강보험이 도입되지 못한 원인은 이 이론에 의해 설명될 수 있다. 대다수의 나라에서 운영되는 공적인 의료보험이 미국에만 없는 현실은 처음에 다소 우연적인 계기가 작용하여 만들어졌다. 제2차 세계대전 직후 정부가 임금 통제를 유지하는 상황에서 기업들은 필요한 인력 충원을 이루기 위해서 직원들에게 건강보험을 제공하는 서비스를 도입하였다. 여기에 정부가 기업의 건강보험 급여 제공에 대해 면세 혜택을 주면서 기업 단위의 건강보험은 급속하게 늘어난다. 이와 함께 건강보험을 제공하는 민간의 보험사들이 확장된다. 이렇게 건강보험에서 기업 단위의 급여 제공과 이를 운영하는 민간보험사들이 정착하게 된 후에는 이들이 강력하게 조직된 세력으로서 공적인 건강보험 도입에 반대하는 역할을 하였다.

정책 옹호 연합 이론은 정책을 둘러싸고 진행되는 갈등이나 화합을 상이한 신념을 만들어 내고 그러한 신념을 변화시키고 새로운 학습을 촉진하는 상황들을 반영하는 것으로 보고, 크고 작은 정책 변화가 일어나는 근거를 제시한다(Sabatier & Weible, 2014). 오랜 과정을 거치면서 찬성과 반대 진영 각각에 강력한 연합이 형성되어 있어 정책의 변화가 어려운 경우를 설명하는 데 적합한 이론이다. 개혁이 필요한데도 불구하고 각각의 연합 세력의 대립이 팽팽하게 유지되어 정책이 정체 상태를 벗어나지 못하는 것이다. 이렇게 찬반 진영별로 연합 세력이 형성되어 대립이 지속되는 상황에서는 집단 내에서 일부의 의견이 변화하더라도 진영 전체의 입장은 변화하지 않는다. 그렇다고 정책 변화가 완전히 불가능한 것은 아니다. 정체 상태를 깨뜨리는 어떤 외적인 충격으로 변화의 계기가 생기면 그런 과정에서 조금 더 진전된 방안들이 제시되고 그 효과에 대한 증거가 쌓이게 된다. 이때 진영 간 대립을 넘어설 수 있는 합리적인 방안으로 합의를 이끄는 중재자(broker)의 활동이 변화를 일으킬 수 있다.

사회구성론은 모든 사회문제는 객관적으로 존재하는 것이라기보다 사회적으로 구성되는 것이라는 입장에서 출발한다. 이 입장에 따르면 모든 사회문제는 누군가에 의해서 구성된 것이어서 문제를 어떻게 구성하는가에 따라서 그 해법으로서의 정책이 달라진다. 종종 현실에서는 사건 자체보다는 사건을 바라보는 인식틀(frame)이 중요하다는 논의를 한다. 사회구성론적 접근은 쟁점으로 등장한 문제의 실상보다는 그 문제에 대해 어떤 인식틀을 부여하는가에 따라 많은 사람의 문제 인식과 정책 선택이 달라진다는 점을 강조한다(Weimer & Vining, 2017).

사회구성론적 접근은 국내외에서 특정 정책의 변화가 일어나는 과정을 설명할 때 유용하다. 예를 들어, 공공부조에 대한 찬반 의견은 공공부조 수급자와 빈곤층의 행동을 어떤 인식틀로 설명하는가에 따라 달라진다. 언론에서 공공부조 수급자들의 도덕적 해이를 부각시키는 방향으로 여론을 형성하게 되면 공공부조 정책은 엄격한 조사로 부정수급을 방지하는 쪽으로 변화를 겪는다. 반면에 송파 세 모녀 사건같이 복지 사각지대에서 죽음에 이르게 된 비극적 사건이 집중적인 조명을 받게 되면 공공부조 정책은 관대하게 지원을 확대하는 방향으로 개선이 추진된다. 사회구성론적 입장에서 바라보면 결국 특정한 사안에 대한 정책은 그 문제를 사회적으로 구성하는 방향에 따라 달라진다.

사회복지정책 과정을 설명하는 데 큰 영향을 미친 이론으로는 다중 정책 흐름 접근을 들 수 있다. 킹던(Kingdon)의 다중 흐름 접근이 등장하기 전에는 정책 과정에 대한 두 가지 시각이 지배적인 위치에 있었다. 하나는 정책 결정을 합리적인 정책 과정(rational policy process)으로 보는 시각이고, 다른 하나는 정책 과정을 점증주의적 변화로 보는 시각이다. 정책 과정을 합리적으로 결정되는 것으로 보는 시각에서는 정책 변화를 특정한 문제의 분석을 통해서 그에 대한 가장 효과적인 해결책을 찾는 합리적 선택이 이루어진 결과로 본다. 그러나 실제 정책 과정을 보면 이렇게 합리적인 선택의 결과로 설명하기 어려운 경우가 많다. 린드블롬(Lindblom)에 따르면 정책 변화는 종종 기존 정책에서 일부를 변화시키거나 추가하는 점증주의적 양상을 보인다. 정책 결정자들은 정책을 크게 변화시킬 때 발생할 수 있는 위험을 회피하려고 하기 때문에 드러난 문제와 깊이 관련된 일부만을 수정하는 점증주의적인 태도를 취한다. 심지어 정책 결정의 비합리성을 강조하는 쓰레기통(garbage can) 모델도 등장한다. 코헨 등(Cohen, March, & Olsen)이 대학에서의 정책 과정을 분석한 결과에 따르면, 정책 결정은 특별한 합리적 근거 없이 무작위로 이루어진다. 정책 결정자는 기존에 제기되었던 문제와 해결책들이 잡동사니처럼 뒤섞여 있는 쓰레기통에서 상황에 따라 의외의 방안들을 선택하기 때문에 그 정책 결정에 대한 합리적인 설명을 하기 어렵다는 것이다(Kingdon, 2003).

킹던의 다중 흐름 이론은 매우 우연하게 이루어진 것으로 보이는 정책 결정이 그 맥락에 따라서는 합리성을 반영하고 있음을 보여 주는 노력으로 이해할 수 있다. 그에 따르면 정책 과정에는 세 가지의 정책 흐름이 영향을 미친다. 하나는 문제 흐름(problem stream)으로 특정한 사회문제들이 연속적으로 발생하고 심화되는 과정을 말한다. 다른 하나는 정책 흐름(policy stream)으로서 정책에 대한 검토가 진행되면서 여러 아이디어가 제시되고 다양한 정책 메뉴가 축적되는 흐름이다. 마지막으로 정치적 흐름(political stream)은 사회가 매우 보수적인 분위기에 있거나 보수적인 정당이 권력을 잡을 때와 진보적인 세력이 주도권을 가지는 때가 교차하면서 정치적 태도에서 나타나는 변화를 가리킨다(Kingdon, 2003).

다중 흐름 이론은 세 가지 흐름이 우연적인 계기에 의해서 결합이 되면서 정책 변화의 시기가 나타난다고 본다. 이렇게 정책 결정에는 사람들의 주의를 집중시키는 우연적인 사건이 작용하는데, 이를 초점 사건(focusing event)이라고 한다. 특정한 사건이 발생하여 사회의 주목을 받게 되거나 문제를 제기하고 대책을 수립하는 데에서 강력한 지도력을 발휘하는 카리스마 있는 지도자가 등장하는 등의 계기가 만들어지면 세 가지 흐름이 결합하면서 정책이 변화할 수 있는 기회의 창(window of opportunity)이 열린다(Kingdon, 2003). 이 기회의 창은 여러 가지 흐름이 조합되면서 나타나는 것이어서 합리적인 기대에 따라 발생하는 것은 아니다. 다중 흐름 이론이 중요하게 시사하는 바는 기회의 창이 열리더라도 충분히 진전된 정책적 구상을 준비하고 있는 때에만 정책 채택을 이룰 수 있다는 점이다.

3. 정책 채택

정책 분석에서는 정책 채택 과정에 영향을 미치는 다양한 요인들과 그것들이 어떻게 작동하는지를 이해하는 것이 유용하다. 현재 분석하는 정책과 관련해서 어떠한 이해당사자들이 존재하고 이들이 어떠한 동기나 신념, 가치를 가지고 정책을 바라보는지를 이해할 필요가 있다. 정책에 이해관계를 갖는 특수한 이익 집단, 당사자 집단이 존재할 수 있고 시민사회단체나 노동조합, 정당, 언론 등이 정책 채택에 영향을 미치는 경우가 많다. 어떤 정책이 제안되었을 때 이들이 보이는 찬반의 의사나 강도, 이들이 정책 결정에 영향을 미치기 위해서 동원할 수 있는 자원의 크기에 대해 예상하여 정책 방안의 내용과 방법을 검토할 필요가 있다. 예를 들어, 도입하고자 하는 정책이 입법을 필요로 한다면 의회의 다수 정당이나 의원들이 정책에 어떠한 태도를 갖고 있는지를 파악하는 것이 중요하다. 정책의 내용이 의회의 통과를 기대하기 어려운 상황이라면 정부의 시행령 개정 등을 통해서 가능한 수준으로 정책을 수정하는 것이 필요할 수 있다. 이렇게 정책 분석을 할 때 정책 결정의 장을 어디로 선택하는지가 정책 채택의 성패를 결정하기도 한다. 정책 채택에 중요한 영향을 미치는 주요 행위자들의 반응을 정확히 예상할 수 있는 지식과 능력을 갖추는 것은 정책의 채택 가능성을 높이는 데 큰 도움을 준다.

정책 결정의 장을 선택하는 것 이외에도 정책 채택의 가능성을 높이기 위해 흡수통합(co-optation), 타협(compromise), 의제 선택이나 정치적 수사의 기술 등의 방법들이 이용된다(Weimer & Vining, 2017). 흡수통합은 정책에 대해 반대할 가능성이 있는 세력 중 일부를 찬성 진영으로 끌어들이는 전략을 말한다. 현재 제안하고 있는 정책이 적어도 일부는 그들의 견해를 반영한 것이라는 점을 강조하여 정책에 대한 소유권을 공유하고 더 나아가서는 정책의 공동발의자에 포함하는 전략은 정책의 채택 가능성을 높인다. 정부에서 입법을 추진할 때 정부가 직접 발의하기보다는 의원입법 방식으로 추진하는 것, 정당에서 입법을 추진할 때 경쟁 정당 의원들을 공동발의자로 포함하는 것 등은 이러한 전략에 속하는 것으로 볼 수 있다.

그런데 이러한 흡수통합 전략이 가능하기 위해서는 타협 전략이 수반되어야 한다

(Weimer & Vining, 2017). 가령 정부나 여당에서 정책 입법을 추진하는 경우에 법안이 통과되기 위해서는 야당 의원들의 협조가 필요한 경우가 있다. 이때 야당 의원들의 협조를 얻기 위해서 이들의 의견을 반영하여 정책을 수정, 보완하여 정치적 수용성을 높일 필요가 있다. 정책 분석을 수행하는 입장에서는 가장 이상적인 것은 아니겠지만 현재 발생한 문제를 해결하는 데 도움이 되는 정책을 채택하기 위해서는 타협이 불가피한 경우가 있다.

그 외에도 의제 선택의 방식을 유리하게 선택하는 것도 정책 채택의 가능성을 높이는 전략이다(Weimer & Vining, 2017). 이를테면 의제 선택의 시기를 치열하게 여야 경쟁이 벌어지는 선거 직전으로 하기보다는 여야의 협력적 분위기가 고조된 시기에 하는 것이 법안의 통과 가능성을 높일 수 있다. 또 추진하고 있는 정책에 대해 보다 긍정적인 여론을 조성할 수 있는 프레임에서 논의를 주도하는 정치적 수사 기법을 이용하는 것이 중요하다. 소수자의 권리를 옹호하는 법안에 대한 지지도는 당사자의 인권 향상을 부각시키는 프레임이 지배하는 경우와 사회의 전통적인 가치와의 갈등이 강조되는 경우에 크게 다를 수 있다.

4. 정책 집행

효과적인 정책이 추진되기 위해서는 정책 분석 단계에서 정책을 집행하는 과정에서 제기될 수 있는 문제에 대해 검토하는 것이 필요하다. 정책을 설계할 때 정책 집행의 현실을 고려하지 않을 경우 정책 채택이 어렵거나 채택이 되어도 그 성과를 거두기 어렵게 된다. 정책 분석을 수행하는 입장에서는 정책이 성공적으로 집행되기 위해서 무엇이 필요한지를 생각하고 정책 제안이 이러한 요건을 갖추었는지를 검토할 필요가 있다.

정책 분석에서는 정책이 의도한 목표를 이룰 수 있는 이론적 근거에 따라 설계되었는지가 가장 중요하다. 이론적 근거는 정책과 산물(outcome) 사이의 인과적 사슬을 나타내는 논리 모형(logic model)으로 제시될 수 있다(Rossi, Lipsey, & Henry, 2019). 정책이 성공을 거두기 위해서는 일차적으로 정책이 작동하여 의도한 대로 산물의 변화에 이르도록 정책 설계가 논리 모형에 따라 이루어져야 한다. 하지만 이러한 정책 논리만으로 정책의 성공적인 집행이 보장되지는 않는다. 정책의 집행이 원활하게 이루어지기 위해서는 다음의 세 가지 요건을 갖추는 것이 필요하다(Weimer & Vining, 2017).

첫째, 정책을 집행하는 데 요구되는 여러 구성 요소가 있고, 각각의 인력과 조직들이 있는데 그런 조직들과 인력들 사이의 협력 체계가 잘 작동하게 하는 관리자(manager)의 역할이 중요하다. 정부나 민간에서 새로운 제도를 실시할 때 한 조직에서도 여러 부서가 관련될 수 있고 때로는 중앙정부와 지방정부, 정부와 민간에 걸친 여러 기관 사이에 협력이 필요한 경우도 있다. 이때 전체적인 계획 속에서 각 조직과 인력 사이의 협력을 이끌 수 있는 관리자의 역할이 중요하다.

제도가 집행되는 것은 마치 공장의 조립라인을 통해서 완제품이 완성되어 소비자에게 전달되는 것과 같아서 여러 가지 구성 부문이 보조를 맞춰 작업을 진행해야 하고 각 부문을 담당하는 인력이나 조직 사이에 협력이 이루어지지 않으면 집행의 실패가 발생한다. 관리자는 집행 계획을 세우고 이 계획에 따라서 전체 구성 부문의 협력이 이루어지도록 관리하는 역할을 한다. 이러한 관리는 쉽지 않고 특히 다양한 조직의 협력이 필요한 프로그램일수록 집행을 관리하는 것은 더 어려워진다. 관리자는 정책의 원활한 집행을 위해서 참여자들을 설득하고 조직과 자원을 동원한다는 점에서 일종의 정치가 역할을 수행한다고 하겠다.

둘째, 제도의 집행을 담당하는 인력들이 역할을 적절하게 수행하도록 하는 유인이 갖춰져 있는지도 중요하다. 급여와 서비스를 제공하는 인력들이 열심히 일하도록 하는 적절한 인센티브 구조가 갖춰져야 한다. 특히 사회복지 급여와 서비스를 전달할 때 일선 인력들의 역할이 중요하다. 기존 연구에서는 이들을 일선 관료제(street-level bureaucrat)라고 하였는데, 이들을 동원하여 역할을 다할 수 있도록 하는 구조를 갖추는 것이 집행의 성패에 큰 영향을 미치는 것으로 보았다(Lipsky, 1980). 일선의 제공인력은 수급자와 연결되는 통로에 있는 사람들로서 업무에서 이들의 재량이 크기 때문에 이들이 자신의 재량권을 어떻게 행사하는지에 따라 정책 집행의 내용이 달라질 수 있다. 이들이 정책을 잘 이해하고 그 취지에 따라 활동하는 것이 정책 집행에 필수적이다. 이들이 제대로 일할 수 있도록 교육과 훈련이 이루어지고, 시간과 예산, 자원이 적절히 배분되어 업무

수행 여건을 갖추어 주는 것이 중요하다.

일선 제공인력의 업무 수행에 대해 일관성 있는 방향을 제공하는 것도 중요하다. 기존 연구에 따르면 일선에서 복지 행정을 담당하는 인력들은 상충하는 요구를 받는 경우가 많다. 하나의 요구는 부정수급이 발생하지 않도록 하는 것으로 일선 공무원들은 적정한 자격을 갖지 않는 사람에게 급여를 제공하면 책임을 지게 된다. 다른 하나의 요구는 위기에 처한 가족과 개인에게 필요한 지원을 하는 역할로 위기를 극복하도록 하고 자립을 지원하는 책임을 진다. 위기가구의 예방과 지원을 강조하는 새로운 정책이 도입된다고 하더라도 일선 인력들이 이와 같은 상충적인 요구에 노출된 상황에서는 정책이 효과적으로 집행되기는 어렵다. 일선 관료제가 정책이 본래의 의도대로 집행되도록 활동하는 것이 성공적인 정책 집행에 중대한 영향을 미친다.

셋째, 집행 과정에서 문제가 발생했을 때 이를 적시에 포착하여 대책을 마련하는 해결사(fixer)의 존재가 중요하다. 집행의 전체 과정을 모니터링하면서 정책의 설계와 집행 계획에 따라 급여와 서비스 제공이 이루어지는지를 확인하고 그렇지 않으면 문제가 발생한 지점과 원인을 찾아내어 해결책을 제시하는 역할을 수행할 인력의 존재는 제도의 초기에 정책 집행을 정착하는 데에서 필수적이다(Weimer & Vining, 2017). 유능한 전문가가 모니터링을 하면서 발생하는 문제에 적절히 대처하도록 자문하는 해결사 역할을 하는 것이 정책 집행의 성패에 매우 중요하다. 이러한 역할을 수행하는 데에는 정책 도입의 취지와 설계된 정책의 논리에 대한 전체적인 이해가 필요한데 이를 갖춘 인력은 많지 않다. 이 때문에 때로는 정책 분석이나 정책 채택 과정에 참여한 사람들이 그러한 해결사 역할을 수행해야 하는 경우도 있다.

정책 집행의 성패에 영향을 미치는 이 세 가지 요인에 대해서는 정책 분석의 단계에서부터 검토가 필요하다. 만약 정책 집행 단계에서 세 가지 요인 중 하나라도 어려움이 예상되면 그 대책을 미리 검토해야 한다. 이렇게 정책 분석 단계에서 정책 집행 시에 발생할 수 있는 문제를 찾아내는 데에는 전방향 접근법(forward mapping)과 역방향 접근법(backward mapping)의 두 가지 방법이 많이 이용된다.

전방향 접근법은 정책 분석가가 해당 정책을 집행하는 시나리오를 하향식(top-down) 과정으로 작성하여 발생할 수 있는 문제를 찾아내는 것이다. 정책이 채택되면 중앙정부와 같은 상위의 집행 감독 기관에서 정책 집행의 지침을 작성하고, 지방정부와 같이 직접 정책 집행을 담당하는 기관에서는 집행 계획을 세워 집행조직에 인력과 재원을 할당하고, 필요한 경우에는 지역 내 민관기관과의 협력 체계를 구축하여야 한다. 제공인력에 대한 교육 훈련을 수행하고 참여 대상자들을 선정하여 급여와 서비스를 전달하고 대상자의 상태(outcome)를 변화시키는 과정에 이르기까지 상위 단위에서 하위 단위에 걸치는 전 과정의 시나리오를 작성하면서 각 과정에서 예상되는 어려움을 찾아내는 것이다(Weimer & Vining, 2017).

전방향 접근법은 세 가지 단계를 거쳐 진행된다(Weimer & Vining, 2017). 첫째, 정책이 도입되어 의도한 목표를 이루기 위해서 필요한 중간 단계의 행동을 모두 구체적으로 나열한다. 중앙정부의 담당부서에서 할 일과 지방정부의 담당부서에서 하는 행동, 민간과의 협력 관계에서 진행되는 경우에는 민간기관에서 프로그램을 준비하고 전문인력을 확보하고 서비스 제공 공간과 설비를 확보하는 것, 서비스 제공 기관과 이용자의 접촉 등에 대해 시나리오를 쓴다. 둘째, 이렇게 작성된 시나리오가 현실에서 작동할 수 있는 것인지를 비판적으로 검토한다. 시나리오가 지방정부, 민간기관, 이용자 등 각 참여 대상자 개인이나 조직의 이해관계와 부합되게 설정되었는지, 각 대상자가 참여를 기피하기 위해 어떠한 행동을 취할 수 있는지, 대상자들의 참여를 이끌기 위해서는 어떤 대응책을 마련할 수 있는지 등을 검토한다. 예를 들어, 지방정부가 참여에 소극적일 경우 이들의 참여를 촉진하기 위한 지원이나 규제 방안을 검토할 필요가 있다. 셋째, 대상 기관과 개인의 참여와 협력이 이루어질 수 있는 새로운 방안을 찾고 이에 기초하여 기존에 작성한 시나리오를 집행이 용이한 방향으로 수정한다. 이때 시나리오의 수정은 정책 집행 차원의 것일 수도 있지만 때로는 정책 설계 내용 자체를 부분적으로 변화시키는 것일 수도 있다. 가령 민간기관의 참여가 어려운 상황에서는 공공에서 직접 서비스를 제공하는 대안을 포함하는 방향으로 정책 설계를 변경할 필요가 있다.

역방향 접근법은 전방향 접근법과 반대로 상향식(bottom-up) 과정을 거쳐 집행이 원활하게 진행될 수 있는 정책 방안을 수립하는 방법이다. 역방향 접근에서는 대상자의 문제로부터 시작하여 조직을 거쳐 정책 대안을 마련한다. 대상자 상태나 행동(target behavior)을 변화시키는 것으로부터 시작하여 이를 이루기 위해서는 어떠한 프로그램이 필요한지를 검토하고 이러한 프로그램 운영을 담당할 기관을 파악하고 이들에 대한 재정 등 지원을 수행할 지방정부의 담당조직, 지방정부를 관리, 감독할 중앙정부의 담당 부처를 정하는 등의 과정을 시나리오로 작성한다(Elmore, 1979-1980).

가령 보호 관찰을 받는 청소년들에 대한 학교 적응 지원 프로그램을 도입하려는 경우를 생각해 보자. 역방향 접근법에서는 보호 관찰을 받는 청소년들의 상태로부터 시작하여 이 청소년들이 학교에 정착하는 데에 어떤 서비스가 필요한지를 판단한다. 그리고 이러한 서비스를 학교에서 제공할지 아니면 지역사회에서 제공할지를 판단한다. 지역사회에서 제공해야 한다고 정해지면 지역사회에서 어떤 성격의 기관이 제공자 역할을 수행할 수 있을지를 검토한다. 청소년 지원을 담당하는 민간기관이 할 수 있다면 이들이 서비스를 제공하는 데 필요한 인력과 재원을 갖추도록 지방정부는 어떤 지원을 해야 할지를 판단한다. 그리고 지방정부가 이러한 지원을 수행하도록 하기 위해서 중앙정부는 어떠한 역할을 해야 하는지를 판단한다. 최종적으로 이러한 전체 과정이 작동하기 위해서는 새로운 정책에 반드시 담겨야 할 내용을 정하게 된다. 이렇게 역방향 접근법은 참여 대상자의 상태로부터 출발해서 도입할 제도의 내용을 결정하는 데에까지 이르는 시나리오를 쓰면서 집행 실패(implementation failure)가 일어날 수 있는 지점을 찾고 이를 반영하여 정책 제안을 정하는 것이다.

정책 집행 실패에 대한 대책으로는 전방향 접근법과 역방향 접근법 같은 일반적 방법 이외에 정책 효과가 불확실한 상황에서 쓰는 특수한 방법도 있다. 첫째, 유사한 정책의 경험이 없어 정책 효과의 불확실성이 큰 경우에는 본격적인 도입에 앞서 시범 사업(demonstration project)을 실시할 수 있다(Weimer & Vining, 2017). 이는 정책 분석 단계에서 정책 평가를 수행하는 것이다. 사회복지 분야에서 가장 유명한 대규모 사례로는 미국의 부의 소득세(negative income tax) 시범 사업을 들 수 있다. 1960년대부터 미국에서는 공공부조 수급자의 근로동기를 제고하는 개혁방안으로 부의 소득세 제안이 이루어졌다(Friedman, 1962). 부의 소득세는 근로소득이 증가하면 그 100%에 해당하는 액수만큼 급여를 삭감하는 전통적 공공부조와는 달리 급여 감소율을 50% 정도로 줄여 참여자의 근로의욕을 제고하고자 하였다. 전통적 공공부조를 부의 소득세로 개편하는 것은 그 파장이 매우 크며 효과에 대해서도 찬반이 있는 제안이어서 미국 정부는 4개 지역에서 시범 사업을 실시한 후 그 결과를 보고 정책 채택 여부를 정하기로 하였다. 시범 사업에서는 변화된 제도가 참여자의 근로동기에 미치는 효과는 물론 가족 구조나 다른 행동에 미치는 효과를 보는 것을 목적으로 하기 때문에 상당히 장기간에 걸쳐 진행되었다. 1960년대 후반부터 시작된 시범 사업이 1980년대 초반까지 이어지기도 하였다. 부의 소득세 제안은 시범 사업이 진행되는 과정에서 정책 효과에 대한 논란이 일면서 도입으로 이어지지 못하였다.

둘째, 정책의 효과가 불확실한 상황에서 취하는 다른 방안으로는 일몰 규정(sunset provision)이 있다. 정책 채택 시에 정책 효과가 확인될 수 있는 일정 기간이 지나면 정책이 자동으로 폐기되도록 하는 규정을 포함하는 것이다. 일몰 규정이 담긴 정책은 기간 내에 긍정적인 효과를 제시하여 재승인되는 과정을 거쳐야 계속 유지된다. 일몰제 규정은 일단 정책이 도입되면 원래 기대한 효과를 거두지 못함에도 불구하고 지속되는 것을 막기 위해서 도입되었다(Weimer & Vining, 2017).

사회복지 분야에서 일몰 규정이 담긴 대표적인 사례로는 1996년 도입된 미국의 빈곤가족에 대한 임시지원법(Temporary Assistance for Needy Families: TANF)이다. 빈곤가족에 대한 임시지원법은 근로의무 부과를 강화하고 수급기간 제한 규정을 도입한 제도로서 미국의 전통적 공공부조인 아동부양 가족 지원제도(Aid to Families With Dependent Children: AFDC)를 대체하였다. 빈곤가족에 대한 임시지원법은 미국 공공부조제도를 대폭으로 변화시킨 제도로서 5년마다 심의를 거치면서 재승인되지 않으면 폐기되도록 설계되었다. 한국에서는 2005년 사회복지 지방분권화가 실시되면서 도입된 분권교부세 제도에도 일몰제 규정이 적용되었다(구인회, 양난주, 이원진, 2009). 당시 중앙정부의 국고보조금을 받는 사회복지 사업 일부를 지방정부로 이양하면서 이를 보완하는 재정지원 장치로서 분권교부세가 도입되었다. 이때 분권교부세 제도는 5년마다 심의를 거쳐 재승인을 받도록 정하였다. 심의 과정에서 분권교부세의 유지 필요성이 인정되지 않으면 제도는 폐기되도록 한 것이다.

정책 집행 실패에 대한 또 다른 대책으로는 정책이 집행되는 상황이 매우 다양한 경우(heterogenity)에 적용하는 방안이 있다(Weimer & Vining, 2017). 사회복지정책이 대도시와 중소도시, 농어촌 등 사회복지와 관련된 인프라나 여건이 다양한 지역에서 집행될 때에는 지역 특성의 차이로 발생하는 어려움에 대처할 필요가 있다. 이러한 경우 시범사업을 지역별로 특화한 모델로 진행함으로써 지역적 특성에 맞는 집행 계획을 마련하는 것이 필요하다. 이와 달리 프로그램의 집행이 가장 용이한 지역에서 먼저 정책을 집행하고 집행상에 나타나는 문제를 확인하여 보다 완성된 형태의 집행 계획을 마련하여 정책 집행이 어려운 지역에 적용하는 단계적 집행도 가능하다.

5. 정책 분석과 정책 과정

정책 채택이나 정책 집행이 어떤 경우에 성공하고 어떤 경우에 실패하는지를 분석하는 정책 과정 연구는 그 자체가 매우 중요한 사회과학의 연구 분야이다. 정치학이나 행정학 등의 분야에서 다양한 공공정책을 대상으로 정책 과정에 대한 연구가 진행되지만, 사회복지 분야에서도 정책 채택과 정책 집행에 관한 이론을 습득하고 이에 대한 경험적 분석을 진행하는 것이 필요하다. 더 나아가서 정책 과정에 대한 이해는 정책 분석을 수행하는 입장에서도 중요하다. 정책 분석을 통해서 제안하는 정책이 정치적으로 채택 가능성이 있는 것인지 혹은 채택 가능성을 높이기 위해서는 정책 제안의 내용이나 방법을 어떻게 할지에 대해 깊이 고려하여야 한다. 또한 정책 분석을 통해서 추천하는 정책 방안이 원활하게 집행될 수 있는 내용인지에 대해서도 검토가 이루어져야 한다. 집행 실패가 나타날 가능성이 높은 정책 방안을 추천한다면 정책이 채택되더라도 의도한 목표를 달성하는 것이 어렵기 때문이다. 이러한 이유로 사회복지정책 분석을 하는 입장에서는 정책 채택이나 정책 집행에 관한 이론과 지식을 습득하고 정책 분석 과정에서 채택과 집행에 대해 전략적으로 사고하여 정책 방안을 제시할 필요가 있다.

생각해 볼 문제

1. 의제 설정, 정책 채택, 정책 집행을 중심으로 정책 과정의 전체 흐름에 대해서 생각해 보자.

2. 정책 분석과 정책 평가는 정책 과정에서 어느 단계에 이루어지는지 생각해 보자.

3. 여러 정책 과정 이론 중에서 어떤 이론이 사회복지정책의 채택을 잘 설명하는지 생각해 보자.

4. 정책 분석에서 정책 채택 가능성과 집행 실패 가능성을 검토해야 하는 이유가 무엇인지 생각해 보자.

5. 정책 집행에서 일선 사회복지 인력의 역할이 중요한 이유를 생각해 보자.

제Ⅲ부

사회복지정책 분석 및 평가의 실제

제III부에서는 개별 사회복지정책의 분석 및 평가에서 다루어야 할 다양한 정책의 차원에 대해서 검토한다. 제7장에서는 사회복지정책의 분석을 개괄적으로 소개하며, 개별 사회복지정책의 분석이 완성되기 위해서 대상, 급여, 전달, 재원의 네 차원에서 해당 정책에 대한 검토가 이루어져야 함을 보여 준다. 제8장에서는 개별 사회복지정책의 설계에서 정책의 대상 선정과 관련한 쟁점을 소개하고, 제9장에서는 정책의 급여에 대해 검토한다. 제10장에서는 분석 대상이 되는 사회복지정책의 전달방식 설계와 관련된 쟁점을 다루고, 제11장에서는 해당 정책의 재원을 마련하는 다양한 방안을 논한다. 제12장에서는 사회복지정책의 평가를 다루며 정책 효과성 평가와 효율성 평가의 주요 개념을 설명하고 무작위 대조 시험 등 평가 방법을 소개한다.

독자들은 제7장에서 제11장에 이르는 제III부에서, 제II부에서 다룬 개념과 이론적 논의가 반복해서 등장하는 것을 볼 것이다. 제III부는 제II부의 이론을 실제 개별 정책의 분석과 평가에서 적용하는 성격을 갖기 때문에 이러한 중복은 당연하다. 제7장에서는 개별 사회복지정책의 설계 시에 설정하는 목표와 수단에 대해서 논하고 있어서 제II부의 제2장 사회복지정책의 목적과 제3장 사회복지정책의 수단에 대한 이론적 논의와 연결하여 이해하면 도움이 된다. 제8장부터 제11장까지의 네 장은 정책 설계 시에 결정해야 할 대상, 급여, 전달, 재원의 네 가지 정책 차원을 하나씩 다룬다. 이들 네 장의 내용은 제II부의 제4장에서 다룬 소득 이전에 해당하는 정책을 분석할 때 잘 적용되고 제5장에서 다룬 사회복지서비스 제공과 관련된 정책에도 적용성을 갖는다.

제12장에서는 사회복지정책 평가를 다룬다는 점에서 제7장에서 다루는 정책 분석과 구분된다. 제II부의 제6장에서 보았듯이 정책 분석은 정책 의제 선택과 정책 채택 사이에 이루어지는 정책 설계 작업이고, 정책 평가는 정책 집행 이후에 이루어진다. 그러나 정책 평가는 정책의 설계 단계에서도 요구되고, 정책 평가의 결과가 정책의 재설계로 이어진다는 점에서 정책 평가는 정책 분석과 끊임없이 환류되는 과정에 있음에 주목할 필요가 있다.

제7장
사회복지정책의 분석

이 장은 사회복지정책 분석에 대한 포괄적인 이해를 돕고자 한다. 사회복지정책 분석을 이해하기 위해서는 사회복지정책이 어떻게 구성되는지를 알아야 한다. 즉, 정책의 목표가 무엇이며, 그러한 목표를 달성하기 위한 수단들은 어떤 것들이 있으며, 그 정책으로부터 혜택을 보는 대상자들은 누구인지 알아야 할 것이다.

사회복지정책 분석을 이해하기 위해서는 사회복지정책의 내용을 구성하는 중요 요소들을 이해하는 것도 필요하다. 이는 정책 분석과 관련된다. 정책 의제가 형성되고 나면, 정책 의제의 해결책을 모색하고, 적절한 대안을 채택하여 정책이 형성되게 된다. 정책 분석은 이러한 정책을 설계하는 과정에서 이루어진다. 적절한 정책 분석을 위해서는 사회복지정책의 내용을 구성하는 4가지 차원, 즉 적용대상, 전달체계, 급여 형태, 재원에 대한 이해가 필요하다. 이 장의 후반부에서는 사회복지정책 분석과 관련된 사회복지정책의 내용을 구성하는 4가지 차원을 개괄적으로 소개할 것이다.

1. 사회복지정책의 구성 요소

어떤 사회복지정책이든 사회복지정책은 정책 목표를 갖고 있다. 좋은 사회복지정책이 되려면 그 정책을 통해 이루고자 하는 명확한 목표가 있어야 한다. 사회복지정책의 목표 달성을 위해서는, 그 목표를 달성하기 위한 정책 수단들이 잘 갖춰져야 한다. 그러므로 정책 수단도 사회복지정책을 구성하는 중요한 구성 요소이다. 사회복지는 사회구성원 개개인의 삶의 질을 향상시키고자 하는 활동이므로, 어떠한 사회복지정책이나 그정책을 통해 긍정적이든 부정적이든 영향을 받는 사람들이 존재한다. 사회복지정책의 영향을 받는 정책 대상자도 사회복지정책의 중요 구성 요소이다.

1) 사회복지정책의 목표

사회복지정책의 목표란 '사회복지정책을 통해 이루고자 하는 바람직한 상태'를 말한다. 국민기초생활보장제도를 예로 든다면, 국민기초생활보장제도를 통해 이루고자 하는 바람직한 상태, 즉 국민기초생활보장제도를 통해 빈곤한 사람들의 소득을 빈곤선 이상으로 향상시킨다든지, 중위소득 50% 기준 빈곤율을 몇 % 수순으로 떨어뜨리겠나 등이 국민기초생활보장제도의 목표가 될 수 있다.

어떤 사회복지정책도 하나의 목표만 가지고 있는 경우는 거의 없다. 대부분의 사회복지정책은 여러 가지 정책 목표를 함께 가지고 있다. 이들 정책 목표는 경우에 따라 상호 모순, 충돌하기도 하고 서로 보완적이기도 하며, 때로는 서로 독립적이기도 하다. 뒤에서 살펴보겠지만, 정책 목표를 이루기 위해서는 여러 정책 수단을 갖는다. 정책 목표-

그림 7-1　최종 목표-상위 목표-하위 목표

출처: 정정길 외(2014).

정책 수단의 연결 구조 속에서 정책의 최종 목표를 구성하는 목적과 그러한 목적을 달성하기 위한 정책 수단 간 연결 구조 속에서 목표 간 상하관계를 형성하기도 한다.

[그림 7-1]에서 보는 바와 같이 특정 정책이 최종적으로 지향하는 어떤 바람직한 상태를 최종 목표라고 한다면, 정책의 최종 목표를 이루기 위한 과정으로 상위 목표들을 가질 수 있다. 상위 목표들을 달성하기 위해서도 여러 정책 수단을 갖게 되는데, 그러한 각각의 정책 수단들도 달성하고자 하는 목표를 가질 수 있다. 그러한 정책 수단들의 목표가 하위 목표들을 구성한다.

국민기초생활보장제도를 예로 들어 보자. '모든 국민에게 인간다운 삶의 보장'이 국민기초생활보장제도의 최종 정책 목표라 한다면, 「국민기초생활보장법」 제1조 목적에 명시된 '최저생활보장'과 '자활조성'이 상위 목표라 할 수 있다. 최저생활보장이라는 상위 목표를 달성하기 위하여 생계급여, 주거급여와 같은 정책 수단을 갖고 있는데, 생계급여는 모든 빈곤한 국민들의 생계욕구 보장이라는 측면에서 '생계급여사각지대 최소화'나 '빈곤완화'와 같은 정책 목표가 있다고 할 수 있다. 이처럼 하나의 정책은 여러 정책 목표를 가질 수 있으며, 그러한 정책 목표들이 상하관계가 있는 서열적 관계를 형성할 수 있다.

사회복지정책의 목표는 법이나 제도에 명문화되어 있는 목표만 있는 것이 아니다. 사회복지정책의 목표는 여러 가지로 구분된다. 먼저 공표된 목표와 숨어 있는 목표로 사회복지정책의 목표를 구분할 수 있다(송근원, 김태성, 1995). 공표된 목표란 앞의 「국민기초생활보장법」 제1조의 목적과 같이 법조문이나 어떤 공식적인 자료에 명시되어 있는 목적 또는 그 목적에 근거한 목표를 들 수 있다. 사회복지정책의 목표는 명시된 목표만 있는 것이 아니다. 피븐과 클로워드(Piven & Cloward, 1971)는 사회복지의 숨어 있는 목표로 자본주의 경제 질서를 유지하기 위한 사회통제가 있다고 하였다. 즉, 사회복지의 목표는 국민의 인간다운 삶의 보장 또는 삶의 질 향상과 같은 명시된 목표와 달리 사회 질서 유지 또는 사회통제와 같은 숨어 있는 목표도 있다는 것이다. 국민기초생활보장제도를 예로 든다면, 국민기초생활보장제도의 숨어 있는 목표로 빈곤층들에 대한 사회적 통제를 지적할 수도 있을 것이다. 빈곤층들에게 최소한의 생활을 유지할 수 있도록 기초보장제도의 급여를 제공함으로써 빈곤층들이 사회적인 문제를 일으키지 않도록 관리하는 것이 국민기초생활보장제도의 잠재된 목표일 수도 있다.

사회복지정책의 목표에는 의도한 목표(intended objectives)가 있는가 하면, 의도하지 않은 목표(unintended objectives)도 있을 수 있다. 의도한 목표란 정책을 만들 때, 정책 담당자가 그 정책을 통하여 달성하려고 설정한 목표로서, 일반적으로 법이나 제도에 명문화된다. 국민기초생활보장제도의 경우 「국민기초생활보장법」 제1조의 목적에 제시된 '최저생활보장' '자활조성'이 국민기초생활보장제도가 의도한 목표라 할 수 있다. 의도하지 않은 목표는 정책을 설계할 때 정책의 목표로 설정하지 않았거나 예상하지 못했지만, 정책을 집행하는 과정에서 의도하지 않은 부수적인 영향을 말한다. 국민기초생활보장제도를 만들 때, 기초보장 수급자들의 노동동기 저하나 기초보장 수급에서 벗어나지 않으려는 것 등은 의도하지 않은 결과인데, 이런 것들이 국민기초생활보장제도의 의도하지 않은 목표에 해당한다.

사회복지정책의 목표는 단기적인 목표가 있는가 하면, 장기적인 목표도 있다. 단기적인 목표는 정책 집행 후 그 효과가 바로 나타나지만, 장기적인 목표는 정책 실행 후 오랜 기간이 지난 후에나 그 결과가 나타난다는 점에서 정확히 예측하기 어렵고, 그 효과 분석도 어려우며, 많은 논란이 존재할 수 있다(송근원, 김태성, 1995).

사회복지정책의 목표는 정책 집행 및 평가에서 여러 가지 중요한 기능을 수행한다(정정길 외, 2014). 첫째, 사회복지정책의 목표는 최선의 정책 수단을 선정하는 기준이 된다. 정책 수단을 선정하는 기준은 효율성, 수용성 등 여러 가지가 있을 수 있지만, 무엇보다 중요한 것은 정책의 목표를 달성할 수 있느냐, 즉 효과성이 높은 정책 수단인가라는 점이다. 둘째, 사회복지정책의 목표는 정책 집행을 할 때 지침이 된다. 사회복지정책을 집행할 때, 정책 집행과 관련한 세세한 여러 가지 결정들을 해야 하는데, 그 결정의 중요한 기준은 어떤 결정이나 활동이 정책 목표를 극대화할 수 있는가 하는 점이다. 셋째, 사회복지정책의 목표는 사회복지정책을 평가하는 기준이 된다. 정책 평가는 집행 과정을 평가하는 형성평가와 정책을 실행한 후 그 효과를 평가하는 총괄평가로 구분되는데, 총괄평가에서 중요한 부분이 정책의 목표를 어느 정도 달성했느냐를 평가하는 효과성 평가이다.

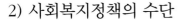

2) 사회복지정책의 수단

정책 수단이란 정책 결정자가 정책 목적을 달성하기 위하여 활용할 수 있는 도구를 말한다(남궁근, 2008). 사회복지정책 수단은 사회복지정책의 목적을 달성하는 데 활용하는 수단들을 의미한다. 국민기초생활보장제도는 빈곤자들의 최저생활보장이란 정책목표를 설정하고, 이를 달성하기 위하여 생계급여, 의료급여, 주거급여, 교육급여 등을 제공하는데, 이러한 급여들이 국민기초생활보장제도의 정책 수단이 된다. 빈곤 세습 방지라는 사회복지정책의 목표를 달성하기 위하여 빈곤 아동들에게 대학생 멘토 프로그램, 방과 후 학습 프로그램, 빈곤 아동 부모를 위한 가족상담, 교육급여 등의 서비스를 제공할 수 있는데, 이러한 서비스들이 정책 수단이다. 사회복지정책 수단들에 대한 깊은 이해는 뒤에서 살펴볼 사회복지정책 내용의 4가지 차원인 할당, 급여, 전달체계, 재원에 대한 고찰을 통해 보다 쉬워질 수 있다.

사회복지정책에서 정책 목표와 정책 수단을 명확히 구별해야 하며, 혼동해서는 안 된다(송근원, 김태성, 1995). 앞에서 언급했듯이 정책 수단은 정책 목표를 달성하기 위한 도구이다. 따라서 특정 사회복지정책의 성공 여부는 그 정책 목표를 어느 정도 달성했는가로 판단해야지, 정책 수단인 투입되는 자원의 양이나 질로 판단할 수는 없다. 예컨대, 노숙인의 주거문제를 해결하기 위하여 노숙인들을 위한 입소시설을 많이 만들었다 할지라도, 노숙인들이 입소시설에 입소하지 않는다면, 노숙인의 주거욕구 해결이라는 정책 목표는 달성하지 못하게 될 것이다.

정책 수단은 국민들에게 직접적인 영향을 미치므로, 정책 수단을 둘러싼 이해관계자들 간 갈등과 대립이 첨예하다. 사회복지정책을 둘러싸고 일어나는 정치적 갈등이나 타협에서 정책 수단을 무엇으로 할 것인가가 핵심이며, 정책 목표에 대한 갈등도 특정 정책 목표가 결정될 경우, 그에 따라서 채택될 가능성이 높은 정책 수단에 관한 이해관계 때문에 일어난다(정정길 외, 2014). 노인성 질환이 있는 노인들의 돌봄 욕구 충족이라는 정책 목표를 달성하기 위한 수단으로 요양기관의 운영을 공공기관으로 제한하려 한다면, 민간 요양기관 운영자들의 반발이 심해질 것이다. 이처럼 사회복지정책과 관련한 이해갈등이 발생하는 것은 주로 정책 수단과 관련되므로, 정책 수단의 결정은 효과성,

효율성 뿐만 아니라 평등성, 형평성 등 사회적인 평가기준을 충족하도록 이루어지는 것이 필요하다.

3) 사회복지정책의 대상자

　사회복지정책의 대상집단은 사회복지정책으로부터 어떠한 형태로든 영향을 받는 집단을 의미한다. 사회복지정책은 어떤 사람들에게는 혜택을 주고, 어떤 사람들에게는 손해를 끼칠 수 있다. 사회복지정책의 대상집단은 정책으로부터 혜택을 받은 수혜집단과 정책으로부터 손해를 입는 비용부담집단으로 구분된다(백승기, 2016).

　사회복지정책에서 수혜집단은 사회복지정책의 급여를 받는 사람들이 대표적이다. 비용부담집단은 사회복지정책을 위한 재원을 부담하는 사람들이 대표적이다. 국민기초생활보장제도를 예로 든다면, 수혜집단은 국민기초생활보장제도의 급여 수급자들을 들 수 있으며, 비용부담집단은 국민기초생활보장제도에 필요한 재원을 부담하는 납세자들을 들 수 있다. 또 다른 예로써 아동복지시설규제정책을 든다면, 아동복지시설 기준을 강화하는 정책을 펼 때, 강화된 기준에 부합하지 못한 시설을 운영하는 시설들의 경우, 그 정책에 의해 운영하던 아동복지시설이 폐쇄되거나 시설 기준에 부합하도록 아동복지시설을 보강하여야 할 것이다. 이러한 정책에서 기존 아동복지시설의 운영자들도 비용부담집단에 포함된다.

　사회복지정책의 수혜집단을 선택하는 방법으로 세 가지 인구집단을 구분하여 그 범위를 점차로 좁혀 나가는 접근법이 유용하다. 세 가지 인구집단이란 ① 일반집단(general population) ② 위험집단(at-risk population) ③ 표적집단(taget population)이다(황성철, 2005; Taber & Finnegan, 1980).

　일반집단은 사회복지정책 대상자 집단 중 가장 포괄적인 인구집단으로, 문제나 욕구를 갖고 있다고 판단되는 전체 대상집단이다. 노인복지정책을 예로 든다면, 우리나라에 거주하는 65세 이상 노인 전체가 일반집단에 해당한다. 위험집단은 일반집단 중 사회문제에 특히 취약하거나 욕구 미충족 상태가 특별히 심각한 사람들을 말한다. 노인들 대상 공공부조 정책이라면, 빈곤선 이하의 소득을 가진 우리나라 거주 65세 이상 노인들이 이에 해당한다고 볼 수 있다. 모든 위험집단이 곧 특정 정책의 수혜집단으로 등치되지는 않는다. 어떤 정책을 도입할 때 재정, 사회적 수용성 등 여러 가지 고려할 요소가 많이 있다. 그러므로 위험집단을 더 좁혀 정책의 대상집단을 설정하는 것이 필요하다.

표적집단은 위험집단의 하위집단으로서, 사회복지정책의 대상자로서 일차적인 자격요건을 갖춘 사람들이다. 위험집단을 표적집단으로 좁히는 데는 특정 사회복지정책을 도입할 때 고려해야 할 요소들을 활용할 수 있다. 앞의 노인 대상 공공부조제도를 도입한다고 할 때, 소득 기준으로 빈곤한 모든 노인이 위험집단이라 한다면, 예산상의 제약 또 소득기준으로 빈곤하지만 재산이 많은 노인들에게 공공부조 급여를 제공하는 것에 대한 사회적 비난 등을 고려하여, 일정한 재산 기준 등을 설정하여 위험집단 중 일부 노인으로 정책 대상집단을 특정화할 수 있는데, 이러한 대상 노인이 표적집단이 될 수 있으며, 이들이 잠재적 정책 대상 수혜집단이 된다.

2. 사회복지정책의 차원

앞에서 사회복지정책이 어떻게 구성되나를 살펴보았다면, 여기에서는 사회복지정책 분석에 대해 알아볼 것이다.

사회복지정책 분석에 대한 이해는 앞의 6장에서 설명된 정책 과정과 연결시켜 보면 이해가 쉽다. 정책 과정은 정책 의제가 만들어지고, 그 정책 의제와 관련한 여러 정책 대안을 비교하여 최적의 정책을 채택하고, 채택된 정책을 집행하는 단계로 이어진다. 여기에서 정책 분석은 정책 의제 형성과 정책 채택 과정 사이에서 이루어지는 활동이다. 다시 말하여 특정한 사회문제에 대해 정부가 해결책을 모색하겠다고 결정함으로써 정책 의제가 형성되는데, 정책 의제가 형성되면, 그 사회문제를 해결하기 위한 여러 정책 대안을 찾는 과정인 정책 대안 형성과정이 이루어지고, 여러 정책 대안 중 최적의 정책 대안을 선택함으로써 최종적으로 그 사회문제를 해결하기 위한 정책을 정부가 채택하여 집행하게 된다. 이렇게 특정 사회문제를 해결하기 위해 정책 대안을 형성하고, 최종 정책을 채택하기 위한 과정에서 이루어지는 활동이 정책 분석이다.

사회복지정책은 욕구를 충족하지 못한 사람들에게 그 욕구를 충족할 수 있도록 자원을 연결시켜 줌으로써 그들로 하여금 욕구를 충족하여, 삶의 질을 향상시키기 위한 활동이라고 할 수 있다. 특정 사회문제로 인해 욕구를 충족하지 못한 사람들에게 욕구를 충족할 수 있도록 정책 대안이나 정책을 설계하는 활동인 정책분석에서 핵심을 구성하는 것은 다음과 같은 4가지 차원이다. 누구를 대상으로 할 것인가? 그 대상의 욕구를 충족할 수 있도록 급여를 어떤 형태로 할 것인가? 대상자에게 급여를 어떻게 전달할 것인가? 소요되는 재원을 어떻게 마련할 것인가? 즉, 적용대상, 급여, 전달체계, 재원이 사회복지정책을 구성하는 핵심 요소이다.

사회복지정책 설계의 핵심 구성 요소인 4가지 차원, 적용대상, 급여, 전달체계, 재원의 선택에서 고려해야 할 요소들은 이 책의 제8장, 제9장, 제10장, 제11장에서 자세히 다룬다. 여기서는 사회복지정책 분석에 대한 이해를 위해 사회복지정책을 구성하는 4가지 차원에 대해 개괄적으로 살펴볼 것이다.

사회복지정책 분석에 대한 이해는 특정 사회복지정책이나 프로그램이 어떠한 영향을 미칠지를 예측하고 파악하는 데 도움을 줄 뿐만 아니라 관련된 다양한 이해관계자에 대한 영향과 이해관계를 이해하는 데도 도움을 받을 수 있다. 아울러 정책 분석을 통해 정책이나 프로그램이 현장에서 어떻게 실행되고 클라이언트에게 어떻게 영향을 미치는지를 이해하게 되어, 정책과 실무 간 연결고리를 이해할 수 있다. 자원이 할당되고, 집행되는 원리와 자원의 효율적 분배를 이해함으로써 사회복지서비스의 효율적 제공에도 도움을 얻을 수 있다.

1) 적용대상

사회복지정책의 대상자를 누구로 설정할 것인가는 사회복지정책 대안이나 정책을 채택할 때 핵심적인 요소이다. 정책 대상자를 누구로 설정할 것인가는 사회복지정책에 대한 철학 및 가치와 관련된다. 모든 국민을 적용대상으로 할지, 또는 자신의 욕구를 스스로 충족하지 못하는 사람들만을 대상으로 할지, 또는 보험방식으로 하여 보험료를 납입한 사람만을 적용대상으로 할 것인가는 사회복지정책에 대한 관점을 반영하고 있는 것이며, 내재한 가치 또는 철학도 서로 다르다. 현대 사회에서 누구나 직면하는 사회적 위험에 대응하는 제도로 사회복지를 본다면, 사회복지정책의 적용대상도 보편적으로 설정되어야 할 것이다. 보험료를 납입한 데 따른 권리로서 사회복지의 혜택이 주어진다고 본다면, 적용대상은 보험료를 납입한 사람으로 제한될 수 있다. 잔여주의 시각으로 사회복지를 바라본다면, 사회복지정책의 적용대상은 자산조사를 통해 선별된 저소득층 또는 빈곤한 사람으로 제한될 것이다. 이렇게 사회복지의 적용대상을 어떻게 설정할 것인가는 사회복지정책의 대상이 되는 사회문제에 대한 관점에 따라 달라질 수 있다.

사회복지정책의 적용대상을 어떻게 설정할 것인가는 정책의 효과와도 관련된다. 적용대상을 어떻게 설정하는가에 따라 정책이 미치는 영향이 달라지게 된다. 만약 특정 정책의 적용대상을 보편적으로 한다면, 그 정책이 결과의 평등에 미치는 영향은 크지 않을 것이며, 근로동기를 떨어뜨리지도 않을 것이다. 반면 사회연대, 공동체 의식, 인간의 존엄성과 같은 사회적 효과는 클 것이다. 특정 정책의 적용대상을 자산조사를 통해 선별한다면, 그 정책은 노동동기에 부정적으로 영향을 미칠 가능성은 크지만, 비용효과성은 높을 것이다. 이렇게 사회복지정책 적용대상의 결정은 사회복지에 대한 관점, 가치, 철학 등과 관련되며, 정책의 효과에 대한 고려도 필요하다. 제8장에서 자세히 살펴보겠지만, 지금까지 사회복지정책의 적용대상으로 인구학적 조건, 보험료 납입 여부, 자산조사 등이 많이 사용된다. 대부분의 사회복지정책의 적용대상은 앞의 세 가지 조건 중 하나를 주요하게 고려하든가 아니면, 이 세 가지 조건들 중 몇 가지를 결합하여 이루어진다. 적용대상을 결정하는 자격조건에 대한 상세한 논의는 뒤의 제8장에서 이루어질 것이다.

2) 급여

사회복지정책 설계에서 급여 형태의 결정도 중요하다. 현대 사회에서 사회복지는 사회적 위험으로부터 시민들을 보호하는 것으로부터 시작되었다. 산업화가 이루어지면서 실업, 산업재해, 노령과 같은 사회적 위험에 사람들이 노출되게 되었고, 이에 대한 대응으로 사회복지가 제도화되었다. 사회복지는 그러한 사회적 위험으로 인해 욕구를 충족하지 못한 사람들에게 급여를 제공하여 욕구를 충족하게 하는 제도이다. 그런 점에서 사회복지제도를 설계할 때 급여 형태를 무엇으로 할지는 중요하게 고려되어야 한다. 사회복지가 시작된 이래로 급여 형태의 양대 축은 현물과 현금이다. 현물급여의 특징과 현금급여의 특징을 어떻게 고려할 것인가가 급여 형태 결정에서 중요하다.

사회복지정책을 설계할 때, 급여 형태를 현금으로 할 것인가 현물로 할 것인가의 결정은 가치 및 이념에 따라 다를 수 있다. 현금급여는 사회복지정책의 대상자로 하여금 소비에서 폭넓은 선택의 자유와 자기결정권이 주어져야 한다는 가치가 내재해 있다. 반면 현물급여는 사회복지정책의 대상자들이 바람직한 소비를 하도록 그들의 소비에 대한 사회적 통제가 필요하다는 관점에 기초를 두고 있다.

급여 형태의 결정은 대상이 되는 사회복지제도의 성격이 무엇인가에 의해 크게 영향을 받는다. 보편주의 프로그램, 사회보험과 같이 권리적 성격이 강한 사회복지제도의 급여는 대상자들에게 자기결정권, 선택의 자유가 폭넓게 주어질 수밖에 없고, 그런 점에서 현금급여 형태가 많이 선호된다. 권리적 성격이 약한 제도일수록, 사회적 통제 요구가 많으며, 그에 따라 상대적으로 현물급여 형태를 고려하는 경우가 많게 된다.

뿐만 아니라 급여 형태에 따라 정책의 효과가 다르다는 점도 급여 형태 결정에 영향을 미치게 된다. 선택의 자유가 많이 주어지는 급여 형태일수록, 급여의 남용이나 오용의 문제가 발생할 가능성이 크며, 선택의 자유가 적은 급여 형태일수록 낙인 등으로 인간의 존엄성을 해칠 가능성이 크다. 급여 형태의 종류와 급여 형태 선택의 이론적 쟁점과 관련한 자세한 논의는 이 책의 제9장에서 다뤄질 것이다.

3) 전달체계

사회복지정책 설계에서 중요하게 고려할 요소 중 하나는 전달체계이다. 어떻게 하면 대상자들에게 급여를 효과적이며, 효율적으로 전달하기 위한 방법을 수립할 것인가의 문제이다. 국가가 직접 급여를 전달할 수도 있고, 또는 완전히 민간기관에게 급여 전달을 맡길 수도 있다. 대상자에게 급여를 전달하기 위한 방법은 다양한데, 각각의 방법마다 상이한 가치가 반영되어 있으며, 서로 다른 특성들을 내포하고 있다. 사회복지정책의 전달체계와 관련한 자세한 사항은 제10장에서 살펴볼 것이다.

전달체계의 결정은 여러 차원이 결합되어 있다. 전달체계에는 재원을 누가 마련할 것인가, 마련된 재원으로 급여를 생산하고 전달하는 주체를 누구로 설정할 것인가 그리고 급여의 생산 및 전달을 누가 규제하고, 감독할 것인가 등이 결합되어 있다. 사회복지가 발전된 국가들은 사회복지 재원의 대부분을 국가가 책임진다. 물론 그 사회의 지배적인 가치 그리고 사회복지 발전경로 등에 따라 사회복지 재원에서 민간의 역할 정도는 국가마다 상이할 수 있다. 자유주의 가치가 강하고, 전통적으로 사회복지에서 민간의 역할이 컸던 나라에서는 사회복지의 재원에서도 상대적으로 민간의 역할이 클 수 있다. 그렇다 할지라도 발전된 국가의 경우 사회복지의 재원 마련과 관련한 국가의 역할은 민간과 비교할 수 없을 정도로 크다. 사회복지의 전달체계에서 규제 및 감독의 역할은 재원과 상당 정도 관련이 있다. 사회복지서비스의 생산 및 전달에서 국가의 재원이 들어간다면, 국가의 규제 및 감독의 역할은 당연히 수반될 수밖에 없다. 이런 점들을 고려하면 사회복지 전달체계 결정에서 가장 큰 쟁점은 사회복지서비스의 생산 및 전달의 주체를 누구로 할 것인가의 문제이다. 사회복지서비스의 생산 및 전달의 주체를 누구로 할 것인가는 책임성의 문제라기보다는 효율성의 문제이다. 즉, 어떤 주체가 사회복지서비스의 생산 및 전달을 효율적으로 할 수 있느냐에 따라 사회복지서비스의 생산 및 전달의 주체를 결정해야 한다.

물론 사회복지서비스를 생산하고 전달하는 주체를 누구로 할 것인가는 사회복지서비스 유형의 영향을 받을 수 있으며, 사회복지서비스의 속성과도 관련된다. 생산 및 전달의 대상이 되는 사회복지서비스가 소득보장제도의 현금이냐 상담이나 돌봄과 같은 휴먼서비스냐인가에 따라 생산 및 전달의 주체와 관련한 효율성 문제는 큰 차이가 있을 것이다. 아울러 생산 및 전달의 대상이 되는 사회복지서비스를 생산하고 전달하는 주체가 많이 존재하는가 아니면 소수가 독점하고 있느냐에 따라 생산 및 전달 주체의 결정은 상이할 수 있을 것이다.

사회복지정책설계에서 전달체계의 결정은 사회복지서비스의 재원, 생산 및 전달, 규제 및 감독의 역할을 공공 및 민간이 어떻게 분담할 것인가의 문제이고, 다양한 공공주체 및 민간주체 간 역할 분담 방식에 따라 다양한 유형이 존재할 수 있다.

4) 재원

사회복지정책을 설계할 때, 중요하게 고려해야 할 마지막 요소는 재원이다. 사회복지 정책은 적합한 대상자들에게 급여를 제공하는 제도라는 점에서 급여를 제공하기 위한 재원을 어떻게 마련할 것인가는 중요한 문제이다. 특정 사회복지정책의 재원이 무엇이 냐에 따라 그 정책의 기본 성격이 결정된다. 그런 점에서 사회복지정책의 설계에서 재 원 마련 방식은 중요하다.

사회복지정책의 재원은 크게 공공 재원과 민간 재원으로 구별할 수 있고, 공공 재원 의 마련도 조세 방식으로 할 수도 있고, 보험료 방식으로 할 수도 있다. 공공 재원이지 만 조세와 보험료는 부과하는 방식이 상이하며, 특성도 상이하다. 그렇기에 특정 사회 복지정책의 재원을 조세 방식으로 마련하느냐 보험료 방식으로 마련하느냐에 따라 정 책의 효과 및 정책의 대상자도 달라지게 된다.

사회복지정책의 민간 재원으로는 기부금, 이용료, 기업복지, 비공식복지의 재원 등이 있으며, 각 민간 재원마다 특성이 다르고, 그 영향도 다르다. 사회복지정책의 민간 재원 은 대부분 조세지출과 연관되어 있다. 사회복지정책의 민간 재원들에는 일정 정도 세금 감면과 같은 형태로 공적인 지원을 받고 있다는 점에서 민간 재원에도 공공 재원이 일 정 정도 포함되어 있다.

사회복지정책을 설계하는 전문가들은 사회복지정책을 구성하는 재원들의 특성과 영 향을 정확히 이해할 때, 구상하는 사회복지정책의 목표에 적합한 사회복지정책의 내용을 구성할 수 있을 것이다. 사회복지정책을 구성하는 재원과 관련한 자세한 논의는 제11장 에서 이루어질 것이다.

생각해 볼 문제

1. 특정 사회복지정책을 예로 하여, 명시된 목표와 숨어 있는 목표가 무엇인지 생각해 보자.

2. 우리나라 사회복지정책 중 1가지를 예로 하여, 그 사회복지정책의 수혜집단과 비용부담집단이 누구인지 생각해 보자.

3. 사회복지정책의 내용을 구성하는 4가지 차원이 무엇이며, 각 차원별 주요한 쟁점이 무엇인지 생각해 보자.

제8장
사회복지정책의 대상

　2011년 11월, 서울시 무상급식 주민조례안에 대하여 서울시민의 찬성 여부를 묻는 주민투표가 실시되었다. 이 주민투표의 쟁점은 '전면적인 무상급식' 대 '소득 하위 50% 학생에 대한 단계적 무상급식'이었다. 주민투표 결과는 주민투표 참여율이 33.3%에 미달하였고, 그 결과에 대한 책임으로 오세훈 서울시장이 시장직을 사임하였다. 그에 따라 서울시장 보궐선거가 이루어졌다. 이 주민투표의 쟁점은 무상급식이라는 사회복지정책의 대상을 서울시 거주 초·중·고 학생 전체로 설정할 것인가 아니면 소득 하위 50% 학생으로 설정할 것인가였다. 사회복지정책의 대상자 선정 문제가 서울시 주민투표의 대상이 되었던 것이다. 사회복지정책의 대상자를 어떻게 설정하는가가 얼마나 중요하면, 우리 사회의 중요한 정치 이슈가 되어 주민투표의 대상이 되었을까?

　우리나라 사회복지정책들의 적용대상을 보면, 아동수당제도는 만 7세 이하 모든 아동이 대상이 되고, 국민연금은 18세 이상 국민이 적용대상이 되며, 보험료를 10년 이상 납부한 만 65세 이상 노인만 노령연금을 받을 수 있다. 국민기초생활보장제도는 소득인정액이 기준 중위 소득 50% 이하인 국민이 급여를 받을 수 있다. 이렇게 사회복지정책의 적용대상은 제도마다 다르다. 아동수당과 같이 일정한 연령기준만 충족하면 누구나 수혜자가 될 수 있는 정책이 있는가 하면, 국민연금과 같이 보험료를 내야만 급여를 받을 수 있는 제도도 있다. 국민기초생활보장제도는 소득 및 재산이 일정 수준 이하인 국민만 급여를 받을 수 있다.

사회복지정책의 적용대상을 어떻게 설정하는가에 따라 정책이 대상자 및 사회에 미치는 영향은 달라지게 된다. 그러므로 적용대상을 설정하기 위한 자격조건을 선택할 때에는 그 정책을 통해 달성하고자 하는 정책 목표가 무엇인지, 그 정책의 효과로 무엇을 기대하는지 등에 대한 신중한 검토가 필요하다.

사회복지정책의 대상을 결정하기 위한 자격조건으로 많이 사용되는 것은 인구학적 조건, 기여의 조건, 자산조사 조건이다. 각각의 자격조건은 서로 다른 특성을 가지고 있으며, 자격조건에 따라 정책의 효과도 다르다.

이 장에서는 이러한 자격조건들의 특성을 살펴봄으로써, 사회복지정책에 대한 이해를 높이고자 한다. 그러기 위해 우선 자격조건을 결정하는 데 있어서 이론적 기반이 되는 측면들을 살펴볼 것이며, 그다음에 각 자격조건의 형태별 특성을 살펴볼 것이다. 마지막으로 각 자격조건의 장단점을 평가함으로써 사회복지정책의 자격조건에 대한 심층적인 이해를 돕고자 한다.

1. 자격조건 선택의 이론적 기반

사회복지 정책의 대상을 누구로 결정할 것인가라는 자격조건의 이론적 기반은 보편주의 대 선별주의 논쟁과 정책의 효과성이다. 제4장에서 살펴보았듯이 보편주의 대 선별주의는 사회복지학의 대표적인 논쟁점으로서 오늘날에도 사회복지정책의 중요한 이론적 쟁점 중 하나이다. 사회복지정책의 효과성 판단도 사회복지 대상자의 자격기준을 결정할 때 중요한 근거가 된다. 어떤 자격기준을 선택하느냐에 따라 정책의 효과는 크게 다르다. 따라서 사회복지의 자격기준을 결정할 때 정책의 효과에 대한 고려도 중요하다.

1) 보편주의 대 선별주의

(1) 보편주의와 선별주의에 대한 이해

사회복지정책의 자격조건을 어떻게 정할 것인가의 가장 근원적인 이론적 기반은 보편주의 원리와 선별주의 원리이다. 보편주의와 선별주의의 원리는 두 가지 차원에서 이해될 수 있다. 하나는 두 원리를 선택의 연속체로서 이해하는 것이다. 원론적으로 보편주의를 적용하면, 어떠한 제한이나 조건 없이 모든 사람에게 사회복지 급여의 자격이 주어져야 한다. 그러한 자격조건을 갖는 사회복지제도는 아마도 없을 것이므로, 보편주의 사회복지제도는 존재하지 않을 것이다. 단지 어떤 자격조건이 보편주의 정도가 더 큰가, 작은가로만 사회복지제도에서 보편주의라는 용어를 사용할 수 있을 것이다. 거주 여부라는 자격조건은 보편주의 정도가 매우 크고, 인구학적 조건을 주요한 자격조건으로 하는 사회수당제도는 이보다 보편주의 정도가 더 작다.

선별주의도 원론적으로 정의하면, 사회복지의 대상자를 결정할 때, 특정한 조건이나 제한을 두어, 그러한 조건을 충족하는 사람들만 선별하여 대상자로 정하는 제도들은 모두 선별주의적인 제도라고 할 수 있다. 이런 관점에서 티트머스(Titmuss)도 선별주의적인 할당은 자산조사에 근거하지 않고, 욕구의 차별성에 근거할 수도 있음을 지적하였다(Titmuss, 1976a). 이렇게 선별주의를 정의하면, 사회복지제도의 자격조건들은 어떤 조건이나 제한을 거의 대부분 가지고 있다는 점에서 대부분의 사회복지제도는 선별주의적인 제도로 볼 수 있다.

이처럼 보편주의와 선별주의를 원론적인 의미로 이해한다면, 사회복지정책의 모든 자격조건은 완전한 보편주의를 한 극단으로 하고, 완전한 선별주의를 한 극단으로 하는 연속선상에 있다고 볼 수 있다. 이를 그림으로 살펴보면, [그림 8-1]과 같이 이해할 수

그림 8-1 자격조건과 보편주의, 선별주의

있다.

[그림 8-1]처럼 자격조건을 보편주의와 선별주의의 연속선체로 보면, 보편주의의 정도가 가장 큰 자격조건은 거주 여부이고, 다음으로 인구학적 조건, 기여 여부, 진단평가, 자산조사의 순이다. 반대로 선별주의의 정도가 가장 큰 자격조건은 자산조사이고, 다음으로 진단평가, 기여 여부, 인구학적 조건, 거주 여부 순이다. 원론적인 의미로 보편주의와 선별주의를 사용할 경우, 모든 자격조건은 보편주의적인 요소와 선별주의적인 요소를 둘 다 갖고 있고, 단지 그 정도에서만 차이가 있는 것으로 이해될 수 있다.

이렇게 원론적인 의미로 보편주의와 선별주의의 개념을 사용하는 것은 현실 사회복지제도나 정책을 이해하는 데 별로 도움이 되지 않는다. 제도의 성격과 원리가 완전히 상이한 사회수당과 공공부조제도를 구분하는 것도 쉽지 않다. 대표적인 보편주의 제도로 일컬어지는 아동수당제도도 아동이 있는 가족만을 선별한다는 점에서 선별주의적인 요소를 가진 제도로 받아들여질 수 있다(Gilbert & Terrell, 2004). 원론적인 보편주의와 선별주의 개념은 이런 한계가 있기 때문에, 사회복지정책에서 보편주의와 선별주의 개념을 이렇게 사용하는 경우는 거의 없다.

보편주의와 선별주의를 이해하는 다른 하나의 방식은 이분법적으로 이해하는 방식이다. 보편주의란 급여가 사회적 권리로서 모든 사람에게 주어져야 한다는 것이다. 영국의 국민보건서비스(National Health Service: NHS)와 같이 거주하기만 하면 급여가 주어진다든지 아동수당과 같이 아이가 있기만 하면 대상이 되는 사회복지제도나 사회보험과 같은 제도들이 보편주의적인 제도로 분류된다. 이러한 제도들은 시민 대다수를 대상으로 하며, 단지 시민이기 때문에 급여가 주어진다는 점에서 시민이 누리는 하나의 권리로 간주할 수 있다.[1] 사회보험도 국민 대다수를 대상자로 하며, 대상이 되는 위험의 원인이 사회적이고, 그에 대한 대응 역시 사회적 차원에서 이루어진다는 점에서 보편주의적인 제도로 분류된다. 이러한 제도들 모두가 보편주의적인 제도로 분류되지만, 보편주

---

1) NHS의 경우 영국에 거주하기 때문에 의료서비스를 이용할 수 있는 권리가 주어지는 것이며, 아동수당 역시 시민으로서 단지 아동이 있기만 하면 급여가 주어지는 것으로 시민으로서 누리는 하나의 권리라 할 수 있다. 사회보험 역시 국민이면 누구나 강제로 가입해야 할 의무가 있으며, 국민으로서 누리는 하나의 권리라 할 수 있다.

의 정도는 사회적 권리성 정도에 따라 차이가 있다. 사회적 권리성이 큰 제도일수록 보편주의적 성격이 더 강하다고 할 수 있다. 국민보건서비스(NHS)와 같이 거주 여부만을 유일한 자격조건으로 하는 사회복지제도가 가장 보편주의적인 제도이고, 인구학적 조건(거주 여부 조건도 포함하며)만 충족하면 대상자가 되는 사회수당은 NHS보다 보편주의적인 정도가 낮으며, 보험료를 기여해야 자격조건이 주어지는 사회보험제도는 사회수당보다 보편주의의 정도가 낮다고 평가할 수 있다.

선별주의란 급여의 욕구에 기초하여 대상자가 결정되어야 한다는 것이고, 여기서 욕구의 존재 여부는 자산조사에 의해 판별된다. 따라서 자산조사가 수반된 자격조건은 선별주의적인 제도라 할 수 있다. 우리나라의 국민기초생활보장제도, 기초연금, 장애수당, 장애아동수당 등은 그 제도의 명칭이 어떠하든 대상자를 자산조사를 통해 선별하여, 일정 수준 이하의 자산을 가진 사람만을 대상으로 한다는 점에서 선별주의적인 제도라 할 수 있다.

(2) 보편주의와 선별주의의 쟁점

보편주의자들과 선별주의자들은 사회복지정책에 대한 관점에서부터 다르다(Gilbert & Terrell, 2004). 보편주의자들은 사회복지정책을 사회구성원 모두가 당면하는 문제에 대한 사회 전체의 대응으로 본다. 사회구성원은 누구나 살아가면서 다양한 사회문제와 욕구결핍에 한번쯤은 직면하게 된다. 따라서 사회구성원 모두를 대상으로 하는 보편적인 사회복지제도가 바람직하다는 것이다. 반면 선별주의자들은 사회복지정책의 범위를 보다 좁게 본다. 욕구를 스스로 충족할 수 없는 개인과 가족만을 대상으로 하는 제도로 사회복지정책을 간주한다. 따라서 정부로부터 사회복지 혜택을 받으려는 대상자들은 그러한 욕구를 스스로 충족할 수 없음을 증명해야만 한다. 그러한 증명을 하기 위한 수단이 바로 자산조사이다.

이처럼 보편주의와 선별주의는 사회복지에 대한 기본적인 관점이 서로 다르다. 뿐만 아니라 보편주의와 선별주의는 각기 상이한 근거를 가지고 보편주의 또는 선별주의적인 사회복지가 더 바람직하다고 주장한다(Gilbert & Terrell, 2004).

보편주의자들은 보편주의적인 사회복지제도가 바람직하다는 근거로 다음과 같은 점들을 든다. 첫째, 보편주의적인 제도가 인간의 존엄성과 사회통합 유지에 더 효과적이라고 주장한다. 사회복지는 재원을 마련하여 욕구 있는 사람들에게 그것을 연결시켜 주는데, 이 과정에서 재원을 부담하는 사람과 사회복지 급여를 받는 욕구 있는 사람들이 서로 분리되기 쉽고, 그 결과 사회통합을 해칠 수 있다. 보편주의적인 제도들은 조세나 사회보험의 보험료와 같이 사회구성원 모두가 재원을 공동으로 마련하고, 욕구가 발생하면 누구나 급여를 받는다. 따라서 재원을 부담하는 사람과 급여를 받는 사람이 서로 분리되지 않기 때문에, 인간의 존엄성이나 사회통합을 유지하는 데 더 효과적이라는 것이다. 둘째, 보편주의적인 제도가 정치적인 지지 획득이라는 측면에서도 선별주의적인 제도보다 더 유리하다. 보편주의적인 제도의 수혜자는 대다수의 사회구성원이므로, 사회구성원 중 일부만이 수혜자인 선별주의적인 사회복지제도보다 사회구성원들의 정치적 지지가 높다는 것이다. 스코치폴(Skocpol)은 미국 사회복지의 역사를 볼 때, 선별주의적인 사회복지제도가 충분한 재정지원을 확보하지 못했으며, 정치적으로도 보편주의적인 프로그램이 선별주의적인 프로그램보다 더 성공적이었다고 지적한다(Skocpol, 1990). 복지국가의 위기 시기에도 축소나 약화가 일어났던 사회복지제도들은 공공부조와 같은 선별주의적인 제도이었으며, 영국의 NHS, 사회보험제도 등 보편주의적인 제도들은 거의 후퇴하지 않았다는 주장들도 제시되는데, 그러한 주장의 근거들로도 보편주의적인 제도들과 선별주의적인 제도 간 정치적 지지도의 차이가 주로 제시된다(Mishra, 1990).

그러므로 빈곤층을 위한 프로그램도 저소득층 또는 하층계급만을 대상으로 하는 프로그램보다 보편적인 프로그램을 가지고 저소득층을 지원하는 전략이 더 적절하다고 주장한다. 스코치폴은 이를 '보편주의 내에서의 표적화'라고 부른다(Skocpol, 1990). 다시 말하여 보편주의적인 프로그램을 운용하면서 급여를 저소득층에게 더 유리하게 제도를 설계한다면, 정치적 지지 획득이나 사회적 낙인 없이도 저소득층을 지원하는 프로그램을 운용할 수 있다는 것이다.

셋째, 보편주의자들은 보편적인 프로그램이 선별적인 프로그램보다 비용효과의 측면에서도 더 효과적이라고 주장한다. NHS와 같은 보편적이며 포괄적인 의료프로그램, 보편적인 보육프로그램 등은 보다 큰 문제인 건강, 빈곤 등에 대한 예방 효과를 갖는데, 이러한 적은 비용의 예방 프로그램이 장기적인 측면에서 보면, 오히려 비용을 더 절약하는 효과를 갖는다는 것이다. 또한 보편적인 프로그램은 행정비용이 더 적게 든다는 점도 장점으로 지적된다. 보편적인 프로그램일수록 대상자 선발과정이 단순하기 때문에, 그 프로그램을 운용하는 데 드는 행정비용이 더 적게 든다.

반면 선별주의자들은 선별주의적 프로그램이 바람직한 이유로 다음과 같은 근거를 제시한다. 첫째, 선별주의자들은 사회복지정책의 주요한 목표 내지 가치를 빈곤제거에 둔다. 어떤 사회에서나 자원은 유한하지만, 욕구는 무한하다는 점을 고려할 때, 수급 자격을 제한적으로 부여하는 선별주의적 프로그램이 전체 지출을 감소시키고, 욕구가 가장 큰 사람에게 유용한 자원을 집중할 수 있다는 점에서 바람직하다는 것이다. 그러므로 빈곤제거라는 측면에서 볼 때, 선별주의적 프로그램이 보편주의적 프로그램보다 훨씬 비용효과적이다.

둘째, 선별주의자들은 사회적 효과성이라는 맥락에서도 선별주의적 프로그램들이 더 바람직하다고 주장한다. 평등 달성이라는 측면에서 보면, 모든 사람에게 수급 자격을 부여하는 보편주의적 프로그램보다는 빈민들에게만 급여를 집중하는 선별주의적 프로그램들이 더 효과적이라는 것이다. 교육이나 보육서비스 또는 의료서비스든 선별주의적 프로그램들은 사회 내의 불평등을 감소시키는 데 기여한다는 점에서 평등 달성에 효과적이다. 또한 형평이라는 측면에서도 선별주의적인 프로그램들이 더 바람직하다고 주장한다. 충족되지 않은 욕구가 광범위하게 존재하므로, 빈민들이 희소한 공공자원에 대한 최우선적인 요구를 갖는 것이 형평이라는 측면에서 바람직하다는 것이다.

이처럼 보편주의와 선별주의는 사회복지에 대한 관점 및 가치, 효과성에 있어서 상이한 근거를 가지고 사회복지를 설명한다. 보편주의적 원리에 충실한 자격조건일수록 사회복지의 권리성, 사회통합, 연대의 가치를 강조하고, 선별주의적 원리에 충실한 자격조건일수록 사회복지의 비용효과성, 빈곤제거 등을 강조한다.

우리가 어떤 사회복지정책이나 제도의 자격조건을 결정할 때, 보편주의와 선별주의 중 어느 하나의 원리에만 근거할 필요는 없다. 보편주의적인 원리를 따르면서도 동시에 선별주의적 방식을 제도 내에 삽입할 수 있다. 예컨대, 모든 사람을 대상으로 하면서도 저소득층에게 더 유리한 급여 구조를 갖도록 한다면, 선별주의적 방식이 갖는 낙인감을 해소할 수 있으며, 보편주의적 방식이 갖는 불평등 완화에서의 한계 등의 단점을 보완할 수 있다. 또는 사회복지 급여와 조세제도를 결합하여 운영함으로써 보편주의적 원리와 선별주의적 원리를 결합하여 제도를 운영할 수도 있다. 이러한 관점에서 오자와 (Ozawa, 1974)는 아동수당을 제안하였다. 그녀의 아동수당제도 운영방식은 모든 아동에게 아동수당을 주고, 그 소득을 조세 부과 대상에 포함함으로써 고소득층이 받는 아동수당은 결국 세금으로 거의 환수할 수 있다는 것이다. 그 결과 아동수당에 의해 각 가구가 얻는 순이익은 소득수준에 따라 상이할 수 있다. 이런 방식은 급여의 분배시점에서는 보편주의적 원리를 적용하지만, 급여의 소비시점에서는 선별주의적 원리를 적용하는 것이다. 사회복지 급여에 드는 비용을 마련하는 방법을 고찰해 보면, 거의 모든 보편주의적 급여에 선별주의적 원리가 스며들어 있음을 발견할 수 있다. 이런 점에서 볼 때, 보편주의적 급여는 '보편주의라는 유전자가 우성으로 존재하면서 그와 동시에 선별주의라는 유전자가 열성으로 존재'하는 급여라 할 수 있다(Gilbert & Terrell, 2004; Reddin, 1969).

2) 효과성

자격조건을 결정할 때 고려해야 하는 또 다른 요소는 효과성이다. 자격조건에 따라 그 제도의 정책효과가 달라지므로, 효과성을 고려하는 것도 중요하다. 자격조건의 평가 기준으로 보편주의자들은 사회적 효과성을 강조하고, 선별주의자들은 비용효과성을 강조한다. 비용효과성은 욕구가 가장 많은 사람, 즉 시장에서 자신들이 필요로 하는 것을 구입할 능력이 가장 적은 사람에게 어느 정도 자원이 할당되는가로 측정된다(Gilbert & Terrell, 2004). 욕구가 가장 큰 저소득층에게 자원을 집중적으로 배분할수록, 투입된 자원 대비 빈곤제거 효과가 크므로, 비용효과성은 크다. 비용효과성의 가치를 실현하기 위해서는 급여를 받을 자격이 있는 사람을 결정하는 데 있어서 고도의 선별성이 필요하다. 왜냐하면 자기 힘으로 욕구를 충족할 수 없는 빈곤한 사람들만을 선별하여 대상자로 선정하여야 하기 때문이다. 비용효과성은 보통 그 프로그램에 들어가는 총비용이 얼마인가, 분배된 급여가 빈곤갭을 얼마나 채울 수 있는가 또는 빈곤하지 않은 사람에게

흘러 들어간 누출된 급여의 양이 얼마인가를 비교하는 방법을 통해 측정한다.

비용효과성의 측면에서 논할 수 있는 또 다른 요소는 운영효율성이다. 사회복지정책을 통해 빈곤을 제거하는 효과를 높이기 위해서는 투입되는 자원이 가능한 한 대상자 집단에게 많이 전달되어야 한다. 사회복지정책을 수행하기 위해서는 정책 수행과 관련한 행정비용이 수반될 수밖에 없다. 행정비용이 많이 들수록 전체 예산 중 대상자에게 전달되는 투입자원의 비율은 낮아지게 된다. 이처럼 전체 예산에서 행정비용이 차지하는 비율로 운영효율성을 측정한다. 전체 예산에서 행정비용이 차지하는 비율이 높을수록 운영효율성은 낮고, 반대일수록 운영효율성은 높다. 이러한 운영효율성도 자격조건에 따라 차이가 있다.

사회적 효과성은 보다 포괄적인 맥락에서 정책의 효과를 평가한다. 단순한 비용효과로 정책의 효과를 평가하는 것이 아니라 사회복지가 달성하고자 하는 목표와 사회복지정책의 시행 과정에서 나타날 수 있는 다양한 사회적인 효과 등을 포괄하여 정책의 효과를 평가한다. 그러한 범주로 흔히 언급되는 효과로는 평등(소득재분배), 근로동기, 저축동기, 가족의 안정성, 낙인, 인간의 존엄성, 사회통합 등이다.

평등은 소득재분배와 밀접한 관련이 있다. 시장을 통해 분배된 소득을 조세나 사회복지정책을 통해 재분배하는 것은 어떤 형태로든 평등에 영향을 줄 수 있기 때문이다. 그런 점에서 자격조건의 사회적 효과성을 논할 때, 소득재분배의 측면에서 살펴보는 것도 필요하다.

자본주의 사회에서 소득은 1차적으로 시장을 통해 분배되는데, 이렇게 분배된 1차 소득을 다시 분배하는 것이 소득재분배이다. 소득재분배는 조세나 사회복지정책과 같이 국가에 의해 이루어질 수도 있고, 개인의 자발적 기부와 같이 민간에 의해 이루어질 수도 있다. 소득재분배 개념은 시간이나 세대를 중심으로 구분하면, 세대 내 재분배(intra-generation redistribution)와 세대 간 재분배(inter-generation redistribution)로 구분된다. 세대 내 재분배는 같은 세대 내에서 소득이 재분배되는 것을 말한다. 예를 들어, 현 세대 내에서 서로 다른 소득계층 간에 소득이 이전될 때, 세대 내 재분배라 할 수 있다. 세대 간 재분배는 젊은이로부터 노인에게로 소득이 재분배되는 것과 같이 서로 다른 세대 간 소득이 재분배되는 것을 말한다.

한편 세대 내 재분배는 수평적 재분배와 수직적 재분배로 구분된다. 수직적 재분배는 부자의 소득 일부를 빈자에게 주는 것과 같이 소득 계층이 서로 다른 집단 간에 소득이 재분배되는 것을 말한다. 수평적 재분배는 소득계층과는 무관하게 집단을 구분하고, 그러한 집단 간 소득재분배를 일컫는다. 예컨대, 건강한 사람으로부터 아픈 사람에게로, 또는 취업한 사람으로부터 실직한 사람에게로의 소득 이전이 수평적 재분배이다(이인재 외, 1999; ILO, 1984; Stiglitz, 1988).

사회복지정책의 자격조건에 따라 소득재분배가 다르게 발생하고, 따라서 평등의 효과도 서로 다르다. 사회복지정책의 중요한 가치 중의 하나가 평등이고, 사회복지정책의 중요 기능 중 하나가 소득재분배라는 점에서 자격조건의 효과 분석에서 평등 내지 소득재분배는 중요하다.

사회복지와 관련한 비판 중 하나는 사회복지가 근로동기를 저해한다는 것이다(Murray, 1984). 머레이는 사회복지가 잘 되어 있으면, 사람들은 일을 열심히 하여 소득을 높이려 하기보다는 사회복지에 의존하여 일을 적게 하려 한다고 주장한다. 사회복지가 근로동기에 미치는 영향은 자격조건에 따라 다르다. 어떤 자격조건은 부정적으로 근로동기에 영향을 미칠 수 있는가 하면, 어떤 자격조건은 근로동기에 별로 영향을 미치지 않을 수 있다. 그런 점에서 자격조건과 관련한 사회적 효과성 분석에서 근로동기의 측면도 중요하게 평가되어야 한다.

사회복지정책은 저축동기에도 영향을 미친다. 사회복지정책이 확대되면 개인들의 저축 및 투자동기를 약화시켜, 자본축적을 어렵게 하여, 생산성을 낮추고, 경제성장에 해가 된다는 비판이다(김태성, 2007; Abramovitz, 1981). 이처럼 저축동기 또한 사회복지정책의 효과성에서 중요하다. 저축동기는 사회복지정책의 재원과 보다 관련성이 크지만, 자격조건이 어떤가에 따라서도 영향을 받는다.

사회적 효과성의 측면에서 논의되는 것 중 하나는 가족구조에 대한 사회복지정책의 영향이다. 복지국가에 대한 비판론자들은 사회복지가 가족구조를 변화시켜, 빈곤을 유발한다고 비판한다(김태성, 성경륭, 2014; Blinder, 1980). 사회복지정책의 자격조건이 어떠하냐에 따라 가족구조는 영향을 받을 수 있다. 어떤 사회복지정책의 자격조건이 특정한 가족형태와 연관되어 있다면, 그 자격조건이 그런 가족형태의 증감에 영향을 미친다는 지적이 논리적으로 가능하다. 이처럼 자격조건에 따라 가족구조에 대한 영향이 상이할 수 있다.

사회적 효과성의 또 다른 요인들로 낙인, 인간의 존엄성, 사회통합 등도 지적된다. 낙인(stigma)은 급여를 받는 대상자가 느끼는 치욕감을 말한다. 치욕감을 받는다는 것은 인간의 존엄성 가치가 훼손당하는 것이다. 자격조건에 따라 대상자에게 치욕감을 줄 수도 있고, 그렇지 않을 수도 있다. 사회복지정책의 중요한 목표 중의 하나로 흔히 사회통합이 지적된다. 사회복지정책은 자본주의 사회의 본질적인 문제 중의 하나인 계층 간 분리문제를 완화하는 기능을 수행한다. 자격조건에 따라 사회통합 효과도 다르다. 그런 점에서 자격조건의 사회적 효과성 효과 평가 중 하나로 사회통합도 고려된다.

2. 자격조건의 종류

급여를 받는 대상자의 자격조건은 다양하다. 영국의 NHS와 같이 현재 영국에 거주하기만 하면 의료서비스를 받을 자격이 주어지는 경우가 있는가 하면, 인구학적으로 동일한 범주에 속하기만 하면 주어지는 자격조건도 있고, 사회보험과 같이 보험료를 납부하여야만 자격조건이 주어지기도 한다. 공공부조와 같이 자산조사를 통해 자산이 일정한 기준선보다 적어야만 급여를 받는 자격조건도 있다. 거주 조건(특정 국가에 일정 기간 거주하여야 한다는 조건) 또는 국민 조건(특정 국가의 국민이어야 한다는 조건)만을 유일한 자격조건으로 하는 사회복지정책이나 프로그램은 거의 없다. 대부분의 사회복지정책이나 제도에서 거주 조건 또는 국민 조건은 필수조건으로 간주된다. 다시 말하여 특정 국가에 거주하면서 또는 특정 국가의 국민이면서 동시에 다른 자격조건을 충족할 때, 급여를 받을 자격이 주어진다. 그러므로 다음에서는 사회복지정책 및 프로그램의 가장 핵심이 되는 자격조건으로 많이 사용되는 인구학적 조건, 기여 조건, 자산조사 조건 등을 중심으로 살펴보고자 한다.

1) 인구학적 조건

인구학적 조건이란 출생, 사망, 연령, 결혼 등 인구학적 요인을 말한다. 사회복지정책의 자격조건으로 인구학적 조건은 아이의 출산, 결혼, 노령, 장애와 같이 특정한 인구학적 요건을 충족하면, 급여 자격이 주어지는 것을 의미한다. 이를 데모그란트(demogrant)라고도 하고 보편적 프로그램(universal programs)이라고도 한다. 물론 이런 프로그램도 그 프로그램을 제공하는 국가에 거주하여야 한다든지 또는 그 국가의 국민이어야 한다든지와 같이 거주 내지 국민 조건을 충족하면서 동시에 그러한 인구학적 조건을 충족할 때, 급여 자격이 주어진다.

인구학적 조건이 가장 중요한 자격조건인 사회복지제도는 사회수당제도이다. 많은 나라에서 시행하고 있는 사회수당제도로는 기초연금(또는 보편적 연금), 아동수당(또는 가족수당이라는 이름으로 시행되기도 함), 장애수당 등이 있다. 사회수당으로서 보편적 연금은 특정 국가에 일정 기간 이상 거주하고, 65세(또는 67세) 이상인 노인에게 주어지는 연금을 말한다. 사회수당제도로써 보편적인 연금제도는 급여 자격이 소득수준과 무관하며, 기여 여부와도 무관하다. 단지 거주 조건과 65세 이상이라는 연령 조건만 충족하면 급여 자격이 주어진다.

우리나라의 아동수당제도도 사회수당제도로 분류된다. 아동수당의 급여 자격은 보험료 기여 여부나 소득수준과 무관하며, 단지 7세 이하의 아동이 있는가가 유일한 자격조건이다. 7세 이하의 아동이 있으면, 누구나 아동 1명당 월 10만 원의 아동수당을 받는다. 이 외에도 우리나라 사회복지제도 중 인구학적 조건만 충족하면, 일정한 현금급여가 지급되는 사회수당으로 부모급여와 가정양육수당이 있다. 부모급여는 0~1세의 아동만 있으면, 0세 아동 부모는 월 70만 원, 1세 아동 부모는 월 35만 원의 현금급여를 받는다.[2] 가정양육수당도 36개월 미만 아동(장애아의 경우 36개월 이상 86개월 미만)이 있으며, 유치원이나 어린이집을 이용하지 않고, 가정에서 아이를 돌보고 있으면, 소득과 무

---

2) 부모급여는 아동이 어린이집을 이용할 경우, 어린이집 이용권(바우처)과 현금(차액)이 지급되며, 부모급여를 받는 경우 가정양육수당은 받지 못한다.

2. 자격조건의 종류 **157**

관하게 월 10~20만 원의 급여를 받는다.

이처럼 사회수당과 같은 보편적 프로그램의 핵심적인 자격조건은 인구학적 조건이다. 이러한 제도들은 인구학적 조건만 충족하면, 소득수준 및 기여 여부와 무관하게 급여 자격이 주어진다. 단지 그 사회구성원인 노인이라는 이유만으로 또는 아동이라는 이유만으로, 장애가 있다는 이유만으로 보편적으로 급여 자격이 주어진다는 점에서 사회권적 성격이 매우 강한 제도라 할 수 있다.

우리나라에서 현금의 급여가 지급되지 않지만, 인구학적 조건만 충족하면 급여 자격이 주어지는 데모그란트 프로그램들도 여럿 있다. 그러한 예로는 노인 관련하여 철도 승차권 운임 할인서비스, 전철이나 지하철의 무임승차권, 고궁이나 국ㆍ공립박물관, 미술관 입장료 할인 서비스 등이 있다. 이러한 서비스들은 65세 이상 노인이면, 다른 조건 없이 누구나 이용할 수 있다.

장애인 대상 보편적 프로그램으로는 자동차를 구입할 때 제공되는 자동차 관련 지방세 및 특별소비세를 면제해 주는 제도와 장애인 소득세 감면제도가 있다. 자동차 관련 지방세 및 특별소비세 면제 제도는 1~3급 장애인이 자동차 구입하면, 자동차 관련 지방세 및 특별소비세가 면제된다. 이 제도 역시 1~3급 장애인이란 인구학적 조건만 충족하면 급여 대상이 된다. 장애인 소득세 감면제도는 조세지출의 한 종류인데, 종합소득세 중 장애인 1인당 소득 200만 원에 대한 세금을 공제해 주는 제도이다. 이러한 프로그램들은 인구학적 조건만 충족하면, 누구에게나 동일한 형태로 동일한 수준의 급여를 제공한다. 급여 자격의 획득에서도 인구학적 기준만 조건으로 한다. 급여 수준의 차이는 대상자 또는 대상 가구의 인구학적 조건의 차이나 거주기간의 차이를 반영할 뿐이지 경제수준이나 기여 여부 등 경제적 측면과는 무관하다. 그런 점에서 이런 제도들은 순수하게 보편주의 원리만을 적용하고 있다고 평가할 수 있다.

어떤 사회복지정책들은 인구학적 조건만 충족시키면 급여 자격이 주어진다는 점에서 보편주의 원리를 반영하고 있지만, 급여 수준에 있어서는 경제적 자원의 차이에 따라 차등을 줌으로서 선별주의 원리를 부분적으로 반영하기도 한다. 그러한 대표적 프로그램이 캐나다의 노령보장연금(Old Age Security: OAS)이다. 캐나다의 노령보장연금은 처음에는 보편적 수당형태로 도입되어, 소득수준과 무관하게 캐나다에 10년 이상 거주한 65세 이상 노인이면 누구에게나 정액의 연금을 지급하였다. 그러나 1989년에 급여 환수제도를 도입하여 고소득 수급자일 경우, 그 지급된 연금액의 일부 또는 전부를 세금으로 환수하였다. 환수 대상은 2007년의 경우 기초연금 수급자 전체 중 7.2%로 소수의 고소득층 노인뿐이었다(최옥금, 한신실, 2016).

이와는 달리 선별주의적 자격조건에 인구학적 조건을 결합하여, 운영하는 제도들도 있다. 이에 해당하는 제도가 범주적 공공부조제도이다. 범주적 공공부조제도는 자산조사를 통해 선별된 저소득층이면서 동시에 특정한 인구학적 범주에 속한 사람들만을 대상으로 하는 공공부조제도를 말한다. 이에 대해서는 후술할 자산조사 자격조건에서 자세히 살펴볼 것이다.

2) 기여 조건

급여를 받을 수 있는 자격조건으로 기여 조건은 두 가지 형태가 있다. 하나는 사회에 대한 공헌이다. 이는 국가를 위해 순직했다든지, 독립운동에 참여했다든지와 같이 사회에 특별한 공헌을 한 사람들에게 보상으로서 급여 자격이 주어지는 것이다. 이러한 대표적인 사회복지제도가 보훈제도이다. 대표적인 보훈제도는 국가유공자나 독립유공자가 대상자가 되는 보훈급여금과 참전명예수당이 있다.

기여 자격조건의 다른 하나는 사회보험에 대한 보험료 기여이다. 현재 우리나라에서 시행되고 있는 사회보험은 국민연금 등의 공적연금, 국민건강보험, 고용보험, 산업재해보상보험, 노인장기요양보험 등이다. 이러한 사회보험의 급여를 받기 위한 핵심 자격조건은 보험료 기여이다. 보험료를 기여해야만 사회보험의 급여를 받을 수 있다.

사회보험은 자조의 가치에 기반하고 있다고 평가받는다. 가입자가 사회적 위험에 빠지기 전에 사회보험에 가입하여, 보험료를 기여함으로써 사회적 위험에 스스로 대비하였다가 사회적 위험에 빠졌을 때 보상받는다.

사회보험의 급여 자격은 기여에 대한 보상으로서 주어지지만, 전적으로 기여의 원리에만 기반한 것은 아니다. 사회보험의 급여 자격이 기여에 대한 보상의 원리만 반영하고 있다면 민간보험과 차이가 없게 된다. 사회보험의 급여 자격은 기여에 대한 보상으로서의 성격을 전적으로 갖는 것이 아니라 부분적으로만 갖는다. 이는 사회보험의 보험료와 급여 수준 간 관계에서 확인할 수 있다. 사회보험의 급여 수준은 보험료 납입수준에 상응하여 결정되는데, 보험료와 급여 수준 간 관계는 비례적 관계이지, 정비례의 관계는 아니다. 국민연금의 노령연금을 예로 든다면, 동일한 시기 동안 국민연금에 10년간 가입하여 똑같이 65세가 되어 노령연금을 받는 A와 B가 있을 때, A의 월 보험료 납입액은 10만 원이었고, B의 월 보험료 납입액은 20만 원이었을 경우, 매달 받는 노령연금 급여액은 B가 A보다 많다. 하지만 B가 받는 노령연금이 A가 받는 노령연금보다 2배로 많은 것은 아니며, A와 B 간 보험료 대비 급여액의 비율은 B보다 A가 오히려 더 크다.

기여에 대한 보상으로서의 사회보험 급여 자격은 가치상으로는 형평의 가치를 반영하는 것이다. 형평은 동일한 위치에 있는 사람들을 동일하게 대우하는 것을 말한다. 사회보험 급여의 절대액은 대체로 보험료를 많이 낸 사람이 적게 낸 사람보다 많다. 그런 점에서 사회보험에는 형평의 가치가 반영되어 있다.

다른 한편으로 사회보험의 급여 자격은 사회성과 적절성을 반영하고 있기도 한다. 사회보험의 급여 자격이 사회성을 반영하고 있다는 것은 사회보험의 급여 자격을 법적으로 규정하여, 가입을 강제화한다는 점이 그 근거이다. 사회보험의 가입을 법적으로 강제하는 것은 사회보험의 대상이 되는 위험이 사회적이므로, 그에 대한 대응 역시 사회적으로 해야 하기 때문에, 전체 국민을 강제 가입 대상으로 하는 것이다. 이와 더불어 사회보험의 급여 자격은 적절성의 가치를 반영하고 있다. 적절성은 인간다운 생활을 할 수 있도록 적절한 수준의 급여를 제공하는 것을 말한다. 사회보험이 형평의 가치만 반영할 경우 저소득층은 사회보험의 급여로 적절한 생활을 할 수 없다. 따라서 사회보험은 형평의 가치와 더불어 적절성의 가치를 동시에 반영하고 있다. 그리하여 저소득층도 사회보험의 급여를 받을 때, 기본적인 생활을 영위할 수 있도록 하고 있다. 예를 든다면, 국민연금의 노령연금은 보험료를 많이 낸 사람이 연금으로 받는 급여액은 더 많지만(절대액의 측면에서), 보험료 대비 급여액의 비율이라는 측면에서 보면, 보험료를 적게 낸 사람이 더 많이 받도록 설계되어 있다. 이렇게 국민연금의 급여 구조는 소득재분배 효과를 갖도록 설계하여, 저소득층의 최저생활을 보장하고 있다. 다른 사회보험의 경우도 마찬가지이다. 고용보험의 실업급여에서 구직급여는 실직 전 평균임금의 60%를 받도록 설계되어 있다. 하지만 최저액 기준을 설정하여, 저임금근로자의 구직급여 수준을 일정 수준 이상으로 보장하고 있다. 최저액 기준은 최저임금의 80%이다. 2023년 기준으로 최저임금을 받았던 근로자가 실직하여 구직급여를 받는다면, 최저임금의 80%인 약 160만 원의 구직급여를 받는다.

사회보험의 급여 자격과 관련하여 또 다른 쟁점은 사각지대 문제이다. 사회보험은 원칙적으로 가입이 법으로 강제되어 있다. 그렇지만 많은 국민이 사회보험 가입에서 제외되어 있어, 사회보험의 대상이 되는 위험에 빠져도 사회보험 급여를 받지 못하게 되는 사각지대에 놓여 있다. 국민연금제도를 보면, 2019년 현재 의무가입 연령에 해당하는 18~59세 연령 국민 중 28.3%가 국민연금 적용제외자[3]이며, 국민연금 적용대상이지만, 현재 보험료 납입이 유예된 보험료 납부예외자[4]가 10.91%로, 사실상 국민연금의 가입에서 제외되어 있는 사각지대 인구가 39.21%에 달한다(구인회 외, 2021a). 다른 사회보험의 경우도 현재 보험료를 내지 않는 또는 내지 못하고 있어, 사실상 사회보험에서 배제된 사각지대 규모가 상당하다. 사회보험 사각지대는 비정규직 노동자, 가정주부 등 여성, 빈곤자 등 취약한 위치에 있는 사람들이 많다. 사회보험은 보험료를 납부하지 않으면, 위험에 빠져도 급여를 받지 못하므로, 현재 사회보험 사각지대에 있는 사람들은 사회보험 급여를 받지 못할 가능성이 높다.

3) 자산조사 조건

사회복지정책의 자격조건으로 자산조사는 본인 스스로의 노력으로 기본적 욕구를 충족할 수 없는 사람들을 선별하여, 그러한 사람들에게만 급여 자격을 부여하는 자격조건이다. 다시 말하여 빈곤 내지 저소득층을 선별하기 위한 수단이 자산조사라 할 수 있다.

---

3) 국민연금법에 의하면, 18~59세 국민은 국민연금 의무가입 대상이지만, 국민기초생활보장제도의 생계급여 및 의료급여 수급자, 18세 이상 27세 미만으로 학생이거나 군 복무 등으로 소득이 없는 사람, 연금가입자의 배우자이며 소득이 없는 사람 등의 의무가입 대상에서 제외된 적용제외자에 해당한다.

4) 납부예외자는 국민연금 의무가입 대상이지만, 실직, 사업중단, 학생 등으로 소득활동을 하지 않아 보험료를 낼 수 없는 사람들에게 그 기간 동안 보험료 납입이 유예된 사람들이다.

이러한 자산조사를 통해 대상자를 선별하여 급여를 제공하는 대표적인 제도가 바로 공공부조 제도이다.

자산조사는 사회복지정책의 자격조건 중 가장 오래된 자격조건이다. 사회복지는 구빈제도로부터 시작되었다고 할 수 있는데, 구빈제도는 빈민을 대상으로 한 제도이다. 초기의 구빈제도는 오늘날과 같은 엄격한 자산조사는 없었다 할지라도 유사한 방법으로 빈민 여부를 구별하여 빈민에게만 급여를 제공하였다. 서구의 대표적인 구빈제도인 1601년 엘리자베스「빈민법(Elizabethan Poor Law)」은 빈민을 근로능력 있는 빈민, 근로능력 없는 빈민, 빈민아동으로 구분하여, 근로능력 없는 빈민은 구빈원에 수용하여 보호하였고, 근로능력 있는 빈민은 교정원(house of correction)이나 노역장(work house)에 수용하여 노동을 강제하였으며, 빈민아동(dependent children)은 도제로 활용하도록 하였다.

우리나라의 사회복지제도 역사에서도 가장 오래된 자격조건은 자산조사라 할 수 있다. 우리나라에서 전체 국민을 대상으로 하는 최초의 사회복지제도는 1962년에 도입된 공공부조제도인 생활보호제도인데, 이는 일반 노동자를 대상으로 한 우리나라 최초의 사회보험인 산업재해보상보험보다 2년 앞서 도입된 것이다. 생활보호제도는 이후 2000년에 국민기초생활보장제도로 대체되었다. 국민기초생활보장제도 외에도 많은 제도들이 자산조사에 근거하여 대상자를 선별하고 있는데, 장애수당, 장애아동수당, 근로장려세제 등이 대표적이다.

자산조사에 기초한 사회복지제도는 다른 사회복지제도에 비해 권리성이 약하다. 사회권에 기초하여 사회복지를 설명할 때, 자산조사에 기반한 사회복지제도도 국민 또는 시민의 권리로 간주된다. 그럼에도 불구하고 자산조사에 기반한 사회복지제도가 사람들에게 권리보다는 시혜적인 제도로 받아들여진다. 그 이유는 우리가 살고 있는 자본주의 사회의 지배적인 분배 원리나 가치와 상충하는 측면이 크다는 점에 기인한다. 자본주의사회에서 1차적인 분배는 시장을 통한 분배인데, 이는 업적에 따른 분배를 원리로 한다. 즉, 본인이 노력하여 생산에 기여한 정도에 근거하여 분배한다. 이러한 분배 원리에 기반한 자본주의의 지배적인 가치가 바로 형평과 자조라 할 수 있다. 기여 정도에 따른 보상이라는 형평과 본인 스스로 자기 삶을 책임지는 자조의 가치가 자본주의의 지배적인 가치라 할 수 있다. 자산조사에 기초한 사회복지제도는 기여에 따른 분배 원리와는 상이한 욕구에 따른 분배 원리에 기반한 것이며, 본인 스스로 삶을 책임지지 못하기 때문에 국가로부터 도움을 받는 성격을 갖는다. 이런 측면 때문에 자산조사에 기초한 사회복지제도는 시민으로서 또는 국민으로서의 권리라고 규정됨에도 불구하고, 낙인문제가 항상 수반되는 것이다.

자산조사 자격조건은 자산조사를 거의 유일한 자격조건으로 하는 사회복지제도와 자산조사와 다른 자격조건이 결합된 사회복지제도로 구분된다. 전자는 거주 또는 국민이라는 조건을 전제로 하여, 자산조사를 통해 일정 자산 수준 이하에 있는 사람만을 대상으로 하는 제도를 말한다. 이러한 제도를 일반적 공공부조제도(general public assistance)라 한다. 일반적 공공부조제도는 자산조사를 통해 빈곤하다는 것만 입증되면, 노인, 장애인, 젊은이 등 근로능력 유무와 관계없이 모두 급여 대상자가 된다. 후자는 거주 또는 국민이라는 조건을 전제로 하며, 일정한 소득수준 또는 재산수준 이하라는 자산조건을 충족하면서 동시에 특정한 인구학적 범주에 속해야만 급여 대상자가 될 수 있다. 이를 범주적 공공부조제도(categorical public assistance)라 한다.

일반적 공공부조제도의 예로 국민기초생활보장제도를 들 수 있다. 국민기초생활보장제도는 소득인정액이 국민기초생활보장제도의 급여별 소득인정액 기준보다 적으면, 근로능력 유무와 상관없이 누구나 대상자가 될 수 있다.[5] 범주적 공공부조제도로는 인구학적 범주별로 여러 제도가 시행되고 있다. 노인을 대상으로 하는 범주적 공공부조제도로 기초연금, 장애인 대상 범주적 공공부조제도로 장애인연금, 장애수당, 장애아동수당, 근로능력 있는 저소득자를 대상으로 하는 근로장려세제 등이 현재 시행되고 있다. 기초연금의 수급 자격은 대한민국 국적을 갖고 있으며 국내 거주하는 만 65세 이상 노인으로서, 소득 및 재산을 고려한 소득인정액이 전체 노인 중 하위 70%에 속하면 주어

---

5) 국민기초생활보장제도의 자격조건은 급여별로 상이한데, 생계급여, 주거급여, 교육급여는 소득인정액 기준만 충족하면, 자격조건을 충족한 것으로 간주하고, 의료급여는 소득인정액 기준과 부양의무자 기준을 충족해야 급여 자격이 주어진다. 생계급여의 경우도 고소득 또는 고재산 부양의무자에게 부양의무자 기준을 고려한다는 점에서 소득인정액 기준과 부양의무자 기준이 모두 적용된다고 볼 수도 있다. 소득인정액이란 소득과, 재산을 소득으로 환산한 것을 합한 값을 말한다. 부양의무자 조건은 1촌 이내의 직계혈족과 그 배우자인 부양의무자가 없거나 부양능력이 없을 때, 부양의무자 조건을 충족한 것으로 간주한다.

지며, 급여액은 혼자서 받을 경우 약 월 32만 원(2023년 현재)을, 부부노인은 홀로 받는 노인 급여액의 20%를 감액하여 받는다. 65세 이상 노인이라는 인구학적 기준을 충족하지만, 자산조사를 통해 소득인정액이 일정 수준 이하여야만 급여 자격이 주어진다는 점에서 기초연금은 범주적 공공부조제도라 할 수 있다. 하지만 전체 노인의 70%에 달하는 대다수의 노인에게 수급 자격이 주어진다는 점에서 기초연금은 완벽한 공공부조제도로 분류하기는 어렵다. 노인이라는 인구학적 조건을 주요 자격기준으로 하면서 수급 자격이 있는 노인에게는 정액으로 급여를 준다는 점, 그리고 상당히 보편주의적인 성격을 갖는다는 점에서 기초연금은 사회수당으로서의 성격도 갖는다고 하겠다. 장애인연금도 기초연금과 비슷하다. 장애인연금도 18세 이상 중증장애인 70%에게 수급 자격이 주어진다. 중증장애라는 인구학적 조건이 중요 자격요건이지만, 모든 중증장애인이 아니라 소득인정액 기준을 통해 중증장애인 중 하위 70%에게만 수급 자격이 주어진다는 점에서 범주적 공공부조제도라 할 수 있고, 대다수의 중증장애인이 급여를 받는다는 점에서 사회수당적 성격도 내포하고 있다고 볼 수 있다.

장애수당과 장애아동수당은 명칭에 '수당'이라는 표현이 들어 있어 사회수당으로 인식될 수 있지만, 자격조건을 검토해 보면, 전형적인 범주적 공공부조제도이다. 장애수당은 국민기초생활보장수급자이거나 차상위계층[6]이며 동시에 18세 이상 경증장애인이 대상이 되며, 월 6만 원의 현금급여를 지급한다. 장애아동수당은 국민기초생활보장 수급자이거나 차상위계층이며, 18세 미만의 등록 장애인이 급여 대상이며, 기초생활 수급 여부, 보장시설 거주 여부, 장애 정도 등을 고려하여 월 3~22만 원의 현금급여를 지급한다. 장애수당이나 장애아동수당의 급여를 받기 위해서는 국민기초생활보장 수급자이거나 차상위계층이라는 자산조건을 충족해야 하며, 장애인이라는 인구학적 조건도 충족해야 한다.

근로장려세제는 근로, 사업, 종교인 소득이 있는 사람으로서 연간소득 및 재산이 일정한 기준보다 적어야만 수급 자격이 주어지며, 수급 자격이 충족된 대상자는 가구유형

6) 차상위계층이란 국민기초생활보장 수급권자가 아니며, 소득인정액이 기준 중위소득의 50% 이하에 해당하는 계층을 말한다.

및 소득수준에 따라 일정한 근로장려금을 받는다. 이렇게 근로장려세제는 근로능력이 있는(소득활동을 하는) 인구학적 범주에 해당하면서 일정한 소득 및 재산 기준 이하라는 자산조건을 충족한 사람이 대상이 된다는 점에서 범주적 공공부조제도이다.

이 외에 우리나라에서 범주적 공공부조제도로 분류되는 제도로 한부모가족 아동양육비 지원제도가 있다. 한부모가족 아동양육비 지원제도는 18세 미만의 자녀를 둔 한부모가족이라는 인구학적 조건을 충족하며, 가구의 소득인정액이 기준 중위소득의 60% 이하라는 자산조건을 충족하면 월 20만 원의 아동양육비를 지원하는 제도이다(여성가족부, 2023). 한부모가족이라는 인구학적 범주에 속하며, 일정한 소득인정액 이하라는 자산조건을 충족할 때 급여가 주어진다는 점에서 범주적 공공부조제도이다.

자산조사에 기반한 자격조건은 운용과 관련한 몇 가지 쟁점을 갖고 있다. 첫째, 자산조사의 기준선을 어떻게 설정할 것인가이다. 자산조사를 통해 빈곤층 내지 저소득층을 선별하기 위해서는 어떤 기준선이 필요하다. 그러한 기준선으로 많이 사용하는 것이 절대적 빈곤선과 상대적 빈곤선이다. 절대적 빈곤선은 육체적 효율성을 유지하는 데 필요한 최소한의 생활수준을 상정하고, 그러한 생활수준을 충족할 수 있는 소득수준을 갖고 있지 못하면 빈곤하다고 판단하는데, 그 기준선이 되는 소득수준을 말한다. 이러한 절대적 빈곤선은 전물량방식(Market Basket Method)이나 반물량방식(Engel Method)을 통해 구한다(김태성, 손병돈, 2016). 전물량방식은 인간이 생활하는 데 필요한 모든 필수품의 품목과 그것의 각각 최저수준을 정하여, 그것들을 화폐가치로 환산한 값의 총합을 절대적 빈곤선으로 설정하는 방법이다. 2015년까지 국민기초생활보장제도의 선정기준으로 사용했던 최저생계비의 산출방식이 전물량방식이었다. 반물량방식은 최저생활에 필요한 음식비만 산출하고, 그것에 일정한 값을 곱하여 빈곤선을 설정하는 것이다. 미국의 절대적 빈곤선인 오르샨스키(Orshansky) 빈곤선은 미국 사람들이 평균적으로 음식비에 자기 소득의 약 1/3을 사용한다는 것을 바탕으로 최소한의 음식비에 3을 곱하여 빈곤선을 산출하고 있다(김태성, 손병돈, 2016).

절대적 빈곤은 빈곤선을 전물량방식으로 산출하든 반물량방식으로 산출하든 전문가의 자의성이 개입될 수 있다는 문제를 갖는다. 전물량방식으로 빈곤선을 산출하는 경우, 필수품의 항목 구성 및 그것의 최저수준을 설정하는 것은 전문가에 의해 이루어진다. 따라서 전문가의 가치관이 어떠하냐에 따라 필수품의 구성항목과 그것의 최저수준이 달라질 수 있다. 반물량방식으로 빈곤선을 설정할 경우에도 최저생활에 필요한 음식비를 산출하는 영양학자 등 전문가에 의해 그 수준이 영향을 받을 수 있다. 또한 절대적 빈곤은 빈곤선을 정할 때, 생존의 수준에만 관심을 갖지, 일반 국민들의 생활수준은 전혀 고려하지 않는다. 따라서 경제가 성장하여 일반 국민들의 생활수준이 전체적으로 올라가면, 일반 국민의 생활수준과 절대적 빈곤선 간 격차는 점차 벌어지게 되는 결과를 초래한다.

상대적 빈곤선은 사회구성원의 평균소득이나 중위소득의 일정 비율로 설정한다. 세계은행(World Bank)에서 제시하는 상대적 빈곤선은 개발도상국의 경우 평균 가구소득의 1/3을, 선진국은 평균 가구소득의 50%이며, OECD는 상대적 빈곤선으로 중위소득의 40%, 50%, 60% 등을 사용한다(박찬용 외, 1998). 이처럼 상대적 빈곤은 그 사회의 소득불평등 정도와 밀접한 관련이 있다. 소득불평등이 심한 사회일수록 상대적 빈곤 상황도 심하고, 소득불평등 정도가 적을수록 상대적 빈곤 상황은 나아진다. 상대적 빈곤은 평균소득이나 중위소득과 연관시켜 빈곤선을 설정하므로, 사회의 생활수준 변화를 빈곤 측정에 반영할 수 있다는 장점이 있다. 경제가 호황이어서 평균소득이나 중위소득이 높아지면, 그에 따라 상대적 빈곤선도 높아지게 된다.

두 번째 쟁점은 자산조사의 범위를 어떻게 설정할 것인가이다. 자산조사를 자격조건으로 하는 제도들은 일반적으로 그 기준선으로 소득기준과 재산기준을 이용한다. 대부분의 경우 재산기준은 일정한 기준선을 정하고 재산이 그 기준 이하이면 급여 대상에서 탈락하고, 그 기준 이상이면 자격조건을 충족하는 것으로 간주하는 기준선 설정(cut off) 방식을 많이 활용한다. 우리나라의 공공부조제도 중에서도 16개의 사업이 기준선 설정 방식으로 재산기준을 사용하고 있으며, 긴급복지제도와 근로장려세제가 대표적이다(강신욱 외, 2016).

반면, 재산을 소득으로 환산하여 소득과 결합하여 단일한 자산기준선을 사용하기도 한다. 이런 방식으로 공공부조의 자산기준선을 사용하는 외국의 제도로는 영국의 공공부조제도들인데, 영국의 대표적 공공부조제도인 통합급여(Universal Credit), 소득보조(Income Support), 구직자수당(JSA), 주거급여(Housing Benefit)는 6천파운드 이상의 재산부터 250파운드마다 4.35파운드 소득으로 간주하고, 재산이 1만 6천 파운드를 넘으면, 수급 자격을 잃는다(정은희 외, 2022). 우리나라도 국민기초생활보장제도를 비롯하여, 2014년 기준 64개의 사업이 이러한 재산의 소득환산 방식을 사용한다(강신욱 외, 2016)

　기준선 설정 방식은 단순하여, 적용이 쉽고, 행정 효율이 높다. 또한 자산조사에 재산과 소득이 중복하여 계산되지 않는다는 장점이 있다. 하지만 재산 기준선 바로 위에 있는 비수급자 집단과 재산 기준선 바로 아래 있는 수급집단 간 형평성 문제가 크다는 지적을 받는다. 반면 재산의 소득환산 방식은 공공부조 수급자 간, 수급자와 비수급자 간 재산의 과소에 따른 형평성 문제를 최소화할 수 있다는 장점이 있다. 하지만 효용인 재산을 소득으로 환산하는 것을 논리적으로 정당화하기가 쉽지 않다. 더욱이 재산을 임대하여 소득이 발생하는 경우, 그 재산을 소득으로 환산하면 이중으로 계산되는 문제도 발생한다(정은희 외, 2022).

　세 번째 쟁점은 가구규모가 다른 가구 간 또는 가구의 구성이 다른 가구 간에 자산조사의 기준을 어떻게 설정할 것인가이다. 예를 들어, 혼자 사는 가구의 빈곤선이 30만 원이라면, 2인이 사는 가구의 빈곤선은 30만 원×2＝60만 원으로 설정하는 것이 적절한지 아니면 더 낮게 설정해야 적절한지 논란이 된다. 왜냐하면, 혼자 사는 경우에도 기본적인 생활에 필요한 물품은 다 필요하지만, 2인이 사는 가구의 경우 밥솥, TV 등 가구집기는 함께 사용할 수 있고 침실도 함께 사용하므로, 2인 가구의 생활비는 1인 가구 생활비의 2배보다 적을 것이기 때문이다. 또한 가구원 수가 같은 두 가구 간에도 가구원이 어떻게 구성되었는가에 따라 빈곤 여부를 판단하는 기준선은 차이가 있을 수 있다. 예컨대, 40대 부부로 구성된 2인 가구와 40대인 엄마와 2살인 아이로 구성된 2인 가구 간에는 기본 욕구의 충족에 필요한 자원의 양이 다를 수 있다.

　이처럼 가구규모의 차이 또는 가구원 구성의 차이에 따른 기본 욕구 충족 수준의 차이를 고려하여, 가구별 경제적 욕구를 비교할 목적으로 만든 것이 가구균등화 지수(equivalence scale)이다. 가구균등화 지수는 시대와 사회에 따라 다르다. 왜냐하면, 시대와 사회에 따라 사람들의 소비행태가 다르기 때문이다(김태성, 손병돈, 2016). 빈곤 연구에서 OECD의 가구균등화 지수가 많이 쓰이는데, 그것은 $\sqrt{N}$ (N은 가구원 수)이다. 또는 성인과 아동 간 기본 욕구의 차이를 고려할 경우, 1인 가구의 가구균등화 지수를 1로 할 때, 여기에 성인 가구원 1명이 추가될 때마다 0.7을 더해 주고, 아동이 1명 추가될 경우에는 0.5를 더해 주는 OECD의 수정 균등화 지수도 가구균등화 지수로 많이 사용되고 있다.

네 번째 쟁점은 공공부조급여를 수급하지 못하는 비수급 빈곤층 문제이다. 비수급 빈곤층이란 빈곤함에도 불구하고 공공부조제도의 급여를 받지 못하는(non-take up) 빈곤층을 가리킨다(문혜진, 황혜신, 진화영, 2019). 이는 공공부조제도의 사각지대라고 칭해지기도 한다. 국민기초생활보장제도와 관련하여, 가장 큰 문제로 줄곧 지적되어 온 사항이 빈곤함에도 기초보장제도의 급여를 받지 못하는 사각지대가 광범위하다는 점이었다(김태완 외, 2017; 배진수, 2016; 손병돈 외, 2016). 비수급 빈곤층의 발생은 한편으로는 제도적 결함요인[7]에 기인하고, 다른 한편으로는 낙인감, 제도에 대한 정보 부족, 제도의 복잡성에 따른 접근성의 문제, 급여 신청 및 수급 과정에서 발생하는 거래비용의 문제 등이 지적된다(문혜진, 황혜신, 진화영, 2019).

3. 자격조건에 대한 평가

앞에서 살펴보았듯이 자격조건을 선택할 때, 고려되는 중요한 요소 중 하나가 정책의 효과성이다. 자격조건에 따라 정책의 효과가 달라지기 때문이다. 여기서는 지금까지 살펴본 세 가지 자격조건의 효과를 평등(소득재분배), 근로동기, 저축동기, 가족구조, 낙인, 인간의 존엄성 및 사회통합의 측면에서 살펴볼 것이다.

1) 인구학적 조건

평등의 측면에서 인구학적 조건의 효과를 살펴보면, 인구학적 자격조건은 형식적으

---

7) 국민기초생활보장제도의 경우 재산의 소득환산제도, 부양의무자 기준 등으로 소득기준으로는 빈곤하지만, 기초보장제도의 급여를 받지 못하는 제도적 요인에 따른 사각지대가 광범위하게 존재하여 왔다.

로는 결과의 평등 가치를 내포하고 있는 것으로 보인다. 왜냐하면, 인구학적 조건을 충족한 모든 대상자에게 동일한 수준의 급여를 제공하기 때문이다. 하지만 실질적인 의미에서 보면, 인구학적 자격조건은 결과의 평등 가치를 실현한다고 볼 수 없다. 자본주의 사회에서 1차적인 분배는 시장을 통해 이루어지는데, 시장을 통한 분배는 본질적으로 불평등하게 이루어진다. 사회복지정책을 통해 결과의 평등 가치를 실현하려면, 시장소득이 적은 사람에게 보다 많은 급여를 분배하는 방식으로 이루어져야 한다. 소득재분배의 측면에서 보면, 인구학적 자격조건은 수평적 재분배가 주된 분배 원리이다. 인구학적 조건이 핵심적인 자격조건인 사회수당은 모든 국민에 의해 재원이 마련되어, 인구학적 조건을 충족하는 사람에게만 급여가 제공된다. 따라서 인구학적 조건을 충족하지 못하는 사람들이 인구학적 조건을 충족하는 사람들을 도와주는 형태로 소득재분배가 이루어지는 것이다. 아동수당을 예로 한다면, 아동 없는 사람들이 아동 있는 사람들을 도와주는 형태로 소득재분배가 이루어진다.

근로동기라는 측면에서 인구학적 자격조건을 평가하면, 논리적으로 인구학적 자격조건은 근로동기에 영향을 미치지 않는다. 특정한 자격조건이 근로동기에 영향을 미치기 위해서는 그 자격조건이 근로의 결과인 소득과 연계되어 있어야 한다. 인구학적 자격조건은 소득과 무관하게 인구학적 조건만 충족하면, 누구에게나 급여 자격이 주어지므로, 근로동기에는 영향을 미치지 않는다. 다만 급여 수준이 높을 경우, 대상자들의 근로동기를 떨어뜨릴 수 있다.

사회수당은 가족구조의 변화에 별로 영향을 미치지 않는다. 특정 사회복지제도의 자격조건이 특정 가족형태와 연계되면, 그런 가족형태의 증감에 영향을 미칠 수 있다. 사회수당의 급여 자격은 특정 가족형태와 연결되어 있지 않다. 예를 들어, 보편적인 연금은 65세 이상 노인이란 조건만 충족하면, 대상이 되는 노인이 어떤 가족형태로 사는가와 무관하게 급여가 지급된다. 따라서 보편적 연금 때문에 특정 가족형태의 출현이 증가했다는 것은 논리적으로 타당하지 않다. 다만 아동수당은 출산율의 증가에 영향을 미칠 수 있다. 경제적으로 어려워, 아이 갖기를 기피하는 가정의 경우 아동수당제도의 도입은 그런 가정의 출산율을 높일 수 있다. 하지만 아동수당이 출산율에 미치는 영향은 크지 않다는 것이 일반적인 평가다. 그 이유는 아동수당의 급여 수준이 그다지 높지 않아, 아동수당만으로 아동 양육에 소요되는 비용이 충분하지 않다는 점과, 사람들이 아이를 낳으려 할 때 경제적 요인뿐만 아니라 가치 그리고 개인의 인생관, 가족관계, 사회적 분위기 등 매우 다양한 요인들을 고려한다는 점에서 경제적 요인이 출산결정에 미치는 영향은 매우 제한적이기 때문이다.

다음으로 사회수당이 낙인, 인간의 존엄성, 사회통합에 미치는 영향을 살펴보자. 사회수당은 특정 인구학적 조건만 충족하면, 급여가 주어진다는 진다는 점에서 낙인문제가 발생하지 않는다. 낙인문제가 발생하지 않으므로, 인간의 존엄성을 훼손하지도 않는다. 보편적 연금은 부자 노인이든 가난한 노인이든 노인이면 누구나 받는다는 점에서 노인들 간 분리 문제를 야기하지도 않는다. 또한 보편적 연금을 받는 노인들은 단지 그 사회에 거주하는 노인이라는 이유만으로 보편적 연금을 받는다는 점에서 그 사회에 대한 강한 애착 내지 소속감을 가질 수도 있다. 이처럼 보편적 연금은 사회통합, 공동체 의식, 사회연대감 형성에 크게 기여할 수 있다.

다음으로 비용효과성의 측면에서 사회수당을 살펴보자. 사회수당은 투입 예산 대비 빈곤제거 효과가 적다. 그 이유는 두 가지이다. 첫째, 사회수당의 급여 자격은 인구학적 조건만 충족하면 되므로, 소득수준에 무관하게 급여를 받을 수 있다. 그러므로 급여를 받는 사람들의 대다수는 빈곤하지 않은 사람들이다. 투입된 자원의 상당수가 빈곤하지 않은 사람들에게 지급되므로, 투입 예산 대비 빈곤제거 효과는 적다. 둘째, 사회수당의 급여 수준은 일반적으로 높지 않다. 특정 사회복지정책의 빈곤제거 효과를 높이기 위해서는 급여를 받은 후의 소득이 빈곤선보다 높아지게 설계해야 한다. 그런데 사회수당의 급여 수준은 대체로 빈곤선보다 낮아 빈곤한 사람들이 사회수당만으로 빈곤을 벗어나기는 쉽지 않다. 이처럼 사회수당의 빈곤제거 효과가 떨어지는 것은 사회수당의 우선적인 정책 목표가 빈곤제거에 있는 것이 아니라 사회연대, 사회통합에 있다는 점에 기인한다.

운영효율성이라는 측면에서 보면, 사회수당은 운영효율성이 매우 높은 제도이다. 앞에서 살펴본 대로 운영효율성은 총예산 대비 행정비용으로 측정된다. 자격조건이 선별적일수록 총예산에서 행정비용이 차지하는 비율이 높다. 사회수당은 매우 보편주의적인 제도이므로, 자격조건이 단순하다. 따라서 사회수당제도는 운영효율성이 매우 높다.

아동수당제도를 예로 든다면, 대상자 선별 과정은 대상 가구에 아동이 몇 명 있는가만 서류상으로 검토하면 된다. 대상자 가구의 아동 수에 따라 계좌로 급여를 입금하면 되므로 사회수당제도는 행정비용이 매우 적게 든다.

2) 기여 조건

보험료 기여 여부를 핵심적인 자격조건으로 하는 제도는 사회보험이다. 사회보험을 중심으로 기여 여부 자격조건을 평가해 보자. 먼저 평등과 소득재분배의 측면에서 살펴보자.

자격조건이라는 측면에서 사회보험제도를 보면, 비례적 평등과 결과의 평등 가치 모두 실현한다. 비례적 평등은 사회보험의 급여가 보험료에 비례하여 지급된다는 측면에서 나타난다. 사회보험의 급여는 보험료와 비례하지만, 정비례하지는 않는다. 예를 들어, 2023년에 처음 국민연금에 가입하여 매달 보험료를 9만 원 내는 A와 18만 원 내는 B가 30년간 계속 같은 액수의 보험료를 낼 경우, A는 매달 약 58만 원을, B는 매달 약 73만 원을 받는다.[8] 이처럼 보험료를 많이 낸 사람이 받는 연금액도 많다는 점에서 비례적 평등 가치를 반영하고 있다. 하지만 보험료 대비 받는 연금액의 비율은 보험료를 적게 낸 A가 많이 낸 B보다 더 높다. 이는 결과의 평등을 실현하고 있는 것이다. 다시 말하여 고소득층으로부터 저소득층으로의 수직적 재분배가 이루어지는 것이다. 다른 사회보험들도 이처럼 비례적 평등과 결과의 평등 가치를 급여에 반영하고 있다. 다른 사회보험들도 비례적 평등 가치를 우선적으로 반영하면서 결과의 평등 가치도 고려하고 있다.

소득재분배라는 측면에서 보면 사회보험은 수평적 재분배를 주요한 원리로 하는 제도이다. 사회보험제도는 사회적 위험에 빠지지 않은 사람이 사회적 위험에 빠진 사람을 돕도록 설계되어 있다. 국민건강보험은 건강한 사람이 질병에 걸린 사람을, 고용보험의 실업급여는 고용된 사람이 실직된 사람을, 산업재해보상보험은 산업재해를 당하지 않는 사람이 산업재해를 당한 사람을 돕는 것이 제도의 원리이다. 그런 점에서 사회

---

8) 국민연금 예상 연금액 조회로 산출하였음(https://pensionkr.com).

보험은 수평적 재분배를 주요한 재분배 원리로 한다. 이처럼 사회보험은 수평적 재분배가 주요한 재분배 방식이지만, 부수적으로 수직적 재분배도 이루어진다. 앞에서 언급했듯이 급여 구조에서 결과의 평등 가치를 발생하도록 하고 있다는 점과 사회보험의 급여 대상이 되는 사회적 위험이 계층별로 상이하게 발생한다는 점에서 수직적 재분배가 이루어진다. 예컨대, 고용보험의 실업급여에서 실업이 저임금계층에서 많이 발생한다면, 저임금계층이 실업급여를 많이 받게 되고, 따라서 고임금계층에서 저임금계층으로의 수직적 재분배가 발생할 수 있다.

둘째, 기여 여부 자격조건이 근로동기에 미치는 영향은 논리적으로 볼 때 부분적으로 근로동기를 저하시킬 수 있다. 사회보험이 기여 여부만 자격조건으로 한다면, 급여 수급과 소득이 연계되어 있지 않다는 점에서 근로동기에 거의 영향을 미치지 않는다. 하지만 사회보험의 급여를 받기 위해서는 기여의 조건을 충족하면서 동시에 사회적 위험의 발생이라는 조건을 충족해야 한다. 국민연금의 노령연금 급여를 받기 위해서는 최소 10년간 보험료를 기여해야 하며 동시에 노령이라는 사회적 위험에 처하여야만 한다. 노령이라는 사회적 위험에 처했는가는 연령과 퇴직으로 판별한다. 이를 프로그램으로 구체화한 것이 국민연금의 노령연금 급여이다. 국민연금의 노령연금 급여 중 조기노령연금과 재직자노령연금은 근로동기를 떨어뜨릴 수 있다. 조기노령연금은 노령연금 급여 개시연령에 이르기 5년 전부터 받을 수 있다. 1953~1956년에 출생한 사람들은 노령연금을 61세부터 받을 수 있는데, 조기노령연금은 56세부터 소득활동을 하지 않을 때 받을 수 있다. 조기노령연금을 받기 위해선 만 56세가 되어 소득활동을 하지 않아야 한다는 점에서 조기퇴직을 유도할 수 있다. 또한 국민연금 가입기간이 10년 이상이고 노령연금 지급 개시연령에 도달하여 노령연금을 받는 사람이 일정 수준 이상의 소득을 버는 업무에 종사하는 경우, 노령연금 지급개시연령부터 5년간은 소득수준에 따라 감액된 노령연금을 받는다. 소득활동을 하지 않으면, 연금을 전액 받을 수 있으나 소득활동을 할 경우 연금이 삭감되므로, 이러한 규정도 국민연금 수급자들의 근로동기를 떨어뜨릴 수 있다.

고용보험의 실업급여 또한 근로동기를 떨어뜨릴 수 있다. 고용보험의 실업급여를 받기 위해서는 실직 전 18개월 중 180일 이상 보험료를 납부하고 동시에 실직이 되었을 때, 실업급여를 받을 수 있다. 즉, 기여 조건을 충족하면서 근로를 하지 않아야만 실업 급여를 받을 수 있다는 점에서 근로동기를 저하시킬 수 있다. 하지만 대부분의 국가에서 실업보험의 근로동기 감소효과는 적다고 한다(김태성, 2007). 그 이유는 고용보험(실업보험)은 근로능력 있는 사람이 급여 대상이기 때문에, 근로동기 저하와 같은 도덕적 해이 현상이 크게 나타날 수 있으므로, 이를 막기 위한 부수적인 자격조건을 엄격하게 적용하고 급여기간이 비교적 단기라는 점 때문이다. 우리나라 고용보험의 실업급여를 받기 위해서는 기여 조건의 충족과 함께, 비자발적 실업이어야 한다는 조건과 근로의사를 입증해야 하는 조건 등 다른 사회보험에 비해 자격조건이 까다롭다. 또한 고용보험의 실업급여 기간은 최대 9개월로 비교적 단기급여이다.

셋째, 기여 여부 조건이 저축동기에 미치는 영향을 살펴보자. 논리적으로 볼 때, 기여 여부를 핵심적인 자격조건으로 하는 사회보험은 저축동기에 영향을 미칠 수 있다. 사람들이 저축을 하는 이유는 여러 가지가 있지만, 살면서 경험할 수 있는 제반 위험에 대비하고자 하는 동기도 저축하는 주요한 이유 중 하나이다. 특히 노후 대비를 위한 저축동기는 대부분의 사회에서 주요한 저축동기 중 하나이다. 그런데 사회보험을 통해 질병, 노령, 실업 등의 위험에 대비를 하였으므로, 그런 위험에 대비하여 저축할 필요성이 떨어질 수 있다. 그런데 사회보험이 사회적 위험을 당할 때, 필요로 하는 비용을 충분히 보장해 주는 것은 아니다. 그러므로 사회보험은 대상자로 하여금 사회적 위험에 대비할 준비가 필요하다는 인식을 갖게 하여 오히려 그와 관련한 저축을 늘릴 수도 있다(전시효과, demonstration effect). 또한 우리나라의 국민연금과 같이 재정방식이 적립방식인 경우, 오히려 강제저축효과로 인해 저축이 증가할 수도 있다. 다시 말하여 경제적으로 여유 있지 못한 계층의 경우, 저축을 하고 싶어도 현재 생활하기에도 소득이 충분하지 않아 저축을 하지 못하는데, 사회보험은 보험료를 원천징수하여 이를 적립하여 놓으므로 강제로 저축을 하게 하는 효과가 있다. 이처럼 사회보험이 저축을 증가시킬지 감소시킬지는 논리적으로 단정하기 어렵다. 특히 우리나라와 같이 주요한 저축동기가 노후 대비보다는 자녀교육이나 자녀 결혼자금 마련 또는 주택 마련 등의 요인이 강한 사회일 경우, 사회보험이 저축동기를 약화시키는 영향은 크지 않을 수 있다.

넷째, 기여 여부 자격조건이 가족구조 변화에 미치는 영향은 거의 없다. 기여 여부 자격조건은 가족형태와 무관하게, 일정 기간 보험료를 납부하고 대상이 되는 사회적 위험에 처하면 급여가 주어진다. 따라서 기여 여부 자격조건이 특정 가족형태의 증가나 감소에 직접적으로 영향을 미친다는 것은 논리적으로 타당하지 않다.

다섯째, 기여 여부 자격조건의 인간의 존엄성, 사회통합 효과를 살펴보면, 인구학적 조건보다 떨어지지만, 자산조사 조건보다 높다. 일단 기여 여부 자격조건은 대상자가 보험료 기여에 의해 급여 자격이 주어지므로, 급여 수급자들은 치욕감을 갖지 않으며, 인간의 존엄성 훼손도 없다. 또한 사회보험은 사회적 위험에 처해 있을 때, 사회적 위험에 처하지 않은 사람들로부터 도움을 받아 사회적 위험으로부터 벗어난다는 점에서 사회연대 효과, 사회통합 효과가 상당히 크다. 하지만 사회보험제도는 기여에 의해 권리가 주어지므로, 기여하지 못해서 급여를 받지 못하는 사람과 급여를 받는 사람 간의 분리가 발생할 수 있다. 또한 급여를 받는 사람들 간에도 기여 수준에 따라 급여액의 차이가 발생한다. 이런 점들 때문에 사회수당보다 사회보험의 사회통합 효과, 사회연대 효과는 떨어진다.

여섯째, 기여 여부 자격조건의 비용효과성을 살펴보자. 기여 여부 자격조건은 투입 예산 대비 빈곤제거 효과는 그다지 좋지 않다. 기여 여부를 자격조건으로 하는 사회보험의 급여 대상은 빈곤한 사람보다 빈곤하지 않은 사람들이 훨씬 더 많다. 따라서 사회보험에 투입된 재원은 빈곤한 사람보다 빈곤하지 않은 사람들에게 훨씬 더 많이 분배된다. 사회보험은 빈곤제거를 1차적인 정책 목표로 하는 것이 아니라 사회적 위험에 따른 소득안정이 1차적 목표이다. 따라서 급여 수준도 급여 이후의 가구소득을 빈곤선 수준으로 맞추는 식으로 결정되지 않고, 자신이 낸 보험료 수준에 의해 결정되는 정도가 가장 강하다. 이런 이유로 사회보험의 투입 예산 대비 빈곤제거 효과는 크지 않다. 하지만 사회보험제도가 발달한 사회에서 그 사회의 빈곤율을 가장 크게 낮추는 제도는 사회보험이다. 투입 예산 대비 빈곤제거 효과는 빈곤제거를 가장 큰 목적으로 하는 공공부조 제도가 가장 크다. 그런데 사회보험은 공공부조보다 급여 수급자 수가 훨씬 많으며, 투입되는 재원규모도 훨씬 크다. 이런 이유로 투입된 자원 단위당 빈곤제거 효과는 사회보험이 크지 않지만, 한 사회 내에서 전체 빈곤을 완화하는 효과는 사회보험이 가장 크다.

일곱째, 기여 여부 자격조건의 운영효율성은 인구학적 조건보다는 낮지만, 자산조사

조건보다는 높다. 자격조건이라는 맥락에서 운영효율성은 자격조건이 얼마나 단순하여, 대상자를 선발하는 행정비용이 적게 드는가에 달려 있다. 그런 점에서 기여 여부를 자격조건으로 하는 사회보험은 특정한 인구학적 조건을 충족하였는가만 고려하는 사회수당보다는 복잡하지만, 자산조사를 하여 빈곤한 사람만을 선별하는 공공부조보다는 단순하다. 그러므로 관련 제도를 운영하는 데 드는 투입 예산 단위당 행정비용은 사회수당이 가장 적고, 그다음이 사회보험이며, 가장 많이 드는 제도가 공공부조이다.

3) 자산조사 조건

자산조사를 핵심 자격조건으로 하는 사회복지제도인 공공부조제도는 빈곤 여부만을 가지고 대상자를 선별하는 일반적 공공부조제도와 특정한 인구집단에 속하며 빈곤한 사람만을 대상으로 하는 범주적 공공부조제도로 구별된다는 점은 앞에서 살펴보았다. 자산조사 자격조건의 정책적 효과에 대한 검토는 이 두 가지 공공부조제도를 중심으로 논의할 것이다.

첫 번째로 평등 및 소득재분배라는 측면에서 자산조사 자격조건의 효과를 살펴보자. 공공부조제도는 조세를 재원으로 하여 빈곤한 사람만을 선별하여 급여를 제공하므로, 부자로부터 빈자로의 수직적 재분배 효과를 갖는다. 가치로는 결과의 평등을 실현한다. 투입된 자원 대비 불평등 개선 효과는 다른 자격조건보다 훨씬 높다.

두 번째로 범주적 공공부조제도는 수평적 재분배 효과도 있다. 예를 들어, 장애수당은 수직적 재분배 효과가 큰 조세가 재원이고, 빈곤한 사람이 수급자라는 점에서 수직적 재분배 효과를 가지면서 동시에 장애인만이 급여를 수급한다는 점에서 수평적 재분배 효과도 갖는다. 다시 말하여 세금은 누구나 내지만, 장애수당의 급여 대상은 저소득 장애인이므로, 장애인이 아닌 사람들이 저소득 장애인을 도와주는 수평적 재분배 효과를 갖는다. 그런 점에서 수평적 불평등을 확대한다는 지적을 받을 수 있다. 이는 소득수준이 동일한 사람일지라도 장애인이면 급여를 받고, 장애인이 아니면 장애수당을 받지 못하므로, 장애수당으로 인해 두 집단 간 소득의 격차가 발생할 수 있다는 것이다.

세 번째로 근로동기의 측면에서 보면, 자산조사를 조건으로 하는 제도는 근로동기를 저하시키는 효과가 크도록 제도가 설계되어 있다. 자산조사를 자격조건으로 하는 공공부조제도의 대상자가 되기 위해서는 소득이 일정 수준 이하여야 하므로, 공공부조의 급여를 받으려는 사람들로 하여금 일을 적게 하여 소득을 그 수준 이하로 낮추려는 동기를 갖게 할 수 있다. 또한 공공부조제도는 소득이 있으면 급여가 삭감된다. 2023년도 국민기초생활보장제도의 생계급여를 예로 하면, 소득이 전혀 없는 1인 가구는 월 약 62만 원을 받는데, 20만 원의 소득이 생기면, 생계급여가 20만 원이 삭감되어 약 42만 원을 생계급여로 받는다. 일을 하여 소득을 버는 경우나 일을 하지 않아 소득이 전혀 없는 경우나 총소득은 62만 원으로 같기 때문에, 국민기초생활보장 수급자들의 일하려는 동기가 떨어질 수 있다.

하지만 사회에 따라, 공공부조제도를 어떻게 운영하느냐에 따라 공공부조제도의 근로동기 감소효과는 달라질 수 있다. 노동을 강조하는 사회나 국민이 여가보다는 노동지향적인 전통이 강한 사회일 경우, 공공부조제도의 근로동기 저하문제는 그다지 크지 않을 수 있다. 또한 공공부조제도의 근로동기 저하효과는 제도 운영을 어떻게 하는가에 따라 다르게 나타날 수 있다. 일반적으로 공공부조 수급자들의 근로동기를 강화하기 위하여, 강제근로나 근로소득에 대한 공제제도를 도입하여 운영한다. 국민기초생활보장제도는 근로능력이 있는 수급자에게는 자활사업 참여를 조건으로 하여 생계급여를 제공함으로써 수급자들의 근로를 강제한다. 또한 국민기초생활보장제도는 수급자들의 근로소득에 대해 다양한 근로소득공제제도를 운용한다.

네 번째로 자산조사 자격조건이 저축에 미치는 효과를 살펴보자. 자산조사 자격조건에서 재산기준을 설정하여, 자격조건으로 활용하면 저축동기를 떨어뜨릴 수 있다. 왜냐하면 재산기준보다 재산이 많을 경우 수급자로 선정되지 못하기 때문이다. 우리나라 국민기초생활보장제도는 저축동기를 떨어뜨리는 효과가 상당히 클 것으로 예상된다. 국민기초생활보장제도는 수급자의 재산을 소득으로 환산하여, 자격조건으로 활용한다. 더욱이 재산을 소득으로 환산하는 재산의 소득환산제도를 매우 엄격하게 적용한다. 재산조사의 대상이 되는 재산의 범위에는 대상자가 살고 있는 집까지 포함하며, 재산을 소득으로 환산하는 환산율도 매우 높다. 그 결과 저축을 하여 재산을 증식할수록, 급여가 삭감되거나, 수급자에서 탈락할 수 있으므로, 현재 수급자 및 잠재적 수급자들의 저축동기를 크게 떨어뜨릴 수 있다.

다섯째, 자산조사 자격조건이 가족구조에 미치는 영향을 보자. 논리적으로 자격조건이 가족구조에 영향을 미치려면, 자격조건이 특정 가족형태와 연계되어 있어야 한다. 예를 들어, 혼자 사는 사람한테만 급여 자격이 주어진다면, 그 급여를 받기 위해서는 혼자 살아야만 하므로, 그 프로그램은 혼자 사는 가구를 증가시킬 수 있다. 공공부조제도 중 가족구조 변화에 영향을 미친다는 지적이 타당한 것은 범주적 공공부조제도이다. 일반적 공공부조는 자격조건이 가족형태와 연계되어 있지 않았으므로, 가족구조 변화에 직접적으로 영향을 미치지는 않는다. 하지만 범주적 공공부조제도는 특정한 가족형태와 연계되어 있으므로 가족구조에 영향을 미칠 수 있다.

우리나라의 범주적 공공부조제도 중 가족형태와 자격조건이 연결되어 있는 제도는 한부모가족 아동양육비 지원제도이다. 한부모가족 아동양육비 지원제도는 저소득이면서 부모가 아버지 또는 어머니 한 명만 있으며, 18세 미만 자녀가 있는 가구가 대상이다. 이 제도의 급여를 받으려면, 한부모 가구가 되어야 한다. 자격조건상으로는 한부모가족 아동양육비 지원제도는 한부모 가구를 증가시킬 수 있다. 하지만 실제 이 제도 때문에 한부모 가구가 늘어나는 영향은 크지 않을 것이다. 왜냐하면 한부모가족 아동양육비 지원제도의 급여는 월 20만 원으로 급여 수준이 낮다. 이런 수준의 급여를 받기 위하여, 한부모 가구를 선택하는 경우는 아마도 거의 없을 것이다.

여섯째, 자산조사 자격조건이 인간 존엄성과 사회통합에 미치는 효과를 살펴보자. 자산조사 자격조건은 수급자들에게 낙인감을 주어 인간의 존엄성을 훼손한다는 평가를 받는다. 그 이유는 앞에서 언급한 바와 같이 공공부조의 수급자는 빈곤하여 스스로를 책임지지 못하기 때문에, 국가로부터 도움을 받는다. 이는 자본주의의 지배적인 가치인 자조와 상충하는 것이다. 그런 점에서 공공부조 수급자라는 사실이 타인에게 알려지는 것은 낙인감을 줄 수가 있다. 그 결과 인간의 존엄성이 훼손될 수 있다. 또한 사회통합 효과도 다른 자격조건보다 떨어진다. 공공부조제도는 공공부조의 재원을 마련하는 납세자와 빈곤하여 급여를 받는 수급자 간 분리를 초래한다. 하지만 공공부조제도의 인간의 존엄성 훼손, 낮은 사회통합 효과는 다른 자격조건과 비교하여 상대적인 것이다. 만약 이런 공공부조제도가 없는 상황과 비교하면, 공공부조제도는 수급자들의 인간 존엄성을 증진시키고, 사회통합 효과를 높인다고 평가할 수 있을 것이다.

　　일곱째, 자산조사 자격조건을 비용 효과성이라는 측면에서 평가해 보면, 자산조사 자격조건은 투입 예산 대비 빈곤제거 효과는 다른 자격조건보다 훨씬 크다. 공공부조제도가 빈곤제거 효과가 큰 것은 공공부조제도는 빈곤한 사람만을 표적집단으로 하며, 대상자별 지급되는 급여 수준도 빈곤을 벗어날 수준에 맞춰져 있기 때문이다.

　　여덟째, 자산조사 자격조건은 운영효율성이 떨어진다. 자산조사 자격조건은 빈곤한 사람을 선별하여 대상자로 선정하므로 엄격한 자산조사가 수반된다. 엄격한 자산조사를 하기 위해서는 그와 관련한 행정비용이 많이 들게 된다. 따라서 운영효율성이 떨어질 수밖에 없다.

생각해 볼 문제

1. 우리나라 주요 사회복지제도들의 주요한 자격조건을 인구학적 조건, 기여 조건, 자산조사 조건 중 어디에 해당하는지 구분해 보자.

2. 사회복지정책에서 보편주의와 선별주의에 기반한 자격조건은 어떻게 다르며, 사회복지정책에서 보편주의 원리와 선별주의 원리는 서로 대립적인 관계인지 아니면, 상호 보완적인 관계가 가능한지 논의해 보자.

3. 우리나라의 주요 사회복지제도인 아동수당, 국민연금, 국민기초생활보장제도의 정책효과를 재분배의 측면에서 비교 평가해 보자.

4. 비용효과성의 측면에서 아동수당, 국민연금, 국민기초생활보장제도를 비교 평가해 보자.

5. 우리나라 기초연금은 사회수당인가, 공공부조인가?

제9장

사회복지정책의 급여

사회복지는 욕구가 있는 사람들에게 욕구 충족에 필요한 자원을 연결해 주는 활동으로 정의할 수 있다. 이러한 사회복지 정의에서 핵심은 욕구와 자원 그리고 연결조직이다. 충족되지 않은 욕구는 형태와 성질에서 매우 다양하다. 어떤 사람들은 먹을 것을 제대로 못 먹어 배가 고플 수도 있고, 또 다른 사람들은 질병에 걸려 병원에서 치료를 받아야 할 수도 있다. 또한 일을 하고 싶어도 일을 할 수 있는 기회가 주어지지 않을 수도 있다. 이처럼 욕구의 형태가 다양함에 따라 그러한 욕구를 충족시켜 주기 위한 자원들도 욕구의 형태에 맞게 다양한 형태로 제공되어야 한다. 배고픈 사람에게는 배고픔을 덜어 줄 수 있도록 음식을 제공하든지, 음식을 살 수 있는 돈을 제공하든지, 아니면 음식만 구입할 수 있는 증서(voucher)를 제공해야 한다. 질병에 걸린 사람들에게는 질병을 치료받을 수 있는 의료서비스가 제공되어야 하고, 취업 기회가 제한된 사람들에게 취업할 수 있는 기회가 제공되어야 한다. 이렇게 욕구가 충족되지 않은 사람들에게 욕구를 충족할 수 있도록 제공되는 자원의 형태가 사회복지정책 내용분석에서 급여이다.

사회복지정책은 다양한 급여 형태 중 특정한 형태의 급여를 선택하여, 정책의 내용을 구성한다. 사회복지정책에서 특정한 급여 형태를 선택하는 데는 여러 가지 고려가 필요하다. 그런 고려에서 가장 중요한 것은 수급자들의 자기결정권과 정책의 공급자인 정부 또는 정책 집행자가 추구하는 정책의 목표라 할 수 있다. 사회복지정책의 수급자들은 사회복지정책이 제공하는 급여를 통해 자기만족을 최대화할 수 있는 선택을 원한다. 이처럼 사회복지정책의 수급자가 만족을 최대로 얻으려면, 수급자가 원하는 형태의 소비를 할 수 있도록 자기결정권이 최대한 보장되어야 한다. 이러한 정책 소비자의 욕구 충족에 대한 고려가 급여 형태를 결정하는 데 중요한 요인이지만, 정책을 공급하는 정책 집행자의 관점 또한 중요하다. 정책 집행자는 국민으로부터 위임받아 바람직한 사회적 목표를 수행한다. 그러므로 정책 집행자는 특정 정책을 통해 사회적으로 달성하고자 하는 정책 목표를 설정해야 한다. 사회복지정책의 급여 형태를 어떤 형태로 선택하느냐에 따라 정책의 목표 달성 정도가 상이하게 된다. 그런 점에서 급여 형태의 결정은 중요하다. 여기서는 급여 형태를 결정할 때, 고려하여야 할 요인들을 먼저 검토하고, 급여 형태들의 특징을 살펴볼 것이다.

1. 급여 형태 선택의 이론적 기반

1) 소비자 선택권 대 사회적 통제

급여는 경제적인 관점에서 보면, 소비의 문제라 할 수 있다. 급여를 받는 사람, 즉 수급자(소비하는 주체의 관점에서 보면 소비자)에게 소비에 관한 권한을 많이 줄 것인가 아니면 적게 줄 것인가의 문제라 할 수 있다. 따라서 급여 형태의 결정은 수급자에게 소비자의 선택권을 최대한 보장할 것인가 아니면 소비자의 선택권을 최소화할 것인가라는 양극단 중 어떤 지점으로 결정할 것인가의 차원이다. 뒤에서 살펴볼 급여 형태 중 현금급여는 소비자의 선택권을 최대한 보장하는 급여 형태이고, 현물급여는 소비자의 선택권을 최소화하는 급여 형태이다. 그리고 증서는 양자의 중간 수준이다.

소비자의 선택권을 최소화한다는 것은 달리 표현하면 소비자의 소비행위를 사회적으로 통제한다는 것이다. 수급자로 하여금 특정한 물건이나 서비스를 소비하도록 사회가 결정함으로써, 수급자가 어떤 물건이나 재화를 소비하도록 통제하는 것이다. 이처럼 급여 형태 결정은 소비자의 선택권과 소비에 대한 사회적 통제 중 어떤 것을 더 중시할 것인가라는 사회복지의 쟁점에 기반하고 있다.

소비자 선택권을 중시하는 관점과 소비에 대한 사회적 통제를 중시하는 관점은 지향하는 가치 및 수급자에 대한 관점이 서로 다르다. 가치의 측면에서 보면, 소비자 선택권을 중시하는 관점은 개인주의 가치에 기반하고 있다. 이런 관점은 개인의 선호를 극대화하는 것이 전체 사회의 이익에도 부합한다고 본다. 즉, 소비자 각자가 자기 자신의 복지를 위해 행한 선택이 모이면 그것이 곧 공동의 복지를 증진하는 데에도 도움이 된다고 가정하고 있다(Buchanan, 1968; Gilbert & Terrell, 2004). 이러한 관점에서 보면, 급여 형태는 가능한 한 소비자의 선택권을 최대화할 수 있도록 결정하는 것이 바람직하다.

소비자의 선택권을 강조하는 관점은 자기결정권에 근거하고 있다. 자신의 소비행위를 통해 어떠한 심리적 이익이나 물질적 이익을 얻든지 간에 그 이익을 위해 자신의 자원을 사용할 수 있는 권리가 개인에게 보장되어야 한다는 것이다. 자신의 자원을 마음대로 쓰든 혹은 전혀 쓰지 않든 간에 그것은 개인의 권리라는 것이다(Gilbert & Terrell, 2004). 수급자도 소비에서 자기결정권을 가지고 있으며, 자기결정권이 실현될 때 소비에서 가장 큰 만족을 얻을 수 있다는 것이다.

반면 수급자들의 소비에 대한 사회적 통제를 중시하는 관점은 집합주의적 가치에 기반하고 있다. 사회복지에서 급여는 개인의 이익보다는 공통의 목적을 위한 자원의 공유 및 사회연대에 기반한 것이므로, 집합적 이익을 위해 개인의 이익을 어느 정도 구속하는 것이 필요하다는 것이다(Gilbert & Terrell, 2004; Myrdal, 1968). 급여에 대한 사회적 통제의 필요성을 강조하는 사람들은 사회복지의 급여는 국가의 조세에 의하여 마련된 것이므로, 개인의 취향이나 이익보다는 사회적으로 바람직한 방향으로 소비되는 것이 더 우선이며, 따라서 그렇게 소비될 수 있도록 수급자의 소비를 적절히 통제하는 것이 바람직하다는 것이다.

수급자의 소비에 대한 상이한 관점은 근본적인 가치의 차이를 반영할 뿐만 아니라 수급자에 대한 상이한 시각을 반영하고 있기도 하다. 수급자에게 소비의 선택권을 보장해야 한다는 관점은 소비자는 진실로 합리적인 존재이고, 자신에게 무엇이 최선의 이익이 되는가를 정확히 판단할 능력을 가진 존재로 바라본다. 사회복지 급여의 수급자 역시 소비자이므로 선택의 자유가 보장된다면, 자신에게 최선의 이익이 되는 형태로 소비할 것으로 본다.

반면 수급자의 소비에 대한 통제를 강조하는 입장은 자본주의 사회에서 소비자들은 자신이 필요한 것이 무엇인지를 알아 스스로 수요를 결정하는 것이 아니라 생산자들이 만들어 낸 수요에 의존하여 자신의 수요를 결정한다고 본다. 다시 말하여 자본주의 사회에서 소비자들은 광고와 모방의 힘에 종속되어 있으며, 광고와 모방을 통해 생산자가 스스로 수요를 창출한다는 것이다. 따라서 소비자들이 소비에서 합리적인 선택을 하는 것이 아니라는 것이다. 더욱이 합리적인 소비를 하려면 소비해야 할 상품에 대한 객관적인 정보가 있어야만 가능한데, 그러한 객관적인 정보를 얻는 것이 어려우며 비용이 많이 든다는 것이다. 이러한 문제는 사회복지의 주 대상자들인 빈민이나 교육수준이 낮은 사람들에게서 더욱 심각하게 나타난다. 사회복지 수급자들이 합리적인 소비를 할 수 없으므로, 이들의 소비에 대해 사회적으로 통제하는 것이 필요하다고 주장한다.

이처럼 급여 형태와 관련하여 수급자의 선택권 보장을 강조하는 입장과 수급자의 소비에 대한 사회적 통제를 강조하는 입장이라는 상반된 시각이 존재한다. 사회복지의 다양한 급여 형태들은 이러한 상이한 입장을 양극단으로 하는 스펙트럼상에서 어느 한 지점에 있다. 수급자의 선택권을 보장할 것인가, 아니면 수급자의 소비에 대한 사회적 통제를 할 것인가 중 어느 한 가지 시각을 반영하거나 이 둘을 적절히 조합한 급여 형태이다.

2) 정책의 효과성

급여 형태를 결정할 때, 고려하여야 할 또 다른 요소는 사회복지정책의 목표와 관련한 사회적 효과성이다. 예를 들어, 어떤 사회복지정책이 빈곤한 사람들에게 영양가 있는 식사를 제공하여 육체적으로 건강하고, 자립할 수 있도록 하는 것이 정책 목표라 한다면, 급여가 현금으로 제공되는 것보다는 현물로 지급되는 것이 정책 목표를 달성할 가능성을 높일 것이다. 왜냐하면 현금급여가 현물급여보다 영양가 있는 식사를 위해 급여를 사용하기보다는 다른 소비(예를 들어, 음주나 흡연)에 사용할 가능성이 크기 때문이다.

정책 목표의 달성이라는 측면에서 급여 형태를 결정하는 데는 급여 형태가 갖는 속성 외에도 여러 가지 다른 요인들에 의해 영향을 받는다. 그러한 요인들로 재화나 서비스를 선택할 수 있는 범위, 재화나 서비스의 속성, 제도의 특성 등을 들 수 있다.

먼저, 재화나 서비스를 선택할 수 있는 범위라는 측면에서 살펴보면, 선택할 수 있는 재화나 서비스의 선택 범위가 넓을수록 수급자의 선택권 보장은 의미가 있다. 선택할 수 있는 재화나 서비스의 선택 범위가 좁을 경우, 수급자의 선택권 보장은 의미가 없다. 예를 들어, 수급자에게 음식과 관련한 선택권을 보장하기 위하여 현금급여를 제공할 경우, 다양한 종류의 식료품이 충분히 공급되어야만 수급자의 음식 선택권이 실현될 수 있다. 만약 수급자가 선택할 수 있는 음식이 한 가지로 제한되어 있고, 그것도 충분히 공급되지 않는다면, 수급자는 자신의 기호에 맞는 식료품을 선택할 수 없게 된다. 이처럼 수급자가 선택할 수 있는 재화나 서비스가 제한되어 있다면, 수급자에게 선택권을 보장하는 것은 의미가 없다.

둘째, 재화나 서비스의 속성에 따라 급여 형태 결정은 영향을 받을 수 있다. 어떤 재화나 서비스는 소비자가 그에 대한 정보를 쉽게 얻을 수 있고, 따라서 합리적인 선택이 가능할 수 있다. 반면 어떤 재화나 서비스는 정확한 정보를 얻는 것이 쉽지 않으며, 설혹 얻을 수 있다 하더라도 정보 획득과 관련한 비용이 많이 들 수 있다. 예를 들어, 음식이나 의복과 같은 재화는 대부분의 사람이 자신에게 무엇이 얼마만큼 필요한지 쉽게 알 수 있지만, 의료서비스의 경우 자신에게 어떤 의료서비스가 필요하며, 얼마나 필요한지 알기 어렵다. 또한 어떤 재화나 서비스는 잘못 선택할 경우, 심각한 문제를 야기할 수도 있다. 이처럼 재화나 서비스에 대한 정확한 정보를 얻기 쉽지 않을 경우 그러한 재화나 서비스에 대한 수급자의 선택권을 보장한다고 하여도 수급자들이 합리적인 선택을 할 수 없을뿐더러, 오히려 많은 문제를 야기할 수도 있다.

셋째, 사회복지제도의 특성 또한 급여 형태 결정에 영향을 미친다. 사회보험이나 공공부조, 사회수당 등 제도의 성격이 무엇이냐에 따라 수급자가 어떤 행위(에컨대, 급여의 남용이나 오용)를 했을 때 그에 대한 사회적 비판 정도는 다르다. 그러하기에 사회복지제도 유형에 따라 수급자의 행위에 대한 사회적 통제의 필요성도 차이가 있다. 사회보험은 보험료를 기여한 데 대한 보상으로서 급여에 대한 권리가 주어지며, 그 권리성 정도는 매우 강하다. 따라서 사회보험 수급자가 급여를 가지고 남용이나 오용을 하여도 그에 대한 사회적 비난은 적다. 사회수당은 특정 사회에 소속되어 있는 사람으로서 누리는 권리, 즉 사회권적 성격이 강하다. 권리로서 주어지는 급여와 관련한 개인의 소비행위를 사회적으로 통제해야 한다는 주장은 타당성이 떨어진다. 반면 공공부조는 재원을 부담하는 사람과 급여를 받는 사람이 분리되어 있다. 즉, 공공부조는 일반 국민이 낸 세금으로 빈곤한 사람에게 급여를 제공하는 제도이다. 따라서 재원을 부담한 사람들은 그 재원이 사회적으로 바람직하게 사용되기를 원한다. 그렇기 때문에 공공부조의 수급자가 사회적으로 바람직하지 않은 소비를 할 경우, 그에 대한 사회적 비난이 크다. 이처럼 사회복지제도가 갖는 제도적 특성도 급여 형태 결정에 영향을 미친다. 사회보험이나 사회수당의 경우, 수급자의 선택권 보장이 강조되지만, 공공부조의 경우 상대적으로 사회적 통제의 필요성이 강조된다.

2. 급여 형태의 종류와 특성

급여 형태는 다양하다. 여기서는 사회복지의 제도나 프로그램에서 많이 사용되는 급여 형태인 현금급여, 현물급여, 증서, 기회, 권력의 5가지 급여 형태를 중심으로 살펴보고자 한다.

1) 현금급여

현금급여는 대상자들에게 급여를 현금으로 제공하여, 대상자들이 현금을 가지고 시장에서 자신이 필요로 하는 재화나 서비스를 구매하여, 욕구를 충족할 수 있게 하는 급여 형태이다. 이처럼 현금급여는 어떤 재화나 서비스와도 보편적으로 교환할 수 있는, 즉 보편적인 교환가치를 갖기 때문에 수급자에게 폭넓은 선택의 자유를 부여한다

표 9-1 OECD 10개국의 공공사회지출과 급여 형태 구성(2019) (단위: %)

	공공사회지출	현금급여	현물급여	적극적 노동시장정책
스웨덴	100.0	41.8	53.9	4.3
핀란드	100.0	57.2	39.3	3.5
프랑스	100.0	86.3	9.9	3.8
독일	100.0	53.0	44.6	2.5
네덜란드	100.0	55.9	40.0	4.1
이탈리아	100.0	71.1	27.8	1.1
영국	100.0	43.9	55.2	0.9
미국	100.0	47.1	52.3	0.6
일본	100.0	48.0	51.3	0.7
한국	100.0	39.3	57.5	3.2

출처: OECD Social Expenditure Database(SOCX).

* SOCX를 이용하여 산출함.

** 한국은 2020년도 기준임.

(Gilbert & Terrell, 2004). 오늘날 현금급여는 많은 국가에서 사회복지의 가장 보편적인 급여 형태이다.

〈표 9-1〉을 보면, 한국을 제외한 모든 국가에서 현금급여는 공공사회지출의 40% 이상을 차지하고 있으며, 프랑스 등 5개 국가는 현금급여의 비중이 50%를 넘는다. 프랑스는 총 공공사회지출의 86.3%가 현금급여이며, 이탈리아도 71%가 넘는다. 우리나라는 현금급여가 공공사회지출의 39.3%를 차지하여, 비교적 현금급여의 비중이 낮다.[1]

이처럼 사회복지에서 현금급여의 비중이 높은 것은 사회복지의 범주를 소득보장, 의료보장, 주택보장, 고용보장, 사회복지서비스로 구분할 때, 가장 큰 범주가 소득보장인데, 소득보장 관련 사회복지 급여의 대부분이 현금형태로 지급된다는 점에 기인한다.

---

1) 우리나라의 공공사회지출 중 현금급여의 비중이 낮은 것은 가장 대표적인 소득보장 프로그램인 공적연금제도가 아직까지 미성숙되었다는 점과 대표적인 현물급여 프로그램인 건강보장 프로그램이 상대적으로 발달되었다는 점에 기인한다.

소득보장 관련 사회복지제도 중 사회보험과 사회수당의 경우 대부분이 현금급여이다. 공공부조 형태의 소득보장 프로그램들도 현금형태로 지급되는 것이 많다. 우리나라의 공공부조 프로그램을 보면 기초연금, 국민기초생활보장제도의 생계급여, 주거급여, 근로장려세제 등이 현금으로 급여가 지급된다.

전통적으로 공공부조는 현금보다는 현물급여가 주요한 급여 형태였다. 구빈법 시기 공공부조제도들은 모두 현물형태로 급여가 제공되었다. 현대적인 공공부조로 전환되면서 급여의 보편적 형태가 현금형태로 바뀌었다.

우리나라 사회복지의 급여 형태를 보면, 국민연금은 모든 급여 형태가 현금급여 형태로 지급된다. 노령연금, 장애연금, 유족연금 모두 현금형태로 지급된다. 고용보험의 실업급여도 현금급여이고, 산업재해보상보험의 휴업급여, 장해급여, 상병보상연금, 유족급여도 현금형태로 지급된다. 국민건강보험의 경우 급여의 대부분이 현물급여인 서비스 형태로 지급되지만, 요양비, 출산비, 장애인보장구구입비 등은 현금형태로 지급된다.

공공부조제도를 보면, 국민기초생활보장제도의 생계급여, 주거급여,[2] 해산급여, 장제급여가 현금급여이다. 국민기초생활보장제도 이전 제도인 생활보호제도에서는 생계비가 1995년 이전까지 쌀, 연탄 등의 현물 형태로 지급되어 왔었으며, 그것이 1995년도에 현금급여로 전환되었다. 기타 범주적 공공부조제도인 장애수당이나 장애아동수당 역시 현금급여로 지급된다.

이처럼 현금급여가 오늘날 사회복지의 가장 대표적인 급여 형태로 위치를 점하고 있는 것은 여러 가지 장점들을 갖고 있기 때문이다. 첫째, 현금급여는 수급자들의 자기결정권을 가장 존중하는 급여 형태이다. 달리 표현하면, 현금급여는 소비자 주권이 최대로 보장되는 급여 형태이다. 사회복지 급여 수급자들은 자기가 원하는 물건이나 재화를 선택하여, 소비하고 싶어 한다. 예컨대, 사회복지 수급자 A는 빵과 채소를 좋아하고, 수급자 B는 밥과 고기를 좋아한다면, 현금급여는 수급자 A, B 모두에게 자신이 원하는 식료품을 원하는 만큼 선택하여 소비하게 할 수 있다. 자기 생활의 일부분인 소비행위의

---

2) 주거급여의 경우, 자기 집을 가지고 있는 경우 집수리 등의 서비스 형태로 지급되기도 한다. 그 외의 경우는 모두 현금급여로 지급된다.

주체로 행동할 수 있다는 점에서 사회복지 수급자들은 다른 급여 형태보다 현금급여 형태를 더 선호할 것이다. 이처럼 소비자의 선택권을 최대한 보장한다는 점이 현금급여의 큰 장점이다.

둘째, 수급자들에게 소비와 관련한 만족감[3]을 최대화할 수 있는 급여 형태가 현금급여이다(김태성, 2007). 누구나 자신이 원하는 물건이나 서비스를 선택하여 소비할 때 만족한다. 현금급여는 수급자가 원하는 물건이나 서비스를 선택하여 소비하는 것을 가능하게 한다. 그런 점에서 다른 급여 형태보다 수급자들의 만족감이 더 커질 수 있다. 예를 들어, 배고픈 사람들 모두에게 쌀을 지급하여 배고픔을 해결하려 할 경우, 밥을 별로 좋아하지 않는 사람들은 별로 만족하지 않을 것이며, 경우에 따라서는 지급되는 쌀을 다 먹지도 못할 수도 있다. 하지만 이들에게 돈을 지급하여 원하는 것을 소비하게 한다면, 모두가 자신이 좋아하는 식품들을 사서 먹을 것이기 때문에 만족감이 훨씬 커질 수 있다. 하지만 이러한 만족스러운 소비가 되기 위해서는 수급자가 합리적인 선택을 할 수 있는 경우에만 가능하다. 다시 말하여 자신에게 필요한 것이 무엇이고, 그것의 적절한 가격이 얼마인지를 제대로 판단할 수 있는 사람에게는 현금급여가 수급자들의 만족감을 최대화할 수 있다.

현금급여가 수급자들의 만족감 또는 사회적 만족감을 증대시키지 못하는 경우도 있다. 수급자들이 합리적인 선택을 할 수 없는 경우에 그렇다. 수급자가 합리적인 선택을 하지 못하는 경우로 다음 두 가지를 들 수 있다. 하나는 수급자 개인의 문제로 인해 합리적인 선택을 못하는 경우이고, 다른 하나는 소비하는 재화나 서비스의 속성상 수급자가 합리적인 선택을 하기 어려운 경우이다.

어떤 수급자는 자신에게 무엇이 가장 필요한가를 잘 알지 못할 수 있다. 그럴 경우 현금급여는 소비하는 당사자의 만족감을 떨어뜨릴 수 있다. 설혹 당사자의 만족감은 떨어지지 않을지라도 사회적 만족감은 떨어질 수 있다. 예를 들어, 알코올 중독인 공공부조 수급자가 있을 때, 생계급여로 20만 원을 받았다면, 이 수급자는 그것을 가지고 술을 사

---

3) 경제학에서 소비자들이 소비를 통한 만족감을 효용(utility)으로 표현한다. 여기서는 효용을 만족감으로 표현하였다.

먹는 데 소비할 것이다. 그럴 경우 당사자도 나중에 자신의 그런 행위에 대해 실망하며, 후회할 수 있을 것이다. 설혹 당사자는 술을 너무 좋아하기 때문에 만족스러울지 모르지만, 사회적으로는 국가예산이 바람직스럽지 않게 사용되었기 때문에 만족감이 떨어질 수 있다.

이처럼 현금급여가 수급자들의 만족감, 더 나아가 사회적 만족감을 극대화하기 위해서는 수급자들이 합리적인 행위를 할 수 있는 사람들이어야 한다. 중증 정신지체 장애인이나 알콜 중독자 또는 도박 중독자처럼 합리적인 행위를 할 수 없는 수급자에게 있어서는 현금급여가 오히려 사회적 만족감을 떨어뜨릴 수도 있다.

후자와 관련하여서는 의료서비스와 같이 재화나 서비스의 속성상 수급자들이 자신에게 필요한 재화나 서비스의 종류 또는 양에 관한 정보를 알기 어렵거나 그와 관련한 정보를 얻는 데 많은 비용이 수반되는 경우이다. 이런 재화나 서비스를 구입하는 데 현금급여를 지급하는 경우, 수급자들은 합리적인 소비가 어려울 수 있다. 따라서 수급자들의 만족감 또는 사회적 만족감이 떨어질 수 있다.

셋째, 현금급여는 인간의 존엄성 실현에서 다른 급여 형태보다 우월하다. 공공부조 수급자들은 자신이 공공부조 수급자라는 사실이 다른 사람들에게 알려지는 것을 원하지 않는다. 다른 사람들에게 공공부조 수급자란 사실이 알려지면, 낙인감(stigma)이나 치욕감 등을 느낄 수 있다. 다른 사람들에게 공공부조 수급자라는 사실이 알려지기 쉬운 경우는 공공부조 급여를 신청할 때, 자산조사를 받을 때 그리고 급여를 소비할 때이다. 급여 형태는 급여 소비와 관련된다. 급여 형태가 현물이나 증서 형태일 경우, 다른 사람들에게 공공부조 수급자라는 사실이 알려질 가능성이 높다. 하지만 현금급여는 수급자들이 시장에서 자신이 원하는 물건을 구매할 때, 현금을 지급하므로 외부에 수급자라는 사실이 알려지지 않는다. 그런 점에서 현금급여는 다른 급여 형태보다 공공부조 수급자들의 인간 존엄성을 보호하는 데 우월하다.

넷째, 현금급여는 운영효율성의 측면에서 다른 급여 형태보다 우월하다. 현금급여의 지급은 대개 수급자의 복지계좌로 입금된다. 따라서 급여의 지급과 관련한 행정비용이 적게 든다. 또한 급여와 관련한 복지공무원 등 관료들이 수급자 및 급여 관련 재화나 서비스 생산자에게 영향력을 행사할 여지도 적다. 다시 말하여 관료제의 문제가 현물급여에 비해 적게 나타난다. 현물급여의 경우 관련 프로그램 담당자가 관련 재화를 구입하여, 그것을 수급자 개인들에게 일일이 전달하여야 한다. 따라서 급여의 구매 및 전달과 관련한 행정비용이 많이 소요될 수밖에 없으며, 그 과정에서 복지 관료들이 수급자나 급여 관련 재화나 서비스의 생산자에게 영향력을 행사할 여지도 크다. 이처럼 현금급여는 다른 급여 형태 특히 현물급여와 비교하여 행정비용이 적게 든다는 점에서 운영효율성이 높고, 관료제의 문제가 적게 나타날 수 있다는 점도 장점이다.

요약하면, 현금급여는 다른 급여 형태들에 비해서 수급자들에게 선택의 자유, 자기결정권, 소비자 주권을 보장하고, 수급자들의 인간의 존엄성을 훼손하지 않으며, 운영효율성이 높다는 장점이 있다. 반면 현금급여는 급여의 오용, 남용 등으로 인해 목표효율성이 떨어지는 단점도 있다. 여기서 살펴본 현금급여의 장점은 뒤에서 살펴볼 현물급여의 단점이 되며, 현물급여의 장점은 현금급여의 단점이다.

2) 현물급여

현물급여는 사회복지 급여 수급자의 충족되지 않은 욕구에 대응하여 제공되는 재화나 서비스를 말한다. 사회복지는 배고픈 대상자에게 음식을, 학교생활에 잘 적응하지 못하는 학생에게 학교적응 상담을, 일자리를 필요로 하는 실직자에게 취업알선과 같이 대상자의 욕구에 맞춰 재화나 서비스를 제공하는데, 그렇게 제공되는 재화와 서비스가 현물급여이다. 현물급여는 대상자의 욕구에 직접 대응하는 급여 형태라는 점에서 현금급여와 차이가 있다.

현물급여는 크게 재화와 서비스로 구분된다. 재화형태의 현물급여는 음식, 옷, 주택 등과 같은 물질적인 상품을 말하고, 서비스는 상담, 사례관리, 직업훈련, 질병치료 등과 같이 대상자에게 제공되는 활동을 말한다. 재화형태의 현물급여와 서비스 형태의 현물급여는 그 속성에서 부분적으로 차이가 있다. 재화형태의 현물급여는 시장에서 교환될 수 있는 교환가치를 부분적으로 가지고 있다. 예를 들어, 특정 사회복지 대상자에게 급여로 쌀을 주었다면, 그 대상자는 시장에서 급여로 받은 쌀을 빵이나 술로 교환할 수 있다. 하지만 서비스 형태의 현물급여는 시장에서 교환할 수 있는 교환가치를 갖지 못한다. 왜냐하면 서비스는 전문가가 대상자의 질환이나 문제를 진단하고, 그것에 기초하여 대상자에게 직접 개별적으로 전달하는 급여이기 때문이다.

현물급여는 가장 오래된 급여 형태이다. 사회복지의 원시적 형태라 할 수 있는 구빈법 시기의 급여 형태는 모두 현물급여 형태였다. 근로할 수 없는 사람들에게 구빈원에 수용하여 음식과 잠자리를 제공했으며, 근로할 수 있는 사람들은 노역장에 수용되어 노동을 하고, 음식과 잠자리를 제공받았다. 이처럼 구빈법 시기 급여의 보편적 형태는 현물급여였다. 사회보험제도가 등장하면서 비로소 현금급여의 비중이 높아져 갔다. 사회보험제도 특히 연금제도가 덜 발달한 국가의 경우 여전히 현물급여의 비중이 높다. 우리나라의 경우 〈표 9-1〉에서 보는 것처럼 현재에도 현금급여보다 현물급여의 비중이 더 높다.

사회보험이나 사회수당에 비해 공공부조는 현물급여 형태가 상대적으로 더 강조된다. 그 이유는 사회보험이나 사회수당은 권리성이 강하지만, 공공부조는 시혜적 성격이 여전히 남아 있으므로, 급여와 관련한 사회적 책임성이 더욱 강조되기 때문이다.

현물급여는 복지국가 위기 이후 그 중요성이 다시 강조되며, 확대되는 추세이다. 1960년대와 1970년대의 경우 복지개혁론자들은 우파와 좌파 할 것 없이 빈곤문제를 해결하기 위한 최선의 방법이 현금급여를 통한 소득 이전이라고 생각했다(Gilbert & Terrell, 2004). 보수주의자들은 현금급여가 수급자의 선택의 폭을 극대화함과 동시에 관료제에 의한 사회복지서비스의 비효율성을 피할 수 있는 길이라고 생각했으며, 진보주의자들은 현금급여가 빈민들을 주류사회에 통합할 수 있는 길이라고 여겼다. 하지만 복지국가 위기 이후 복지국가의 재편과정에서 공공부조의 급여 형태로서 현금급여에 대한 지지가 감소하여 왔다. 빈곤문제의 해결에서 기본적인 수준의 현금지원이 필요한 것은 사실이지만, 빈곤문제 해결의 목적이 빈곤한 사람들의 자립이라는 점에서 빈민들에게 일하게 하고, 이들의 취업을 촉진하기 위한 각종 지원 서비스를 제공하는 것이 훨씬 중요하다고 보았기 때문이다. 그런 점에서 1990년대 이후 공공부조 관련 프로그램에서 보편적으로 현물급여, 특히 서비스 형태가 강조되는 경향이다(Currie & Gahvari, 2008). 특히 영국, 미국과 같이 자유주의 복지국가에서 그런 경향이 두드러진다. 이러한 대표적인 예가 미국의 대표적인 공공부조제도인 AFDC를 대체한 TANF이다. 1997년의 경우 현금급여가 TANF 총지출의 3/4 이상이었으나 2002년에는 그 비중이 절반 이하로 떨어졌다(Gilbert & Terrell, 2004).

　우리나라의 경우 2020년에도 전체 사회복지 지출에서 현물급여가 차지하는 비중이 현금급여보다 높다. OECD의 사회지출 데이터베이스(OECD Social Expenditure Database)를 이용하여, 2020년 우리나라 사회지출을 급여 형태별로 분류해 보면, 현금급여의 비중이 39.3%, 현물급여의 비중은 57.5%이고, 기타 적극적 노동시장정책 관련 지출이 3.2%이다.[4] 구체적으로 어떤 사회복지제도가 현물급여 형태로 급여가 제공되는지를 보면, 국민건강보험의 경우 대부분의 급여가 현물급여이다. 국민건강보험제도에서 가장 대표적인 급여가 요양급여와 건강검진인데, 모두 서비스 형태의 현물급여이다. 고용보험제도에서 실직자들에 대한 직업훈련, 산업재해보상보험제도에서는 산업재해 근로자에게 제공하는 요양급여 및 직업재활이 현물급여 형태이다. 2008년부터 시행되는 노인장기요양보험의 경우 대부분의 급여가 서비스 형태의 현물급여로 지급된다. 공공부조제도를 보면, 국민기초생활보장제도의 의료급여 및 자활급여, 교육급여가 현물급여 형태이다. 보건 관련 현물지출의 비중은 2020년 우리나라 전체 사회지출의 약 43.4%에 달한다. 2022년도 국민기초생활보장제도의 급여별 예산을 보면 현물급여인 의료급여가 기초보장 급여 중 가장 지출 규모가 큰 급여이며, 전체 기초보장 예산의 약 52.3%를 차지한다(김성욱, 2022).

　이렇게 오늘날에도 현물급여는 사회복지에서 중요한 급여 형태 중 하나이며, 특히 최근에는 더욱 중시되는 추세다. 그러면 현물급여가 어떤 특징을 갖고 있는지 살펴보자.

　첫째, 현물급여의 가장 큰 장점은 다른 급여와 비교하여 목표 효율성(target efficiency)이 우월하다는 점이다. 모든 정책은 달성하고자 하는 목표를 가지고 있다. 그러므로 제공된 급여는 정책 목표가 달성되도록 사용되는 것이 중요하다. 수급자로 하여금 소비에서 선택권을 많이 부여할수록 그 정책이 추구하는 목표를 달성할 가능성은 떨어진다. 공공부조 대상자에게 지급되는 생계급여는 수급자들이 영양가 있는 음식을 섭취함으로써 건강한 육체를 유지하여 자립하게 하려는 목표를 가지고 있다. 현금급여는 수급자

4) OECD의 SOCX를 이용하여 저자의 계산으로 산출하였음(2023. 10. 27.).

가 받은 생계급여로 어떤 물건이나 서비스를 구매해도 전혀 통제할 수 없어 술이나 도박 등과 같이 오용할 수 있다. 이처럼 현금급여는 수급자들의 오용, 남용 가능성이 높다. 하지만 현물급여는 수급자들의 오남용 등 도덕적 해이가 발생할 가능성이 상대적으로 적다. 공공부조 수급자에게 생계급여로 쌀이나 우유, 고기 등 현물을 지급할 경우, 수급자가 직접 소비하지 않고 다른 곳에 쓸 가능성은 현저히 줄어든다. 즉, 정책이 목표로 하는 바를 달성할 가능성이 높아진다. 물론 현물급여도 수급자의 오남용 문제가 전혀 없는 것은 아니다. 급여로 받은 쌀이나 고기를 술이나 담배 등으로 교환하는 등 정책목표에서 벗어난 소비를 완전히 막지는 못한다. 하지만 현금급여나 증서에 비해 그럴 가능성을 훨씬 줄일 수 있다.

현물급여가 목표 효율성이 높다는 것은 달리 표현하면, 수급자의 소비에 대한 사회적 통제가 많다는 것을 의미한다. 현물급여는 수급자에게 필요한 물품이나 서비스의 종류와 양을 일일이 정하여 제공하므로 수급자는 소비에서 선택권을 거의 갖지 못하게 된다. 다시 말하여 수급자의 소비를 정책 당국이 통제하는 것이다.

둘째, 현물급여는 현금급여보다 욕구가 큰 사람과 그렇지 않은 사람을 더 확실히 구분할 수 있어, 꼭 필요한 사람들에게 급여가 제공될 가능성이 높다(김태성, 2007). 현물급여는 다른 사람들에게 수급자라는 사실이 알려질 가능성이 크고, 따라서 낙인문제가 크게 발생한다는 것이 단점이다. 또한 수급자가 원하는 물품을 선택할 수 없으므로, 현물급여는 수급자의 만족감이 떨어진다. 이런 단점들 때문에, 현물급여는 욕구가 있는 사람들도 현금급여보다 급여 신청을 꺼려 한다. 결국 꼭 급여가 필요한 사람들만 급여를 신청하게 하여, 욕구가 많은 사람들과 덜한 사람들 간 구별을 할 수 있게 해 준다.

더욱이 현물급여 수급 및 소비에서 낙인이 주어질 가능성이 높다는 점과 소비에서 선택의 자유가 없다는 점 때문에 현물급여는 남용이나 오용 가능성이 적다. 따라서 현물급여는 현금급여보다 비도덕적이고, 불법적인 행위를 통해 급여를 받으려는 행위를 줄일 수도 있다. 이런 점들로 인해 현물급여는 사회복지 자원을 욕구가 많은 사람들에게 급여가 집중적으로 제공될 가능성을 높이는 효과도 기대할 수 있다.

셋째, 현물급여는 현금급여보다 정치적으로 더 선호된다(김태성, 2007). 우선 납세자들이 현금급여보다 현물급여를 더 선호한다. 납세자는 자신이 낸 세금이 사회적으로 바람직한 곳에 사용되는 것을 보고자 한다. 현금급여의 경우, 수급자가 드러나지 않기 때문에 자신이 낸 세금이 어떻게 쓰이는지 납세자들은 눈으로 확인할 수 없다. 더욱이 현금급여의 문제점인 오용, 남용 문제가 언론을 통해 자주 보도되어, 세금이 잘못 쓰이고 있다는 생각마저 갖게 한다. 반면 현물급여는 급여의 전달 과정을 통해 어려운 사람들에게 급여가 전달되는 것을 확인할 수 있어, 납세자들은 자신이 낸 세금이 바람직하게 쓰이고 있다는 생각을 가질 수 있다.

또한 현물급여는 급여와 관련한 물품이나 서비스를 생산, 공급하는 집단들에게도 선호된다. 예컨대, 식료품을 현물급여로 지급할 경우, 식료품과 관련한 소비가 늘게 되어 식료품을 생산, 공급하는 농산물업자의 수익을 늘리는 효과가 있어 농산물업자들이 현물급여를 선호할 수 있다.

현물급여는 현물 프로그램을 관리, 운영하는 정부관료들도 선호한다. 그 이유는 현금급여보다 현물급여를 지급하는 것이 관리와 관련된 인력 및 운영비를 증가시키고, 그 결과 이를 관리하는 조직을 확장시키게 되기 때문이다. 또한 현물급여를 관리하는 정부관료들의 영향력을 확대시킬 수도 있다. 현물급여를 제공하는 경우, 그것을 관리하는 관료들은 수급자들에 대한 영향력도 현금급여의 경우보다 훨씬 커지게 되며, 물품을 생산, 공급하는 사람들에 대한 영향력도 커지게 된다. 이런 이유로 인해 현물급여 방식을 정부 관료들도 선호한다는 것이다.

넷째, 현물급여는 규모의 경제 효과가 있어 생산단가를 낮출 수 있는 점도 장점으로 지적된다(Gilbert & Terrell, 2004). 특정 재화를 현물급여로 지급할 경우, 그 재화는 대규모로 생산, 공급되기 때문에 그 재화의 단위당 생산, 공급 비용을 줄일 수 있다는 것이다. 하지만 이런 주장은 몇 가지 측면에 반론이 제기된다. 단기적으로는 특정 재화를 대규모로 공급하는 것이 규모의 경제 효과를 발생시킬 수 있지만, 장기적으로는 수급자들에게 재화 선택권을 제공하는 것이 생산단가를 낮출 수 있다. 그 이유는 수급자들이 시장에서 원하는 물건을 구입할 때, 경쟁을 통해 생산비를 줄이는 효과가 나타나기 때문이다. 설혹 대규모 구매를 통한 규모의 경제 효과가 있다 하더라도, 그것은 표준화할 수 있는 재화들에만 한정되어 나타난다. 예컨대, 공산품과 같이 표준화하여 규격화된 생산이 가능한 재화는 규모의 경제 효과가 있을 수 있지만, 그렇지 않은 재화나 서비스는 규모의 경제 효과를 기대하기 어렵다. 더욱이 현물급여의 상당 부분을 차지하는 서비스의 경우, 그 특성이 개별화되어 있고, 계속적인 피드백에 근거한 노동집약적인 기술이라는 점에서 표준화하는 것이 어렵고, 따라서 규모의 경제 효과를 기대하기 어렵다.

현물급여는 이러한 장점이 있는 반면, 단점도 여러 가지가 있다. 현물급여의 단점은 앞에서 현금급여의 장점으로 제시된 것들이다. 수급자에게 낙인감을 준다든지 선택의 자유가 없다는 점, 운영효율성이 떨어진다는 점 등이다. 이 외에도 관료제의 문제가 크게 발생할 수 있다는 점도 현물급여의 단점으로 지적된다. 앞에서 언급했듯이 현물급여를 제공하는 경우, 관료들의 영향력이 확대될 수 있다. 관료들의 영향력이 커질 수 있다는 것은 다른 측면에서는 관료제의 문제, 예컨대 운영의 불투명성, 부정적인 거래 등 비효율성 문제가 커질 수도 있다.

3) 바우처[5]

바우처(voucher)의 단어적 의미는 증서나 상품권이다. 정부가 일정한 자격기준이 되는 개인에게 특정한 재화나 서비스에 대한 쿠폰(coupon)이나 카드형태로 구매권을 인정해 주는 정책 수단(정광호, 2007)이 바우처이다.[6] 예컨대, 백화점의 상품권과 같은 구매권을 특정 사회복지 프로그램의 수급자에게 지급하여, 수급자로 하여금 그 증서가 인정하는 범위 내에서 상품이나 서비스를 구매할 수 있게 하는 급여 형태가 바우처이다.

바우처는 정책 설계를 어떻게 하느냐에 따라 다양한 방식으로 운용될 수 있다(정광호, 2007; Steuerle, 2000: 4-5). 바우처가 가진 구매력과 구매범위의 다양한 조정이 가능하다.

---

5) 바우처를 좁게는 급여 형태 중 하나로 이해할 수도 있지만, 넓게는 전달체계라는 맥락에서 이해되기도 한다. 이 장에서는 급여 형태의 측면을 중심으로 바우처를 살펴볼 것이다.

6) 바우처는 정의하기에 따라 매우 넓은 의미로 사용되기도 한다. 김진(2007)에 의하면, 바우처는 명시적 (explicit) 바우처, 묵시적(implicit) 바우처, 환급형(reimbursement) 바우처로 구분할 수 있다. 명시적 바우처는 쿠폰 또는 카드를 수혜자에게 직접 지급하는 방식이다. 수혜자는 받은 쿠폰이나 카드를 가지고 자신이 필요로 하는 물건이나 서비스를 구매할 수 있다. 묵시적 바우처는 바우처 수급자가 1차적으로 해당 상품이나 서비스를 소비한 후, 정부가 공급자에게 후불방식으로 지급하는 것을 의미한다. 환급형 바우처는 수급자가 상품이나 서비스를 소비한 후, 정부로부터 그 비용을 환급받는 방식이다.

일정한 지출 상한선을 설정하여, 그 범위 내에서만 구매할 수 있게 할 수도 있다. 예를 들어, 한 달에 5만 원의 지출 상한선을 설정한 카드를 발급하여, 구매력을 한 달에 5만 원으로 제한할 수 있다. 또한 특정 재화나 서비스에 대한 비용의 일부만을 제공할 수도 있다. 즉, 특정 재화나 서비스의 가격이 5만 원일 경우, 4만 원만 바우처를 통해 비용 지불을 할 수 있고, 나머지 1만 원은 본인의 돈으로 지불하게 할 수 있다. 그리고 바우처를 통해 구매할 수 있는 재화나 서비스의 종류와 물품을 제한할 수도 있다. 예컨대, 미국의 영양보조 프로그램(Supplemental Nutrition Assistance Program: SNAP)처럼 바우처의 이용범위를 식료품으로 제한할 수 있으며, 특정 공급자가 생산한 물품에 대해서만 구매할 수 있도록 할 수도 있다.

바우처는 이용하는 소비자와 공급자 모두에게 일정 수준 이상의 규제를 둘 수도 있다. 바우처를 이용하는 소비자의 자격요건으로 소득수준, 거주지 등을 제한할 수 있으며, 공급자의 경우도 바우처의 대상이 되는 재화나 서비스를 생산, 제공할 수 있는 면허나 자격증 또는 인증 등을 갖춘 대상으로 제한함으로써 재화나 서비스의 품질을 관리할 수 있다.

급여로 바우처를 사용하는 대표적인 사회복지제도는 미국의 SNAP이다. SNAP는 미국의 저소득층에게 식료품만 구매할 수 있는 전자바우처카드를 제공하는 프로그램이다. 수급자의 소득수준 및 가구규모에 따라 상이한 수준의 전자바우처카드가 지급된다. 수급자들은 전자바우처카드를 이용하여 식료품을 구매할 수 있다(임완섭 외, 2015). 이외에도 미국에서는 교육바우처, 주택바우처, 직업훈련바우처, 보육바우처 등 여러 프로그램에서 바우처를 이용하고 있다.

우리나라도 최근에 사회복지서비스에서 바우처를 많이 이용하고 있다. 우리나라 사회복지에서 본격적으로 바우처가 도입되기 시작한 것은 2007년부터이다. 2007년도에 중증장애인활동보조서비스, 산모신생아도우미, 노인돌보미, 지역사회서비스 혁신사업 등 총 4개 사업에서 바우처를 도입하였고, 그 이후 계속 확대되어 현재는 이들 사업 외에 가사간병도우미사업, 출산 전 진료비 지원사업, 장애아 재활치료사업 등에서 바우처를 이용하고 있다. 정부의 계획을 보면, 앞으로도 바우처는 계속 확대될 전망이다. 특히 서비스 관련 프로그램에서 많이 활용될 전망이다.

이처럼 바우처 급여 형태가 급속히 확대되고 있는 것은 바우처가 현금급여와 현물급여의 장점을 함께 갖고 있다는 점 때문이다. 바우처는 현금급여의 최대 장점인 소비의 선택권을 보장하며, 현물급여의 장점인 소비에 대한 통제력을 적절히 발휘함으로써 수급자들의 급여 오남용 문제를 해결할 수 있다. 예를 들어, 빈자에게 식료품바우처를 지급할 경우, 수급자들은 자신의 선호에 따라 바우처를 이용해서 쌀을 구입하여 밥을 먹을 수도 있고, 빵을 사서 먹을 수도 있으므로, 수급자들은 기호에 따른 소비를 함으로써 만족감이 높아질 수 있다. 반면, 식료품바우처는 식료품 외의 물품은 살 수 없으므로, 빈자들의 영양상태 개선이라는 정책 목표 달성 가능성도 보다 높아질 수 있다. 이처럼 바우처의 긍정적인 측면이 부각될 수도 있지만, 바우처에 대해 부정적으로 평가할 경우 현금급여와 현물급여의 단점이 모두 나타날 수 있다는 지적도 받는다. 앞의 식료품바우처를 예로 든다면, 수급자는 바우처로 식료품 이외의 물품은 살 수 없으므로, 음식에 대한 소비는 적게 하고 대신 책이나 영화 등 문화생활을 즐기는 사람의 경우, 만족도가 떨어질 수 있다. 또한 상품권을 할인하여 현금으로 교환하는 경우처럼 바우처도 그런 방식의 오용, 남용 가능성이 현물보다 훨씬 높다.

이처럼 급여 형태로서 바우처는 현금급여와 현물급여의 중간적 성격의 급여 형태이며, 현금급여와 현물급여의 장단점을 모두 중간 수준으로 갖고 있다. 다시 말하여 바우처는 소비자의 선택권은 현금급여보다 적고, 현물급여보다는 많이 보장되며, 수급자의 소비에 대한 통제는 현금급여보다는 많으며, 현물급여보다 적다.

이 외에 바우처의 장점으로 지적되는 것은 공급자 간 경쟁을 통해 재화나 서비스의 시장가격을 인하할 수 있으며, 품질을 향상시킬 수 있다는 점이다(배화숙, 2007; 최재성, 2000; Bendick, 1989). 특정 재화나 서비스의 급여로 바우처가 제공되면, 재화나 서비스의 생산자들은 바우처 이용자의 선택을 받고자 가격 및 질 경쟁을 할 것이고, 그 결과 재화나 서비스의 가격은 떨어지고, 질이 높아지는 효과를 기대할 수 있다는 것이다. 바우처의 이러한 장점이 우리나라 사회복지서비스에서 바우처 급여 형태가 확대되는 주요한 근거 중 하나이다. 기존에 우리나라 사회복지서비스는 서비스 공급자에게 보조금을 지원하는 방식으로 이루어져 왔다. 그러므로 사회복지서비스의 가격 및 질에 대한 통제는 사회복지서비스를 공급하는 민간기관들에 대한 관리 감독 및 평가 등의 방법을 통해서 이루어졌으나, 민간 사회복지기관이 사실상 서비스 공급을 독점하고 있었기 때문에 한계가 있었다.

바우처 급여의 장점이 극대화되기 위해서는 공급자 간 충분한 경쟁이 있어야 한다. 바우처를 통한 가격 인하와 서비스의 질 향상은 시장이 갖는 경쟁의 효과를 기대하는 것이다. 충분한 경쟁이 이루어질 수 있도록 재화나 서비스의 공급자가 충분히 많아야 한다는 점이 바우처 급여 형태를 확대하는 데 필요한 전제조건이다.

바우처 급여 형태는 여러 가지 문제점도 내포하고 있다는 지적을 받는다. 그런 문제점 중 하나는 바우처 이용자들의 선택권이 제대로 행사되지 못할 수 있다는 것이다. 그 이유로 재화나 서비스 공급자가 수요자를 자의적으로 선정할(scream skimming) 수 있다는 점(유한욱, 2006)과 재화 및 서비스에 대한 충분한 정보 접근이 이루어지지 않을 수 있다는 점(정경희 외, 2006)이다. 이런 문제는 주로 사회복지서비스에 바우처를 도입할 경우 나타나는 현상인데, 전자는 수요는 많은데, 사회복지시설의 수용능력이 제한될 경우, 사회복지서비스 공급자들이 통제하기 좋은 이용자, 편한 이용자만 선별적으로 받을 수 있다는 것이다. 후자는 사회복지서비스를 이용하는 사람들의 경우 중증장애인과 같이 의존적인 경우가 많아 서비스에 대한 분별력이 떨어질 수 있다는 것이다. 이처럼 바우처가 갖는 장점이 오히려 단점으로 작용할 수도 있다.

4) 기회

앞에서 살펴본 재화나 서비스와 달리 급여 형태로서 기회는 사회복지 급여 대상자에게 예외적인 기회를 제공하는 것이다. 다시 말하여 사회 내의 불이익 집단이나 사회에 특별히 공헌한 사람들에게 취업이나 교육 또는 승진, 시험 등에서 다른 사람들보다 더 많은 기회를 제공하는 것을 말한다. 불이익 집단에게 더 많은 기회를 제공하는 대표적인 예는 미국의 '적극적 조치(Affirmative Action)'를 들 수 있다. 미국의 '적극적 조치' 프로그램은 대학입학, 취업, 진급 등에서 원조 미국인(Native American) 등 소수인종이나 여성들에게 일정 비율 또는 일정 수를 미리 할당하는 것이다(김태성, 2007).

우리나라도 불이익 집단에게 더 많은 기회를 제공하는 프로그램들을 몇몇 시행하고 있다. 그러한 예로 고용과 관련하여 장애인고용의무제도, 여성고용 우대 조치 등이 있으며, 2009학년도부터 도입된 저소득층 자녀 및 다문화가정 자녀를 대상으로 한 대학 입학 기회균등할당제를 들 수 있다. 장애인고용의무제도는 국가와 지방자치단체, 상시 고용 50인 이상 사업체에게 적용되는데, 공공기관은 총 고용의 3.6%, 민간기업은 3.1% 이상 장애인을 의무적으로 고용하도록 하는 제도이다(2023년 기준). 이는 '장애인고용촉진 및 직업재활법'에 근거하고 있다. 여성고용 우대조치는 「남녀고용평등과 일·가정양립지원에 관한 법」에 근거하여, 고용노동부 장관에게 여성고용이 산업별, 규모별 고용기준에 미달하는 사업주에게 적극적 고용개선조치를 시행하도록 하고 있다.

대학 입학에서 기회균등할당제는 국민기초생활보장수급자, 차상위계층 및 다문화 가정 등 저소득층 자녀를 대상으로 정원 외 특별 전형을 하여, 2009년도의 경우 80개 대학에서 2700여 명의 학생이 대학에 입학한 것으로 나타났다(한겨레, 2009. 3. 1.).

불이익 집단에게 이처럼 더 많은 기회를 주는 것은 일종의 적극적 차별(positive discrimination)이라고 할 수 있다. 일반적으로 차별은 사회적 약자에게 손해를 끼치는 데 반해, 적극적 차별은 사회적 약자 또는 불이익 집단에게 더 많은 이득을 제공하는 형태의 차별을 말한다. 이렇게 사회적 약자 또는 불이익 집단에게 적극적으로 더 많은 기회를 제공하는 적극적 차별조치가 필요한 것은 이러한 집단들에게 사회 내에서 형식적인 기회의 평등은 주어졌지만, 실질적인 기회에서 차별을 받아 왔다는 점에 근거한다. 적극적 차별조치는 차별금지와 차이가 있다. 차별금지가 현재 진행되고 있는 차별을 중단시키는 것을 목적으로 하는 반면에, 적극적 차별조치는 과거에서부터 차별이 누적되어 나타나는 결과를 적극적으로 시정하려 한다(장지연, 2006).

이처럼 특정 집단에게 더 많은 기회를 주는 조치는 사회적 약자만을 대상으로 하는 것은 아니다. 사회에 특별한 공헌을 한 집단에게도 취업이나 교육에서 더 많은 기회를 주는 프로그램들도 있다. 대표적인 것이 우리나라 공무원 시험에서 국가유공자 및 그 자녀에게 5~10%의 가산점을 부여하는 조치이다. 이는 국가를 위해 특별한 공헌을 한 사람들에게 공무원 임용에서 더 많은 기회를 부여하는 것이다.

급여 형태로서 기회가 갖는 특징은, 첫째, 인권과 관련된다. 인권은 국적이나 인종, 문화, 연령, 성별 또는 그 밖의 어떤 것과도 무관하게 모든 사람에게 적용되는 권리를 말한다(Ife, 2001). 사회적 약자나 불이익 집단의 경우, 실질적인 기회의 평등이 보장되지 않아 왔다는 점에서 인권이 침해되어 왔다고 볼 수 있다. 그런 점에서 사회적 약자나 불이익 집단에게 더 많은 기회를 줌으로써 실질적인 기회의 평등을 실현하려는 것은 인권 보장과 관련된다.

둘째, 급여로서 기회는 전이 가능성이 전혀 없는 급여이다(Gilbert & Terrell, 2004). 급여로서 기회는 주어진 맥락 내에서만 사용되어야 하는 급여이다. 특정 수급자에게 급여로서 특정한 기회가 주어졌다면, 이 기회는 다른 사람에게 양도할 수 없으며, 다른 재화나 서비스와 교환할 수도 없다.

셋째, 급여로서 기회는 결과의 평등을 보장하지 못한다. 사회적 약자나 불이익 집단에게 교육기회나 취업기회를 더 많이 주는 것은 그 기회를 통해 이들이 더 많은 소득을 획득하게 도우려는 목적이 있다. 하지만 더 많은 기회를 제공한다고 하여, 그것이 더 많은 소득으로 반드시 연결되는 것은 아니다. 우리나라의 장애인의무고용사업체의 장애인 고용현황을 보면, 2022년 중앙정부 및 지방자치단체는 공무원 2.93%, 공공기관은 3.84%, 민간기업은 2.91%로 장애인의무고용기준인 공무원 3.6%, 민간기업 3.1%에 미달하고 있다(국가통계포털). 2020년 고용된 장애인들의 평균 임금도 188만 원으로 전체 취업자의 평균 임금인 268만 원의 70% 수준이다(보건복지부, 2020; 통계청, 2020).

5) 권력

지금까지 살펴본 급여 형태들은 특정 제도나 정책의 한 부분을 구성하는 형태이다. 그러나 여기서 살펴볼 권력은 특정 사회복지제도나 정책의 일부분이 아니라 잠재적인 사회복지 대상자에게 보다 많은 사회적 자원이 분배될 수 있도록 그들의 정치적, 사회적 힘을 확대시키는 것을 말한다.

빈자들이나 장애인, 노인 등 사회적 약자를 조직화하여 이들의 사회적, 정치적 힘을 키울 경우, 사회복지제도나 정책이 이들에게 유리하도록 바뀔 수 있으며 또는 이들에게 필요한 새로운 사회복지 프로그램을 도입할 수도 있다. 그런 점에서 사회적 약자나 불이익 집단들의 권력을 확대하는 것은 의미가 있다.

잠재적인 사회복지 대상자들의 권력을 키우는 형태는 여러 가지가 있을 수 있다. 첫째는 사회복지제도에 직접 참여하는 것이다(심창학, 2001). 정부가 집행하는 사회복지정책에는 사회복지 대상자들이 정책과정에 참여하도록 하는 각종 위원회가 있다. 이러한 위원회에 사회복지 대상자가 직접 참여하여, 대상자들의 권익이 실현될 수 있도록 정책 결정과정 및 실행과정에 자문 및 심의를 담당할 수 있다. 이러한 위원회는 중앙정부뿐만 아니라 지방정부에도 마련되어 있다. 국민기초생활보장제도를 예로 든다면, 중앙정부에 중앙생활보장위원회가 있고, 지방정부에 지방생활보장위원회가 설치되어 있다.

둘째는 사회복지운동이다. 이는 사회복지와 관련한 특정 이슈나 제도 개혁을 위해 시민들이 조직화하여 집단적으로 요구하는 것이다. 이러한 예로 장애인이동권운동, 사회복지예산확보운동, 기초생활보장수급권운동 등을 들 수 있다. 사회복지운동은 잠재적인 사회복지 수급자들을 조직화하여, 뭉쳐진 힘을 기반으로 그들에게 더 많은 복지와 자원이 분배되도록 또는 기존 사회복지제도가 그들에게 유리한 방향으로 개선되도록 요구하고, 관철해 나가는 것이다. 이러한 운동은 전국적인 차원에서 수행할 수도 있고, 지역적 차원에서 수행할 수도 있다.

셋째는 지역사회조직사업이다. 이는 지역사회의 주민들이 지역사회문제에 스스로 참여하고, 공동체 의식을 갖도록 주민조직을 육성하고, 지원하는 것이다. 현재 이러한 활동은 사회복지관을 통해 이루어지고 있는데, 주민조직 강화 및 교육, 복지네트워크 구축, 주민복지증진사업, 자원봉사자 양성 및 후원자 발굴 등이 구체적인 내용이다. 지역사회조직사업은 사회복지관의 5대 기본사업 중 하나이다(김범수, 신원우, 2006).

이처럼 권력은 현금이나 증서 등과 같은 방식으로 소비되는 것은 아니지만, 재화나 서비스, 기회에 비해 사회복지 대상자의 사회, 경제적 선택 그 자체에 대한 통제력을 훨씬 더 많이 제공한다. 다시 말하여, 사회복지 대상자들의 사회적, 정치적 힘이 확대되면, 그로 인해 더 많은 사회복지 자원을 얻을 수 있으며, 사회복지 대상자들의 힘을 모아가는 과정에서 사회복지제도나 정책에서 얻을 수 없는 만족감, 자신감과 같은 무형의 자원을 얻을 수도 있다. 그런 점에서 권력은 유동적인 교환가치를 갖는다고 할 수 있다(Gilbert & Terrell, 2004).

생각해 볼 문제

1. 현금급여와 현물급여의 장단점을 비교해 보자.

2. 급여 형태로서 바우처의 장점이 발휘될 수 있는 전제조건은 무엇인지 생각해 보자.

3. 급여 형태로서 기회의 특징과 그 한계를 논해 보자.

4. 복지국가 위기 이후 사회보험과 달리 공공부조에서 현물급여가 강조되는 이유를 논해 보자.

제10장

사회복지정책의 전달체계

전달체계는 욕구를 충족할 수 있도록 욕구가 있는 대상자들에게 사회복지 급여를 전달하는 조직을 말한다. 사회복지 전달체계는 중앙정부, 지방정부, 영리기관, 비영리기관 등 다양하다. 어떤 사회복지 급여는 중앙정부가 중심이 되어 전달하는가 하면, 다른 사회복지 급여는 비영리사회복지기관이 중심이 되어 전달하기도 한다. 이렇게 사회복지 급여의 종류에 따라 전달체계가 상이한 것은 사회복지 급여의 속성과 전달체계의 특징이 상이하여, 어떤 전달체계를 선택하는가에 따라 사회복지정책의 효과가 달라지기 때문이다.

복지국가 위기 이전에는 중앙정부가 중심이 되어 사회복지 급여를 전달하는 방식이 강조되었으나, 복지국가 위기 이후에는 사회복지 전달체계에서 지방정부나 비영리사회복지기관 또는 영리기관의 역할이 확대되는 경향을 보인다. 이처럼 사회복지 전달체계와 관련하여, 여러 가지 변화와 쟁점들이 많이 있다. 여기서는 사회복지 전달체계를 결정하는 데 있어서 중요한 이론적 쟁점들을 검토하고, 그것을 토대로 각 전달체계의 특징들을 살펴볼 것이다.

1. 사회복지 전달체계 선택의 이론적 쟁점

　사회복지 전달체계를 구분해 보면, 크게 공공 전달체계와 민간 전달체계로 구분할 수 있다. 공공 전달체계는 중앙정부 및 지방정부 등 국가조직 또는 준국가조직 형태의 사회복지 전달체계를 말하고, 민간 전달체계는 국가조직이 아닌 시민단체, 종교기관, 자선기관 등과 같은 민간 사회복지조직을 말한다. 사회복지 전달체계에서 특정 사회복지의 재화나 서비스를 전달하는 주체를 공공 전달체계로 할 것인가 아니면 민간 전달체계로 할 것인가의 결정은 중요하다. 또한 민간 전달체계 내에서도 영리기관을 중심으로 전달체계를 구성할 것인가 아니면 비영리기관을 중심으로 할 것인가의 결정도 중요한 문제이다. 공공 전달체계 내에서도 중앙정부 중심으로 할 것인가 아니면 지방정부 중심으로 할 것인가도 주요한 쟁점이 된다. 여기서는 이러한 쟁점들을 보다 구체적으로 살펴볼 것이다.

1) 공공 전달체계 대 민간 전달체계

　사회복지 역사에서 공공이나 민간 어느 하나의 주체가 사회복지서비스의 전달을 독점한 적은 없다. 구빈법 시대에도 국가가 구빈원이나 작업장 등을 통해 빈자들에게 서비스를 제공하면서 동시에 자선기관들도 빈자들에게 사회복지서비스를 제공하였으며, 가족이나 이웃들도 어려운 가족이나 이웃을 도왔다. 자본주의체제가 등장하여, 자유주의 이념이 확산되면서 자선기관 등 민간의 사회복지 제공이 활성화되고 강조되었지만, 중앙정부나 지방정부에 의한 공적인 사회복지 제공 또한 공존하였다. 이처럼 어느 시대, 어느 사회에서나 공공 전달체계와 민간 전달체계는 공존하여 왔다. 단지 시대와 사회에 따라 어떤 전달체계를 더 중시하고, 어떤 전달체계가 더 지배적인 역할을 하였는가라는 차이만 존재하였을 뿐이다.

　공공 전달체계나 민간 전달체계에 대한 강조는 이념에 따라 차이가 있다. 일반적으로 집합주의 이념을 중시할수록 공공 전달체계에 의한 사회복지 전달을 선호하고, 개인주의 이념을 강조할수록 민간 전달체계에 의한 사회복지 전달을 더 선호한다(George & Wilding, 1985). 집합주의 이념은 기본적으로 평등의 가치를 중시하고, 시장의 비효율성에 대한 강한 문제의식이 있으므로, 국가에 의한 공적 사회복지 전달을 중시한다. 반면 개인주의 이념은 시장에 대한 강한 신뢰를 바탕으로 하고 있어, 사회복지에서도 가능한 한 국가개입을 줄이고, 민간이 주체가 되어 사회복지를 제공하는 것이 바람직하다고 본다.

사회복지에서 공공 전달체계가 바람직하다는 근거는 시장의 실패(market failure)에 기반하고 있다(김태성, 2007; 정경희 외, 2006). 사회복지 제공에서 시장의 실패에 관한 설명은 제3장에서 자세히 이루어졌다. 사회복지는 공공재적 성격, 긍정적 외부효과 및 불확실한 정보 등의 특성을 갖고 있어, 민간에 맡길 경우 사회적으로 필요한 양만큼 필요한 사람들에게 적절히 제공되지 않는다는 것이다. 그러기에 국가를 중심으로 한 공공이 사회복지를 제공하는 것이 효율적이며 바람직하다는 것이다.

시장의 실패를 근거로 공공 전달체계가 사회복지서비스를 제공하는 것이 바람직하다고 하지만, 공공 전달체계도 여러 가지 문제점을 갖고 있다는 비판을 받는다. 이는 곧 정부의 실패 논리이다(강혜규 외, 2007; 정경희 외, 2006). 첫째, 공공부문은 경쟁이 없는 독점적인 체제이므로 비효율적이다. 공공부문에 의한 사회복지서비스 공급은 독점으로 인해 서비스의 질을 개선하려는 노력이 미흡하고, 대상자의 다양한 욕구에 신속하고 융통성 있게 대응하지 못한다. 둘째, 공공재 생산자로서 정부는 대다수 국민을 만족시키는 수준의 공공재만 공급하는 경향을 보이므로, 다수의 선호에 포함되지 않는 다양한 이해관계나 가치를 반영하지 못한다. 그 결과 오늘날과 같이 사회복지 대상자들의 다양하고, 개별화된 욕구에 적절히 대응하지 못한다. 예컨대, 사회복지 욕구 중에는 사회보험과 같이 모든 국민에게 공통적으로 요구되는 욕구뿐만 아니라, 외국인노동자들이 겪는 어려움, 특수한 질환이나 심리적인 어려움을 겪는 문제 등 특정한 사람들에게만 해당하는 꼭 필요한 욕구들도 있지만, 정부는 이런 욕구들에 대해 적절하게 대응하지 못한다. 셋째, 공공부문의 관료제적인 사회복지서비스 공급방식은 정밀성, 안정성, 엄격성, 신뢰성을 담보한다. 하지만 공공부문은 시민들의 다양하고, 개별적인 욕구에 신속하고, 유연하게 대응해야 한다는 현실적인 동기가 약하기 때문에, 그러한 시민들의 욕구에 적절히 대응하지 못하는 경우들이 나타난다. 다시 말하여 공공부문은 비효율적으로 사회복지서비스를 운영해도 책임 추궁이 용이하지 않아 신속하고 책임 있는 개선이 어렵다는 것이다. 넷째, 공공부문은 관련 종사자나 정치인의 이익을 추구하는 과정에서 불필요한 서비스를 확대할 수 있는데, 이런 점도 낭비요인으로 작용할 수 있다. 이처럼 정부가 사회복지서비스를 직접 전달하는 것이 비효율적이므로 민간이 사회복지를 전달하는 것이 바람직하다고 주장한다.

민간 전달체계도 다양한 형태가 존재한다. 영리적인 목적으로 사회복지서비스 전달에 참여하는 영리사회복지기관도 있고, 자선기관이나 시민단체, 종교기관 등과 같은 비영리기관들도 있다.

2) 중앙집중 대 지방분권

중앙집중이란 권력이 국가(중앙정부)로 집중되는 것을 의미하고, 지방분권은 중앙정부가 권력을 지방정부에게 이양하는 것을 말한다. 사회복지 전달체계와 관련하여 중앙집중은 사회복지의 생산, 전달, 재정 및 규제와 관련된 권력을 중앙정부가 주로 갖는 것을 의미하고, 지방분권은 사회복지의 생산, 전달, 재정 및 규제에서 중앙정부가 갖던 권한을 지방정부에게 이양하는 것을 말한다.

이처럼 사회복지의 전달체계에서 중앙정부가 중심이 되어 권한을 가지고 집행할 것인가 아니면 그러한 권한을 지방정부에게 이양하여, 분산시킬 것인가도 중요한 쟁점이다. 역사적으로 보면, 현대 복지국가가 출현하기 이전까지 사회복지의 전달체계에서 중앙정부의 역할은 매우 제한적이었고, 주로 지방정부가 많은 역할을 수행해 왔다. 복지국가가 형성된 이후에야 중앙정부가 지방정부보다 더 지배적인 역할을 하게 되었다. 복지국가 형성 이후 복지국가의 위기 이전까지 중앙정부의 역할은 계속 확대되어 왔다. 복지국가가 위기를 맞으며, 다시 역전되어 사회복지 전달체계에서 지방분권화가 확대되는 추세이다.

전달체계로서 중앙정부는 다음과 같은 특징을 가지고 있다.

무엇보다 전국적 차원에서 바람직한 가치, 즉 사회통합이나 사회적 연대, 평등 등을 실현할 수 있는 유일한 사회복지 주체는 중앙정부뿐이다. 특정 국가가 유지·발전하기 위해서는 일정 수준 이상으로 전 국민을 통합하고, 연대감을 유지하며, 불평등을 완화하는 것이 필요하다. 현대 사회에서 이러한 기능을 하는 대표적인 제도가 사회복지이다. 지방정부는 지방정부의 행정이 미치는 지역 내에서의 통합이나 연대 기능만을 수행할 수 있다. 지방정부의 사회통합이나 불평등 완화기능은 중앙정부와 비교하여 매우 약하다. 예를 들어, 지방정부가 지역사회 내의 불평등을 완화하기 위하여 누진적으로 조세를 부과한다면, 지역 내 경제 주체들은 다른 지역으로 이전함으로써 지방정부의 정책에 저항할 수 있다. 따라서 지방정부가 불평등을 완화하기 위한 정책 추진은 중앙정부와 비교하여 상당히 제한될 수밖에 없다. 반면 중앙정부의 기능 및 영향력은 전국적인 범위를 갖기 때문에, 전국적 차원에서 사회통합이나 사회적 연대, 평등 등 사회적으로 바람직한 가치를 실현해 나갈 수 있다.

둘째, 공공재적 성격이 강하거나 규모의 경제 효과가 큰 사회복지 재화나 서비스의 경우, 중앙정부가 전달하는 것이 효율성의 측면에서나 기술적으로나 바람직하다(김태성, 2007). 공공재적 성격이 강한 사회복지 재화나 서비스는 민간이 공급할 경우, 무임승차현상으로 인해 사회적으로 필요한 양만큼 공급되지 않으며, 규모의 경제 효과가 큰 서비스의 경우 독점으로 인해 비효율적일 수 있다. 이런 재화나 서비스는 중앙정부가 전 국민을 대상으로 강제로 급여를 제공하는 것이 바람직한데, 그런 역할을 수행할 수 있는 주체가 바로 중앙정부이다. 그런 특성을 갖는 사회복지로는 사회수당, 사회보험, 의료서비스 등을 들 수 있다.

셋째, 중앙정부가 사회복지 전달에 관여할 때, 사회복지서비스의 안정성, 통일성, 통합성 등에서 유리하다. 욕구 있는 사람들에게 제공되는 사회복지서비스는 안정적으로 제공되어야 하며, 전국적으로 통일된 형태로 제공되는 것이 사회통합이라는 측면에서 바람직하다. 그러기 위해서는 사회복지서비스의 재원이 안정적으로 확보되어야 하며, 전국적인 통일성을 갖도록 규제할 필요가 있다. 이런 기능을 수행할 수 있는 유일한 사회복지 전달체계는 중앙정부이다. 한 사회 내에서 중앙정부는 재정의 측면에서 가장 안정성 있는 주체이다. 따라서 중앙정부가 사회복지의 재원을 부담할 때, 다른 어떤 사회복지 전달체계보다 서비스의 안정성을 가장 잘 보장할 수 있다. 또한 지방정부나 민간기관이 사회복지를 독자적으로 제공할 경우, 지역 간, 집단 간 사회복지의 격차가 발생할 수 있고, 이는 사회통합에 부정적 영향을 미칠 수 있다. 그런 점에서 중앙정부가 사회복지서비스와 관련한 재원의 상당 부분을 부담하며, 서비스에 대한 일정한 규제를 실행하는 것이다. 사회복지서비스의 안정성, 통일성, 통합성의 실현은 중앙정부가 재원부담과 규제의 역할을 수행하면 가능하다. 다시 말하여, 사회복지서비스의 생산과 전달을 중앙정부가 직접 하지 않아도 재원부담과 규제의 역할만 적절히 수행하면, 서비스의 안정성, 전국적인 통일성 등은 상당 정도 실현할 수 있다. 그런 점에서 사회보험과 사회수당 외의 사회복지서비스에서 중앙정부의 역할이 재원 및 규제에 집중되어 있고, 서비스의 생산 및 전달에서 역할은 제한적인 것이다.

넷째, 중앙정부는 서비스의 생산 및 전달에서 몇 가지 약점들을 갖고 있다. 우선 중앙정부가 사회복지서비스를 전달할 경우, 독점으로 인해 서비스 대상자의 다양하고, 개별적이며, 특수한 욕구에 적절히 대응하지 못한다. 사회복지서비스의 경우 대상자에 따라 개별적이고, 특수적이며, 다양한 욕구가 존재한다. 이런 욕구에 대응하려면, 유연하고, 소규모이며, 다양한 서비스 제공기관이 존재해야 한다. 중앙정부의 경우 관료제적인 단일 조직이며, 서비스를 독점적으로 전달하기 때문에 그런 욕구에 대해 적절히 대응하지 못할 가능성이 크다. 중앙차원의 전달체계는 지역별로 특수한 욕구에 대한 이해 및 대응에서 지방정부나 지역에 위치하는 민간기관들에 비해 떨어진다.

끝으로 중앙정부는 서비스 이용자들에게 선택권을 보장하지 못한다. 중앙정부가 제공하는 서비스는 중앙정부가 독점하여, 획일화된 형태로 제공하기 때문에 서비스 이용자들에게 선택의 자유를 보장하지 못한다. 이것은 서비스 이용자들의 만족도를 떨어뜨리는 요인이다. 이처럼 개별화되고, 지역 특수적인 다양한 사회복지서비스를 생산 및 전달하는 데는 중앙정부가 취약하다. 그러므로 이런 특성을 갖는 사회복지서비스의 경우, 전달체계로서 중앙정부의 역할은 재원부담과 규제 및 조정의 역할이 중심이 되고, 서비스의 생산 및 전달은 지방정부나 민간기관에 맡기는 형식으로 대개 이루어진다.

한편 사회복지의 지방분권화는 다양한 이념적 기반에 기초하여 주장된다. 복지국가 옹호론자나 중도적 입장에서는 지방분권화가 시민들의 욕구에 적절하게, 효율적으로 대응한다는 점에서 지방분권을 주장한다. 즉, 중앙정부의 비효율성에 대한 대안으로 지방분권화를 주장한다. 이러한 맥락에서 사회복지의 지방분권화를 주장하는 근거들은 다음과 같다. 첫째, 지방정부가 주민들의 실질적인 필요와 기회를 보다 잘 알기 때문에, 주민들에게 보다 적합한 서비스를 제공해 줄 수 있다(강혜규 외, 2006). 다시 말하여 중앙정부보다 지방정부가 지역 주민들이 가진 특수한 욕구를 더 잘 알 수 있고, 따라서 주민들의 욕구에 대해 더 잘 반응할 수 있으므로, 보다 효율적인 서비스 공급이 가능하다는 것이다. 둘째, 지방분권화는 사회복지정책의 결정 과정에 주민들이 참여하여, 정책에 대한 주민의 통제를 확대시킴으로써 정부가 주민의 필요와 요구에 더 민감하게 반응하도록 정부의 대응을 향상시킬 수 있다. 셋째, 작은 규모의 분권화된 정부들은 실험적인 사업을 실시하는 데 용이하여, 새롭고 혁신적인 사회복지 프로그램이나 사업의 개발을 가능하게 할 수 있다(Gilbert & Terrell, 2004). 중앙정부가 어떤 사업을 실시할 때, 그 영향은 전국적이지만 소규모 지방정부가 주체가 되어 실시하는 사업은 그 영향 범위가 그 지방정부로 제한되므로 실패의 부담감이 훨씬 적다. 따라서 지방정부들은 혁신적이고, 실험적인 사업을 시행하는 것이 중앙정부보다 훨씬 쉽다.

자유지상주의자들은 어떤 정부이건 정부의 권한은 제한되어야 한다는 관점을 가지고 있다. 그들은 그러한 맥락에서 지방분권화를 옹호한다. 자유지상주의자들은 세금 규제와 공공기관의 민영화와 같은 방향으로 정부의 역할을 제한하려는 보다 넓은 분권화라는 방향하에서 사회복지의 지방분권화를 주장한다(Gilbert & Terrell, 2004).

또한 보충성의 원칙이란 측면에서 지방분권화가 정당화되기도 한다. 보충성의 원칙이란 하나의 정치체제 내의 권한이나 기능의 배분에서 상위 단위에 권한을 주어야 할 특별한 사정이 없는 한 하위 단위에 배분되어야 한다는 원칙이다(김석태, 2005; Follesdal, 1998). 보충성 원칙은 중앙정부와 지방정부의 관계에서 중앙정부에 권한을 주어야 할 특별한 사정이 없는 한 정책 집행 권한을 지방정부에 우선적으로 부여하여야 한다는 점에서 지방분권을 지향하는 원칙이라 할 수 있다.

지방분권화가 다음과 같은 문제점이 있으므로, 사회복지 전달에서 중앙집중이 더 바람직하다는 주장도 있다(Gilbert & Terrell, 2004). 첫째, 지방분권화는 지방정부 간 사회복지를 위한 노력에서 심한 격차를 유발할 수 있다. 지방정부 간 사회복지를 위한 노력의 격차는 두 가지 측면에서 나타날 수 있다. 하나는 지방정부 간 재정격차에 의해 비롯될 수 있다. 재정자립도가 높은 지방자치단체는 중앙정부와 별도로 독자적인 사회복지

사업이나 프로그램을 시행할 수 있지만, 재정자립도가 낮은 지방자치정부는 독자적인 사회복지사업을 하는 것이 쉽지 않다. 다른 하나는 지방정부의 사회복지에 대한 태도에서 비롯될 수도 있다. 사회복지에 대한 우호적인 가치나 시각을 가진 지방자치단체는 적극적으로 사회복지를 확대하겠지만, 사회복지에 대해 비우호적인 지방자치단체는 사회복지의 확대보다는 지역 경제 개발 등 다른 분야에 자원을 투입할 수도 있다. 그럴 경우, 지방분권화가 지역간 사회복지의 격차를 오히려 더 확대시킬 수 있다. 이렇게 지방분권화로 인한 지방정부 간 사회복지의 격차는 국가적 차원의 사회통합을 저해할 수도 있다.

둘째, 지방분권화에 대한 보다 심각한 비판은 분권화가 빈곤계층을 위한 지원의 중요성을 감소시킨다는 것이다. 역사적으로 볼 때 미국을 비롯한 대부분의 국가에서 사회적 불이익 집단과 취약계층에 대한 관심의 정도는 국가적 차원의 리더십에 의해 좌우되어 왔다. 사회적 취약계층과 관련한 사회적 의제를 채택하는 데 있어 지방정부는 중앙정부보다 덜 적극적이었으며, 또한 재정적 능력도 낮았다는 점은 분명하다고 할 수 있다.

셋째, 지방정부와 같은 소규모 정부단위에서 소수 집단의 이해관계를 변호하는 것이 중앙정부와 같은 거대 단위에서보다 훨씬 어려울 수 있다. 다시 말하여 지방정부는 지역 유력 집단의 영향을 중앙정부보다 더 크게 받기 때문에, 중앙정부보다 지방정부가 소수 집단이나 사회적 약자의 권익을 옹호하는 데 오히려 더 취약할 수 있다.

넷째, 중앙정부가 지방정부보다 사회복지를 위한 재정 동원능력이 더 우월하다. 비슷한 맥락에서 사회복지서비스의 기획 및 집행능력 등 지방정부의 행정능력이 중앙정부보다 많이 떨어진다는 점도 지적된다. 재정의 측면에서 보면, 중앙정부는 개별 기업이나 부유한 계층의 이익에 반하여, 사회복지를 위해 증세를 하는 등 재원 확보가 지방정부보다 쉽다. 지방정부는 세금을 올릴 경우, 기업이나 납세자가 다른 지역으로 떠날 수 있다는 우려로 사회복지를 위한 재정 확보가 쉽지 않다. 심지어 기업이나 납세자를 유치하기 위하여 역진적인 세제를 선택하기도 한다. 또한 복지국가 형성 이후 사회복지 전달은 주로 중앙정부가 해 왔다는 점에서 지방정부의 사회복지 관련 기획 및 집행능력이 떨어진다. 이러한 상황하에서 지방분권은 담당 인력의 능력을 넘어 과도한 업무부담일 수 있고, 그런 점에서 이론적으로 말하는 지역 특수적인 사회복지 사업의 기획 및 집행은 기대하기 어려울 수도 있다.

3) 영리기관 대 비영리기관

복지국가 위기와 함께 공공부문 사회복지 전달체계는 비효율적이라는 비판을 많이 받았다. 그런 점에서 공공부문 사회복지 전달체계의 대안으로 민간 사회복지 전달체계가 검토되었다. 민간 사회복지 전달체계는 영리사회복지기관과 비영리사회복지기관으로 구별할 수 있는데 이 중 대안으로 주로 제시된 것은 비영리사회복지기관이다. 다음과 같은 이유로 영리기관은 사회복지 전달체계로서 적합성이 떨어진다는 것이다.

첫째, 영리기관은 이윤을 목적으로 사회복지를 공급한다. 영리기관이 사회복지서비스 공급에 참여하는 것은 이윤추구가 목적이다. 따라서 영리기관은 이윤을 창출할 수 있는 서비스의 공급에만 참여한다. 그러므로 영리기관은 대상자의 선별에서 욕구에 기반하기 보다는 지불능력에 기반할 가능성이 크고, 지불능력이 없는 사회적 취약계층은 대상자에서 배제되는 결과를 초래할 가능성이 크다.

둘째, 영리기관에 의한 사회복지서비스의 공급은 경쟁을 통해 서비스의 질을 향상시키고, 가격을 낮추는 등 효율성을 향상시킬 수 있다. 영리기관에 의한 서비스 공급은 시장의 원리를 극대화한다는 것이고, 서비스 공급기관 간 완전한 경쟁이 기반이 된다. 시장경쟁체제에서 더 많은 서비스 이용자를 확보하고, 더 많은 이윤을 창출하기 위하여 서비스의 질을 높이고, 가격을 낮추는 등의 효과를 기대할 수 있다.

하지만 서비스를 공급하는 영리기관이 충분하게 존재하지 않을 경우, 영리기관을 통한 서비스 공급의 긍정적인 효과는 기대하기 어렵다. 경쟁이 충분하지 않아 특정 영리기관이 서비스 공급을 독점할 경우, 과잉이윤 추구 현상이 나타날 수 있고, 이는 서비스 가격의 상승으로 결과하며, 그 경우 구매력이 약한 취약계층에게는 서비스가 더 적게 제공되는 부작용이 나타날 수도 있다(강상경, 2008; Abramovitz, 1986).

셋째, 영리기관에 의한 사회복지서비스 공급은 소비자의 선택권을 보장할 수 있다는 점이 장점으로 지적된다. 소비자의 선택권은 영리기관이 사회복지서비스를 공급하기 때문에 보장되는 것은 아니다. 다수의 서비스 공급자가 시장에 존재할 때, 다수의 서비스 공급자 중에서 소비자가 자신이 원하는 서비스를 선택할 수 있다. 따라서 영리기관이 서비스를 공급한다고 하여도, 다수의 영리기관이 서비스를 공급하지 않으면, 소비자의 선택권은 보장되지 않는다.

이처럼 사회복지 전달체계로서 영리기관의 특징은 시장의 원리가 제대로 작동할 때 나타날 수 있는 것이다. 그런데 사회복지 재화 및 서비스의 대부분은 공공재적인 성격을 많이 갖고 있으므로, 사회복지 전달을 영리기관에 맡길 경우 시장의 실패로 인한 비효율이 발생할 수 있다. 즉, 시장을 통해서는 사회복지서비스가 사회적으로 필요한 만큼 충분히 공급되지 않을 수 있다.

비영리기관은 이윤을 목적으로 하지 않으며, 공익적인 목표를 추구하고, 자발적으로 활동하는 공식적인 조직이라는 점에서 공공 전달체계의 한계와 영리기관의 한계를 동시에 극복할 수 있는 대안으로 관심을 받는다. 비영리기관은 매우 다양한 형태로 존재한다(Lester, 1999). 예컨대, 노숙자를 위한 소규모 무료급식소, 대규모 종합병원, 박물관, 미술관, 심포니 오케스트라, 대학교, 보육 및 입양기관, 정부나 영리부문에 일정한 압력을 행사하는 각종 시민단체 등이 모두 비영리기관의 범주에 속한다.

사회복지 전달체계로서 비영리기관은 다음과 같은 특징을 갖고 있다. 첫째, 비영리기관은 자율적으로 운영되므로, 환경변화에 유연하게 적응하여 기업의 생산 관리 방식을 도입하는 등 다양한 욕구에 대해 신속하고, 유연하게 대응할 수 있다(강혜규 외, 2007). 둘째, 비영리기관은 영리기관보다 더 신뢰할 수 있으며, 더 높은 공적 책임성을 갖는다. 왜냐하면, 비영리조직은 지역사회 전체의 이익을 증진시키는 데 관심을 가진 사람들로 구성된 이사회에 의해 운영되는 구조를 갖고 있지만, 영리기관은 소유주의 재정적 이익 보호가 최우선이기 때문이다. 그런 점에서 정보가 불완전하고 서비스에 대한 이용자의 평가와 규제에 의한 관리 감독이 어려운 사회서비스의 경우 영리기관보다 비영리기관을 더 신뢰할 수 있으며 책임성 있는 조직으로 평가된다(Hansmann, 1987). 비영리기관은 물질적 이익을 얻기 위해 사회적 취약계층인 사회서비스 이용자들을 착취하려는 유혹에서 좀 더 자유로워질 수 있다. 셋째, 비영리기관은 조직을 형성하거나 해산하는 데 용이하다는 점에서 융통성이 크고 서비스 공급에 있어 혁신적이고 실험적인 프로그램을 도입하여, 표적집단에 특화된 서비스를 제공할 수 있다. 또한 비영리기관은 공익을 추구하는 조직이므로, 소수의 특별한 이익을 보호하고 가이드하는 역할을 수행할 수 있다. 넷째, 비영리기관은 지역사회에 기반하여 지역사회의식을 고양시키는 등 공익적 활동을 하므로, 자원봉사와 기부행위를 활성화시킨다는 점도 장점이다. 비영리조직의 이런 장점은 사적인 자선 지원과 자원봉사자들을 활용함으로서 서비스의 질을 높이고, 공공지원을 끌어들이는 지렛대로 작용한다.

비영리조직은 이런 장점이 있는 반면, 여러 가지 한계도 있다(강혜규 외, 2007). 첫째, 비영리기관은 기본적으로 재원 마련에 한계가 있어, 사회적으로 필요한 양만큼 서비스를 제공하지 못한다. 비영리기관의 특성에 기반한 재원 조달 방식은 자발적, 자선적인 기부인데, 이런 자원의 특성 중 하나는 기본적으로 불충분하고, 안정적이지 못하다는 점이다. 이런 비영리기관의 근본적 한계를 고려할 때, 서비스의 생산과 전달의 역할에서 비영리기관의 장점을 활용하기 위해서는 재원 측면에서 공공부문의 책임성이 강화되어야 한다. 둘째, 특수주의 또는 분파주의이다. 비영리기관은 특정 인구집단에만 봉사하는 경향이 있어, 이는 전국적 수준에서 서비스의 배분적 조정이 어려울 수 있으며, 보편적 서비스를 제공하는 데도 문제로 작용할 수 있다. 또한 재원을 제공하는 사람들의 욕구나 가치가 그 혜택을 받는 대상자의 선정이나 조직활동에 우선적으로 반영되어 서비스 제공에 한계로 작용할 수도 있다. 셋째, 비영리기관은 재원을 정부에 과도하게 의존할 경우, 자율성을 잃고 정부에 종속적인 관계로 전락할 수도 있다. 넷째, 비영리조직은 도시지역 중산층을 중심으로 조직되어 있기 때문에 중산층의 이해를 대변하는 경향이 있으며, 그 결과 저소득층의 이해가 배제되는 결과를 초래할 수 있다는 지적을 받기도 한다(Svetlik, 1990).

이처럼 비영리기관은 비정부기관이면서도 영리적인 활동을 하지 않는 공식적이며, 자발적인 조직이다(김종성, 2003; Salamon, 1995). 그런 점에서 비영리기관은 정부의 실패와 시장의 실패를 동시에 극복할 수 있는 대안으로 여겨진다. 다시 말하여 비영리기관은 이윤 추구를 목적으로 하지 않으며, 공익을 추구하는 조직이라는 점에서 시장 실패의 문제를 극복할 수 있으며, 비정부기관이라는 점에서 정부기관이 갖는 비효율성을 극복할 수 있다. 따라서 비영리기관은 사회복지와 같은 공익적 성격을 갖는 서비스를 전달하는 데 적합한 조직으로 평가받는다. 실제로 민간 사회복지 전달체계에서 가장 큰 부분을 차지하는 주체는 비영리기관이다.

2. 사회복지 전달체계의 종류와 특징

사회복지 전달체계는 사회복지서비스의 생산 및 전달, 재원, 규제라는 세 가지 차원을 포괄하고 있는 개념이다. 다시 말하여 누가 사회복지서비스를 생산하여 전달하는가, 사회복지서비스의 재원은 누가 부담하는가 그리고 사회복지서비스의 생산 전달과 관련하여 누가 규제하고, 조정하는가를 모두 포괄하는 개념이다(Savas, 1987). 사회복지 서비스의 전달에서 위 세 차원은 하나의 주체가 모두 독점할 수도 있지만, 세 차원을 여러 주체가 나누어서 역할 분담을 할 수도 있다. 중앙정부가 사회복지서비스의 생산 전달, 재원, 규제를 모두 독점하는 전달체계도 있을 수 있으며 중앙정부가 재원을 부담하고, 서비스의 생산 및 전달과 관련한 규제도 하면서, 서비스의 생산 및 전달은 지방정부가 하는 형태도 있을 수 있다. 또한 사회복지서비스의 생산과 전달은 비영리기관이 하고, 그와 관련한 재원은 정부가 부담하며, 사회복지서비스의 생산, 전달과 관련한 규제도 정부가 하는 형태로 역할분담을 할 수도 있다.

사회복지 전달 주체는 공공부문으로 중앙정부와 지방정부, 민간부문으로 영리기관과 비영리기관으로 분류할 수 있다. 이러한 4가지 주체와 전달체계의 3가지 범주를 조합하면, 전달체계 형태는 무수히 많을 수 있다. 그 많은 전달체계의 형태를 모두 살펴보는 것은 불가능할 뿐만 아니라 의미도 없다. 여기서는 오늘날 사회복지의 현실을 고려하여, 주요한 전달체계 형태로 중앙정부, 지방정부, 중앙정부와 지방정부의 결합, 비영리기관, 영리기관, 정부와 민간의 혼합을 중심으로 살펴볼 것이다.

1) 중앙정부

오늘날 복지국가의 사회복지 전달체계에서 중앙정부가 가장 중요한 역할을 하고 있으며, 가장 큰 비중을 차지하고 있다. 이는 전달체계의 세 가지 차원, 즉 재원부담, 생산 및 전달, 규제 또는 조종을 모두 총괄할 때 중앙정부의 역할이 가장 크다는 의미이지, 직접적인 사회복지서비스의 생산 및 전달을 중앙정부가 가장 많이 한다는 의미는 아니다.

전달체계의 세 가지 차원 중 중앙정부의 역할이 절대적으로 큰 부분은 재원 조달과 규제, 조종의 역할이다.

2018년 한국의 공공 사회복지 지출 추계를 보면, 정부부문에서 중앙정부 재원이 65.8%이고, 지방정부 부문이 34.2%로 중앙정부의 재정부담이 훨씬 많다. 사회보험 지출까지 포함하면, 중앙정부가 관할하는 재원 지출이 86.3%에 이르고, 지방정부가 관할하는 공공 사회복지 지출은 12.9%에 불과하다(고제이 외, 2022). 이렇게 재원 조달에서 중앙정부의 역할은 다른 사회복지 주체와 비교할 수 없을 정도로 크다.

규제 및 조종의 측면에서 중앙정부의 역할은 다른 어떤 주체와 비교할 수 없을 정도로 지대하다. 왜냐하면 재정력이 가장 큰 주체가 중앙정부인데, 중앙정부의 재정이 들어간 사회복지 프로그램에 대한 중앙정부의 관리, 감독은 책임성의 측면에서도 불가피하기 때문이다. 실제로 지방정부가 직접 서비스를 생산, 전달하는 프로그램의 경우도 중앙정부의 재정지원을 받는 프로그램은 중앙정부의 규제를 받는다. 더구나 중앙정부의 재정부담이 이루어지지 않는 사회복지서비스의 경우도 중앙정부의 규제를 받는 경우도 있다. 예컨대, 우리나라 병원들은 중앙정부의 재정지원을 받지 않지만 의료서비스의 가격 등에 대한 중앙정부의 통제를 받고 있으며, 유료노인요양원의 경우도 정부의 재정지원을 받지 않지만, 정부의 각종 규제를 받고 있다. 이렇게 중앙정부는 재정 및 규제의 측면에서 역할은 다른 어떤 전달체계와 비교할 수 없을 정도로 크다.

사회복지서비스의 생산 및 전달의 측면에서 중앙정부의 역할은 재정 및 규제의 측면과 비교하여, 상대적으로 크지 않다. 중앙정부가 직접 생산 및 전달하는 사회복지 프로그램은 사회보험으로 제한되어 있고, 그 외 공공부조나 사회복지서비스의 경우 중앙정부가 직접 서비스의 생산 및 전달을 하는 경우는 많지 않다. 우리나라의 경우 중앙정부가 서비스의 생산 및 전달을 직접 수행하는 사회복지 프로그램은 사회보험제도가 대표적이고, 그 외에 고용 관련 사회복지서비스 중 일부를 중앙정부가 생산 및 전달한다. 국민연금 및 공무원연금, 사립학교 교직원연금, 군인연금 등 공적연금제도와 국민건강보험, 고용보험, 산업재해보상보험, 노인장기요양보험 등의 사회보험은 중앙정부 산하에 있는 준공공조직인 각 사회보험의 관리공단을 통해 대상자에게 직접 급여를 지급한다. 국민연금은 보건복지부 산하에 있는 국민연금관리공단이 연금급여 대상자에게 직접 급여를 제공하는 등 서비스를 전달한다. 고용보험은 노동부 산하 조직인 고용센터를 통해 실업급여 대상자에게 실업급여 및 관련 서비스를 직접 제공하고 있다. 그 외의 사회복지프로그램의 경우 중앙정부가 서비스의 생산 및 전달을 직접하는 경우는 거의 없다. 대부분 지방정부나 민간 사회복지기관을 통해 서비스의 생산 및 전달이 이루어진다. 다만 고용 관련 사회복지서비스의 경우 부분적으로 중앙정부조직인 고용노동부가 지역 고용센터를 통해 서비스의 생산 및 전달을 직접 하고 있다.

2) 지방정부

복지국가가 탄생하기 이전에는 공공부문 전달체계에서 지방정부가 핵심적인 역할을 수행하였다. 하지만 복지국가가 형성된 이후 전달체계로서 지방정부의 역할은 크게 축소되었고, 대신 중앙정부의 역할이 확대되었다. 복지국가 위기 이후에는 분권화가 일반적인 흐름이고, 그에 따라 지방정부의 역할이 다시 확대되는 추세이다. 그럼에도 불구하고, 독립된 전달체계로서 지방정부의 역할은 제한적이다. 지방정부 자체의 재원으로, 중앙정부의 규제와 조정을 받지 않고, 지방정부가 독자적으로 대상자에게 서비스를 직접 생산 전달하는 부분은 많지 않다.

우리나라 지방자치단체 중 재정자립도가 가장 높은 서울시의 경우를 보면, 2016년도 전체 사회복지 예산은 8조 3,451억 원인데, 이 중 자체재원으로 독자적으로 서비스를 생산 전달하는 자체사업은 2조 963억 원으로 서울시 전체 사회복지 예산의 25.1%이며, 나머지 74.9%는 국가가 지원되는 국고보조사업이다(김승연, 이혜림, 2016). 대부분의 지방자치단체는 서울시보다 재정자립도가 더 낮다는 점에서 자체재원으로 직접 서비스를 생산, 전달하는 프로그램은 더 적을 것이다.

사회복지의 재화나 서비스 중 전달체계로서 지방정부의 역할이 큰 부분은 교육과 공공부조, 사회복지서비스이다. 미국의 경우 교육서비스는 재정, 조정, 서비스 전달의 세 측면 모두 거의 대부분 지방정부 주도하에 제공된다(김태성, 2007). 공공부조도 노인 및 장애인 대상 공공부조제도인 SSI(Supplementary Security Income)는 연방정부에서 직접 서비스를 전달하지만, 그 외 공공부조 프로그램은 거의 대부분 지방정부가 서비스를 전달한다. 사회복지서비스의 경우 연방정부가 거의 관여하지 않으며, 주정부 주도로 서비스가 계획되고 공급된다(강혜규 외, 2007).

우리나라도 교육 및 공공부조, 사회복지서비스 영역은 다른 사회복지 분야보다 지방정부의 역할이 크다. 교육을 보면, 초등학교, 중학교, 고등학교의 교육은 지방자치단체인 지역 교육청 소관이다. 공공부조제도도 대상자의 선정 및 급여의 전달 등 공공부조 행정의 대부분은 지방자치단체에 의해 이루어진다. 사회복지서비스도 직접적인 서비스의 생산 및 전달 기능은 지방자치단체의 관할로 이루어진다. 이들 영역에서 중앙정부의 역할은 제도나 서비스의 시행과 관련한 계획 및 결정차원이며, 제도 및 서비스를 실질적으로 관리하고 집행하는 것은 지방정부의 역할이다.

전달체계로서 지방정부는 일반적으로 다음과 같은 두 가지 형태로 서비스 전달에 개입한다. 하나는 중앙정부로부터 재정의 일부 또는 전부를 지원받으며, 대상자에게 서비스를 생산 전달하며, 중앙정부의 규제나 조정을 받는 형태이다. 다른 하나는 중앙정부로부터 재정의 일부 또는 전부를 지원받으며, 민간기관에게 서비스의 생산 및 전달을 위탁하고, 중앙정부의 규제나 조정을 받으며, 민간 사회복지기관을 규제하고 조정하는 형태이다. 전자는 우리나라의 공공부조 프로그램에서 주로 나타난다. 국민기초생활보장제도를 보면, 중앙정부가 서울시에는 50%, 다른 지방정부에는 80%의 재원을 지원해 주고, 나머지를 광역자치단체와 기초자치단체가 공동으로 부담한다. 그리고 사회복지 급여를 대상자에게 직접 전달하는 것은 지방공무원들에 의해 수행된다. 하지만 대상자의 선정기준, 선정절차, 선정방법 등은 중앙정부가 제시하는 규정을 따르고, 지방정부는 집행하는 기능만 수행할 뿐이다. 국민기초생활보장제도에서 지방정부의 역할은 단순히 서비스의 전달 업무만 수행한다고 볼 수 있다. 이러한 형태는 국민기초생활보장제도 외의 다른 공공부조제도, 예컨대 장애수당, 장애아동수당, 기초연금 등에서도 동일하다.

후자는 우리나라 사회복지서비스의 전달 과정에서 나타난다. 노인복지, 아동복지, 장애인복지 등 사회복지서비스 분야의 생활시설이나 이용시설의 경우, 설치 및 운영과 관련한 재원은 보통 중앙정부와 지방정부가 공동으로 부담하며, 중앙정부는 그런 시설들의 지정 운영, 지침을 마련하고, 관련 인력의 자격관리 및 교육훈련 등을 수행하는 등의 규제, 조정의 역할을 수행하며, 지방정부는 기관의 운영을 대개 민간기관에 위탁을 주고, 시설 운영을 지도 감독하는 등 규제 내지 조정의 역할을 수행하고 있다(강혜규 외, 2006).

3) 중앙정부와 지방정부의 혼합

앞에서 살펴보았듯이 사회복지 전달체계로서 공공부문은, 중앙정부 또는 지방정부가 재원 마련, 서비스의 생산 및 전달, 규제 등의 기능을 모두 독점적으로 수행하는 경우는 많지 않다. 중앙정부와 지방정부의 혼합 방식으로 이루어지는 것이 보편적이다. 지방정부와 중앙정부의 혼합 방식은 중앙정부의 재정지원 방식에 의하여 구분되며, 다음과 같은 세 가지 형태가 존재한다.

(1) 일반보조금(General Grants)

일반보조금은 중앙정부가 지방정부에게 재정지원을 하며, 사용처에 어떠한 제한도 두지 않는 형태의 보조금이다. 중앙정부가 지방정부에 일반보조금을 지원하는 목적은 지역 간 재정력 격차 해소와 중앙정부와 지방정부 간 재정불균형을 보정하려는 데 있다(안종석, 2008). 지방정부 간 재정력 격차는 매우 크다. 2023년 현재 특별시 · 광역시 재정자립도는 전국 평균 50.1%이고, 서울특별시가 가장 높아 81.22%이며, 세종특별자치도가 69.7%, 경기도가 65.7%로 비교적 높은 편이고, 전라북도, 전라남도, 경상북도, 강원도 등은 20%대로 크게 낮아 지역 간 재정력 격차가 매우 크다(kosis.kr.). 이처럼 지역 간 재정격차 문제를 해결하기 위해 중앙정부는 지방정부의 재정자립도를 고려하여, 일반보조금을 지방정부에 배분하고 있다. 또한 중앙정부가 과세권의 대부분을 갖고 있고, 지방정부는 과세권이 제한된 데 비해 공급해야 할 공공재는 많아 지방정부의 대부분은 재원이 부족한 상태에 있다. 이런 점을 보정하려는 것이 일반보조금의 두 번째 목적이다.

우리나라에서 일반보조금은 보통교부세라 표현된다. 2023년도 우리나라 중앙정부가 지방정부에 지원한 전체 재원은 약 201조 4천억 원인데, 이 중 약 32%인 63조 5천억 원

정도가 지방정부가 자유재량권을 가지고 쓸 수 있는 일반보조금 형태의 재원이라 할 수 있고, 나머지는 사용처가 지정되어 지원되는 국고보조금이다(국회예산정책처, 2023).

일반보조금의 사용은 지방정부가 완전한 자유재량권을 가지고 있어, 지방정부가 독자적으로 그 지역의 필요에 맞게 사용처를 계획하여 사용할 수 있다. 따라서 일반보조금은 지방정부의 자체재원, 즉 지방정부가 지방세나 기타 사업을 통해 마련하는 재원과 거의 동일하게 사용할 수 있다. 이처럼 일반보조금은 지방정부가 사용처와 관련하여 완전한 자유재량권을 갖는다. 지방정부가 일반보조금을 사회복지의 재원으로 사용할 경우, 지방정부는 지방정부의 필요에 따라 특정 사회복지 분야에 사회복지 프로그램을 도입할 수 있으며, 독자적으로 수급자 선정기준, 급여 수준, 급여 방법 등을 결정할 수 있는 등 중앙정부의 규제나 조정을 받지 않으며, 서비스를 제공할 수 있다. 그처럼 일반보조금 형태로 중앙정부가 지방정부에 재정지원을 할 경우, 전달체계로서 지방정부의 독자성이 확대될 수 있다는 장점이 있다. 하지만 일반보조금 형태의 보조금은 지방정부의 사회복지를 오히려 축소시킬 수도 있다. 왜냐하면, 지방자치시대에 지방정부의 자원배분은 정치적 요인에 의해 영향을 많이 받는데, 사회복지에 대한 자원배분보다 경제개발 또는 도로 건설 등 지역개발에 자원배분을 많이 하는 것이 정치적으로 더 이득이 될 경우, 사회복지보다는 경제개발이나 지역개발에 자원배분을 더 많이 할 것이기 때문이다. 또한 지역 간 사회복지의 격차를 확대시킬 수 있다. 중앙정부가 기획하여 프로그램별로 자원을 특정하여 배분할 경우, 지역간 사회복지 수준의 균형을 고려하여 배분될 수 있다. 하지만 일반보조금으로 배분된 자원은 지방정부의 사회복지에 대한 태도 또는 의지에 따라 사회복지 분야에 대한 자원배분은 지방정부 간 큰 격차를 보일 수 있다.

(2) 특정보조금(Specific Grants)

특정보조금은 중앙정부가 지방정부에게 특정 공공사업에 사용하도록 용도를 지정하여 지원하는 보조금으로 범주적 보조금(Categorical Grants)이라고도 한다. 또한 보조금의 사용에 중앙정부의 조건이 따르기 때문에 조건적 보조금(Conditional Grants)이라고도 불린다.

특정보조금은 중앙정부가 지방정부에 재정지원을 하며, 그 사용목적 및 사용처, 사용

방법을 매우 세부적으로 규정하여 제공한다. 예컨대, 서비스 수급자의 자격요건, 지급내용, 지급방법 등을 중앙정부가 확정하여, 그 규정대로 재원을 사용하도록 지방정부에게 지시한다. 그러므로 지방정부는 중앙정부가 정한 보조금의 운용방식을 단순히 집행하는 역할만 수행할 뿐이다. 또한 특정보조금은 지방정부가 일정 정도의 대응자금을 마련하도록 하는 매칭펀드(matching fund) 방식으로 제공하는 경우가 많다. 특정보조금 방식으로 중앙정부가 지방정부에 재원을 지원하는 국민기초생활보장제도를 보면, 서울을 제외한 지방자치단체들은 각 자치단체의 국민기초생활보장과 관련 예산의 80%를 중앙정부가 지원하고, 나머지인 20%를 자치단체들이 부담한다.

우리나라의 경우 특정보조금은 국고보조금이라는 명칭으로 사용된다. 2023년도 전체 국고보조금은 약 77조 9천억 원이며, 전체 지방재정 수입의 27.2%에 이른다(국회예산정책처, 2023). 사회복지 명목으로 중앙정부가 지방정부에 재원을 지원하는 방식은 2005년도에 지방이양사업으로 지정하여 이양된 사회복지사업들에 대한 재정지원 방식인 분권교부세와 국고보조사업으로 분류된 사업들에 대한 국고보조금 형태의 재정지원 방식이 있다. 분권교부세로 지원되는 지방이양사업에는 정신요양시설, 사회복지관, 재가복지센터 등을 들 수 있다. 국고보조사업에는 국민기초생활보장제도, 장애수당, 자활후견기관, 아동복지시설 등이 포함된다(강혜규 외, 2006). 현재까지 이 두 방식 모두 지방정부는 중앙정부가 사용처를 정한 사업에, 정한 방식대로 자원을 배분하여, 집행하는 등 특정보조금 형태라 할 수 있다(서정섭, 조기현, 2007). 국고보조금 형태로 중앙정부가 지방정부에 재정지원하는 예로 기초연금을 보면, 중앙정부는 지방정부의 재정여건 및 노인인구의 비율을 고려하여 40~90%의 범위에서 지방정부에 재정지원을 하고, 나머지 재원은 지방정부가 부담하도록 하고 있다. 기초연금 수급자의 자격조건 및 급여 수준, 급여방식 등은 중앙정부가 정하고, 지방정부는 이를 단지 집행할 뿐이다.

특정보조금은 중앙정부가 수행해야 하는 공공재적 성격이 강한 서비스의 전달을 지방에 위임하는 경우나 특정한 사업을 독려할 목적으로 지방정부에 재정지원을 할 때 적절한 재정지원 방식이다(안종석, 2008). 특정보조금은 중앙정부의 재정부담을 일정 정도 덜어 주는 효과가 있으며, 중앙정부가 바라는 사회복지 목표에 대해 지방정부가 참여하도록 유도하는 효과도 거둘 수 있고, 특정 복지와 관련하여 전국적인 통일성과 평등한 수준 유지에는 긍정적이다. 중앙정부가 보조금의 운영과 관련하여 규제를 하기 때문에 중앙집권적인 성격이 강하며, 다양하고 지역실정에 맞는 프로그램을 실시하지 못하고, 중앙정부의 감독 때문에 지방정부의 행정업무가 가중되는 단점이 있다(박병현, 2004).

또한 지방정부의 재정자립도가 낮은 상태에서 특정보조금 형태의 사회복지 확대는 지방정부의 재정운영에 상당한 압박 요인으로 작용할 수도 있다. 특정보조금은 대개 매칭펀드 형태로 지방정부에 일정 정도 재정 분담을 요구한다. 재정자립도가 낮은 지방정부는 지방정부가 부담해야 할 재원 마련이 쉽지 않다는 점에서 특정보조금 형태의 사회복지 확대는 지방정부의 재정운용에 상당한 부담이 될 수 있다. 2008년도에 기초노령연금제도를 도입할 때, 대부분의 지방자치단체가 강력한 반발을 하였던 주요한 요인 중 하나가 지방정부의 재정부담에 따른 재정압박이었다.

(3) 포괄보조금(Block Grants)

포괄보조금은 일반보조금과 특정보조금의 중간적 성격을 지닌 보조금이다. 포괄보조금은 보조금을 사용할 수 있는 대상사업의 범위, 사용용도에서 상당히 느슨한 제한밖에 없으므로 효과면에서 일반보조금의 효과를 가질 수 있다. 하지만 포괄보조금은 일반보조금과 달리 느슨하나마 보조금의 사용과 관련한 일정한 제한이 있다는 점에서 특정보조금의 성격도 가진다(서정섭, 조기현, 2007).

사회복지에서 포괄보조금의 대표적인 형태는 미국의 TANF(Temporary Assistance for Needy Families) 제도이다. TANF는 연방정부가 주정부에 보조금을 주어, 그 재원으로 빈곤자들의 자활을 지원하는 제도이다. 연방정부는 TANF 프로그램 운영과 관련하여 주정부에게 몇 가지의 규정만을 두어 제한하고, 나머지는 주정부의 자유재량에 맡기고 있다. 연방정부가 주정부에게 공통적으로 요구하는 주요사항은 수급자의 근로조건, 5년으로 총 수급기간 제한, 주정부의 재정분담의무, 성과 관련 주정부 책임 등이다(김은정, 2007). 연방정부가 제시하는 이와 같은 규정 내에서 급여 수준, 구체적인 프로그램의 내용 및 집행 절차 등 프로그램의 운영과 관련하여 주정부는 자율성을 가지고 주정부의 특성에 맞게 운영할 수 있다. 우리나라 사회복지 프로그램의 경우 아직까지 포괄보조금의 형태로 중앙정부가 지방정부에 보조금을 주어 운영하는 사례는 없다.

포괄보조금은 지방정부의 자율성이 늘어난다는 점에서 지방정부가 선호하는 보조금 형태이다. 지방정부의 자율성이 늘어나므로, 포괄보조금은 전달체계로서 지방정부가 갖는 장점을 살릴 수 있다. 예컨대, 지역특성에 맞게 사회복지 프로그램을 운용한다든지, 지역 주민의 욕구를 반영한다든지, 지역 특성에 기반한 프로그램의 목표를 세운다든지 등을 할 수 있다. 또한 지방정부가 일정 정도 자율성을 갖고 운영할 수 있다는 점에서 지방정치의 신장에도 기여할 수 있다.

중앙정부의 입장에서는 사회복지에 대한 중앙정부의 부담을 줄일 수 있는 효과를 거둘 수 있다. 포괄보조금으로 지원되는 사업 및 분야의 경우, 실질적인 책임이 지방정부에 이양된다는 점에서 특정보조금의 형태로 지원하는 경우와 달리 중앙정부는 재정적으로나 행정적으로 그와 관련한 부담이 줄어들게 된다.

포괄보조금은 그것이 갖는 장점을 잘 살릴 경우, 앞에서 말한 효과를 거둘 수도 있지만, 잘못 운영될 경우 여러 가지 단점들을 드러낼 수도 있다. 포괄보조금의 단점으로 우선 복지 축소가 나타날 수 있다. 중앙정부의 경우 포괄보조금의 형태로 재정지원되는 프로그램은 그 책임이 지방정부로 이양되었다는 점에서 그 프로그램과 관련한 중앙정부의 재정부담을 확대할 동기가 약해진다. 지방정부도 특정보조금의 매칭펀드 방식과 달리 포괄보조금 형태의 재정지원을 받는 사업의 경우, 주민들의 선호가 강하지 않는 한 재정부담을 확대할 동기를 갖기 어렵다. 물론 이는 중앙정부가 특정보조금을 지방정부에 지원하며, 재정 관련 조건을 어떻게 부과하는가에 따라 달라질 수 있다. 예컨대, 지방정부가 일정 수준 이상의 재정부담을 조건으로 하면, 포괄보조금 형태의 사회복지 프로그램에 대한 지방정부의 재정부담 회피를 어느 정도 방지할 수 있다.

둘째로 지역 간 격차를 확대시킬 수 있다. 지방정부의 자율성이 커지므로, 지방정부의 사회복지에 대한 태도 및 지방정부의 재정력 등에 따라 지역 간 사회복지 수준에서 큰 격차가 발생할 수 있다. 사회복지에 우호적인 지방정부나 재정력이 우수한 지방정부는 급여 자격이나 급여 수준이 관대할 수 있고, 반대로 사회복지에 보수적인 지방정부나 재정력이 약한 지방정부는 급여 자격을 엄격하게 하고, 급여 수준을 낮출 수 있다. 실제로 미국 TANF 프로그램을 보면 주정부 간에 급여 수준에서 큰 차이가 나타난다. 2020년 7월 기준 최대급여액이 가장 높은 주는 알래스카 주로 월 최대급여액은 $821인데 반해, 가장 적은 주는 미시시피 주로 월 $146이다(1자녀를 둔 한부모 가구)(Congression Research Service, 2023. 6. 22.). 동일한 소득수준이지만, 어떤 지역에 사는가에 따라 급여액이 차이가 있을 수 있고, 심지어는 어느 지역에 사는가에 따라 급여를 받을 수도 있고, 받지 못할 수도 있다. 그 결과 복지 대상자들이 더 좋은 복지혜택을 받을 수 있는 지역으로 이주하는 문제도 발생할 수 있다(강혜규 외, 2006).

4) 비영리기관

비영리기관은 다음과 같은 특징을 갖는다(Lester, 1999). 첫째, 조직체(Organizations)여야 한다. 비영리기관은 어느 정도는 제도화나 기구화되어 있어야 한다. 임시적이고 비공식적인 모임은 비영리부문의 하나로 인정되지 않는다. 둘째, 민간부문이어야 한다. 비영리기관은 제도적으로 정부로부터 독립되어 있어야 한다. 정부기구의 일부분도 아니며, 정부관료가 운영하는 기관에 의해 지배되어서도 안 된다. 이런 특징이 정부의 지원을 받지 않는다는 것을 의미하는 것은 아니다. 비영리기관은 정부로부터 재정적 지원을 받을 수 있으며, 정부와 관련된 활동에 참여할 수도 있다. 하지만 비영리기관은 기본적으로 민간기구이며, 정부로부터 독립되어 활동하고, 자치적으로 운영되어야 한다. 셋째, 이익을 분배하지 않는다. 비영리기관은 소유주나 기부자에게 이익을 돌려주지 않는다. 이런 특징이 영리기업과 같은 영리부문과 구별되는 점이다. 그렇다고 하여 비영리기관이 이익을 내는 활동을 하지 않는다는 의미는 아니다. 비영리기관은 이익을 내어 축적할 수 있지만, 그것을 기부자나 기관의 설립자에게 분배하지 않으며, 기관의 목적에 맞는 분야에 재투자한다. 넷째, 자치성(self-governing)이다. 비영리기관은 자치를 위해 자체적 의사 결정을 하며, 자기 이외의 조직에 의해 통제받지 않는다. 다섯째, 자발성(Voluntary)이다. 비영리기관은 조직의 활동과 운영에 자발적으로 참여한다. 일반적으로 이사회는 자원봉사자로 구성된다. 여섯째, 공익성(Public Benefit)이다. 비영리기관은 공공의 목적에 이바지하며, 공익에 기여한다.

복지국가가 형성되기 이전에는 비영리기관이 사회복지 전달체계에서 매우 중요한 역할을 수행하여 왔다. 중상주의 시대나 자유주의 시대의 경우 민간 사회복지 전달체계가 공공 사회복지 전달체계보다 더 큰 역할을 하였는데, 이 시기의 민간 사회복지 전달체계는 자선단체, 종교기관 등 비영리사회복지기관이 전부라 해도 과언이 아니다. 그러나 복지국가가 형성되고, 중앙정부가 사회복지 공급의 핵심 주체로 등장함에 따라 전달체계로서 비영리기관의 중요성은 크게 감소하였다. 그러나 복지국가 위기 이후인 1980년대 이후 비영리사회복지기관의 역할이 다시 확대되는 추세이다. 1970년대 복지국가 위기는 사회복지 재화나 서비스의 공급주체로써 정부의 비효율성이 문제로 지적되었고, 그에 대한 대안으로 비영리기관이 주목받으며, 사회복지서비스의 공급기관으로 비영리기관의 역할이 확대되는 추세이다.

이렇게 사회복지 전달체계로서 비영리기관의 역할이 확대되고 있지만, 재원 마련, 서비스의 생산 및 전달, 규제의 역할 모두를 독자적으로 수행하는 완전한 전달체계로서 비영리기관의 역할이 확대되는 것은 아니다. 최근 사회복지 전달체계에서 비영리사회복지기관의 역할이 확대되는 것은 주로 서비스의 생산 및 전달이라는 측면에서다. 사회복지서비스를 제공하는 자료수집이 가능한 32개 국가 대상으로 사회복지서비스를 제공하는 비영리조직들을 조사한 연구에 의하면, 비영리조직의 주된 수입원은 정부가 44%, 사용자 요금이 37%, 민간기부금이 19%로 구성되어, 비영리기관들은 재정의 많은 부분을 정부에 의존하고 있음을 알 수 있다. 우리나라의 경우는 특히 그러하다. 사회복지서비스를 제공하는 우리나라 비영리기관들은 재정의 약 68%를 정부에 의존하고 있다(강혜규 외, 2007).

우리나라 사회복지서비스의 생산 및 전달에서 비영리사회복지기관의 역할은 절대적이다. 사회복지시설의 운영을 보면, 비영리사회복지법인이 전체의 81.2%를 운영하고 있으며, 공공부문이 직접 운영하는 경우는 2.5%에 불과하다(김영종, 2003; 이봉주, 김용득, 김문근, 2008). 이처럼 비영리사회복지법인이 사회복지시설의 대부분을 운영하고 있지만, 시설 운영의 주요 재원은 정부로부터 받는 보조금이나 민간위탁에 따른 정부의 재정지원이다(이봉주, 김용득, 김문근, 2008). 이렇게 비영리기관은 서비스의 생산 및 전달과 관련한 재정의 상당 부분을 정부에 의존하고 있으므로, 정부의 각종 규제를 받고 있다. 그런 점에서 우리나라 비영리사회복지법인은 공공부문에 종속적인 위치에서 서비스의 생산 및 전달을 대행하는 대행자로 평가받기도 한다(김인숙, 1990; 이혜경, 1998, 2007).

사회복지의 재화나 서비스 중 전달체계로서 비영리기관의 역할이 큰 부분은 사회복지서비스 분야이다. 앞에서 살펴보았듯이 사회보험이나 사회수당, 공공부조는 중앙정부나 지방정부 등 공공부문 전달체계가 주로 공급하고 있다. 반면 사회복지서비스 분야는 직접 서비스를 생산하고 전달하는 기능의 상당 부분을 비영리사회복지기관이 담당한다. 미국의 경우를 보면, 아동보육서비스의 38.2%, 개인/가족서비스의 90.8%, 직업훈련서비스의 89.4%, 주거보호서비스의 58.3%를 비영리기관이 서비스를 전달하고 있다(강혜규 외, 2007; Smith, 2002).

5) 영리기관

사회복지 전달체계로서 영리기관은 비교적 최근에 등장한 것으로서 다른 분야의 상업적 기업들처럼 기업적인 스타일로 운영되는 서비스 공급주체를 말한다. 사회복지 재화나 서비스의 공급에서 영리기관의 역할은 미국과 같은 국가를 예외로 하면, 대부분의 국가에서 크지 않았다. 하지만 복지국가 위기 이후 사회복지에서 복지다원주의가 하나의 흐름으로 정착하면서 사회복지 재화와 서비스의 공급에서 영리기관의 비중이 크게 확대되는 추세이다.

미국의 경우 1977~1996년 동안 사회서비스 분야에서 영리기관들은 167% 증가하여 비영리기관들이 106% 증가한 것보다 높으며, 고용인력도 같은 기간 동안 199% 증가하여, 같은 기간 비영리기관의 191%보다 높다(Lester, 1999). 최근 사회복지서비스의 공급주체로 영리기관의 비중이 확대되는 것은 미국에만 한정된 것은 아니고, 세계적인 추세라 할 정도로 일반적이다. 영국의 경우도 2006년 3월 현재 65세 이상 노인 대상 보호시설의 77.9%(지방정부 7.7%, 비영리기관 13.1%), 노인을 제외한 성인 대상 보호시설의 65.6%(지방정부 6.2%, 비영리기관 24.9%)가 영리기관이며, 아동보호시설도 61%가 민간영리기관으로, 지방정부 소유기관 33%, 비영리기관 6%보다 훨씬 많다(강혜규 외, 2007). 스웨덴의 경우도 1993~2000년 기간 동안 민간부문에 의한 사회복지서비스의 공급이 크게 증가하였는데, 동기간 중 비영리기관에 의한 서비스 제공은 그다지 증가하지 않았지만, 영리기관에 의한 서비스 제공은 지속적으로, 급속도로 증가하였다(Trydegard,

2001).

사회복지 전달체계로서 영리기관의 역할은 보건 및 사회복지서비스 분야 특히 보육 및 돌봄서비스 분야에서 크다. 미국의 경우를 보면, 보건의료 분야 중 요양원은 67%, 가정보건의료 분야는 78%가 영리기관이며, 사회복지서비스 분야 중 아동보육서비스는 61.8%를 영리기관이, 38.2%를 비영리기관이, 주거보호서비스는 41.7%를 영리기관이, 58.3%는 비영리기관이, 개인/가족서비스는 9.2%를 영리기관이, 90.8%는 비영리기관이, 직업훈련서비스는 10.6%를 영리기관이, 89.4%는 비영리기관이 공급하고 있다(강혜규 외, 2007; Lester, 1999; Smith, 2002).

우리나라의 경우도 보육 및 돌봄서비스 분야에서 영리기관의 역할이 큰 편이다. 2021년 보육시설의 현황을 보면, 민간보육시설이 31.9%, 가정보육시설이 41.2%로 영리기관의 비중이 약 73%에 이르며(보건복지부, 2022), 요양시설도 상당수가 영리를 목적으로 하는 영리기관이다.

사회복지 공급에서 영리기관의 역할이 최근 급속도로 확대되는 것은 사회복지서비스의 수요가 급속하게 확대되고 있다는 점과 사회복지 공급에서 광범위한 시장화 정책이 추구되고 있다는 점에 기인한다. 1980년대 이후 사회서비스에 대한 사회적 수요는 급속하게 확대되고 있다. 전통적으로 사회서비스는 빈민이나 사회적 취약계층만이 대상으로 간주되고, 그들을 대상으로만 서비스가 공급되었다. 하지만 최근 노령화가 급속하게 진전되고 있고, 여성들이 대규모로 노동시장에 참여하며, 사람들의 욕구가 다양화됨에 따라 사회서비스에 대한 수요는 전 계층으로 확대되는 등 급증하고 있는 추세이다. 미국의 경우를 보면, 1977~1996년 기간 동안 민간 사회서비스 기관 수는 130%나 증가하였고, 이들 기관에서 일하는 고용인력은 140% 증가하였으며, 기관의 수입은 240%나 증가하였다(Lester, 1999). 다른 한편 복지국가 위기 이후 사회복지 공급에서 시장화 논리의 확산도 영리기관의 성장에 크게 기여하였다. 복지국가 위기 이후 사회복지서비스의 공급에서 계약, 바우처 등 시장화 기제가 폭넓게 활용되고 있는데, 이 또한 사회복지서비스 공급에서 영리기관이 성장하는 데 기여한 요인이라 할 수 있다.

6) 정부와 민간의 혼합

앞에서 지적했듯이 민간 사회복지 전달체계가 독자적으로 재원을 마련하여 서비스를 생산 전달하는 경우는 많지 않다. 대부분 정부로부터 재정지원을 받아 서비스를 생산하여 이용자에게 전달하는 방식으로 서비스를 전달한다. 사회복지서비스의 제공에서 민간 전달체계가 정부와 결합하는 방식은 기관보조금, 구매계약, 위탁계약 방식이 일반적이다.

(1) 기관보조금 방식

기관보조금 방식은 공공부문이 직접 서비스를 제공하는 대신 민간부문 전달체계(대체로 비영리사회복지기관)에게 사회복지시설의 설치와 운영을 허용하고, 비용의 일부를 정부가 보조하는 방식이다. 이런 방식에서 정부는 사회복지서비스의 생산과 전달에 관련된 재원의 상당 부분을 비영리사회복지기관에게 지원하고, 비영리사회복지기관은 서비스 이용자에게 서비스를 생산, 전달하는 역할을 한다. 정부가 재원의 상당부분을 부담하므로 비영리사회복지기관은 정부의 규제와 조정을 받는다.

실제로 우리나라 비영리사회복지기관의 상당수는 기관보조금 방식으로 정부와 결합하여 서비스를 공급한다. 사회복지 생활시설의 경우 정부의 보조금이 연간 세입의 77.1~88.6%를 차지하며, 지역 사회복지 이용시설도 전체 연간 예산의 47.4~78.8%가 정부의 보조금이다(이봉주, 김용득, 김문근, 2008).

기관보조금 방식은 중앙정부가 지방정부에 재정지원을 하는 특정보조금과 같은 문제를 갖는다. 즉, 기관의 자유재량권이 없으므로, 기관의 자체적인 창의적이고, 혁신적인 서비스의 개발 노력이 미흡하다. 반면 재원의 안정성과 예측 가능성, 자원의 절대적 크기, 공공부문으로부터 지원을 받는다는 상징적인 권위를 얻을 수 있다는 점은 기관의 입장에서 장점이다.

또한 기관보조금 방식은 서비스 공급자가 특정 비영리기관으로 제한되어 있으므로, 서비스 이용자의 선택권을 보장하지 못하며, 서비스 공급자 간 경쟁도 없으므로 서비스의 질적 향상을 꾀하지 못하는 한계도 있다. 비영리기관의 관점에서는 재원 조달이 이용자와 관계없이 공공부문과의 관계에 직접적으로 의존하기 때문에 이용자나 지역사회보다는 공공부문에 종속적 의존관계를 갖기 쉽다(이봉주, 김용득, 김문근, 2008; Tourigny & Miller, 1981). 사회복지시설은 행정적인 절차를 통해 공공부문으로부터 보조금을 지원받고 보조금 사용결과를 보고하며, 행정적 규제를 따르는 데 집중하게 됨으로써 서비스 전달기능이 약화되거나 왜곡되는 부정적 효과가 나타날 수도 있다(김영종, 2003).

(2) 구매계약[1]

구매계약 방식은 정부와 민간이 서로 계약을 체결하여, 민간이 전통적인 공공 서비스를 정부조직 또는 국민에게 직접 제공하는 방식을 말한다. 이것은 정부가 여러 민간 서비스 제공기관 간 경쟁을 통해 특정 민간기관과 계약함으로써 서비스 제공자를 선정하고 그 기관에게 비용을 지불하며, 계약자로 선정된 민간기관이 서비스 이용자에게 서비스를 제공하는 방식이다. 이 방식은 서비스의 배분과 관련한 권한의 일부를 정부가 가지면서 정부라는 서비스 구매자와 비영리기관, 영리기관 등 민간이라는 서비스 공급자의 분리를 추구하고, 경쟁이라는 시장원리를 작동시키고 있다는 점에서 준시장방식(quasi-market) 중 하나로 평가받는다(강혜규 외, 2007; 정경희 외, 2006).

사회복지서비스의 공급방식으로 구매계약 방식이 전 세계적으로 최근 증가하는 경향이다. 사회복지에서 구매계약 방식이 가장 많이 이루어지는 나라는 미국이다. 90년대 말 미국 사회서비스의 재정운용 방식을 보면, 구매계약이 71%를 차지하여, 보조금 12.5%, 바우처 9.3%와 비교하여 압도적으로 높은 비중을 차지하고 있다. 일본도 2001년 사회복지사업법을 개정하여 계약제도를 도입하기 시작하였으며, 2001년부터 지적장애인 복지 분야에, 2003년부터 신체장애인 복지 분야에 계약 방식을 적용하였다(사토 스스무, 2005). 아직까지 우리나라 사회복지서비스의 공급에서 계약 방식이 활발하게 활용되지는 않는다.

계약 방식을 통한 정부와 민간 비영리기관 간 결합 방식이 실현되기 위해서는 행해지는 업무가 명확하게 구체화되어야 하며, 다수의 잠재적 서비스 생산자와 경쟁적 분위기

---

1) 이 부분은 강혜규 등(2007)의 4장 2절의 내용을 중심으로 정리한 것이다.

가 존재해야 하고, 정부가 계약하는 민간 서비스 기관의 업적을 점검할 수 있어야 하며, 적합한 조건이 계약문건에 명시되고, 시행 여부가 감독되어야 한다.

(3) 위탁계약[2]

우리나라 사회복지서비스에서 많이 활용되는 방식 중의 하나가 위탁계약 방식이다. 위탁계약 방식은 사회복지사업(「사회복지사업법」 제34조, 「사회복지사업법 시행규칙」 제22조의2, 제23조의 규정), 사회복지관설치 운영규정 제11조의 2항 또는 지방자치단체의 공공 사무의 민간위탁에 관한 조례에 근거하여 지방자치단체가 설치한 시설의 관리와 운영을 계약을 통해 민간기관(주로 비영리사회복지기관)에게 관리 운영을 위임하고, 이에 필요한 재원을 지원하는 형태의 사회복지서비스 공급방식이다. 즉, 지방정부가 지역사회복지관 같은 사회복지시설을 설립하고, 위탁계약을 통해 그 시설의 관리, 운영을 민간에게 맡기면서 운영과 관련한 재정을 지원하는 방식이다. 위탁계약 방식은 앞의 보조금 지원 방식과는 성격이 크게 다르다. 보조금 방식은 비영리민간기관이 소유한 사회복지시설에게 시설의 운영 재원을 정부가 지원해 주는 것이다. 요컨대 보조금 방식에서 사회복지시설의 소유권은 민간 사회복지기관이 갖고 있지만, 위탁계약 방식에서 사회복지시설의 소유권은 지방자치단체 등 정부가 갖고 있다.

이러한 위탁계약 방식은 우리나라 사회복지서비스의 주요한 공급 방식 중 하나이다. 2000년 현재 서울시 사회복지시설의 운영현황을 보면, 생활시설은 비영리법인이 직영하고, 이에 대해 정부가 보조금을 지원하는 방식이 높은 비중을 차지하지만, 이용시설은 위탁계약 방식이 59.4%를 차지할 정도로 주요한 사회복지서비스 공급방식이다(김경혜, 2000). 2005년 조사에 의하면, 2005년 현재 전국 장애인복지관의 54.6%가 위탁계약에 의해 운영되고 있는 것으로 나타난다(변용찬 외, 2005).

이러한 위탁계약 방식이 갖는 장점은 경쟁과 효율적인 운영을 통한 서비스 전달비용 절감, 서비스의 질적 향상, 전문성 제고, 정부팽창 방지, 서비스 수요에 대한 신축적 대응성의 확보 등을 들 수 있다. 위탁의 목적을 성취하는 데 핵심적인 요소는 서비스 공

---

2) 이 부분은 이봉주, 김용득, 김문근(2008)의 2장의 내용을 중심으로 정리한 것이다.

급을 위한 경쟁적 시장의 존재, 공공부문의 계약 구체화와 서비스 공급에 대한 효과적인 감독과 평가를 통해 책임성을 확보하는 계약관리능력이다(조연숙, 2004; Dehoog & Salamon, 2002).

생각해 볼 문제

1. 오늘날 사회복지 전달체계에서 중앙정부의 역할이 지배적인데, 그 이유는 무엇일까?

2. 복지국가 위기 이후 사회복지 전달체계에서 비영리사회복지기관이 정부 실패의 대안으로 등장한 이유는 무엇일까?

3. 우리나라 사회복지서비스의 전달체계에서 정부와 민간 사회복지기관의 결합 유형이 어떻게 작동하는지 알아보자.

4. 우리나라 공공 사회복지 전달체계에서 중앙정부와 지방정부의 결합이 어떻게 이루어지고 있는지 실제 사회복지제도와 사회복지서비스를 예로 하여 알아보자.

제**11**장

사회복지정책의 재원

사회복지정책의 내용 구성은 재원을 어떻게 마련하는가에 크게 영향을 받는다. 특정 정책의 재원을 정부의 조세로 마련하는가 또는 가입자가 부담하는 기여금으로 마련하는가에 따라 급여 자격과 전달체계가 달라진다. 민간복지기관이 운영하는 사회복지의 프로그램도 정부의 간섭 없이 자율적으로 수행할 수 있는가 아니면 정부가 제시하는 일정한 가이드라인 내에서 프로그램을 운영하는가도 정부로부터 재정지원을 받는가 그렇지 않은가에 의해 크게 영향을 받는다. 이렇게 사회복지정책에서 재원은 중요하다.

개별 사회복지실천가들이 운영하는 사회복지 프로그램들도 재원이 어떻게 마련되는가에 따라 프로그램의 구체적인 구성, 효과가 달라진다. 더욱 심각하게는 개별 사회복지실천가들이 수행하는 프로그램이 계속 유지될 것인가 아니면 폐지될 것인가 또는 축소될 것인가도 그 프로그램의 재원의 성격에 의해 크게 영향을 받을 수 있다. 그런 점에서 사회복지실천가들도 사회복지 재원에 대한 기본적인 이해는 중요하다.

사회복지 재원은 크게 공공부문 재원과 민간부문 재원으로 구분할 수 있다. 공공부문 재원에는 조세를 통해 마련되는 일반 예산, 사회보험의 보험료, 사회복지 욕구가 있는 사람들에 대한 조세감면과 같은 조세지출로 구성되며, 민간부문의 재원은 사회복지서비스를 이용하는 사람들이 대가로 지불하는 이용료, 기업들이 직원들에게 제공하는 기업복지, 비영리기관들의 주요한 재원인 기부금 그리고 가족들 간에 서로 도와주는 사적 소득이전과 같은 비공식 복지 등으로 구분된다. 이러한 사회복지 재원들은 각기 서로 다른 특성을 갖고 있다. 따라서 특정 사회복지정책이나 프로그램에서 어떻게 재원을 마련하는가에 따라 그 정책이나 프로그램의 효과가 달라질 수 있다. 그런 점에서 각 사회복지 재원들의 특성을 이해하면, 그 정책이나 프로그램을 통해 예상되는 효과를 고려하여 프로그램을 기획할 수 있다. 또한 사회복지 재원들의 특성에 대한 이해는 특정 국가의 사회복지의 성격을 이해하는 데도 도움이 되며, 특정 사회복지정책의 효과를 평가할 수 있는 안목을 키울 수도 있다.

이 장에서는 사회복지의 재원을 구분하는 이론적 토대로 복지혼합이라는 관점에서 사회복지의 재원 구분을 살펴보고, 이를 토대로 각 사회복지 재원별 현황과 특성을 정리할 것이다.

1. 사회복지의 재원과 복지혼합, 복지국가 유형

1) 복지혼합과 사회복지 재원

복지국가가 형성된 이후 1970년대 초 복지국가가 위기를 맞기 전까지 사회복지는 곧 국가복지로 간주되어 왔다. 이는 사회복지 정책 결정자 및 연구자들의 관심이 국가복지에 집중되어 있었다는 것이지 사회복지에서 국가복지만 존재하였다는 의미는 아니다. 복지국가의 황금기라 일컬어지는 1950, 1960년대에도 국가뿐만 아니라 가족, 이웃, 비영리기관 등 여러 복지주체가 존재하고 나름대로 역할을 해 왔다. 그러나 복지국가의 황금기 동안 사회복지와 관련된 문제는 국가복지를 통해 대부분 해결이 가능하였고, 국가 재정만으로도 증가하는 사회복지의 욕구에 대응할 수 있었다.

하지만 복지국가의 위기와 함께 복지국가들은 재정적자에 허덕이며, 늘어나는 복지 욕구에 상응하여 국가복지를 확대하는 것이 불가능하게 되었다. 더욱이 1970년대 말, 1980년대 초에 탄생한 영국의 대처(Thatcher) 정부, 미국의 레이건(Reagan) 정부 등 신보수주의 정권은 국가복지의 축소를 시도하였다. 이런 상황하에서 사회복지정책 연구자들 사이에 복지다원주의(welfare pluralism) 혹은 복지 혼합경제(the mixed economy of welfare)가 개념화되고, 이론화되어 등장하였다.

복지다원주의 혹은 복지 혼합경제는 사회복지의 주체로 국가 이외에 다른 주체들, 즉 영리부문, 자원부문, 비공식부문, 기업 등이 존재하며, 국가가 이러한 다른 주체들의 복지활동을 대체할 수도 없다고 본다(신동면, 2001; Johnson, 1987). 복지다원주의는 사회복지를 국가복지 중심으로 보던 관점에서 다양한 복지주체로 관심을 확대시켰다. 즉, 복지다원주의는 사회복지의 제공 주체로서 국가의 역할과 함께 시장, 비영리기관, 기업, 비공식 복지 등의 역할을 포괄적으로 고려하도록 강조한다.

한 사회의 전체 복지는 국가복지로만 이루어지는 것이 아니라 다양한 복지주체로 구성되어 있으며, 각 복지주체의 활동이 어떠하냐에 따라 그 사회의 복지수준과 복지 특성이 결정된다. 다양한 복지주체 중 국가, 시장, 비영리조직, 기업, 가족이 주요한 복지주체로 간주된다(Gough & Kim, 2000). 각 복지주체마다 사회복지활동을 위한 재원의 종류도 상이하며, 복지주체별로 재원의 특성도 다르다. 그리고 한 사회의 복지활동은 상이한 복지주체들의 다양한 결합으로 구성되며, 그것의 총합이 곧 그 사회의 복지수준을 결정한다. 또한 각 복지주체의 역할과 결합양식이 어떠하냐에 따라 그 사회의 복지성격도 결정된다.

그러면 복지혼합의 핵심 주체인 국가, 시장, 비영리조직, 기업, 가족의 역할과 각 주체별 재원을 살펴보자. 먼저 사회복지에서 국가의 역할과 국가복지 활동의 주요한 재원을 살펴보자. 제4장과 제5장에서 논의하였듯이, 국가의 복지활동은 소득 이전자, 서비스공급자, 재원보조자, 규제자로 구분하여 설명할 수 있다. 소득 이전자로서 국가의 역할은 사회보험, 공공부조, 사회수당 등 각종 복지제도를 통하여 한 집단으로부터 다른 집단으로 소득을 이전시켜 주는 역할을 한다. 이러한 활동에서 재원은 조세와 사회보험의 보험료이다. 공공부조나 사회수당의 재원은 조세이고, 사회보험의 재원은 보험료이다. 서비스공급자로서 국가는 교육, 보건, 개별사회복지서비스 등 국민에게 사회서비스를 제공하는 역할을 한다. 이러한 활동의 재원은 조세를 통해 마련된다. 국가는 재정체계를 통하여 사회복지에 간접적인 영향을 미치는 재원보조자로서 역할을 한다. 구체적으로 국가는 민간비영리기관이나 기업복지에 대해 세금감면 혜택을 주거나 보조금을 제공하여, 그러한 활동을 간접적으로 조장하며, 개인의 비공식 복지에 대해서도 세금감면 등 조세지출을 통하여 간접적으로 개입한다. 규제자로서 국가는 민간부문의 복지활동과 관련한 조건과 기준 등을 설정하고, 운영을 감독하는 역할을 수행한다. 민간부문에 대한 이러한 규제활동은 세금감면이나 보조금 지원, 계약, 바우처 등 재정적 관여를 기반으로 하는 경우가 많다. 이렇게 국가의 복지활동은 매우 다양한 차원에서 폭넓게 이루어지고 있으며, 그러한 활동과 관련한 재원은 조세, 사회보험의 보험료, 조세지출의 형태로 구성되어 있다.

복지공급 주체로서 시장의 역할은 개인들이 복지서비스를 구입하는 방식을 통해 이루어진다. 시장 내에서 사회복지 재화 및 서비스의 제공은 민간의료보험, 개인연금보험과 같이 민간보험 시장과 교육, 의료, 요양, 주택 등의 복지서비스 시장을 통해 이루어진다(신동면, 2001; Brunsdon, 1998). 복지공급에서 시장의 역할과 관련한 사회복지 재원은 이용료와 조세지출이다. 시장을 통해 서비스 구매자는 그 대가로 비용을 지불하는데, 그것이 바로 이용료이다. 시장을 통한 복지 구매에 대해 정부는 조세감면 혜택을 주는 경우가 많다. 그런 점에서 시장의 복지공급에도 국가가 일정 정도 관여하는 경우가 많다.

비영리조직은 오늘날 사회복지서비스의 공급에서 중요한 역할을 하는 주체로 부상하고 있다. 일반적으로 비영리조직은 자원부문, NGO 혹은 제3섹터 등으로 불리는데, 그 유형은 매우 다양하다. 비영리조직의 서비스 공급활동은 재원에서 기부금이나 정부의 재정지원에 주로 의존하고 있다.

티트머스(Titmuss)는 복지가 제공되는 형태를 국가복지(social welfare), 조세복지(fiscal welfare), 직업복지(occupational welfare)로 구분하며, 한 나라의 복지수준을 판단하는 데이 세 가지를 종합적으로 고려해야 한다고 주장하였다(Titmuss, 1969). 티트머스가 말한 직업복지는 오늘날 기업복지를 일컫는다. 기업복지는 기업이 자기 회사에 고용된 노동자에게 임금형태가 아닌 다양한 형태의 서비스나 부가급여를 제공하는 것을 말한다. 이렇게 기업도 한 사회의 복지제공에서 중요한 주체 중 하나이다. 기업복지에는 국가가

법을 통하여 부가급여나 서비스를 제공하도록 강제하는 법정 기업복지와 기업이 자발적으로 혹은 단체협약에 따라 지급하는 자발적 기업복지로 구분할 수 있다. 기업은 시장에서 활동하는 주요한 경제 주체 중 하나이지만, 기업복지는 시장원리에 따라 작동하는 것이 아니라는 점에서 복지 주체로서 시장부문과 구별된다. 기업복지의 재원은 기업이윤의 일부일 수도 있고, 임금의 일부분일 수도 있는 등 그 성격을 명확히 밝히기는 어렵다. 기업복지에 대해서는 정부가 세금감면 혜택을 준다는 점에서 기업복지도 부분적으로 공적인 재원인 조세지출과 관련되어 있다.

복지 주체로서 가족은 복지국가가 탄생하기 이전까지, 오늘날에도 저개발국가의 경우 가장 많은 복지활동을 하는 주체라 할 수 있다. 이러한 가족의 복지활동은 노부모에 대한 돌봄 등과 같은 비물질적인 형태도 있고, 현금이나 현물 형태로 다른 가족원을 도와주는 물질적인 형태도 있다. 가족의 복지활동과 관련되는 사회복지 재원은 가족 간에 현금이나 현물 형태로 서로 도움을 주고받는 사적 소득 이전과 같은 비공식 복지이다.

표 11-1 복지혼합에서 복지주체별 복지활동과 재원

복지주체	급여의 종류	주요 재원
국가복지	• 소득보장 • 의료보장 • 사회서비스	• 조세 • 보험료 • 조세지출
복지시장	• 사적 의료 및 연금 • 사회서비스	• 이용료 • 조세지출
기업복지	• 법정 기업복지 • 자발적 기업복지	• 기업복지 • 조세지출
비영리기관	• 사회복지서비스	• 기부금 • 정부보조금 • 조세지출
가족	• 사적 소득 이전 • 비공식적 보호서비스	• 비공식 복지

출처: 김진욱(2005).

지금까지 살펴본 복지혼합 다섯 주체의 복지활동과 그 재원을 정리하여 표로 제시하면 〈표 11-1〉과 같다.

2) 복지국가의 유형과 사회복지 재원의 분배

한 사회 내에서 총 사회복지 재원을 구성하는 재원 배분은 그 사회의 지배적인 복지이념이 무엇인가 또는 그 사회의 복지가 어떻게 발전되어 왔는가 등에 따라 다르다. 그 사회의 복지이념, 복지 발전 정도 등을 고려하여 복지국가를 유형화한 에스핑-안데르센의 복지국가 유형[1]과 사회복지 재원의 배분을 관련지어 보면, 그러한 특성이 잘 드러난다.

표 11-2 복지국가 유형별 총 공공 사회복지 지출 비교: 2021년 기준   (단위: GDP 대비 %)

복지국가 유형	해당국가	총 공공 사회복지 지출
자유주의 유형	미국	22.7
	영국	22.1
	캐나다	24.9*
	호주	20.5**
보수주의 유형	독일	27.6
	프랑스	32.7
	오스트리아	29.7
	이탈리아	30.7
사민주의 유형	스웨덴	24.9
	덴마크	28.3
	노르웨이	24.4
	핀란드	30.3

* 2020년 기준.
** 2019년 기준.
출처: OECD SOCX (2023. 10. 27.).

---

1) 에스핑-안데르센에 의하면, 사민주의 복지국가 유형은 탈상품화 정도가 가장 높고 불평등 정도가 가장 낮은 복지국가들이며, 보편주의적인 사회복지를 추진하고, 사회복지를 통한 국민 보장 수준이 최저수준을 넘어 적

〈표 11-2〉를 보면, 복지국가 유형과 공공 사회복지 지출 수준 간 일정한 관계가 있음을 알 수 있다. 대체로 사민주의 복지국가 유형과 보수주의 복지국가 유형이 총 공공 사회복지 지출 수준이 높고, 자유주의 유형의 복지국가들이 낮다. 사민주의 복지국가들은 총 공공 사회복지 지출이 GDP의 24~30% 수준이며, 핀란드의 사회복지 지출이 GDP의 30.3%로 가장 높다. 보수주의 복지국가들인 독일, 프랑스, 오스트리아, 이탈리아도 공공 사회복지 지출이 GDP의 28~33% 수준으로 매우 높다. 반면 자유주의 국가들은 상대적으로 공공 사회복지 지출 수준이 다른 두 유형의 복지국가들보다 낮다. 캐나다가 24.9%로 비교적 높고, 나머지 국가들의 공공 사회복지 지출 수준은 20~23% 수준이다. 이처럼 복지국가들 내에서도 복지이념과 그 사회의 특성에 따라 공공 사회복지의 지출 수준은 일정한 차이를 보인다.

다른 한편 복지국가의 유형에 따라 공공 사회복지 재원의 종류별 의존도도 다르다. 자유주의 복지국가의 경우 공공부조제도에 대한 의존도가 높고, 보수주의 복지국가의 경우 사회보험에 대한 의존도가 높으며, 사민주의 복지국가는 사회수당, 사회복지서비스 등 보편주의적인 사회복지가 발달하였다. 〈표 11-3〉은 복지국가의 유형별 조세와 사회보험료의 비중을 보여 준다.

〈표 11-3〉을 보면, 자유주의 복지국가와 사민주의 복지국가는 공공부문 재원 중 조세의 비중이 높고, 보수주의 복지국가는 보험료의 비중이 상대적으로 높다. 자유주의 국가들은 공공부문 재원 중 조세의 비중이 70~81%이고, 사회보험의 보험료는 19~30%를 차지하고 있다. 사민주의 복지국가들인 스웨덴과 핀란드는 조세의 비중이 각각 약 64%, 60%이고, 사회보험의 보험료는 각각 36%, 40%이다. 자유주의 복지국가들의 사회복지 지출에서 조세의 비중이 높은 것은 사회복지제도 유형 중 공공부조제도의 비중이 상대적으로 높다는 점에 있다. 반면 사민주의 복지국가들은 공공부조의 비중은 상대적으로 낮고, 공공서비스의 비중이 높다. 공공서비스의 비중이 높은 것은 모든

정수준의 보장을 목표로 한다. 보수주의 복지국가 유형은 탈상품화 정도가 중간 정도이며, 사회보험 중심의 사회복지가 발달한 복지국가들이다. 자유주의 복지국가는 자조원리를 강조하며, 탈상품화 정도가 낮고, 국가복지의 대상을 취약계층으로 한정하는 경향이 있으며, 공공부조에 대한 의존도가 높은 복지국가 유형이다(Esping-Anderson, 1990).

표 11-3 복지국가의 유형별 조세와 사회보험 보험료 비중(2021년)   (단위: %)

복지국가 유형	국가명	사회보장 지출	조세	보험료
자유주의 유형	미국	22.7	71.9	28.1
	캐나다	24.9	80.8	19.2
	영국	22.1	69.7	30.3
보수주의 유형	독일	27.6	46.0	54.0
	오스트리아	31.1	50.5	49.5
	프랑스	32.7	54.8	45.2
사민주의 유형	핀란드	30.3	60.4	39.6
	스웨덴	24.9	63.9	36.1

출처: https://data.oecd.org에서 2023. 12. 1. 인출한 자료로 저자가 계산.

국민을 대상으로 하는 사회수당이나 보편적인 사회복지서비스가 발달했기 때문이다.

반면 보수주의 복지국가들은 다른 두 유형의 복지국가들과 비교하여 공공부문 재원 중 보험료의 비중이 크게 높다. 보수주의 복지국가들은 공공부문 전체 재원에서 사회보험 보험료의 비중이 45~54%로 다른 두 유형보다 훨씬 높다. 그 이유는 사회복지가 사회보험제도 중심으로 발전하였다는 점에 기인한다.

이렇게 복지국가의 유형에 따라 공공부문 재원 중 조세와 사회보험 보험료의 비중이 다르다. 대체로 자유주의나 사민주의 유형의 복지국가들은 공공부문 재원 중 조세에 대한 의존도가 상대적으로 높다. 조세의 비중이 높다 하여도 복지국가의 유형에 따라 지출 형태는 다르다. 자유주의 국가들은 공공부조에 대한 지출이 상대적으로 높고, 사민주의 복지국가들은 상대적으로 보편적인 서비스에 대한 지출이 높다. 반면 보수주의 복지국가들은 공공부문 재원 중 사회보험 보험료의 비중이 다른 복지국가 유형보다 훨씬 높다.

다음으로 복지국가의 유형별로 공공부문과 민간부문 재원의 배분을 살펴보자. 복지국가 중에서도 자유주의 복지국가들이 다른 유형의 복지국가들보다 민간 사회복지 재원의 비중이 높다. 자유주의 복지국가들은 사회복지에서 국가의 역할을 최소화하고, 개인이나 가족의 사회복지에 대한 책임을 강조한다. 그 결과 민간의 사회복지 역할이 크

표 11-4 복지국가 유형별 공공, 민간 사회복지 재원의 비중(2019년)　　　　　　(단위: GDP 대비 %)

복지국가 유형	해당국가	민간 재원(A)	공공 재원	총 사회복지 재원(B)	A/B
자유주의 유형	미국	12.4	18.3	30.7	0.40
	영국	6.3	19.5	25.8	0.24
	캐나다	7.1	18.8	25.9	0.27
	호주	5.1	20.5	25.6	0.18
보수주의 유형	독일	3.7	25.6	29.3	0.13
	프랑스	3.7	30.7	34.4	0.11
	오스트리아	2.3	27.7	30.0	0.08
	이탈리아	1.8	27.7	29.5	0.06
사민주의 유형	스웨덴	3.6	25.1	28.7	0.13
	덴마크	3.8	28.4	32.2	0.12
	노르웨이	2.6	25.3	27.9	0.09
	핀란드	1.2	29.4	30.6	0.04

출처: OECD SOCX (2023. 11. 20.).

다. 〈표 11-4〉를 보면 자유주의 복지국가들은 총 사회복지 재원 중 민간 재원의 비중이 18~40%에 이를 정도로 높다. 특히 자유주의와 개인주의 역사가 길고, 민간 사회복지가 발달한 미국의 경우 민간 사회복지 재원의 비중은 전체 사회복지 재원의 약 40%를 차지할 정도로 매우 높다. 반면 보수주의 복지국가나 사민주의 복지국가들은 전체 사회복지에서 민간 사회복지 재원이 차지하는 비중이 상대적으로 적다.

2. 사회복지 재원별 현황과 특성

앞에서 살펴보았듯이 사회복지의 재원은 공공부문의 재원과 민간부문의 재원으로 구분할 수 있다. 공공부문의 재원은 조세, 사회보험의 보험료, 조세지출(tax expenditure)로 구성되며, 민간부문의 재원은 이용료, 자발적 기부금, 기업복지, 비공식 복지로 구성된다. 여기서는 각 재원별 현황과 특징을 살펴봄으로써 사회복지 재원에 대한 이해를 넓히고자 한다.

1) 공공 재원

(1) 조세

① 사회복지 재원으로서 조세의 현황

사회복지가 발전한 복지선진국의 경우 조세부담률이 대체로 상당히 높은 편이다. 〈표 11-5〉에서 조세부담률은 스웨덴이 33.4%, 노르웨이 32.4%, 핀란드 31.0%, 프랑스 30.4% 등으로 높은 수준이다. 이들 국가에서 조세에 사회보험기여금을 더한 값이 GDP에서 차지하는 비율인 국민부담률은 42~45%에 이를 정도로 높다.

그런데 조세부담률이 높다고 하여, 꼭 사회복지가 발달한 것은 아니다. 왜냐하면, 조세는 사회복지뿐만 아니라 국가의 모든 지출행위의 재원이므로, 사회복지가 아닌 다른 곳에 많이 지출할 수도 있기 때문이다. 예컨대, 조세부담률이 높을지라도 국방비나 경제개발비 등에 많이 쓸 경우, 조세를 재원으로 한 사회복지 수준은 낮을 수 있다. 대표적인 예가 우리나라이다. 우리나라의 조세부담률은 22.1%로 북유럽 국가들보다는 크게 낮지만, 미국 20.3%, 일본 19.8%보다는 높고 독일 24.6%, 네덜란드 26.6%와는 큰 차이가 나지 않는다. 그렇지만 우리나라의 사회복지 지출 수준은 이들 국가보다 크게 낮다. 2021년도 독일의 공공 사회복지 지출은 GDP의 27.6%, 네덜란드는 18.7%, 미국은 22.7%, 일본은 24.9%(2020년 기준)인데 반해, 한국은 14.9%이다(https://data.oecd.org/에서 2023. 11. 23. 인출).

공공부문 사회복지 재원 중 조세는 사회보험의 보험료와 함께 가장 큰 비중을 차지하는 재원이다. 데모그란트와 같은 보편주의적인 사회복지 프로그램이 발달하거나 사회복지에서 공공부조제도의 비중이 높은 국가들의 경우 조세는 공공부문 사회복지 재원 중 가장 큰 비중을 차지하는 재원이다. 보편주의적인 프로그램이나 공공부조 중심으로 사회복지가 발달하지 않은 국가들의 사회복지는 대체로 사회보험을 중심으로 발달하였

표 11-5 주요국의 국민부담률, 사회보험기여금, 조세부담률(2021년) (단위: GDP 대비 %)

국가	국민부담률[*]	사회보험기여금	조세부담률
캐나다	33.3	4.8	28.5
핀란드	43.0	12.0	31.0
스웨덴	42.6	9.0	33.6
노르웨이	42.2	9.8	32.4
영국	33.5	6.7	26.8
프랑스	45.2	14.8	30.4
네덜란드	39.7	13.1	26.6
독일	39.5	14.9	24.6
미국	26.6	6.3	20.3
한국	29.9	7.8	22.1
일본[**]	33.2	13.4	19.8
OECD[**]	33.6	9.2	24.4

* 국민부담률은 GDP에서 사회보장기여금과 조세부담률의 합이 차지하는 비율.
** 2020년 기준.
출처: https://data.oecd.org/ (2023. 11. 24.).

고, 따라서 사회복지 재원으로 조세보다 사회보험의 보험료가 더 큰 비중을 차지한다.

우리나라의 경우는 어떤가? 2018년도 우리나라 공공 사회복지 지출의 재원별 구성을 보면, 조세가 38.5%, 사회보험이 60.7%, 공기업이 0.8%이다(고제이 외, 2022). 공공사회복지 재원에서 사회보험 기여금의 비중이 조세보다 크게 높다.

② 사회복지 재원으로서 조세의 특징

사회복지 재원으로서 조세의 중요성은 소득재분배의 효과가 다른 재원보다 크다는 점을 우선 들 수 있다. 다시 말하여 사회복지를 통한 결과의 평등 가치 실현에 가장 효과적인 재원이 바로 조세이다. 조세가 소득재분배 실현에 효과적이라는 것은 두 가지 측면에 근거한다(김태성, 2007). 하나는 조세는 일반적으로 누진적인 방식으로 부과된다.[2] 다시 말하여 조세는 소득이 높은 사람일수록 세율이 높아져 부자들이 빈자들보다 조세를 더 많이 내게 된다. 그런 점에서 조세는 누진적인 소득재분배를 실현할 수 있다. 조세는 다른 어떤 사회복지 재원보다 누진적이다. 뒤에서 살펴보겠지만 사회보험은 일반적으로 소득에 비례하여 부과되므로, 소득재분배 효과가 약하다. 조세지출도 누진적인 소득재분배 효과는 없다. 민간 사회복지 재원의 경우는 민간의 자율적인 방식으로 재원이 마련되므로, 소득재분배 효과를 기대하기 어렵다.

사회복지 재원으로서 조세가 누진적인 소득재분배 효과를 갖는 것은 조세를 재원으로 한 사회복지 급여의 측면에서도 기대할 수 있다. 조세를 재원으로 한 사회복지 프로그램들은 사회수당과 같은 보편적인 프로그램을 제외하고는 대체로 저소득층을 우선적인 대상자로 간주하고, 그들에게만 급여를 집중적으로 제공한다. 그런 점에서 조세를 재원으로 한 사회복지 프로그램들은 다른 프로그램들보다 대체로 누진적인 소득재분배 효과가 크다. 사회보험의 경우도 누진적인 소득재분배 효과가 있도록 급여 구조를 마련하지만, 사회보험은 기본적으로 형평의 가치를 무시할 수 없다는 점에서 사회보험의 소득재분배 효과는 한계가 있다.

둘째, 조세는 재원의 안정성이나 지속성이라는 측면에서 다른 사회복지 재원보다 우월하다. 국가는 경제 주체 중 가장 안정적이며, 신뢰할 수 있는 주체이다. 또한 국가는 한 사회 내에서 다른 경제 주체들이 위기에 빠졌을 때, 해결책을 제시해 주거나 보완해 주는 최후의 경제적 보루이다. 그런 국가의 재정적 수입원이 조세이다. 조세를 재원으로 하는 사회복지 프로그램은 가장 안정적인 재원을 기반으로 하므로 지속성에서 다른 재원보다 유리하다.

민간 사회복지 재원인 기부금이나 비공식 복지, 이용료는 경제 상황의 영향을 많이 받는다. 경제가 불황에 빠졌을 때, 기부금이나 비공식 복지, 서비스 이용료는 일반적으로 줄어든다. 따라서 민간 재원은 안정성이나 지속성에서 조세보다 크게 떨어진다. 또 다른 민간 사회복지 재원인 기업복지도 기부금이나 비공식 복지, 이용료 등보다는 안정

---

2) 세금과 관련하여 누진적이라는 것은 일반적으로 소득이 높은 사람일수록 세율이 높다는 의미이다. 즉, 총소득 대비 총세금의 비율인 평균세율이라는 측면에서 고소득층일수록 평균세율이 높을 때, 누진적이라고 말한다. 누진적이라는 점은 한계세율로 정의할 수도 있다. 소득 1단위가 증가할 때, 세금의 증가분이 많아지면, 누진적이라고 할 수 있다.

성이나 지속성에서 우월하지만 조세보다는 떨어진다. 기업복지는 기업의 재정적 안정성에 기반하고 있다. 기업의 안정성은 여러 가지 상황에 의해 영향을 받을 수 있다. 경제위기 상황에서 기업들이 냉정하게 구조조정을 하는 것을 보듯이, 기업이 위기 상황에 처할 때, 기업복지도 삭감되거나 폐지될 수 있다.

이처럼 조세는 민간 사회복지 재원보다 안정성과 지속성에서 우월하다. 그러면 다른 공공 사회복지 재원인 사회보험의 기여금과 비교하면 어떨까? 재원의 안정성과 지속성에 있어서 조세는 사회보험의 기여금보다도 우월하다. 물론 사회보험의 기여금도 상당히 안정적이고, 지속적인 재원이다. 사회보험제도는 보험수리의 원칙에 입각하여 관리되므로, 재정 안정성을 매우 중시하며 관리한다. 사회보험의 재정이 불안할 위험이 있으면, 기여금을 인상하거나 급여 수준을 낮추는 등의 방법을 통해 재정의 안정성을 유지하도록 관리한다. 그렇다 하여 사회보험의 재정상태가 지속적으로 안정적인 것은 아니다. 왜냐하면, 사회보험의 재정운영이 완전히 보험수리의 원칙에만 입각한 것이 아니라 재분배 및 다른 사회·경제적 요인을 고려하여 운영되기 때문이다. 실제로 많은 서구 국가의 사회보험이 복지국가 위기 시기에 재정적자에 빠져 재정위기에 처해 있었다. 사회보험의 재정이 위기일 때, 최종적인 해결책은 국가의 조세 지원이다. 그런 점에서 조세는 사회보험의 기여금보다도 안정적이며 지속성이 더 강한 재원이라 할 수 있다.

셋째, 사회복지의 재원으로서 조세의 또 다른 장점은 대상자의 보편적 확대나 보편적인 급여의 제공에 있어서 유리하다. 목적세가 아닌 일반 조세는 국민으로부터 세금을 거둬들이며, 그 사용과 관련하여 상당 정도 자율성을 갖고 있다. 다시 말하여 국가는 세금을 국민으로부터 거두면서 그것을 국민의 안녕과 국가의 유지, 발전을 위해 필요한 곳에 쓰겠다는 정도로 포괄적인 약속을 한 것이므로, 세금의 사용처에 관한 매우 큰 자율성을 가지고 있다. 그러므로 조세를 재원으로 한 사회복지 프로그램은 엄격한 제한 없이 기획하고, 운영할 수 있다. 조세를 재원으로 한 사회복지 프로그램은 사회수당과 같이 대상자를 전 국민으로 확대할 수도 있으며, 공공부조와 같이 빈곤한 사람에게만 급여를 제공할 수도 있다.

반면 다른 사회복지 재원은 조세처럼 보편성이나 운영의 자율성을 갖기가 힘들다. 사회보험 기여금의 경우 기여금을 내지 않은 사람에게 대상자를 확대하는 것이 불가능하며, 민간 사회복지 재원의 경우 대개 특정 지역이나 특정 집단만을 한정하여 급여를 제공한다. 따라서 민간 사회복지 자원을 재원으로 하는 사회복지 프로그램은 서비스의 질과 양의 수준에서 지역별, 집단별로 편차를 갖는 것이 일반적이다.

넷째, 조세는 경제적 행위뿐만 아니라 사회적 행위에도 영향을 미친다(Gilbert & Terrell, 2004). 조세를 어떻게 부과하는가에 따라 사람들이 노동시간을 늘리기도 하고, 줄이기도 하는 등 노동동기에 영향을 미치며, 사람들의 퇴직 시기 결정에도 영향을 미칠 수 있고, 저축행위에도 영향을 미칠 수 있다. 이러한 조세의 영향력을 활용하여, 사회적으로 바람직한 행위를 격려할 수도 있고, 바람직하지 않은 행위를 억제할 수도 있다. 예컨대, 늙은 부모를 부양하는 것이 바람직하다면, 그런 행위를 격려하기 위하여 부모를 모시고 사는 자녀들에게 세금감면을 해 줌으로써 그런 행위를 격려할 수 있다. 출산을 장려하기 위하여, 조세를 재원으로 한 아동수당을 도입하고, 아동양육비의 일부를 지원해 줄 수도 있다. 또한 도박이나 과도한 사치와 같이 바람직하지 않은 사회적 행위를 억제하기 위하여 그러한 행위나 사업 또는 상품에 높은 세금을 부과할 수 있다. 그러한 대표적 예로 술이나 담배에 대해 높은 소비세를 부과하는 것을 들 수 있다.

이처럼 조세는 경제, 사회적인 행위에 영향을 미친다는 점에서 정책적 활용의 폭이 매우 넓은 재원으로 평가된다.

③ 조세의 종류

조세는 크게 세 가지 형태로 구분할 수 있다. 그것은 소득세, 소비세, 부(富)세다. 소득세는 소득에 부과하는 세금이고, 소비세는 소비에 부과하는 세금이며, 부세는 재산과 관련하여 부과하는 세금이다.

가. 소득세

소득세는 크게 개인에게 부과하는 개인소득세와 기업과 같은 법인에 부과하는 법인소득세로 구분된다. 개인소득세와 법인소득세를 합친 소득세는 대부분의 국가에서 가장 비중이 큰 조세 항목이다. 〈표 11-6〉은 우리나라와 OECD 국가들의 조세 구조를 비교해 놓은 것인데, OECD 국가들의 평균 조세 구성을 보면, 소득세가 35.7%로 가장 비중이 크고, 다음이 부가가치세로 28.5%이며, 부에 대해 부과하는 재산세는 5.1%로 비중이 낮다. 주요 OECD 국가들을 보더라도 네덜란드와 프랑스를 제외한 대부분의 국가에서 소득세는 비중이 가장 큰 조세 항목이다. 우리나라도 전체 조세에서 소득세가 차지하는 비중은 23.8%로 가장 크며, 법인세까지 포함할 경우, 소득세는 전체 조세의 41.3%에 달한다.

　소득세의 특징은 일반적으로 누진적으로 부과되기 때문에 소득재분배 효과가 높다는 점이다. 2023년 우리나라 소득세율을 보면, 소득세는 연간 과세 대상 소득의 1,200만 원 이하에는 6%의 세율이, 1,200~4,600만 원에는 15%의 세율이, 4,600~8,800만 원에는 24%의 세율이, 8,800~15,000만 원에는 35%, 15,000~30,000만 원에는 38%,

표 11-6 우리나라와 주요 OECD 국가의 조세 구조 비교(2015)

국가	소득세	법인소득세	상속 증여세	재산세	부가가치세	소비세	기타	전체
캐나다	43.4	11.6	0.02**	10.1	16.4	4.9	13.6	100.0
미국	53.4	11.4	0.7	11.1	10.1	4.2	9.1	100.0
일본*	31.3	21.4	2.0	9.1	20.2	8.8	7.2	100.0
한국	23.8	17.5	1.7	13.2	20.8	11.0	12.0	100.0
덴마크	54.6	5.7	0.6	3.8	20.3	8.8	6.2	100.0
프랑스	30.0	7.4	2.0	8.0	24.3	9.1	19.2	100.0
독일	43.1	7.6	0.9	2.5	30.4	9.4	6.1	100.0
네덜란드	33.0	11.6	1.0	4.7	28.2	11.4	10.1	100.0
노르웨이	37.7	16.4	0.0**	2.7	29.6	9.1	4.5	100.0
스웨덴	37.1	8.9	0.0**	3.0	27.2	6.6	17.2	100.0
영국	34.3	9.35	0.9	12.4	26.1	9.6	7.4	100.0
OECD 평균	31.8	11.4	0.5	5.1	28.1	10.6	12.5	100.0

* 일본은 2014년 기준.
** 상속세가 폐지된 국가.
*** 재산세는 상속세와 증여세를 제외한 부동산 관련 세금 및 부유세를 포함한 것이고, 소비세는 주류, 담배 및 유류 등에 대해 부과하는 개별소비세를 가리키고, 부가가치세는 부가가치세 및 판매세를 말함.
자료: OECD Statistics, "OECD countries: Comparative tables"
출처: 한국조세재정연구원 세법연구센터(2017).

30,000~50,000만 원에는 40%, 50,000~100,000만 원에는 42%, 100,000만 원 초과분에는 45%의 세율이 적용된다. 이처럼 소득이 높을수록 더 높은 세율이 적용되므로, 고소득층일수록 조세 부담이 많아지게 되어 누진적 소득재분배 효과가 나타난다.

기업과 같은 영리법인에게 부과되는 법인소득세의 경우는 법인의 연간 소득이 2억 원 이하일 경우는 10%의 세율이, 2~200억 원에는 20%, 200~3,000억 원에는 22%, 3,000억 원 초과분에는 25%의 세율이 적용된다(2022년 이후 적용). 법인소득세도 소득수준이 높을수록 높은 세율이 적용되어, 소득재분배 효과가 나타난다. 소득세는 조세 감면제도를 통해 바람직한 사회적 행위를 격려하고, 사회복지 욕구 있는 사람들에 대한 조세 부담을 덜어 줄 수도 있다.

이처럼 소득세는 누진적인 재분배 효과가 크므로, 전체 조세에서 소득세의 비중이 클수록, 특히 개인소득세의 비중이 클수록 소득재분배 효과는 커진다.

나. 소비세

앞에서 살펴보았듯이 소비세는 대부분의 국가에서 전체 조세 중 두 번째로 큰 조세 항목이며, 우리나라의 경우도 부가가치세와 개별소비세를 합한 소비세는 전체 조세의 31.8%를 차지하며, 소득세 다음으로 큰 비중을 차지한다. 소비세는 크게 일반소비세와 개별소비세로 구분된다(나성린, 2005). 일반소비세는 모든 재화와 용역에 대하여 일률적으로 부과하는 조세로서 대표적인 것이 부가가치세이고, 개별소비세는 특정한 재화와 용역에 특정세율을 선별적으로 부과하는 조세이다.

대표적인 일반소비세인 부가가치세는 어떤 물건이나 서비스의 생산 및 유통단계별로 생성되는 부가가치에 대해 부과되는 세금이다. 우리나라는 판매되는 모든 물건 및 서비스에 대해 일률적으로 10%의 부가가치세를 부과하고 있다. 이렇게 부과되는 세금은 모두 소비자에게 전가된다는 점에서 간접세이다. 부자나 빈자 모두 소비하는 물건 및 서비스에 대해 동일한 세율이 적용된다는 점에서 부가가치세는 역진적인 조세라 할 수 있다. 우리나라 소비세의 소득재분배 효과에 대한 연구를 보면, 소비세 중에서 부가가치세가 역진적인 재분배 효과가 가장 큰 것으로 나타나고 있다(박기백 외, 2006).

개별소비세는 특정한 물품, 특정한 장소의 입장, 특별한 서비스에 대해 부과한다. 개별소비세 부과 대상의 예로 보석, 고급시계, 고급 가구, 자동차, 고급 모피, 골프장 입장, 카지노 입장 등을 들 수 있다. 귀금속, 고급시계, 보석 등에는 20% 세율이 적용된다. 이러한 상품이나 서비스는 고소득층이 많이 소비하므로, 개별소비세는 일반적으로 누진적인 소득재분배 효과를 갖는다.

소비세는 잠재적인 조세징수 능력이 뛰어나다는 점이 장점이다(김동건, 1994). 소득세와 비교하여 소비세는 재화를 구입할 때 세금을 납부하므로 조세저항이 크지 않다. 또한 소비세는 특정 재화의 소비 및 사치를 억제함으로써, 사회적으로 바람직하지 않은 행위를 통제할 수 있다. 예컨대, 카지노나 유흥주점에 높은 소비세를 적용함으로써 그러한 행위를 억제하는 기능을 할 수 있다.

소비세는 일반적으로 역진적인 재분배 효과를 갖는다. 물론 개별소비세와 같이 고소득층이 주로 사용하는 물건에 고율의 소비세를 부과하면, 누진적인 재분배 효과를 갖을 수도 있지만, 전체적으로 보면 소비세는 역진적이라는 것이 일반적인 평가다.

다. 부(富)세

부와 관련하여 부과하는 대표적인 세금으로는 재산세, 상속세, 증여세가 있다. 재산세는 개인이 소유하는 자산의 가치에 부과하는 세금인데, 여러 나라에서 지방세로 운영한다. 우리나라도 재산세는 지방정부의 세원으로 운영되고 있다. 우리나라의 재산세는 재산의 종류에 따라 세율이 다르게 적용되고 있고, 같은 재산에 대해서는 대체로 단일한 세율을 적용하고 있다. 재산세는 재산에 대해서만 부과하는 세금인데, 소득이 많을수록 재산은 많으므로 누진적인 소득재분배 효과를 갖지만, 단일한 세율로 부과하므로 그 효과는 그다지 크지 않다. 앞의 〈표 11-6〉을 보면, 2015년도 우리나라 재산세 규모는 전체 조세의 14.9%(상속제 및 증여세 포함)이다.

상속세는 상속되는 재산에 부과하는 세금이며, 증여세는 증여하는 재산에 부과하는 세금이다. 상속세, 증여세 모두 누진적인 세율이 적용된다. 상속세, 증여세의 세율은 과세 대상 재산이 1억 원 미만일 경우 10%, 1~5억 원에는 20%, 5~10억 원에는 30%, 10~30억 원에는 40%, 30억 원 초과는 50%이다. 이렇게 높은 누진율이 적용되지만, 상속세나 재산세의 소득재분배 효과는 그다지 크지 않다. 그 이유는 실제 상속세나 증여세는 상당 규모의 재산에 대해 세금 공제(상속세는 기본적으로 5억 원까지 공제해 줌)를 해 주고 있으므로, 상속세나 증여세를 내야 하는 대상자가 아주 극소수에 불과하기 때문이다. 2015년도의 경우 상속세와 증여세를 합한 세금은 전체 조세의 1.7%에 불과하다(한국조세재정연구원 세법연구센터, 2017).

(2) 사회보험 보험료

① 사회보험 보험료의 현황

사회보험의 보험료는 미국에서는 사회보장세로 명명되며, 일종의 목적세라 할 수 있다. 목적세는 특별한 목적을 위해 징수하는 세금으로, 우리나라의 교육세, 교통세, 농어촌특별세 등이 대표적이다. 사회보험의 보험료는 연금, 실업급여, 의료서비스, 산업재해 환자에 대한 보상 및 치료 등과 같이 사회보험 관련 급여 지급을 위해서만 사용되는 등 사용처가 명확하게 특정화되어 있다는 점에서 일반 조세와 상이하다.

사회보험의 보험료는 사회복지 재원을 구성하는 여러 형태 중 가장 크거나 또는 두 번째로 큰 재원이다. 네덜란드, 독일, 일본은 사회보험의 보험료가 공공사회지출의 재원 중 가장 큰 비중을 차지한다. 2021년 공공사회지출의 재원 중 사회보험료가 네덜란드는 70.0%, 독일은 53.4%, 일본 53.8%(2020년)를 차지한다.[3] 스웨덴, 노르웨이, 영국, 미국 등의 국가에서 사회보험 보험료는 조세 다음으로 큰 비중을 차지한다. 우리나라는 2021년 현재 전체 공공사회지출 재원 중 사회보험의 보험료가 차지하는 비중은 무려 52.6%로 가장 큰 공공 사회복지 재원이다. 이처럼 대부분의 국가에서 사회보험의 보험료가 사회복지 재원 중 큰 몫을 차지하는 것은 오늘날 사회복지에서 사회보험이 차지하는 비중이 그만큼 크기 때문이다.

사회보험의 보험료 부담방식은 사회보험의 종류에 따라, 국가에 따라 조금씩 상이하다. 사회보험 형태의 공적연금의 경우 보험료는 대체로 사용자, 피용자가 공동으로 부담하는 형태이고, 일본과 같이 국가가 일정 부분을 조세로 지원하는 경우도 있다. 건강

---

3) OECD. data에서 Public expenditure와 Social security contributions를 활용하여 저자가 계산함.

보험이나 고용보험의 경우도 대체로 사용자와 피용자가 보험료를 공동으로 부담하는 국가가 일반적이며, 산업재해보상보험은 사용자가 보험료 전액을 부담하는 형태가 일반적이다. 사회보험의 보험료를 사용자와 피용자가 공동으로 부담한다고 하여, 똑같은 액수를 부담하는 것은 아니다. 우리나라 국민연금과 국민건강보험은 사용자와 피용자가 절반씩 분담하고 있고, 산업재해보상보험은 사용자가 보험료 전액을 부담하고 있으며, 고용보험의 경우 실업급여는 사용자와 피용자가 절반씩 부담하고, 고용안정 및 직업능력개발사업 관련 보험료는 사용자가 전액 부담한다. 전체적으로 보면, 사용자가 피용자보다 조금 더 많이 부담한다고 하겠다.

② 사회복지 재원으로서 사회보험 보험료의 특징

사회복지 재원으로서 사회보험의 보험료가 갖는 특징은, 첫째, 보험료를 납부해야만 급여 권리가 주어진다는 점이다. 사회보험도 보험의 일종이므로 사회보험의 급여 자격은 보험료를 기여한 사람에게만 주어진다. 특히 사회보험의 보험료는 급여와 연동되어 있다. 다시 말하여 보험료를 많이 납부할수록, 급여액도 많아진다. 이처럼 사회보험의 보험료는 급여에 대한 권리를 제공한다. 이런 점이 조세와의 차이라 할 수 있다. 조세는 정부의 일반예산에 사용되므로, 납세 여부와 정부가 제공하는 서비스의 수혜와는 관계가 없으며, 세금을 많이 냈다고 하여 정부가 제공하는 서비스를 더 많이 받는 것도 아니다.

둘째, 사회보험의 보험료를 재원으로 하면 제도의 확대에 유리하다. 사회복지 재원으로서 조세보다 보험료가 사회복지제도를 확대하는 데 더 유리하다. 그 이유는 일반 조세보다 사회보험의 보험료가 조세저항이 적기 때문이다. 일반 조세는 세금을 납부하는 것과 혜택이 연계되어 있지 않다. 하지만 보험료는 납부하면 자신에게 어떠한 급여가 주어진다고 명시되어, 기여와 급여가 연계되어 있다. 그런 점에서 사회보험의 보험료가 일반 조세보다 상대적으로 조세저항이 적다. 또한 사회보험의 보험료는 사용처가 투명하고, 그 사용처에 대한 정당화가 보다 쉽다는 점도 사회보험의 보험료가 일반 조세보다 조세저항이 적은 이유이다. 일반 조세의 경우, 세금을 걷기는 하지만, 그것의 사용처에 대해서는 '국민을 위해서 또는 국가를 위해서'와 같이 매우 포괄적으로 알려져 있다. 그만큼 국민은 일반 조세의 사용이 투명하지 않은 것으로 받아들인다. 그런 점에서도 국민은 일반 조세를 내는 것에 대해 불신하고 저항이 강하다. 하지만 사회보험의 보험료는 사용처가 국민연금의 급여, 산재보험의 급여, 건강보험의 급여 제공과 같이 명확하고, 투명하다. 이 점도 사회보험에 대한 조세저항이 적은 이유 중 하나이다. 이렇게 일반 조세보다 사회보험의 보험료를 국민이 더 잘 수용한다는 점도 보험료를 재원으로 하는 사회복지제도가 확대하는 데 용이한 이유 중 하나다.

셋째, 자본주의 사회에서 보험료를 재원으로 하는 사회복지제도는 정당화하기가 보다 쉽다. 보험료를 재원으로 하는 사회보험은 수익자 부담의 원칙 또는 원인자 부담의 원칙에 일정 정도 기반하고 있다. 수익자 부담의 원칙은 공공재의 혜택을 누리는 사람이 공공재의 조달 재원을 부담해야 한다는 원칙이고, 원인자 부담 원칙은 공공사업이 필요하게 된 원인을 제공한 사람들이 그 공공사업의 조달 재원을 부담해야 한다는 원칙이다(한국조세연구원, 2008). 이러한 수익자 부담 원칙이나 원인자 부담의 원칙은 자본주의의 분배 기제인 시장의 가격 메커니즘과 유사하다는 점에서 정당화하기가 보다 쉽다.

넷째, 사회보험의 보험료와 같은 목적세는 정치가 혹은 정책 담당자의 개입을 최소화할 수 있다는 점도 특징이다. 사회보험의 보험료는 사용처가 분명하고, 재원과 급여의 관계가 명확하기 때문에, 정치가나 행정 담당자의 개입 여지가 상대적으로 적다. 반면 조세를 재원으로 하는 경우는 사용처가 특정화되지 않고, 재원과 급여가 연계되어 있지 않으므로, 정치가나 행정 담당자가 개입할 수 있는 폭이 더 넓다.

이처럼 사회보험의 보험료는 사회복지 재원으로서 많은 장점을 갖고 있지만, 단점도 여러 가지 있다. 첫째, 사회보험의 보험료는 소득재분배라는 측면에서 보면, 역진적이라는 지적을 받는다. 사회보험의 보험료 부과가 역진적이라는 점은 다음 네 가지 측면에 근거한다.

우선 사회보험의 보험료는 일반적으로 비례세 형태로 부과된다는 점에서 누진적으로 부과되는 개인 소득세와 비교할 때 소득재분배에 역진적이라고 평가받는다. 비례세는 소득에 비례하여 세금이 부과되는 것을 말한다. 예를 들어, 소득의 5%를 세금으로 부과한다면, 소득이 100만 원인 사람은 5%인 5만 원을, 소득이 1000만 원인 사람은 5%인 50만 원을 세금으로 내야 하는데, 이렇게 세금을 부과하는 것을 비례세라 한다. 국민연금의 보험료는 임금의 9%, 국민건강보험의 보험료율은 7.09%로 임금에 비례하여 부과된다. 이렇게 비례세로 보험료가 부과되면, 그 자체로는 소득재분배에 어떤 영향도 없다. 그러나 누진적으로 부과되는 개인소득세와 비교할 때, 사회보험의 보험료가 상대적으로 역진적이라는 것이다.

두 번째로는 사회보험의 보험료가 근로소득에만 부과한다는 점에서 역진적이다. 물론 도시자영업자와 같은 지역가입자의 경우는 모든 소득에 대해 보험료를 부과하지만, 직장가입자인 근로자의 경우 근로소득에 대해서만 보험료를 부과한다. 근로자의 경우 근로소득이 아닌 금융소득, 부동산소득 등 자산소득은 보험료 부과대상이 아니다. 금융소득, 부동산소득과 같은 자산소득은 일반적으로 고소득층에 집중되어 있다. 따라서 총소득 대비 보험료라는 측면에서 보면, 근로소득에만 보험료를 부과하는 것은 소득재분배에 역진적이다.

세 번째로는 사회보험의 보험료는 하한선과 상한선을 두고 있다는 점도 소득재분배에 역진적이다. 국민연금의 보험료는 가입자의 기준소득월액에 보험료율을 곱하여 부과한다. 예를 들어, 국민연금 부과 대상 소득이 100만 원인 사람은 100만 원에 보험료율 9%를 곱한 9만 원의 보험료가 부과된다. 현재 국민연금 보험료 부과 대상 소득인 기준소득월액은 하한액이 37만 원, 상한액이 590만 원이다(2023년 7월에서 2024년 6월까지). 따라서 월 근로소득이 30만 원인 사람의 보험료는 37만 원에 보험료율 9%를 곱한 33,300원의 보험료가 부과되어, 실제 보험료율은 11.1%가 된다. 반면 월 근로소득이 1000만 원인 사람은 기준소득월액 상한액인 590만 원에 보험료율 9%를 곱하여 531,000원의 보험료가 부과되어, 실제 보험료율은 5.3%가 된다. 이렇게 사회보험의 보험료 부과 하한선과 상한선의 설정은 소득재분배라는 측면에서 보면 역진적인 소득재분배를 초래한다.

네 번째로 사용자 부담 보험료는 타인에게 전가할 수 있기 때문에 역진적일 수 있다는 지적을 받는다(송근원, 김태성, 1995). 앞에서 언급했듯이 사회보험의 보험료는 대개 사용자와 피용자가 공동으로 부담한다. 그런데 사용자가 부담하는 보험료의 실질적인 부담자가 누구인지는 명확하지 않다. 사용자가 부담하는 보험료의 실제 원천이 사용자가 얻는 이익의 일부라면, 문제가 되지 않는다. 하지만 사용자 부담 보험료의 실제 원천이 근로자에게 제공되어야 할 임금의 일부이거나 또는 상품 가격에 전가되어 소비자가 부담하는 것이라면 역진적일 수 있다. 다시 말하여 고소득층인 사용자가 부담해야 할 보험료의 실제 부담자가 상대적으로 소득이 낮은 근로자라면, 역진적인 재분배를 초래한다는 것이다. 또한 사용자가 부담해야 할 보험료를 상품가격 인상을 통해 소비자에게 전가한다면, 상대적으로 저소득층이 더 많이 부담한다는 점에서 역진적이라 할 수 있다.[4]

둘째, 사회보험의 보험료와 같은 목적세는 일반 조세와 비교하여 유연하게 사용할 수 없다. 이는 목적세가 갖는 장점일 수도 있고 단점일 수도 있다. 목적세는 세입과 세출이 연결되어 있다는 점에서 사용처가 분명하고, 투명하다는 점이 장점이다. 이를 다른 측면에서 보면, 필요에 따라 유연하게 사용할 수 없으므로 단점이 될 수도 있다.

셋째, 사회보험의 보험료와 같은 목적세는 포괄적이고 통합적인 기획이나 예산편성이 어렵다는 점도 단점으로 지적된다. 일반 조세의 경우 사용처가 정해져 있지 않기 때문에, 포괄적이고, 통합적인 기획을 할 수 있다. 하지만 보험료와 같은 목적세는 이미 사용처가 정해져 있기 때문에 행정가의 기획이나 예산편성에서의 자율성을 기대할 수 없다.

넷째, 사회보험의 보험료와 같은 목적세를 재원으로 할 경우에는 사업의 지출 규모와 성격이 욕구의 변화에 따라서가 아니라 거두어진 세입 규모에 따라서 결정될 가능성이 크다(Gilbert & Terrell, 2004). 사회보험의 급여는 대상자의 욕구 수준보다는 정해진 보험료에 의해 결정되는, 즉 재정상황에 의해 결정되는 게 일반적이다. 사회보험의 급여 수준은 대상자의 욕구보다는 재정상황에 대한 고려가 더 우선되고 있는 게 현실이다.

(3) 조세지출(tax expenditure)

① 조세지출의 개념 및 현황

조세지출은 일반 조세를 재원으로 하는 재정지출에 대응하는 조세 보조금으로서 '조

---

4) 상품가격 인상이 역진적이라는 것은 동일한 상품을 소비할 경우, 부자나 빈자나 동일한 가격을 지불하지만, 총소득 대비 상품가격지출액이라는 측면에서 보면, 빈자들이 부자들보다 부담이 더 많아지게 되므로 역진적이라는 것이다.

세의 정상적인 과세체계에서 벗어난 특례규정에 의하여 납세자의 세부담을 경감시킴으로써 발생하는 국가세입의 감소'로 정의된다(재정경제부, 2005). 쉽게 말해서 내어야 할 세금을 면제해 주거나 감면해 주는 것을 조세지출이라고 한다. 조세지출은 티트머스의 사회복지 분류[5]에서 조세복지(fiscal welfare)에 해당한다. 세금 감면이나 세금 면제를 해 주는 구체적인 항목들을 보면, 일정 부분은 사회복지 욕구 있는 사람들을 대상으로 하고 있다. 예를 들어, 교육비에 대한 근로소득 특별공제, 의료비에 대한 근로소득 특별공제, 무주택 근로자에 대한 주택보조금 근로소득 비과세 등은 교육이나 주택, 의료와 관련한 지출을 세금환급을 통해 보전해 주고 있다. 그런 점에서 사회복지 욕구와 관련한 조세지출은 사회복지 프로그램을 통해 현금이나 현물로 급여를 주는 것과 동일한 기능을 한다고 할 수 있다.

　조세지출의 형태를 보면, 직접세에 대한 조세지출과 간접세에 대한 조세지출로 구분할 수 있다(재정경제부, 2005). 직접세에 대한 조세지출의 형태는 소득공제, 비과세, 세액공제, 세액감면, 저율과세 등이 있다. 소득공제는 소득의 일부를 과세해야 할 소득으로 산정하지 않는 것을 말한다. 여기에는 본인, 배우자, 노인, 장애인, 아동에 대한 인적 공제와 근로소득, 보험료, 의료비, 교육비, 주택비 등과 관련한 필요경비적 공제가 있다. 비과세는 특정 소득을 과세대상이 되는 소득에서 제외시켜 주는 것이다. 비과세의 예로서 생산직 근로자의 연장시간근로 · 야간근로 · 휴일근로로 인하여 받는 급여에 대해 세금을 부과하지 않는 것, 개인연금저축에 대한 비과세, 장기주택마련저축에 대한 비과세 등을 들 수 있다. 세액공제는 납부해야 할 세액에서 투자금액이나 지출 금액의 일정 비율 또는 전액을 빼 주는 것을 말한다. 현재 우리나라에서 여기에 해당되는 것은 근로소득 세액공제, 근로자복지증진을 위한 시설투자에 대한 세액공제, 장기증권저축에 대한 세액공제 등이 있다. 세액감면은 납부해야 할 세액에서 일정 비율을 감면해 주는 것이고, 저율과세는 적용해야 할 일반 세율보다 낮은 세율을 적용하는 것을 말한다.

---

5) 티트머스는 국가가 소수의 빈곤자에게 제공하는 사회복지를 협의의 사회복지, 기업이 직원들에게 제공하는 복지를 직업복지(occupational welfare) 그리고 담세능력이 있는 사람들에게만 적용되는 조세감면과 같은 조세복지 등 이 세 가지 사회복지를 포함한 사회복지를 광의의 사회복지라고 정의하였다(김상균, 1999; Titmuss, 1969).

간접세에 대한 조세지출의 형태는 부가가치세 면제 또는 영세율 적용, 특별소비세나 교통세 등의 면제 등이 있다. 장애인 보장구에 대한 부가가치세 영세율 적용, 희귀병 치료제에 대한 부가가치세 면제 등이 예이다.

우리나라의 조세지출 규모는 2022년 현재 63조 5천억 원으로 총 재정지출의 8.5%에 이른다(국회예산정책처, 2023). 사회복지 분야 조세지출이 24.7조 원으로 가장 비중이 크다. 다음이 산업·중소기업·에너지 분야로 23.6조 원, 보건 분야가 11.1조 원으로 세 번째로 많다. 2022년 사회복지성 조세지출 24.7조[6] 원은 국민기초생활보장예산 18조 2천억 원보다도 큰 규모이다(김성욱, 2022).

② 사회복지 재원으로서 조세지출의 특징

첫째, 조세지출은 일반적으로 수혜자가 제한되어 있으며, 조세를 재원으로 하는 예산지출과 대체 가능하다는 점이 특징이다(재정경제부, 2005). 일반 조세를 재원으로 하는 예산지출은 세금을 낸 사람이든 세금을 내지 않은 사람이든 대상이 되지만, 조세지출은 세금을 내지 않은 사람은 혜택을 받을 수 없다는 점에서 다르다. 조세지출의 확대는 결국 세금을 부과해야 할 과세 대상의 축소로 연결되어, 조세의 감소로 결과한다는 점에서 조세지출과 일반 조세는 일정 정도 상호 대체적이다. 이를 사회복지적 관점에서 본다면, 조세지출의 확대는 조세를 재원으로 하는 사회복지 급여에 쓸 수 있는 재원의 감소를 가져온다고 볼 수 있다. 이런 조세지출의 성격이 사회복지적 관점에서 중요한 것은 조세지출과 사회복지 급여 간에는 수혜 대상이 서로 달라 그것의 정책적 효과가 상이할 수 있다는 점이다. 뒤에서 자세히 살펴보겠지만, 조세지출은 주로 중산층 이상에게 혜택이 주어지지만, 조세를 재원으로 하는 일반 사회복지 급여는 대체로 저소득층에

---

6) 국회예산정책처가 분류한 2022년 사회복지 분야 조세지출에는 근로장려금 약 4조 5천억 원, 자녀장려금 약 5천억 원도 포함되어 있다. 근로장려금과 자녀장려금은 환급형 세액공제라 한다. 납부해야 할 소득세액을 공제하는 기존의 세액공제를 넘어 급여액이 납부해야 할 소득세액보다 많을 경우, 차액을 현금으로 지급하는 방식이다(고제이 외, 2014). 이는 기존의 조세지출 유형과는 상이한 형태이다. 그리하여 근로장려금과 자녀장려금과 같은 제도를 조세지출보다는 조세체계를 이용한 소득보장제도로 분류하기도 한다. 이 책에서도 근로장려금과 자녀장려금은 조세체계를 이용한 소득보장제도로 분류할 것이다.

혜택이 많이 간다.

둘째, 조세지출의 특징은 거래비용(transaction cost)을 줄일 수 있어 효율성을 높일 수 있다는 점이다.[7] 일반 조세를 재원으로 하는 사회복지 프로그램의 경우, 세금을 거둬들이고, 대상자를 선정하고, 급여를 제공하기 위한 각종 행정비용이 수반되지만, 조세지출의 경우 그런 비용이 필요하지 않으므로 효율적이다. 이렇게 조세지출은 행정비용이 수반되지 않기 때문에, 정부조직의 확대를 가져오지 않으므로 과대정부 혹은 정부 실패에 대한 비판을 줄일 수 있다는 점도 장점으로 지적된다(김태성, 2007).

셋째, 조세지출은 일반 조세와 달리 관리와 감독을 받지 않는다. 일반 조세를 재원으로 하는 정부의 예산은 국회의 심의를 받아 결정되고, 세출도 국회에 보고하도록 되어 있지만, 조세지출은 다른 기관으로부터 특별한 관리, 감독을 받지 않는다. 그렇기 때문에 투명하지 않으며, 방만하게 운영될 가능성이 높다. 이런 점과 아울러 조세지출은 정부와의 직접적인 거래 없이 세수 손실의 형태로 이루어지는 간접적인 지출이기 때문에, 정확한 규모나 대상이 명백하게 드러나지 않는다(박명호, 전병힐, 2009).

넷째, 조세지출은 민간복지로 하여금 공공성을 갖게 하는 근거를 제공해 주는 역할을 한다. 기업복지나 자발적 기부 등의 민간복지는 완전한 의미의 민간복지가 아니라 할 수 있다(Gilbert & Terrell, 2004). 다시 말하여 기업복지나 자발적 기부 등의 민간복지는 조세지출을 통해 세제상의 혜택을 보고 있다. 이런 점을 고려하면, 기업복지나 자발적 기부 등의 민간복지에 공적인 책임을 요구하고, 그것을 재원으로 하는 사회복지 프로그램에 일정한 규제를 하는 것이 전혀 근거 없는 간섭은 아니라고 볼 수 있다.[8]

다섯째, 조세지출은 일반 조세에 의한 합리적인 자원배분을 왜곡시킬 수 있다. 조세지출의 대상이 되는 세원에서 일반 조세를 거둬들이는 경우, 국가적인 관점에서 자원배분을 할 수 있다. 그런데 기업복지나 자발적 기부에 대한 조세지출은 세금으로 거둬들여야 할 자원을 거둬들이지 않고, 민간에게 그 자원의 배분권을 주는 것이다. 따라서 그

---

7) 거래비용이란 경제 행위를 할 때 거래와 관련하여 수반되는 비용을 말한다. 예컨대 거래와 관련한 협상, 정보 수집 비용, 계약 관련 비용, 계약이 유지되는지 관리, 감시하는 비용 등을 들 수 있다.

8) 가족 간 소득 이전과 같은 비공식 복지도 인적 공제와 경로우대자 추가 공제 등의 세제 혜택을 받고 있다.

러한 자원의 배분은 국가적 필요나 사회적 필요에 의해서가 아니라 개인적 차원 또는 기업적 차원에서 이루어지게 된다. 예컨대, 기업들이 공익재단을 만들어 상속세로 납부할 재원을 공익재단에 출연하여 상속세의 감면혜택을 받을 경우, 조세로 거둬들여 자원배분을 하는 것과는 상이한 자원배분 효과를 가질 것이다.

여섯째, 조세지출은 소득재분배에 역진적인 효과를 갖는다고 지적된다(김동건, 1994; 김태성, 2007). 조세지출의 역진성은 세 가지 측면에서 지적할 수 있다. 먼저 조세지출의 혜택을 받을 수 있는 사람은 납세자로 한정되어, 저소득층은 혜택을 받지 못한다는 점이다. 소득이 전혀 없거나 소득이 적은 저소득층들은 조세지출의 혜택을 전혀 받지 못하거나 아주 적다.

조세지출은 납세자들 내에서도 역진적인 소득재분배 효과를 갖는다. 조세지출은 소득이 많을수록 혜택을 받을 수 있는 항목과 액수가 커지게 된다. 개인 근로소득은 근로소득공제를 받는데, 소득이 많을수록 근로소득공제액이 많아진다. 예를 들어, 근로소득이 1000만 원인 사람은 근로소득공제 혜택이 550만 원인데, 근로소득이 1억 원인 사람은 근로소득공제 혜택이 1475만 원이다.[9]

조세지출이 역진적인 또 다른 이유는 경제개발 관련 조세지출의 역진성이다. 2022년 조세지출 주요 20개 항목을 보면, 통합투자 세액공제, 연구인력개발비에 대한 세액공제, 통합고용세액 공제 등 경제 관련 조세지출도 많이 있다(국회예산정책처, 2023). 경제 관련 조세지출은 주로 기업들에 혜택이 주어지는 것으로, 그 혜택은 상위계층에게 주로 주어진다고 볼 수 있다.

2) 민간 재원

주요한 민간 사회복지 재원은 기부금, 이용자 요금, 기업복지 재원, 비공식 복지의 재

---

9) 근로소득공제율은 소득수준이 낮을수록 높지만, 근로소득공제 총액은 소득이 많을수록 많아진다. 자세한 내용은 국세청의 근로소득 공제 설명을 참조하기 바란다(https://www.nts.go.kr/nts/cm/cntnts/cntntsView.do?mi=6592&cntntsId=7871).

원 등을 들 수 있다. 다음에서는 이러한 민간 사회복지 재원의 현황과 사회복지 재원으로서의 특징을 살펴볼 것이다.

(1) 기부금

① 기부금의 현황

기부금은 개인이나 기업과 같은 법인이 사회복지를 위해 자발적으로 기부한 재원을 말한다. 기부금을 받는 민간 사회복지기관 관점에서는 민간 후원금이라고도 한다. 기부금은 소득의 일부를 기부할 수도 있고, 유산을 기부할 수도 있다. 사회복지 재원으로서 기부금은 복지국가 이전에는 중요한 사회복지 재원이었으나 복지국가가 형성된 이후 그 중요성은 약화되었다. 총 사회복지 재원 중 기부금이 차지하는 비중을 국가별로 보면, 덴마크는 1.2%, 핀란드 1.2%, 프랑스 2.3%, 독일 2.4%, 스웨덴 3.4% 등 유럽 국가의 경우 미미한 수준이지만, 미국은 9.4%에 이를 정도로 비교적 큰 비중을 차지하고 있다 (Adema & Maxime, 2005).

우리나라의 기부금 규모를 보면, [그림 11-1]에서 보는 바와 같이 2021년도 총 기부금

(단위: 조 원)

그림 11-1 국내 기부금 총액

출처: research.beautifulfund.org/13835/

표 11-7 사회복지기관의 유형별 세입 구조(2001년)   (단위: %)

항목	아동복지 시설	노인복지 시설	장애인 복지시설	모자 복지시설	정신요양 시설	부랑인 시설	사회복지관*
사업수입	0.2	0.3	0.1	0.1	0.2	1.0	23.4
보조금	77.1	77.5	86.0	81.2	83.6	88.6	47.4
후원금	6.1	5.1	4.3	5.8	2.4	2.6	7.3
운영체 전입금	12.9	5.5	4.2	6.9	1.1	4.0	9.8
기타	3.7	11.6	5.4	6.0	12.7	3.8	12.1
총계	100.0	100.0	100.0	100.0	100.0	100.0	100.0

*2003년.
출처: 김미숙 외(2003), 이봉주, 김용득, 김문근(2008).

은 15조 6천억 원에 이른다. 개인 기부금이 66%이고, 법인 기부금이 34%이며, 매년 증가 추세에 있다. 이러한 전체 기부금은 종교기관에 대한 기부, 정치인에 대한 기부, 교육기관에 대한 기부 등도 포함되므로, 모두 사회복지 재원으로 사용되는 것은 아니다.

기부금이 중요한 사회복지 재원으로 기능하는 영역은 아동, 청소년, 노인, 장애인 등 사회복지서비스 분야인데, 이 분야에서 활동하는 우리나라 민간 사회복지기관들의 재원 구성을 보면, 아직까지 민간 사회복지기관의 재원에서 기부금은 큰 비중을 차지하지 못한다. 〈표 11-7〉을 보면, 우리나라 민간 사회복지기관의 전체 예산에서 기부금이 차지하는 비율은 2.4%에서 7.3% 수준에 불과하다.

② 사회복지 재원으로서 기부금의 특징

사회복지 재원으로서 기부금은 다음과 같은 특징을 갖고 있다.

첫째, 민간 사회복지기관의 입장에서 보면, 기부금은 다른 어떤 재원보다도 자원운용에서 융통성이 높아 기관의 자율성을 높일 수 있다. 정부가 제공하는 보조금의 경우, 사용과 관련하여 여러 가지 규제가 수반되어 운영하는 데 있어서 기관의 자율성은 크게 제약된다. 하지만 기부금은 서비스 대상자를 직접적으로 지정하여 후원하는 결연 후원금을 제외하고는 용도 지정이나 관리 방법 등에서 엄격성이 약하므로, 기관의 자율성을

높일 수 있다(김영종, 2001).

둘째, 기부금의 재원 성격은 완전한 의미의 민간 사회복지 재원은 아니라고 할 수 있다. 정부는 민간 차원의 기부 활동을 활성화하기 위하여 기부금의 제공자와 기부금을 받는 측 양자 모두에게 세제혜택을 제공한다. 이런 점을 고려하면, 기부금에는 국가 세금이 일정 부분 포함되어 있다고 할 수 있다. 실제로 정부의 조세지출이 기부금 제공에 크게 영향을 미치는 것으로 나타난다. 미국에서 거액을 기부한 사람들의 96%가 세제상의 혜택이 없어진다면, 기부금의 액수를 지금보다 훨씬 더 줄였을 것으로 응답하고 있다(Gilbert & Terrell, 2004). 우리나라의 경우도 2000년도에 소득세법상 기부금에 대한 공제비율을 5%에서 10%로 상향하면서, 개인 기부금이 크게 증가한 것으로 나타나고 있다(손원익, 박태규, 2008).

셋째, 기부금은 국가의 사회복지 재정부담을 보완해 주는 기능을 한다. 민간차원에서 기부금이 활성화되어 민간 복지가 활발해지면, 사회복지와 관련한 국가의 부담은 그만큼 줄어들 수 있다. 이런 점에서 기부금은 국가의 사회복지 재정부담을 보완하는 역할을 한다고 평가할 수 있다. 하지만 기부금과 같은 민간 사회복지의 역할이 국가복지의 보완을 넘어 과도하게 확대될 경우, 국가복지, 재정적으로는 공공 재원의 확대를 저해하는 요인으로 작용할 수도 있다. 기부금을 통한 민간 사회복지가 활성화되어, 한 사회의 사회복지를 주도할 경우, 국가가 사회복지를 확대하는 것에 반대하는 여론이 형성되어, 국가복지의 재원인 조세에 대한 저항이 발생할 수도 있다.

넷째, 기부금은 예측 가능성이 떨어져, 재원의 안정성이 약하다. 기부금은 제공자의 자발적인 의사에 의존해야 하므로, 기부금이 얼마나 모일지 예측하기는 힘들다. 특히 기부금은 경제적 상황 요인의 영향을 받는다. 경제가 어려워 기부자의 소득이 감소하거나 중단되는 경우 기부금 역시 감소하거나 중단될 가능성이 크다. 이처럼 기부금은 모집에서 예측성이 떨어지기 때문에 기부금을 재원으로 한 프로그램의 안정성 역시 떨어질 수밖에 없다. 기부금의 이런 단점으로 인해 기부금은 조직의 주된 자원이 되기 어렵다는 평가를 받는다(김영종, 2001).

다섯째, 기부금은 공공 사회복지 재원과 비교하여 소득재분배 효과가 적다. 이것은 두 가지 측면에서 이야기할 수 있다. 하나는 기부금의 제공이라는 측면에서 볼 수 있는

데, 소득이 많을수록 기부금을 많이 낸다고 볼 수 없다. 실증적인 연구에 의하면 기부자의 소득수준이 기부에 미치는 영향은 명확하지 않다(손원익, 박태규, 2008). 또한 기부금에 대한 세금감면 등을 고려하면, 더욱더 고소득층이 기부금을 더 많이 낸다고 평가하기 어렵다. 다른 하나는 기부금을 재원으로 하는 사회복지 프로그램의 급여 측면이다. 기부금을 재원으로 한 사회복지 급여는 다양한 사회복지 수요를 해결하는 것이 가장 큰 목표이므로, 급여가 반드시 소득이 낮은 사람에게 주어지는 것은 아니다(김태성, 2007). 미국을 대상으로 한 연구에 의하면, 정부 재원을 바탕으로 한 사회복지서비스의 57%는 가장 빈곤한 계층에게 주어지는 데 반해, 기부금을 재원으로 한 서비스들은 25%만이 이들에게 주어진다고 한다(김태성, 2007).

(2) 이용료(user fee)

① 이용료의 현황

이용료는 사회복지서비스를 이용하는 사람들이 서비스 이용에 대한 대가로 서비스 제공기관에 지불하는 비용을 가리킨다. 이용료의 대표적인 예는 병원이나 약국 등 의료서비스를 이용할 때 환자가 내는 본인부담금이다. 국민이 병원이나 약국에서 의료서비스를 이용할 때, 서비스 비용은 국민건강보험에서 일정 비율이 지급되고, 나머지는 환자 본인이 지불해야 하는데, 환자 본인이 지불하는 의료서비스 비용이 바로 이용료이다. 이 외에도 영구임대아파트의 임대료, 사회복지관의 특정 사회복지서비스를 이용할 때 이용자가 지불하는 요금, 유료 노인요양시설을 이용할 때 이용자가 지불하는 요금 등이 모두 이용료이다.

이용료는 신보수주의 정권이 등장한 1980년대 이후 확대되었다. 영국의 NHS는 무료로 이용하는 의료보장체계로 알려져 있는데, 사실은 환자 본인이 비용의 일부를 부담한다. 1979년의 경우 환자 본인 부담금은 NHS 전체 재원의 2.2%이었는데, 대처(Thatcher) 정부가 등장한 이후인 1983~1984년에는 3.0%로 증가하였다. 구체적으로 처방료의 환자 부담금이 1979년 0.2£에서 1985년 2£로, 치과서비스도 환자 부담률이 19.7%에서 1984년 27.7%로 증가하였다(현외성 외, 1992). 이렇게 복지국가 위기 이후 신보수주의

정권이 등장하며, 사회복지의 민영화라는 맥락에서 이용료가 증가하였다.

이용료는 사회복지 재원 중 가장 시장기제의 원리에 입각한 재원이다. 이용료의 비중은 재화나 서비스의 성격이 사유재의 성격이 강할수록, 달리 표현하면 공공재적 성격이 약할수록 높다. 사회복지에서 공공재적 성격이 강한 최저생활보장과 관련된 사회복지 재화 및 서비스의 경우 이용료를 부과하는 경우는 거의 없다. 하지만 최저생활 이상과 관련된 사회복지 재화나 서비스는 이용료를 부과하는 경우가 많다.

사회복지의 영역별로 보면 주택과 개별사회복지서비스 영역이 전체 재원에서 이용료 비중이 높다. 주택의 경우 최저주거 생활 보장과 관련된 영구임대아파트만이 비교적 낮은 임대료가 부과되고, 그 이상의 주택들은 모두 시장가격대로 임대료가 부과된다. 개별사회복지서비스 영역의 경우도 빈곤계층에 대해서만 이용료가 부과되지 않거나 적게 부과되고, 다른 이용자의 경우 일정 정도의 이용료를 내고 있다.

그렇다면 사회복지 재원으로서 이용료의 규모는 어느 정도 되는가? 한 사회에서 이용료의 규모 추정은 대단히 어려워, 신뢰할 만한 추정 자료가 거의 없다. 단지 우리나라 사회복지에서 이용료가 재원으로 비교적 중요한 민간 사회복지기관들의 세입 구조를 통해 간접적으로 살펴볼 수 있을 뿐이다. 서비스 이용자가 시설에서 기거를 하는 생활시설의 경우 전체 예산에서 이용료가 차지하는 비중은 1%도 안 될 정도로 미미하다(김미숙 외, 2003). 이용시설의 경우도 전체 예산에서 이용료가 차지하는 비중은 크지 않다. 2022년 전국장애인복지관의 예산 현황을 보면, 이용료가 포함된 사업수업은 전체 예산의 17.3%에 불과하다(한국장애인복지관협회, 2023). 사업 수입에는 이용료 외에 다른 사업을 통한 수입도 포함된다는 점을 고려하면, 순수한 이용료의 비중은 이보다 더 적을 것이다.

② 사회복지 재원으로서 이용료의 특징

첫째, 재원으로서 이용료는 서비스 이용자들의 자존감과 자조의 가치를 높일 수 있다. 자본주의 사회에서 가장 강조되는 가치 중의 하나가 자조이다. 자조는 남의 도움을 받지 않고 스스로의 힘으로 살아가는 것을 말한다. 사회복지서비스를 무료로 이용하는 것은 곧 타인의 도움을 받는 것으로 인식되게 되어 치욕감이나 떳떳하지 못하다는 느낌을 갖는다. 반면에 서비스를 이용하고 이용료를 지불하는 경우, 이러한 치욕감을 느끼지 않으며, 자조의식을 갖게 되고 결과적으로 자존감을 높일 수 있다. 이용료가 갖는 이런 특징을 살려서 어떤 무료 급식소에서는 노숙자에게 식사를 제공하며 100원을 받는 경우도 있다.

둘째, 이용료는 사회복지서비스의 질을 향상시킬 수 있다. 어떤 서비스를 무료로 이용할 경우, 이용자가 서비스와 관련한 불만이나 개선요구를 하기가 쉽지 않다. 하지만 서비스의 이용료를 지불할 경우, 이용자는 서비스에 대한 권리의식을 갖게 되어, 서비스의 질이나 형태 등에 관심이 높아지고, 개선요구를 보다 쉽게 할 수 있다. 또한 서비스를 제공하는 기관의 입장에서도 기관의 주요 재원을 제공하는 사람이 곧 서비스의 이용자이므로, 기관의 제반 활동을 이용자의 욕구에 맞추게 된다. 이런 특성으로 인해 이용료 부과가 서비스의 질을 향상시킬 수 있다.

셋째, 이용료는 서비스 이용자로 하여금 서비스의 남용을 억제하는 등 도덕적 해이를 방지하는 효과가 있다. 우리 속담에 '공짜라면 양잿물도 마신다'는 말이 있듯이 서비스가 무료로 제공될 경우 필요 이상으로 서비스를 이용하는 등 남용 문제가 나타나기 쉽다. 하지만 서비스의 이용료를 받는 경우, 서비스를 많이 이용하면 할수록, 이용자의 경제적 부담이 늘어나게 되어, 서비스의 남용을 억제하게 된다. 이용료가 갖는 이런 특성을 활용한 정책의 예로 국민건강보험에서 소액 진료에 대한 환자 본인부담금을 인상한 조치를 들 수 있다. 국민건강보험의 환자 본인부담금이 낮기 때문에, 조금만 아프면 병원을 이용하거나 또는 동일한 질병에 걸려서 이 병원, 저 병원 의료쇼핑을 하는 문제가 발생하기도 하였다. 이러한 의료서비스의 남용을 막기 위한 정책적 수단으로 소액 진료에 대해 본인부담료를 인상한 것이다.[10]

넷째, 이용료는 정부의 재정부담을 완화하는 효과가 있다. 사회복지서비스에 대한 이용료 부과 또는 인상은 사회복지와 관련한 재정부담을 민간에게 그만큼 부담시키는 것

---

10) 2007년 8월부터 의원의 경우 진료비 15,000원 이하, 약국은 10,000원 이하인 소액 진료에 대해 본인부담을 기존 각각 3,000원, 1,500원에서 총 진료비의 30%인 본인부담 정률제를 도입함으로서 사실상 소액진료에 대한 본인부담금을 인상하였다.

이다. 사회복지 총 재원이 일정한 상태에서 민간의 재정부담이 늘어나면, 이는 곧 국가의 재정부담이 줄어드는 것이다. 사회복지 민영화의 한 형태로 서비스에 대한 이용료 부과 또는 인상은 사회복지에 대한 국가의 재정부담을 줄이고자 하는 의도도 있다 (Bendick, 1989).

이처럼 사회복지 재원으로서 이용료는 여러 가지 장점과 특징을 가지고 있다. 하지만 이용료는 다음과 같은 몇 가지 한계도 갖고 있다. 우선 지적되는 것은 소득재분배에 역진적이라는 점이다. 이용료는 소비세와 마찬가지로 이용자의 소득수준과 무관하게 같은 액수가 일반적으로 부과된다. 그런 점에서 총소득 대비 이용료로 본다면, 소득수준이 낮은 사람일수록 이용료가 소득에서 차지하는 비중이 높다. 그러므로 이용료는 역진적인 소득재분배 효과를 낳는다. 이용료의 이런 한계를 완화하기 위하여 일정 소득수준 이하의 이용자에게는 이용료를 부과하지 않거나 또는 더 적은 금액의 이용료를 부과하기도 한다.

이용료의 또 다른 문제는 저소득층의 서비스 접근성을 떨어뜨린다는 점이다. 저소득층에게는 적은 액수의 이용료라도 경제적으로 부담이 될 수 있다. 그런 점에서 이용료 부과는 저소득층의 서비스 이용을 제한할 수 있다. 이용료의 이런 한계가 특히 문제가 되는 것은 생존이나 생활과 관련하여 꼭 필요한 서비스일 경우 이용료 부과가 저소득층의 서비스 접근을 막아, 저소득층의 생존이나 생활을 위협하거나 악화시킬 수 있다는 점이다. 이용료의 이런 한계를 근거로 하여 사회복지 관련 시민단체들은 2007년 국민건강보험의 소액진료에 대한 본인부담금 인상을 반대하기도 하였다.

(3) 기업복지

① 기업복지의 개념과 현황

기업복지는 기업이 피용자를 대상으로 임금과 법정 복지 이외의 사회복지성 급여를 제공하는 것을 말한다. 기업복지의 개념을 보다 구체적으로 살펴보면, 기업복지의 대상은 그 기업에 속한 피고용인이며, 재정부담은 기업이 전부 또는 일부를 부담해야 한다. 또한 기업복지는 사회보험, 장애인고용촉진부담금과 같은 법정 복지비용은 포함되지 않으며, 임금의 형태로 제공되는 급여도 기업복지에 포함되지 않는다. 기업복지는 기업의 자발성에 의해 크게 좌우되지만, 퇴직금 또는 퇴직연금과 같이 법적으로 강제되는 형태를 띠기도 한다.[11]

기업복지의 구체적인 형태는 매우 다양하다. 소득보장 형태의 기업복지로는 기업연금(우리나라의 경우 퇴직연금)이나 퇴직금이 있으며, 의료보장 형태로는 민간 의료보험의 보험료 지원 또는 의료비 지원 형태가 있다. 또한 주거보장 형태로는 사내근로자주택 제공, 교육보장 형태로는 피고용자 또는 자녀의 학비 지원이 있으며, 그 외의 서비스 형태로 통근버스 운영, 보육시설 운영 또는 보육비 지원, 식사 제공, 자기개발비용 지급 등 다양하다.

일반적으로 기업복지도 공공복지가 발달할수록 그 중요성이나 비중은 상대적으로 떨어진다. 실제로 공공복지가 발달한 서유럽 국가들과 공공복지가 상대적으로 저발달한 미국을 비교해 보면, 서유럽 국가들의 경우 기업복지의 비중이 작지만 미국은 서유럽 국가들보다 기업복지의 비중이 훨씬 크다. 그 이유는 미국의 경우 서유럽 국가에서 공공복지가 부담하는 부분을 기업복지가 대신하고 있기 때문이다. 예컨대, 서유럽 국가들은 의료보장을 공적인 의료보험이나 NHS와 같은 무료 의료보장제도를 통해 하고 있으나 미국은 노인이나 저소득층을 제외한 사람들의 경우 공적 의료보장제도가 없어, 민간 의료보험에 가입해야 하는데, 이를 기업이 부담하고 있다.

그러면 우리나라의 기업복지는 어떠한가? 한 연구에 의하면(김진욱, 2005), 우리나라 기업복지 규모는 2000년 현재 법정 퇴직금, 유급 산전후휴가급여, 유급 질병휴가급여 등 법정 기업복지비가 약 18조 원, 자발적 기업복지비가 약 10조 8천억 원 등 총합이 28조 9천억 원으로 GDP의 5.5%에 달하는 것으로 추산된다. 같은 해 국가복지의 규모가 GDP의 6.1%로 추산된다는 점을 고려하면, 기업복지의 규모는 국가복지 규모와 비슷할 정도로 크다.

---

11) 기업복지의 범위와 관련하여서는 상당히 논란이 된다. 이와 관련하여서는 김정한, 박찬임, 오학수(2004)를 참조할 것.

② 사회복지 재원으로서 기업복지의 특징

사회복지 재원으로서 기업복지가 갖는 특징은 기업, 근로자, 국가의 측면에서 살펴볼 수 있다. 첫째, 기업의 입장에서 보면, 기업복지는 피고용자에게 임금을 높여 주는 것보다 기업복지 형태로 지급하는 것이 조세부담의 측면에서 유리하다(김태성, 2007). 노동비용이라는 측면에서 보면, 기업복지와 임금은 상호대체적 관계이다. 즉, 기업의 입장에서는 임금을 올려 주는 것이나 기업복지를 확대하는 것이나 동일한 노동비용이다. 그런데 기업은 피용자에게 임금을 올려 주는 것보다 기업복지를 확대하는 것이 더 유리하다. 왜냐하면 임금을 인상할 경우, 임금에 비례하여 부과되는 사회보험의 보험료에서 사용자 부담 부분이 늘어나기 때문이다. 하지만 기업복지를 확대하는 경우에는 임금 인상 시 발생하는 사회보험 보험료의 증가와 같은 추가적인 부담이 없다. 기업복지는 여러 가지 세제상의 혜택을 받을 수 있어, 기업의 세금부담을 줄일 수 있다.

둘째, 기업복지는 노동력의 안정적인 확보와 유지에도 기여한다. 동일한 노동 조건이라면, 근로자들은 기업복지가 잘 되어 있는 기업을 선택하려 한다는 점에서 기업복지는 노동력의 안정적인 확보에 기여할 수 있다. 기업복지는 공공복지와 달리 기업의 노무관리 차원에서 활용할 수 있으므로, 우수한 인력이나 장기 근속자에게 혜택을 더 많이 주어, 우수한 근로자의 이직을 줄이는 기능을 수행할 수 있다.

셋째, 기업복지는 노사관계의 안정화 기능을 수행하는 등 노무관리적인 역할을 한다. 기업복지는 근로자들로 하여금 기업에 대한 신뢰감, 일체감을 높여 노사관계를 안정화시키는 역할을 하기도 한다(김정한, 박찬임, 오학수, 2004).

넷째, 기업복지는 근로자로 하여금 근로의욕을 고취하여 생산성을 향상시키는 효과를 기대할 수 있다. 기업복지를 통해 근로자에게 임금 이외의 다양한 복지혜택을 제공하는 것은 근로자로 하여금 기업에 대한 헌신성을 높이고, 근로의욕을 고취함으로써 생산성 향상을 기대할 수 있다. 기업들을 대상으로 기업복지를 제공하는 이유를 조사한 연구에 의하면, 기업들이 기업복지를 제공하는 가장 큰 이유가 '근로의욕 고취' '생산성 향상'으로 나타난다(한국노동연구원, 2003).

다섯째, 기업복지는 기업에 대한 사회적 이미지를 제고하는 기능도 한다. 특정 기업이 근로자들을 위한 다양한 기업복지 혜택을 제공하는 경우, 국민은 그 기업이 근로자에게 많은 혜택을 제공하는 우수한 기업이라는 인식을 가질 수 있다.

이처럼 기업복지는 기업복지를 제공하는 기업에게도 여러 가지 이점이 있다. 기업복지의 이점은 기업뿐만 아니라 그 기업에 속한 근로자들에게도 있다. 기업복지로부터 근로자들이 얻는 이득은 우선 실질 소득이 증가한다. 근로자들에게 의료비를 지원하거나 사택을 제공하는 등과 같이 근로자의 입장에서 보면 기업복지는 근로자들이 지출해야 할 비용을 기업이 대신해 제공해 주는 것이므로, 근로자들에게는 실질 소득이 향상되는 효과를 갖는다. 물론 기업복지가 근로자의 임금 인상을 대체하는 것이라면, 이러한 효과는 나타나지 않는다.

기업복지가 임금을 대체하여 제공되는 경우 근로자는 세금감면 혜택을 받을 수 있다. 다시 말하여 근로자가 기업복지 대신 임금으로 받으면, 소득세 등 세금이 늘어나, 증가한 임금만큼 소득이 늘어나는 것은 아니다. 하지만 기업복지로 받으면, 명목소득이 증가하는 것이 아니기 때문에 추가적인 세금 부담이 늘어나지는 않는다. 그런 점에서 근로자의 입장에서 보면 임금 인상보다 기업복지 확대가 더 유리할 수 있다.[12]

국가의 입장에서 기업복지는 공공복지를 보완하는 기능을 수행한다. 기업복지가 확대되면, 그 부분만큼 국가의 복지 부담은 줄어든다고 볼 수 있다. 특히 기업복지가 대기업 집단에 소속된 근로자들에게 주로 주어진다는 점에서 그와 관련된 국가의 복지 부담을 줄여 줄 수 있다. 그런 점에서 국가의 입장에서 보면, 기업복지는 국가의 복지 부담을 줄여 주는 등 공공복지를 보완하는 기능을 수행한다고 할 수 있다.

이처럼 기업복지는 여러 가지 장점을 갖고 있지만, 한계도 있다. 기업복지의 한계로 가장 크게 지적되는 것이 소득재분배에 역진적이라는 점이다. 기업복지의 역진성은 두 가지 측면에서 살펴볼 수 있다. 하나는 기업복지의 혜택이 상대적으로 소득이 높은 대기업의 근로자일수록 많다는 점이다. 즉, 고임금 근로자가 저임금 근로자보다 오히려 기업복지의 혜택이 많다. 우리나라의 기업복지를 실증적으로 조사한 연구에 의하면, 중

---

12) 기업복지와 임금은 일정 정도 성격이 다르다. 임금은 근로자 개인의 생산성 등 개인의 업적에 기반하여 제공되지만, 기업복지는 근로자 전체를 대상으로 제공하는 집단적 보상의 성격을 갖는다는 점에서 차이가 있다(김정한, 박찬임, 오학수, 2004).

소기업보다 대기업이 기업복지를 훨씬 많이 제공하고 있다(김정한, 박찬임, 오학수, 2004). 주거와 관련 법정 외 복지를 시행하는 중소기업은 23.8%인데, 대기업은 45.1%, 민간 보험료 지원을 하는 중소기업은 18.0%인데 대기업은 31.6%이다. 중소기업과 대기업의 연간 근로자 1인당 법정 외 복지비용을 비교해 보면, 2000년도 중소기업은 107만 원인데, 대기업은 165만 원으로 나타나 대기업이 약 1.5배나 높다. 이처럼 임금이 높은 대기업이 임금이 낮은 중소기업보다 기업복지의 혜택이 더 크다.

다른 하나는 기업복지에 사용하는 재원은 기업의 비용으로 처리하든가 또는 조세감면 혜택을 받아 세금을 내지 않거나 세금을 덜 낸다는 점이다. 어떻게 보면, 기업복지는 완전히 기업의 재원에 의해 운영되는 것은 아니라 할 수 있다. 기업복지에 제공된 조세감면 혜택 대신에 이를 세금으로 거두어 저소득층을 대상으로 사회복지 급여를 제공해 준다면, 소득재분배의 측면에서는 훨씬 긍정적인 효과를 거둘 수 있을 것이다.

(4) 비공식 복지

① 비공식 복지의 개념과 현황
비공식 복지는 가족이나 이웃, 친구 등 주로 아는 사람들끼리 비공식적인 형태로 이루어지는 복지활동을 말한다. 비공식 복지의 형태는 우리 사회에서 흔히 볼 수 있는 장성한 자녀들이 노인이 된 부모들에게 용돈이나 생활비를 제공하는 사적 소득 이전(private income transfer)과 같은 현금형태도 있고, 치매나 만성질환과 같이 병에 걸려 혼자서 거동하지 못하는 가족들을 돌보는 서비스 형태도 있다(손병돈, 2021).

비공식 복지는 인류가 태동한 이래 계속 존재하여 왔다. 아마도 복지국가가 형성되기 이전까지 복지에서 가장 중요한 역할을 해 온 것이 가족, 친척, 이웃들에 의한 비공식 복지일 것이다. 비공식 복지는 공공복지의 확대와 개인주의 가치가 확산되며, 서구 선진국에서는 크게 약화되었다. 〈표 11-8〉에서 보듯이, 복지국가들은 노인가구주 소득에서 사적 이전 소득이 차지하는 비율은 1%도 안 된다(가처분소득 기준). 그러나 공공복지가 저발달한 중남미 국가나 가족주의 문화가 강한 동아시아 사회의 경우 아직도 비공식 복지는 그 사회에서 중요한 사회복지 자원이다. 〈표 11-8〉을 보면, 한국이나 대

표 11-8 노인가구주 가구의 특정 가구소득별 대비 사적 이전 소득 비중 국가 간 비교 　　(단위: %)

국가	년도	사적 이전 소득/ 시장 소득	사적 이전 소득/ 총소득	사적 이전 소득/ 가처분 소득
대만	2013	57.36	38.37	42.18
한국	2014	31.27	17.04	17.63
페루	2013	22.55	18.19	18.23
콜롬비아	2013	18.99	14.84	16.49
파나마	2013	21.46	11.27	11.35
폴란드	2013	22.28	2.58	2.64
남아프리카공화국	2012	6.19	1.89	1.90
이스라엘	2012	3.93	1.30	1.39
그리스	2010	4.20	0.92	1.04
스페인	2013	2.40	0.89	0.90
룩셈부르크	2013	2.27	0.81	0.87
에스토니아	2010	3.19	0.48	0.49
호주	2010	2.20	0.38	0.38
독일	2010	0.88	0.37	0.38
덴마크	2010	2.72	0.26	0.35
미국	2013	0.89	0.31	0.33
브라질	2013	0.67	0.27	0.27
네덜란드	2010	1.35	0.20	0.24
캐나다	2010	0.67	0.18	0.19
영국	2013	0.70	0.18	0.18
슬로바키아	2010	1.25	0.17	0.17
아이슬란드	2010	0.39	0.10	0.11
일본	2008	0.18	0.07	0.08
핀란드	2013	0.99	0.04	0.04
아일랜드	2010	1.05	0.04	0.04

*LIS 데이터 분석결과임. 한국은 2015가계금융복지조사 자료임.

출처: 최현수 외(2016).

만, 페루, 콜롬비아 등은 노인가구주 가구소득에서 사적 이전 소득이 차지하는 비율은 16~40% 수준이다.

② 사회복지 재원으로서 비공식 복지의 특징

사회복지 재원으로서 비공식 복지는 공공복지 재원에서 나타나는 여러 가지 부작용들이 나타나지 않는다(Pollack, 1994). 조세는 강제적으로 재분배를 하기 때문에, 노동동기의 저하나 지하경제의 확대 등과 같은 여러 가지 왜곡된 행태가 나타나며, 과잉공급의 가능성이 있다. 하지만 비공식 복지는 자발적인 재분배이므로 조세부과에서 나타나는 그런 부작용이 발생하지 않으며, 대상자의 욕구를 정확히 파악하고 있기 때문에 과잉공급의 우려도 없다.

비공식 복지는 행정비용이나 모니터링(monitoring) 및 욕구 사정에서 공공복지보다 유리하다. 공공복지는 대상자의 선정 및 급여를 제공하는 데 행정비용이 수반되고, 프로그램의 관리, 감독과 관련된 모니터링 비용이 든다. 또한 꼭 필요한 대상자를 선별하는 데 있어서 어려움을 겪는다. 하지만 비공식 복지는 잘 아는 사람끼리 이루어지기 때문에, 도움을 필요로 하는 사람들이 현재 어떤 욕구가 있으며, 자산상황은 어떠한지를 잘 알기 때문에, 공공복지와 같은 행정비용이나 모니터링이 필요하지 않으며, 욕구를 평가하는 데 있어서도 특별한 어려움이 없다(손병돈, 2021).

이 외에 비공식 복지는 제공하는 서비스 외에도 정서적, 심리적 지지 효과도 거둘 수 있다. 사람들은 가족과 같은 친밀하고, 혈연으로 맺어진 사람들로부터 사적 소득 이전을 받을 때, 경제적 욕구 충족뿐만 아니라 정서적인 또는 심리적인 만족감 내지 충족감도 얻을 수 있다. 예를 들어, 부모가 자녀로부터 생활비를 받을 경우, 빈곤을 해결하면서 동시에 자기 자녀의 효심을 확인함으로써 정서적인 만족감도 얻을 수 있다.

이처럼 비공식 복지는 여러 가지 특징을 갖고 있는 반면, 여러 가지 한계를 갖고 있다. 첫째, 비공식 복지는 소득재분배라는 측면에서 보면, 역진적이거나 최소한 극빈층은 그다지 혜택을 받지 못한다는 것이다(손병돈, 2021). 비공식 복지의 특성은 가족이나 친척, 이웃 등 친밀한 사람들 간에 주고받는다는 점이다. 빈곤한 사람들의 경우 친밀한 사람들도 경제적으로 여유 있는 사람들이 별로 없다. 따라서 빈곤층 특히 극빈층의 경우 비공식 복지의 혜택을 거의 받지 못한다(손병돈, 1999). 우리나라 노인들을 대상으로 한 실증적인 분석을 보면, 사적 소득 이전으로부터 가장 많은 혜택을 받는 것은 중간층 노인으로 나타난다(손병돈, 1998).

둘째, 비공식 복지는 지속성과 안정성이 떨어진다. 비공식 복지는 개인의 자발성에 기초하여 이루어진다. 따라서 비공식 복지는 제공하는 사람의 경제적 상황이 변할 경우 언제든지 축소 내지 중단될 수 있다. 자녀들이 늙은 부모에게 생활비나 용돈을 드릴 때, 일차적인 자기 가족의 생활을 유지한 후 제공한다. 그런데 실직 또는 사업의 실패 등과 같이 경제적으로 어려움을 겪을 경우, 자신의 생활 유지조차 불가능하게 된다. 그런 상황에서 부모에게 경제적 도움을 제공하는 자녀들은 아마도 많지 않을 것이다.

셋째, 비공식 복지도 정서적, 심리적인 불편을 줄 수 있다. 오늘날과 같이 개인주의가 강하고, 핵가족 중심으로 생활이 이루어지는 상황에서 늙은 부모들이 자녀들로부터 경제적 도움을 받는 것이 꼭 편하지 않을 수도 있다. 어떻게 보면, 이처럼 친밀한 사람으로부터 도움을 받는 것보다 공공부조나 사회복지기관과 같이 공식적인 제도나 조직으로부터 도움을 받는 것이 심리적으로 더 편할 수도 있다. 가깝다는 이유로 또는 편하다는 이유로 가족에게 경제적, 물리적 부담을 지우는 비공식 복지가 공정한가라는 의문이 제기되기도 한다(Pollack, 1994).

생각해 볼 문제

1. 사회복지 공공 재원의 재원별 특징을 생각해 보자.

2. 사회복지 민간 재원의 재원별 특징을 생각해 보자.

3. 우리나라 노후소득보장을 기초연금제도를 중심으로 구축하는 방안과 국민연금제도를 중심으로 구축하는 방안의 효과 차이를 재원의 측면에서 생각해 보자.

4. 사회복지 프로그램을 구성할 때, 이용자에게 이용료를 부과한다면, 이용자에게 어떤 영향을 미칠지 생각해 보자.

5. 사회복지성 조세지출을 확대하는 것과 조세를 재원으로 하는 사회복지사업을 확대하는 것이 어떤 차이가 있을지 생각해 보자.

제**12**장

사회복지정책의 평가

사회복지정책은 특정한 목표를 이루기 위해서 채택되고 집행된다. 따라서 사회복지정책이 기대한 목표를 이루었는지는 가장 중요한 관심사가 되고 정책 평가가 필수적인 활동으로 등장한다. 사회복지프로그램의 평가는 미국의 경우 1960년대부터 본격화되었다. 1980년대에 들어서는 사회복지활동이 재정을 지출한 만큼의 성과를 거두었는지에 대해 의문을 제기하는 책임성(accountability) 문제가 쟁점으로 등장하면서 정책 평가는 더 중요성을 띠게 된다. 특히 여기에서 평가의 대상은 정책 산물(outcome)을 대상으로 한다는 점에 주목해야 한다. 사회복지정책의 수혜를 받은 대상자가 어느 정도의 규모가 되고 이들이 어느 정도의 혜택을 받았는지는 정책 산출(output)에 관한 것으로서 수혜를 받은 대상자가 실제 정책에 의도한 결과에 이르렀는지를 말하는 정책 산물과 차이가 있다. 예를 들어, 의료서비스를 받은 환자의 규모를 넘어서 의료서비스를 받아 질병을 치유한 환자의 규모가 중요한 것이다.

이 장에서는 정책 결정자가 채택하여 집행된 사회복지정책이 기대한 목표를 달성했는지를 평가하는 정책 평가에 대해 소개한다. 정책 분석을 통해 정책 제안을 할 때에는 제안하는 정책이 다루는 사회문제를 해결하는 데 효과를 낼 것이라는 기대가 존재한다. 이제 정책이 채택되어 성과를 내기에 충분한 시간 동안 집행되면 이렇게 집행된 정책이 정책 제안 시에 의도했던 대로 효과를 거두었는지에 대한 평가가 필요하다. 정책 평가를 통해서 정책이 과연 애초에 기대한 효과를 거뒀는지 그리고 만약에 일정한 문제가 있다면 어떤 부분에서 문제가 생겼는지 등에 대한 엄밀한 사정이 이루어진다. 정책이 기대한 목표를 달성하였다고 평가되면 정책이 지속되거나 확대될 것이다. 만약에 정책의 효과에 대해 부정적으로 평가가 이루어진다면 정책 결정자는 해당 정책을 폐기할지 혹은 발견된 문제를 개선할 수 있는지에 대해 검토할 것이다. 이 장에서는 정책 의제 설정, 정책 채택과 정책 집행 등의 정책 과정에서 마지막 단계에 이루어지는 정책 평가에 대해서 검토한다.

1. 정책 효과 평가

정책 평가의 목적은 다양하다. 일차적으로는 정책의 개선을 위해서, 혹은 정책의 지속에 대한 정책 결정의 근거로 활용하기 위해 정책 평가가 이루어진다. 이 중 프로그램 집행의 담당자가 프로그램을 개선하도록 도움을 주기 위해서 이루어지는 형성 평가(formative evaluation)는 정책의 운영이나 전달체계, 수급자의 이용 상황 등에 평가의 초점을 둔다. 프로그램의 지속 여부나 개편, 확대를 결정하기 위해 이루어지는 총괄 평가(summative evaluation)는 정책 성과에 대한 최종적인 판단을 내린다. 이러한 평가 외에도 사회과학적 지식에 기여하기 위한 학술적인 목적으로 이루어지는 정책 평가도 있다. 여기에서는 총괄 평가를 중심으로 살펴본다.

집행된 정책에 대해 평가한다고 할 때 그 평가의 대상은 다양하다. 정책 설계 시에 욕구 사정(needs assessment)이 적절했는지, 즉 정책에서 다루는 문제에 대한 진단이 잘 되었는지에 대해 평가할 수 있고, 정책의 설계가 문제를 해결할 수 있는 방향으로 이루어졌는지에 평가가 필요하기도 하다. 또 정책의 집행이 계획대로 이루어졌는지를 보는 정책 집행 과정에 대한 평가도 있다. 그러나 우리가 정책을 평가하는 최종적인 목표는 해당 정책이 의도한 효과를 달성했는지를 파악하는 데에 있고, 이러한 정책 평가를 효과 평가(impact assessment)라고 한다(Rossi, Lipsey, & Henry, 2019).

정책 효과 평가는 정책이 채택되어 집행된 후에 이루어지는 게 일반적이지만 때로는 정책의 도입 시기에 정책 평가를 하기도 한다. 정책을 실시하는 데에 상당히 큰 자원이 요구되고 그 영향도 매우 클 것으로 예상되지만 지금 설계한 정책이 예상대로 기능을 할지에 대한 의문이 있을 때에는 정책 설계의 과정에서 시범 사업(demonstration project)을 통한 정책 평가를 하기도 한다. 시범 사업을 실시한 후 그 효과를 평가하여 프로그램이 의도한 대로 효과를 낼 것이라 판단되면 프로그램의 전면 실시를 하는 과정을 밟게 된다. 정책의 집행이 이루어진 후가 아니라 정책 설계 당시에 작은 규모의 평가를 하는 것이다. 또 이미 상당 기간 집행되고 있는 정책에 대해서 주기적으로 평가를 하는 경우도 있다. 미국의 Head Start 프로그램은 연방정부 차원에서 전국적으로 실시하는 프로그램으로 일정한 주기마다 프로그램 평가를 하면서 정책의 지속과 확대 결정의 근거자료로 활용한다.

정책 평가를 할 때에는 효과 평가를 하기 전에 평가 가능성 사정(evaluability assessment)을 하는 것이 필요하다. 해당 정책이 평가할 만한 요건을 갖추었는지를 평가하는 것이다. 평가 가능성 평가에서는, 첫째, 프로그램이 기대한 효과를 거둘 것이라는 이론적, 논리적인 근거에 따라서 설계되었는지를 검토한다(Rossi, Lipsey, & Henry, 2019). 예를 들면, 비행 청소년의 적응을 돕는 프로그램을 평가할 때 해당 프로그램이 청소년 비행과 관련된 사회과학의 이론에 충분히 근거를 두고 설계되었는지를 평가한다. 이렇게 프로그램이 최종 산물(outcome)에 영향을 미치는 것으로 설정한 이론을 논리 모형(logic model)이라고 하는데, 평가 가능성 평가에서는 프로그램 작동에 내재된 논리가 이론적인 근거에 따라 이루어졌는지를 보는 것이다. 만약에 집행된 프로그램이 다루는 문제에 대한 과학적 이론에 근거하여 설계된 프로그램이 아니라면 많은 자원을 투여하여 본격적인 평가를 수행할 필요가 없을 것이다. 평가를 통해 긍정적인 결과가 나왔다고 하더라도 그러한 결과는 우연히 나타났을 가능성이 크기 때문이다.

평가 가능성 평가에서는, 둘째, 적정한 이론적인 근거에 따라서 설계된 프로그램이 계획대로 집행이 되었는지를 볼 필요가 있다. 잘 설계된 프로그램이라고 할지라도 프로그램이 제안된 의도와 다르게 집행되었다면 많은 자원을 들여서 평가를 수행할 이유가 없다. 취지와 다르게 집행이 된 프로그램에 대해서 정책 효과를 기대할 수 없기 때문이다. 이렇게 평가하고자 하는 정책이 과학적인 이론에 근거해서 설계되었고, 취지에 맞게 적정하게 집행되었다면 평가 가능성 기준이 충족된다.

정책 평가라고 하면 우리는 어떤 프로그램을 설계하고 집행한 이후에 집행한 프로그램이 효과를 가졌는지를 사후적으로 평가하는 것을 염두에 둔다. 이렇게 프로그램이 집행된 다음에 회고적으로 그 효과를 평가하는 것을 사후적 평가(ex post assessment)라고 한다. 이와 달리 프로그램의 본격적인 집행을 앞두고 미리 기대 효과를 평가하는 사전적 평가(ex ante assessment)를 수행하는 경우도 있다(Rossi, Lipsey, & Henry, 2019). 앞 장들에서 살펴본 정책 분석 단계에서 하나의 정책을 추천하는 것은 여러 가지 정책 대안에 대해 암묵적인 평가를 수행한 결과로 볼 수 있다. 예를 들면, 아동학대 문제를 해결하는 여러 정책 대안 중에서 최선의 정책을 선택하는 것은 그 대안들에 대한 평가 없이는 불가능하다. 이때의 평가는 정책을 집행한 이후의 회고적인 평가가 아니고, 정책의 결과를 전망하면서 내리는 예상적인 평가이다.

사후적인 평가는 효능성 평가(efficacy evaluation)와 효과성 평가(effectiveness evaluation)의 두 가지로 나눌 수 있다. 효능성 평가는 프로그램의 개발자들이 해당 개입이 성과를 거둘 가능성이 있는지를 보기 위해서 잘 훈련된 인력을 이용하여 실험실과 유사하게 잘 통제된 환경에서 소규모로 프로그램을 실시한 후 효과를 평가한다. 효과성 평가는 프로그램 개발자와 관련이 없는 인력들이 대규모 집단을 대상으로 실험실이 아닌 실제 현장 상황에서 프로그램을 실시하여 그 효과를 평가한다(Rossi, Lipsey, & Henry, 2019). 이렇게 효능성 평가와 효과성 평가의 수행은 백신 개발 시에 몇 차례에 걸쳐 제한된 집단에 대해 소규모로 평가(효능성 평가)를 실시하여 효과가 입증된 후에 일반에 신약을 대규모로 보급하여 효과를 평가(효과성 평가)하는 사례에서 발견된다. 효능성 평가를 통과해도 효과성 평가를 통과하지 못하는 경우가 발생할 수 있지만, 효능성 평가를 통과하지 못하면 효과성 평가 또한 통과하지 못할 것이다.

지금까지 효과 평가에 다양한 유형이 있음을 설명하였는데, 우리가 파악하고자 하는 프로그램 효과가 무엇인지를 원론적인 차원에서 검토할 필요가 있다. 효과 평가에서 핵심 개념인 잠재 산물 접근(potential outcome framework)에 따르면 프로그램 효과는 프로그램에 노출된 대상에서 관찰된 산물과 동일한 대상이 프로그램에 노출되지 않았을 때 나타냈을 산물과의 차이를 가리킨다(Angrist & Pischke, 2008). 예를 들어, 아동의 사회정서적 발달을 지원하는 프로그램을 실시했을 때 프로그램 집단에 속한 아동에게서 나타난 발달 산물을 관찰하고 해당 아동이 프로그램에 노출되지 않은 상황에서 나타났을 발달 산물과 비교하여 프로그램 효과를 평가하는 것이다. 그런데 잠재 산물 접근에 따른 프로그램 효과 평가에서 제기되는 근본적인 문제는 프로그램에 참여한 대상의 사실적 산물(factual outcome)은 관찰되지만 이 대상이 프로그램에 노출되지 않았을 때 나타냈을 반사실적, 가상적 산물(counterfactual outcome)을 관찰할 수 없다는 점이다. 사회정서 지원 프로그램 집단에 속한 아동에 대해서 이 아동이 프로그램에 노출되지 않은 상황에서 보일 산물을 관측할 수 없는 것이다.

이렇게 프로그램 집단에 속한 개인들에 대해 사실적 산물과 반사실적 산물, 두 개의 산물을 동시에 관찰할 수 없다면 우리는 프로그램 집단의 산물과 프로그램에 노출되지 않은 대조집단에게서 관찰되는 산물을 비교하여 프로그램의 효과를 평가하는 방법을 대안으로 생각할 수 있다. 개인의 두 가지 잠재 산물 비교 대신에 프로그램 집단과 대조집단을 비교하는 집단 평균 비교를 하는 것이다. 그런데 이러한 방법이 제대로 적용되기 위해서는 프로그램 집단과 대조집단이 동질적이어야 한다. 이렇게 두 집단의 동질성을 확보하기 위해서 프로그램 대상자들을 프로그램 집단과 대조집단으로 무작위 할당(random assignment)하는 방법을 이용한다(Angrist & Pischke, 2008).

만약에 두 집단을 무작위 할당 방법으로 구성하지 않고 비교하면 두 집단의 산물 차이에는 프로그램 효과와 두 집단의 이질성으로 인한 차이가 함께 반영된다. 여기에서 두 집단의 이질성으로 인해 나타난 산물 차이를 선택 편의(selection bias)라고 한다. 프로그램 효과 평가를 위해 프로그램에 참여한 개인들을 프로그램 집단으로 하고 참여하지 않은 개인들을 대조집단으로 비교하는 경우에는 선택 편의가 심각하게 발생한다.

어떤 프로그램에 성과를 이루고자 하는 동기와 열의가 매우 강한 개인들이 참여한다면 이들을 동기가 약한 대조집단과 비교할 경우 프로그램의 효과가 과대하게 평가될 것이다. 이와는 반대로 어떤 프로그램에서는 여러 가지 불리한 특성을 가진 개인들이 참여자의 다수를 차지하기도 한다. 가령 많은 사회복지 프로그램은 여러 가지 불운한 상황에 처하거나 불리한 조건을 가진 개인들을 대상으로 하는 경우가 많다. 이러한 프로그램에서 프로그램 참여자들과 비참여자들의 산물을 비교하면 이러한 특성 차이로 프로그램 참여자들의 산물이 더 부정적인 양상을 보일 가능성이 많은데, 이를 프로그램 효과인 것으로 잘못 평가하게 된다.

이렇게 관측하기 어려운 특성들에서 상당한 차이가 있는 두 집단을 비교하여 프로그램 효과를 평가하면 프로그램의 효과와 선택 편의가 혼합되어 나타나고 이러한 선택 편의로 인한 차이가 프로그램 효과로 파악된다. 한 연구에서 직업훈련 효과 평가를 위해 무작위 할당을 이용한 실험연구와 프로그램 참여집단과 비참여집단을 비교한 관찰 연구(observational study)를 비교한 결과 관찰 연구에서 매우 심각한 선택 편의가 발생함을 보여 주었다(LaLonde, 1986).

2. 무작위 대조 시험

지금까지 살펴본 정책 효과 평가에는 두 가지 요소가 있다. 하나는 프로그램 실시로써 종속변수(산물)에 영향을 미치는 독립변수(프로그램)를 조작(manipulation)하는 것이다. 다른 하나는 무작위 할당으로 두 집단을 구성하여 관심 대상이 되는 산물을 비교하는 것이다. 이 두 가지 요소를 결합하여 무작위 할당으로 실험집단과 대조집단을 구성하여 실험집단에 대해서는 프로그램을 실시하고 대조집단에 대해서는 프로그램을 실시하지 않는 것을 무작위 대조 시험(randomized controlled trial)이라고 한다. 이때 나타나는 실험집단과 대조집단의 산물 차이는 선택 편의를 배제한 상태에서 프로그램이 산물에 미치는 효과를 보여 주어, 정책 효과에 대한 인과적 추론(causal inference)을 가능하게 한다(Angrist & Pischke, 2008). 사실 실험이 많이 사용되는 자연과학 분야와는 달리 사회과학에서 다루는 현상에 대해서 인과관계(causal relationship)에 대한 추론을 하기 어려운 경우가 많다. 사회 현상 중 많은 것들은 조작하기 어렵거나 윤리적으로 조작이 허용되지 않는 현상들이다. 예를 들어, 사회과학에서 중요한 성, 인종, 계급과 같은 현상들은 조작하는 것이 불가능하여 그 영향에 대해서 평가하기가 어렵다. 또 조작이 가능한 사회 현상의 경우에는 동질성을 가진 두 집단을 구성하여 프로그램의 실시 여부에 따른 차이를 보는 것이 어렵다. 이러한 점에서 정책 효과 평가는 사회과학에서 인과 추론을 엄밀하게 실현할 수 있는 중요한 연구 영역이라 하겠다.

정책 효과 평가에서 무작위 대조 시험을 수행하기 어려운 경우가 있다. 인간을 대상으로 무작위 대조 시험을 하여 정책 평가를 하는 것이 윤리적인 기준에 어긋날 수 있다. 특히 사람들에게 위험을 초래할 가능성이 있는 시험은 허용될 수 없다. 어떤 경우에는 무작위 대조 시험에서 이용하는 실험적인 상황과 실제 현장에서 대규모로 정책이 집행되는 상황의 차이가 커서 무작위 대조 시험을 통한 정책 효과의 평가가 효용이 떨어지는 경우도 있다. 이런 경우에는 무작위 대조 시험을 통해서 확인된 정책 효과가 실제 상황에서 일반화되기 어려워 무작위 대조 시험을 통한 평가의 의의가 제한된다.

그 외에도 정책 평가에서는 무작위 대조 시험을 이상적인 형태로 적용하기 어려운 경우가 있다. 현실의 사회복지정책에서는 정책이 실시된 실험집단과 동질적인 대조집단을 찾기가 어렵다. 하지만 이러한 경우에도 무작위 대조 시험의 원칙을 최대한 적용하는 유사 실험 설계(quasi-experimental design)를 이용할 수 있다. 실험은 프로그램 실시라는 조작을 전제하는 것으로 유사 실험 설계에서도 이러한 조작이 이루어진다. 그러나 유사 실험 설계에서는 무작위 대조 시험에서와 같이 무작위 할당으로 구성된 동질적인 대조집단이 없기 때문에 실험집단과 유사한 대조집단을 비교에 이용하게 된다. 예를 들면, 특정한 지역에 대해서는 프로그램을 실시하고 어떤 지역에 대해서는 프로그램을 실시하지 않았다면 두 지역 중 하나는 실험집단, 다른 하나는 대조집단으로 이용할 수 있다. 혹은 전국적으로 실시된 정책의 경우에는 정책 대상이 아닌 인접 연령 집단을 대조집단으로 이용할 수 있다. 이들 대조집단은 무작위 할당으로 구성되지 않아 동질성이 보장되지는 않지만, 동질성을 확보하기 위한 추가적인 노력을 통해서 선택 편의를 제거하는 방법들이 발전하고 있다(Angrist & Pischke, 2008).

앞에서 우리는 무작위 대조 시험을 이용할 때 두 집단의 평균적인 산물 차이를 정책 효과로 본다고 하였지만, 이는 엄밀한 주장은 아니다. 실험집단과 대조집단의 평균 차이를 그대로 정책 효과로 볼 수 없게 하는 이유가 있기 때문이다. 앞에서 무작위 할당을 통해서 두 집단의 동질성을 확보한다고 하였는데, 사실 무작위 할당을 하는 경우에도 두 집단 사이에는 우연에 따른 차이가 나타나게 되어 동일한 상태에 이르지 않는 경우가 많다.

가령, 어떤 프로그램에 대한 참여 희망자를 200명 모아 각자 동전을 던져 앞면이 나오면 실험집단, 뒷면이 나오면 대조집단에 할당하는 무작위 할당을 시행했다고 하자. 원래 참여 희망자는 성비가 동일하여 남성과 여성이 각각 절반씩을 차지하였는데 무작위 할당의 결과 실험집단과 대조집단 각각은 성비가 절반씩을 차지하지 않는 경우가 많이 발생한다. 동전 던지기를 반복하여 시행하면 그중에는 양 집단의 성비가 모두 5 대 5로 동일하게 구성되는 경우들이 나타나겠지만, 다른 경우에는 남성 대 여성 비율이 실험집단은 4 대 6, 대조집단은 6 대 4로 나타나기도 하고 또 다른 경우에는 실험집단이 7 대 3, 8 대 2로 성비가 치우치는 경우도 있을 것이다. 이러한 동전 던지기를 수없이 반복하면 성비가 5 대 5인 경우가 다른 경우보다 가장 많이 나타나겠지만, 아주 드물게는 성비가 9 대 1, 10 대 0으로 나타나는 경우도 있을 것이다.

이렇게 무작위 할당의 결과로 구성된 두 집단이 우연에 의한 차이로 완전한 동일성을 가지지 못하기 때문에 프로그램을 실시한 효과 또한 우연에 의한 차이를 반영하게 된다. 가령 새로 개발한 백신의 효과를 평가할 때, 실험집단과 대조집단을 구성하여 실험집단에 백신을 투여하고 대조집단에 위약을 투여한 후 두 집단 사이의 감염률 차이를 본다. 만약 새로 개발된 백신이 효과가 없다면, 실험집단과 대조집단에서 감염률이 유사하게 나타날 것이다. 그런데 효과가 없는 신약 실험을 여러 차례 시행하는 경우를 생각해 보면 우연에 따른 차이로 인해 두 집단에 감염률 차이가 나타날 수도 있다. 예를 들어, 첫 시행에서는 실험집단의 감염률이 15%, 대조집단의 감염률이 25%로 나타났는데, 다음 시행에서는 실험집단과 대조집단의 감염률이 20%로 동일하게 나타나고, 그다음 시행에서는 실험집단 감염률이 25%, 대조집단 감염률이 15%로 나타날 수도 있다. 이렇게 무작위 할당을 적용하여 효과 없는 백신의 투약 시행을 하는 경우에도 우연에 따른 차이로 두 집단의 감염률이 다르게 나타나는 경우가 발생한다. 이 때문에 우리가 시행을 했을 때 나타난 두 집단의 감염률 차이가 무작위 할당 과정에서 나타난 우연한 차이 때문에 발생한 것인지, 아니면 진짜 백신이 효과가 있어서 나타난 것인지를 구분하기가 어렵다.

　이렇게 무작위 할당으로 구성된 실험집단과 대조집단을 비교할 때에도 우연에 따른 차이가 나타날 가능성을 배제하지 못하기 때문에, 통계학자들은 무작위 할당된 두 집단 사이에 나타난 차이가 프로그램 효과로 발생한 것인지, 아니면 우연한 차이로 인해 발생한 것인지를 구분하는 의사 결정의 기준을 만들었다. 이를 통계적인 유의성(statistical signficance) 검정이라고 한다(Wooldridge, 2020). 통계학자들은 먼저 무작위 할당으로 실험집단과 대조집단을 구성하고 실험집단에 대해 프로그램을 실시한 후 두 집단의 차이를 측정하는 시행을 무수히 반복하는 상황을 상정한다. 그리고 이때 무작위 할당된 집단에 대한 시행을 무수히 반복하여 나타나는 집단 차이값의 분포(표집분포)가 종 모양의 정규분포(normal distribution)를 따른다는 것을 발견하였다. 효과가 없는 프로그램을 시행한 표집분포에서는 집단 차이값이 0을 중심으로 집중되지만, 음의 값이나 양의 값을 갖는 경우도 많이 나타나 정규분포와 같은 모습을 보인다는 것이다. 이렇게 무작위 할당에 기초한 프로그램 시행에서 두 집단에서 나타난 차이가 일정한 임계치 범위 안에 있으면 우연에 의한 차이로 판단하고 그 임계치 범위를 넘어선 값이면 프로그램으로 인한 효과로 판단한다. 임계치를 넘은 값은 우연으로 나타난 것으로 보기에는 너무 큰 차이이기 때문이다. 이러한 통계적 유의성 검증에 대해서는 다음 절에서 조금 더 살펴본다.

　요약하면, 무작위 대조 시험에서 실험집단과 대조집단의 산물에서 나타난 평균적 차이값을 프로그램의 효과로 본다. 이때의 평균 차이는 비동질적인 집단에서 나타나는 특성 차이로 인한 선택 편의를 제거한 것으로 프로그램이 산물에 미치는 인과적 효과라고 한다. 만약 집단 간 평균 차이가 크다면 프로그램이 큰 효과를 미쳤다고 하고 평균 차이가 작다면 프로그램의 효과가 작다고 한다. 예를 들어, 어떤 백신은 감염률을 크게 낮추는 큰 효과를 갖는 것이고 다른 백신은 감염률을 낮추나 그 정도가 작으면 효과가 작은 백신이라고 할 수 있다. 그런데 이러한 집단 간 평균 차이는 프로그램 효과만이 아니라 우연에 의한 차이를 반영하고 있어 집단 차이가 우연에 의한 차이로 나타난 것인지를 정하는 통계적 유의성 검정을 행한다. 이 검정을 통해 집단 간 차이가 통계적으로 유의하게 0과 다른 것으로 확인되면 우리는 이 집단 차이가 프로그램의 효과로 나타난 것이라고 결론을 내리게 된다.

3. 프로그램 효과의 탐지

무작위 할당으로 구성된 집단의 산물에서 나타난 차이가 우연에 의해서 나타난 차이인지를 정하는 통계적인 의사 결정의 규칙에 대해서 조금 더 살펴보자. 앞에서 집단 간 차이값이 일정한 임계치 범위 안에 있으면 이는 우연한 차이로 보고, 임계치 범위를 넘어서면 프로그램 효과를 반영하는 것으로 본다고 하였다. 즉, 임계치보다 큰 차이를 보이는 경우에는 집단 간 차이가 통계적으로 유의하게 0과 다름으로 프로그램이 효과가 있다고 결론을 내린다.

이러한 통계적인 의사 결정의 규칙은 프로그램이 효과가 없는 경우를 가정하여 만들어진다. 프로그램이 효과가 없다는 것은 집단 간 차이가 0이라는 가설(영가설)로 표현되기도 한다. 영가설이 참인 경우에도 우연에 의하여 집단 간 차이는 음의 값을 갖기도 하고 양의 값을 갖기도 함으로 일정한 임계치를 기준으로 집단 간 차이가 그 임계치 안에 있으면 영가설을 참으로 받아들이고 임계치를 넘어서면 영가설이 참이 아닌 것으로 보아 기각한다. 이때의 임계치는 신뢰구간(confidence interval) 개념에 따라 정해진다. 신뢰구간은 집단 간 차이가 크지 않아 영가설이 참이라고 믿을 수 있는 구간을 말한다. 이러한 신뢰구간으로는 영가설이 참인 경우의 표집분포에서 0 값을 중심으로 95%의 값들이 포함되는 구간을 많이 이용하여 이를 95% 신뢰구간이라고 한다. 통계적 유의성을 판별하는 임계치는 이러한 95% 신뢰구간의 경계에 해당하는 값으로 결정된다. 신뢰구간을 어디로 설정하느냐는 본질적으로 자의적인 판단이어서 90%나 99%의 신뢰구간을 이용할 수도 있다. 95% 신뢰구간이 가장 널리 이용되게 된 데에는 신약 실험에서의 경험이 많이 작용한 것으로 알려져 있다. 신약은 인간의 생명과 관련된 것으로 신약의 효과성에 대해서는 엄격히 판단할 필요가 있다고 보아 신약이 효과가 없는 경우에 나타나는 표집분포의 양극단 5%에 해당할 정도의 극단치를 보여야 효과가 있는 것으로 판단을 내리기로 한 것이다. 이후 이러한 기준이 과학의 여러 분야로 전파되면서 널리 이용되게 되었다.

그런데 이러한 통계적 의사 결정의 규칙을 따르면 많은 경우 올바른 판단에 이르지만, 의사 결정의 오류를 완전히 피할 수는 없다. 이러한 오류는 1종 오류(Type 1 error)와 2종 오류(Type 2 error)로 구분된다. 1종 오류는 영가설이 참인데(프로그램 효과가 없는데) 영가설을 기각하는(프로그램 효과가 있다는) 잘못된 결론을 내리는 것이다. 2종 오류는 영가설이 거짓인데(프로그램 효과가 있는데) 영가설을 기각하지 않는(프로그램 효과가 없다고 하는) 결론을 내리는 오류를 말한다(Wooldridge, 2020).

　통계학자들의 권고를 따라서 영가설이 참인 표집분포에서 95%의 신뢰구간의 경계에 해당하는 값을 임계치로 정하여 통계적 유의성 검정을 하는 예를 보자. 이 표집분포에서는 0 값을 중심으로 −10에서 +10 사이에 집단 간 차이값의 95%가 분포하고 있다. 만약 한 번의 무작위 대조 시험에서 실험집단 값이 대조집단 값보다 12가 작아 신뢰구간 95%에 해당하는 임계치 −10을 넘어섰다고 하자. 이 경우에 우리는 통계적 의사 결정의 규칙에 따라 12라는 집단 간 차이는 우연에 의한 것이라고 보기에는 너무 큰 값이어서 프로그램이 진정한 효과를 나타낸 것이라고 결정을 내리게 된다. 그러나 사실은 프로그램의 효과가 없음에도 불구하고 우연으로 인해 10보다 큰 차이를 보이는 경우는 100번 시행에서 5번 정도 나타나게 된다. 이렇게 통계적 의사 결정 규칙을 따르면 100번 시행에서 5번 정도는 영가설이 참인데(프로그램의 효과가 없는데) 영가설을 기각하는(프로그램의 효과가 있다고 하는) 1종 오류를 범하게 된다.

　이와는 반대로 또 한 번의 무작위 대조 시험에서는 실험집단 값이 대조집단 값보다 5가 작아 신뢰구간 95%에 해당하는 임계치 −10보다 작으니 통계적 의사 결정의 규칙에 따라 이 집단 간 차이는 우연에 의한 것으로 볼 정도로 작아서 프로그램의 효과를 나타낸 것이 아니라고 결정을 내렸다. 그러나 사실은 프로그램의 효과가 있음에도 불구하고 우연에 의해서 집단 간 차이가 작게 나타나서 임계치 범위 안에 드는 경우도 있다. 그런데 통계적 의사 결정 규칙을 따르면 영가설이 거짓인데(프로그램의 효과가 있는데) 영가설을 기각하지 않는(프로그램의 효과가 없다고 하는) 2종 오류를 범하게 된다.

　〈표 12-1〉에서는 신뢰구간을 95%로 설정하여 통계적 유의성을 검정할 때 올바른 결정을 내리는 경우와 오류가 발생하는 경우를 설명한다. 통계적 의사 결정의 규칙을 따를 때 우리가 올바른 결정을 내리게 되는 경우는 두 가지 경우이다. 첫째, 실제 프로그램 효과가 있는데 우리 의사 결정에서도 프로그램 효과가 통계적으로 유의하게 0과 다

표 12-1 통계적 추론의 두 가지 오류

표본에 기반한 결론	모집단의 상태	
	프로그램 효과가 0과 다르지 않음	프로그램 효과가 0과 다름
통계적으로 유의함	제1종 오류 (확률 = α)	올바른 결론, 검정력 (확률 = 1-β)
통계적으로 유의하지 않음	올바른 결론 (확률 = 1-α)	제2종 오류 (확률 = β)

르다고 올바른 결론을 내리는 경우이다. 둘째는 실제 프로그램 효과가 없는데 우리 의 사결정에서도 프로그램 효과와 0의 차이가 통계적으로 유의하지 않다고 올바르게 결론 을 내리는 경우이다. 그러나 통계적 의사 결정의 규칙을 따를 때 우리는 1종 오류와 2종 오류를 완전히 피할 수는 없다.

이렇게 통계적 의사 결정의 규칙을 따를 때 1종 오류와 2종 오류를 완전히 피할 수 없 지만 오류를 줄이는 것은 가능하다. 그런데 1종 오류와 2종 오류 사이에는 어느 하나 를 줄이면 다른 오류가 늘어나는 상충관계가 존재한다. 즉, 1종 오류를 줄이면 2종 오

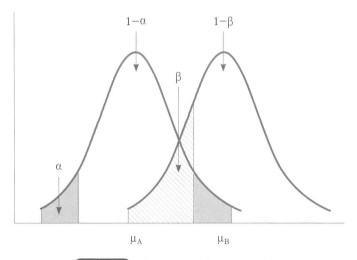

그림 12-1 제1종 오류와 제2종 오류의 관계

류가 늘어나고 2종 오류를 줄이면 1종 오류가 늘어난다. [그림 12-1]에서 보면 신뢰구간을 95%로 설정하면 1종 오류가 발생할 확률은 5%가 되고, 전체 확률을 1로 볼 때 이에 해당하는 값 0.05를 α값이라고 한다. 즉, 신뢰구간 95%는 1종 오류가 발생할 확률인 α값을 0.05로 정하는 것을 의미한다. 따라서 프로그램 효과가 없는데 영가설을 기각하지 못하는 올바른 의사 결정을 내리는 확률은 [1-α] 값이 된다. 한편 [그림 12-1]에서 β는 2종 오류가 발생할 확률을 의미한다. 프로그램 효과가 있는데 영가설을 기각하는 올바른 결정을 내리는 확률은 [1-β]가 된다. 통계학자들은 1종 오류를 줄이는 것을 중시하여 신뢰구간을 95%로 넓게 잡아서 1종 오류의 확률을 5%로 줄이고자 하였다. 그런데 이렇게 1종 오류 발생 확률 α를 줄이면 영가설이 거짓인데 영가설을 기각하지 못하는 2종 오류 발생 확률 β를 늘리게 된다. 반면에 신뢰구간을 90%로 좁히면 1종 오류가 발생할 확률 α값은 0.10으로 늘어나지만 영가설이 거짓인데 이를 기각하지 못하는 2종 오류 발생 확률 β는 줄일 수 있다.

4. 효율성 평가

지금까지 검토한 것은 프로그램이 설계 시에 의도한 효과를 내는가를 사정하는 효과성 평가(effectiveness assessment)에 관한 것이었다. 그런데 어떤 사회복지 프로그램이 긍정적인 효과를 거두었다고 하더라도 프로그램을 실시하는 데 들어가는 비용이 너무 크다면 프로그램을 지속하는 것에 대해 반대하는 여론이 형성될 수도 있다. 특히 프로그램 실시에 요구되는 재원을 책임지는 기관의 입장에서는 다른 대안적 프로그램이 유사한 효과를 내면서도 비용이 적게 든다면 이 대안적 프로그램을 실시하는 것을 지지할 것이다.

이렇게 정책 평가를 할 때 프로그램의 효과성만이 아니라 프로그램 실시에 들어가는 비용에 대해서도 고려할 필요가 있다. 사회복지 프로그램은 공공의 재원을 쓰는 경우가 많아서 같은 비용으로 큰 효과를 내는 방안을 찾는 것이 공공에 대한 책임성을 다하는 것으로 볼 수 있다. 이렇게 효과성이 확인된 프로그램에 대해서 비용을 고려할 때 효율성이 있는지를 보는 것을 효율성 평가(efficiency assessment)라고 한다. 프로그램 실시를 통해서 얻은 효과가 지출된 비용을 정당화할 만한 가치가 있는 것인지에 대해 검토하는 것이다. 이러한 효율성 평가의 방법으로는 비용 편익 분석(cost-benefit analysis)과 비용 효과성 분석(cost-effectiveness analysis)이 있다(Weimer & Vining, 2017).

정부에서 일정 규모 이상의 재원이 소요되는 프로그램이나 프로젝트를 실시하고자 할 때 해당 사업이 비용을 정당화할 만한 정도의 효과를 내는가를 보는 예비타당성 평가를 하는 것도 이러한 효율성 평가의 한 예이다. 도로나 항만, 공항을 건설하는 것에 대한 효율성 분석에서는 해당 사업으로 발생하는 편익(benefit)을 금전적인 가치로 환산하여 그 사업에 지출되는 비용과 비교하는 비용 편익 분석을 수행하는 것이 비교적 용이하다.

그러나 건설이나 토목 공사 등의 사업과는 달리 사회복지 프로그램에서 효율성 평가를 수행하는 데에 어려움이 발생한다. 예를 들어, 일정 기간 아동학대 예방프로그램을 실시하여 아동학대 발생 건수를 20% 줄이는 효과를 거두었다고 하자. 만약 프로그램 실시 비용으로 2천억 원이 지출되었다면 20%의 아동학대 감소는 이러한 지출을 정당화할 만한 성과로 볼 수 있는가에 대해서는 의견의 차이가 있을 수 있다. 이는 아동학대 감소와 같은 사회복지 프로그램의 성과는 모두가 동의할 수 있는 방식으로 금전적인 가치로 환산하는 것이 어렵다. 이렇게 사회복지 프로그램에서 다루는 편익은 금전화하기가 어려워서 소요되는 비용과 직접 비교할 수 없는 경우가 많다. 이러한 이유로 사회복지 프로그램에 대해서 효율성 평가를 할 때에는 비용과 편익을 금전적으로 환산하여 비교하는 비용 편익 분석보다는 편익을 금전화하지 않은 상태에서 비용당 효과성을 비교하는 비용 효과성 분석을 수행하는 것이 일반적이다.

효율성 분석은 프로그램을 실시하는 데 필요한 비용과 관련된 데이터를 모으는 것에서 출발한다. 여기에서 누구의 관점에서 비용을 산정하는가에 따라서 산정되는 비용의 크기가 달라진다. 가령 어떤 프로그램의 비용을 담당 기관의 관점에서 산정할 때에는 해당 기관이 지출한 비용만을 고려하겠지만, 전체 사회의 관점에서 보면 이 프로그램 실시를 위한 정부 지원금을 포함하여 비용을 산정해야 할 것이다. 이렇게 어느 입장에서 보는가에 따라 비용이 달라질 수 있는데, 전체 사회의 관점에서 비용을 평가하는 것이 바람직할 것이다. 또 효율성 분석에서 다루는 비용은 회계상의 비용이 아니라 기회비용(opportunity cost)이라는 점도 주목해야 한다. 여기에서 기회비용은 해당 활동을 수행하느라 포기하게 된 대안적 활동으로 거둘 수 있는 수익을 말한다(Weimer & Vining, 2017). 어느 지역에서 이루어진 재난 구제 활동의 비용을 산정할 때 지자체는 자신들이 재난 구조 활동에 지출한 비용만을 생각하고, 재난 구조에 참여한 자원봉사자들의 활동을 비용으로 포함하지는 않는다. 하지만 사회적인 관점에서는 재난 구조 활동을 위해 이들 자원봉사자들이 다른 활동을 했을 때 생산할 수 있는 가치를 포기한 것이기 때문에 기회비용이 발생하고 이러한 기회비용을 비용 산정에 포함해야 한다.

비용 효과성 분석에서는 비용 편익 분석과 동일한 방식으로 프로그램 실시 비용을 산정하지만 편익에 대해서는 금전적인 가치로 환산하지 않는 접근을 취한다. 이렇게 비용 효과성 분석에서는 편익에 대해서 금전화를 하여 비용과 비교하지 않기 때문에 프로그램의 성과가 지출 비용과 비교하여 정당화될 수 있는지에 대해서는 명시적인 판단을 내리지 않는다. 그러나 동일한 효과를 거두는 대안적 프로그램이 복수로 존재하는 경우에 이들 중 어느 프로그램이 가장 비용 효과적인지에 대해서 평가할 수 있다(Rossi, Lipsey, & Henry, 2019). 가령 A, B라는 두 개의 프로그램이 있을 때 이 중 같은 비용으로 더 큰 효과를 내는 프로그램이 어느 것인지를 평가할 때 유용하게 쓰일 수 있다. A 프로그램이 B 프로그램에 비해 두 배의 효과를 내더라도 그 비용이 세 배 든다면 B 프로그램이 더 비용효과적인 프로그램이라고 할 수 있다. B 프로그램을 세 배로 확장할 수 있다면 A 프로그램과 동일한 비용으로 더 큰 효과를 낼 수 있는 것이다. 이렇게 비용 효과성 평가에서는 하나의 프로그램을 놓고 그 프로그램이 효율성 기준에서 가치가 있는가에 대해 절대적인 평가를 내릴 수는 없다. 그러나 여러 프로그램을 놓고 각각의 프로그램이 낳는 효과와 소요 비용을 비교하여 어느 프로그램이 상대적으로 우월한지에 대해 상대적인 평가를 내리는 것은 가능하다.

5. 사회복지정책에서 정책 평가의 활용

사회복지정책은 기본적 욕구의 충족 등 특정한 목표를 이루기 위한 활동으로서 의도한 효과를 내는지는 가장 중요한 관심사이다. 특히 사회복지정책이 기획된 대로 대상자에게 급여를 전달했는지만이 아니라 급여 전달의 결과 수혜자의 욕구가 적절하게 충족되었는지를 보는 것이 중요하다. 따라서 일정 기간 집행된 사회복지정책에 대해서 과학적인 방법에 따른 엄밀한 평가를 통해 그 효과성과 효율성을 보는 것은 매우 필요하다. 이러한 정책 평가는 사회적 책임성을 다하기 위한 노력이며, 정책 평가의 결과는 증거 기반 정책 결정의 기초가 된다.

그러나 사회복지 영역에서 정책 평가를 수행하는 데에서는 유의할 점들이 있다. 취약층이 대상이 되는 사회복지정책의 산물은 관측하기 어려운 경우도 많고 단기간의 정책으로 변화가 이루어지기 어려운 경우도 많다. 특히 사회복지정책에서는 수량화하기 어려운 산물을 다루는 경우가 많아서 효율성 평가를 적용하는 데 주의해야 한다. 과학적인 정책 평가는 많은 자원이 소요되는 것이어서 사회복지정책 현장에서 빈번하게 적용되기도 어렵다(Brown, 2019). 사회복지정책이 기대한 효과를 내도록 관심을 기울이면서 상황에 적절한 방법을 구사하는 지혜가 필요하다.

생각해 볼 문제

1. 우리가 알고 싶은 사회복지정책의 효과는 무엇인지에 대해서 생각해 보자.

2. 정책 효과 평가에서 무작위 대조 시험이 가장 이상적인 방법인 이유는 무엇인가?

3. 정책 효과를 평가할 때 통계적 유의성 검정을 하는 이유는 무엇인가?

4. 정책 효과 평가와 함께 비용 효과성 분석을 하는 이유에 대해 생각해 보자.

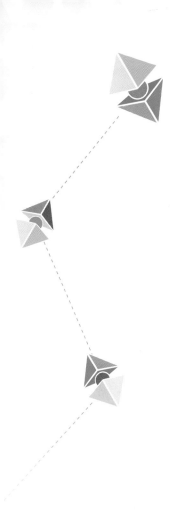

제 IV 부

결론

제13장 복지국가의 변화와 사회복지정책의 과제

제13장

복지국가의 변화와
사회복지정책의 과제

　사회복지는 근대 사회의 산물이며, 현대 사회복지정책의 틀은 복지국가의 형성 및 발전과정에서 세워졌다. 현대 사회복지정책의 기본 논리는 베버리지 케인지언 복지국가라는 우산 속에서 만들어져 유지되어 왔다. 복지국가는 1970년대 위기를 맞으며, 신자유주의적으로 재편되면서, 기존 복지국가의 기본 틀은 붕괴 내지 변화하였으며, 사회복지정책도 새로운 도전과 변화를 요구받아 왔다. 이뿐만 아니라 사회복지정책을 둘러싼 제반 사회환경도 변화하고 있다. 복지국가가 발전하던 시기와 비교하여 사회인구구조가 크게 변화하였으며, 산업구조 또한 큰 변화를 경험하고 있다.

　이렇게 사회복지정책을 둘러싼 환경이 빠르게 변화하고 있는 상황에서 사회복지정책 연구는 어떤 방향으로 나아가야 할까? 특히 우리가 살고 있는 한국 사회복지정책의 방향은 어디로 향해야 할까? 이 장에서는 복지국가 및 사회복지정책을 둘러싼 환경이 변화하는 속에서 사회복지정책이 부딪친 도전과 사회복지정책 연구에 주어진 과제가 무엇인지를 살펴보고자 한다.

1. 복지국가의 변화

여기서는 복지국가의 형성 및 발전, 위기, 재편과정을 살펴보려 한다. 이 작업을 통해 복지국가의 변화가 사회복지정책에 주는 함의를 찾고자 한다.

1) 복지국가의 형성과 발전

복지국가의 시작에 대해서는 다양한 관점이 존재한다. 플로라와 앨버(Flora & Alber, 1981; 최원규 외, 2021)는 비스마르크가 독일에서 1880년대 세계 최초로 노령연금, 질병 보험, 산업재해보험 등 사회보험을 도입한 것을 '현대적 복지국가의 이류'이라 표현하며, 비스마르크 사회보험에서 복지국가의 시작을 찾는다. 또 다른 학자들은 1929년 세계 대공황으로부터 복지국가가 형성되었다고 주장한다. 1929년 세계대공황으로부터 벗어나기 위하여 미국은 1935년 사회보장법을 제정하고, 금융산업에 대한 국가의 구조조정 등 케인스의 경제이론에 기반한 경제개혁을 하였다. 그 이후 미국 경제정책의 이론적 기반은 케인스의 유효수요이론이었다(Buchholz, 1999). 제2차 세계대전의 종말로부터 복지국가의 시작을 이야기하는 학자들도 있다. 제2차 세계대전 이후 영국 재건계획의 일환으로 1942년 베버리지(Beveridge, 1942) 보고서가 작성되었는데, 영국 복지국가의 사회복지정책들은 그것에 기반하여 실행되었다. 복지국가의 시작 시점이 언제인가는 어디에 강조점을 두는가에 따라 조금씩 다르지만, 국가가 시장에 적극적으로 개입하고, 국민의 안정적인 삶을 보장하기 위하여 사회복지를 제도화한 것을 복지국가로 받아들인다는 점은 공통된다. 요컨대 복지국가는 자유방임자본주의 종말과 함께 케인지어니즘에 기반하여 시장에 대한 국가의 적극적 개입을 통해 자본주의의 안정적 발전을 꾀한 수정자본주의와 궤를 같이한다고 평가할 수 있다.

이렇게 시작된 복지국가는 황금기(the Golden age)라 칭해지는 1950~1970년 동안 안정적으로 발전하였다. 〈표 13-1〉에서 보는 바와 같이 1950~1970년 동안 복지국가들은 더없이 높은 경제성장률을 기록하였다.

표 13-1 7개 OECD 국가의 연평균 GNP 성장률, 1950~1981   (단위: %/연)

구분	1950~1960	1960~1973	1973~1981
캐나다	4.0	5.6	2.8
프랑스	4.5	5.6	2.6
서독	7.8	4.5	2.0
이탈리아	5.8	5.2	2.4
일본	10.9	10.4	3.6
영국	2.3	3.1	0.5
미국	3.3	4.2	2.3
평균	4.4	5.5	2.3

출처: OECD (1966), Bruno & Sachs (1985), Pierson (2006).

   7개 주요 OECD 국가의 1950~1960년 동안 연평균 경제성장률은 4.4%이고, 1960~1973년 동안은 5.5%에 달한다. 1973~1981년 동안 이들 국가의 연평균 경제성장률이 2.3%라는 점과 비교하면, 1950~1970년 동안 복지국가들은 매우 높은 수준의 경제성장을 하였음을 알 수 있다. 1929년 세계대공황 이후 복지국가들의 경제정책은 케인스(Keynes)의 유효수요이론에 기반하고 있었다. 경제가 호황일 때 국가는 재정 및 금융정책을 통해 수요를 축소함으로써 과도한 호황을 막고, 불황일 때 국가가 적극적으로 수요를 확대하는 방법으로 수요를 창출하는 등 유효수요 조절을 통해 경제의 안정적인 성장을 꾀하였다. 이러한 유효수요 조절의 중요한 정책 수단 중 하나가 사회복지정책이었다. 사회복지정책의 제도화와 확대를 통해 경제성장 성과물의 일부를 국민에게 분배함으로써 국민의 생활수준을 향상시키고, 사회복지의 자동안정화 기능을 통해 유효수요를 조절하였다.

   다음의 〈표 13-2〉를 보면, 이 시기 동안 복지국가들에서 사회복지가 얼마나 확대되었는지 확인할 수 있다. 7개 주요 OECD 국가의 GDP 대비 사회적 지출 비율은 1960년과 비교하여 1975년에 거의 2배 가까이 증가하였다. 실제로 1950~1970년 시기 동안 대부분의 복지국가는 노령연금, 산재보험, 의료보장, 실업보험을 전 국민 또는 전 노동자에게로 확대 적용하였고, 아동이 있는 모든 가족에게 아동수당을 제공하는 등 사회복지제

표 13-2 7개 주요 OECD 국가의 사회적 지출 증가, 1960, 1975년

국가	GDP 대비 사회적 지출 비율(%)	
	1960	1975
캐나다	11.2	20.1
프랑스	14.4	26.3
서독	17.1	27.8
이탈리아	13.7	20.6
일본	7.6	13.7
영국	12.4	19.6
미국	9.9	18.7
평균	12.3	21.9

출처: OECD (1988), Pierson (2006).

도를 확대하고, 공공부조제도를 강화하는 등 사회복지의 제도적 발전을 계속하여 왔다.

이렇게 안정적으로 발전하던 시기의 복지국가를 베버리지 케인지언 복지국가 (Beveridge-Keynesian Welfare State)라고 칭한다(Jessop, 1993). 그것은 복지국가가 베버리지가 계획한 사회보험 중심의 사회복지제도와 케인지어니즘에 기반한 경제정책을 근간으로 하였다는 점을 의미한다. 이 시기 복지국가들의 경제정책은 기본적으로 일국 단위의 경제체제를 기본으로 하였다. 그렇기에 개별 복지국가들은 케인지언 경제정책을 통해 자국의 산업 및 기업들을 통제하고 관리하는 것이 가능했으며, 개별 기업들도 정부의 관세정책 등을 통해 외국 기업들로부터 국내 시장을 보호받는 등 기업이 속한 국가의 국내 시장을 주요한 활동기반으로 하였다.

종합컨대, 자유방임자본주의는 공황 등 시장의 결함을 발생시켜 한계에 달하였고, 이에 대해 선진 자본주의국가들은 케인지어니즘을 기반으로 하여 국가가 시장에 적극적으로 개입하고 관리함으로써 위기를 극복할 수 있었으며, 그 과정에서 복지국가가 탄생하였다. 1950~1970년 동안 복지국가들은 케인지어니즘에 기반하여 안정적인 경제성장과 함께 사회복지를 크게 확장시켰다. 이를 통해 시민들의 삶은 더없이 풍요롭고 안정적으로 변했다.

2) 복지국가의 위기와 재편

안정적으로 확대 발전하던 복지국가는 1973년 석유파동과 함께 위기를 맞는다. 경제
성장률은 마이너스 또는 정체 수준으로 낮아졌으며, 실업률은 높아져 완전고용은 종말
을 고하였고, 국가 재정은 만성적자에 놓이게 된다. 뿐만 아니라 국민의 복지국가에 대
한 지지도 크게 약화되었다(김태성, 성경륭, 2014).

〈표 13-3〉에서 보는 바와 같이 주요 복지국가들은 1950~1970년 기간인 복지국가의
황금기와 비교하여 1970년 중반 복지국가 위기 이후 경제성장률은 크게 낮아졌고, 실업
률은 껑충 뛰었으며, 물가상승률은 크게 높아졌다. 복지국가 위기 시기에 복지국가들은
경제성장률이 낮은 상황에서 물가가 올라가는 스태그플레이션(stagflation)을 겪어 국민
의 삶은 더더욱 힘들어졌다. 이렇게 경제상황이 악화됨에 따라 실업자 및 빈곤자가 늘
어나고, 고령화가 진전되면서 노인인구가 크게 증가하는 등 사회복지 욕구가 크게 증가

표 13-3 주요 서구 복지국가의 1970년대 중반 전후 거시경제지표 　　　　　　　　(단위: %)

국가	연평균 실질 GDP 성장률		연평균 물가상승률		연평균 실업률		연평균 노동생산성 증가율	
	1961~ 1975년	1976~ 1996년	1961~ 1975년	1976~ 1996년	1961~ 1975년	1976~ 1996년	1961~ 1975년	1976~ 1996년
스웨덴	4.0	1.6	—	—	1.9	4.0	—	—
덴마크	3.8	2.3	5.4	7.2	—	—	3.2	1.1
프랑스	5.1	2.4	8.9	5.9	3.4	7.7	4.1	2.6
독일	2.4	2.5	5.6	6.2	1.5	6.0	4.8	2.7
네덜란드	4.8	2.3	3.8	3.1	2.2	6.8	4.5	2.5
이탈리아	4.9	2.6	5.5	3.4	3.3	9.8	5.0	1.7
스페인	6.7	2.3	6.5	9.9	2.8	16.2	4.0	2.3
영국	2.8	2.4	8.1	10.3	—	9.4	5.1	2.9
미국	3.7	3.2	7.1	7.4	5.1	6.8	2.6	2.6
호주	4.5	3.0	4.1	5.3	2.1	7.8	2.1	1.4
OECD 평균	4.7	3.0	5.1	7.1	4.0	6.8	1.6	1.5

출처: OECD (2020. 12.), 최원규 외(2021).

하였다. 그 결과 사회복지 지출은 계속 늘어났지만, 그에 상응하여 조세수입을 늘리지 못하게 되어, 균형재정 유지가 어렵게 되었고, 만성적인 재정적자 상태에 빠졌다. 복지국가의 황금기 동안 풍요로운 삶은 국민에게 개인주의 가치를 확산시켰고, 그 영향으로 예전과 같이 사회복지 확대를 위한 증세를 반대하는 여론이 높아졌으며, 복지국가의 발전을 주도해 온 사민주의 정당에 대한 국민의 지지도도 낮아졌다(김태성, 성경륭, 2014).

　1970년대 복지국가 위기의 원인은 무엇일까? 여러 요인이 지적되지만 근본적인 요인은 1950~1970년 시기와 같이 안정적인 경제성장이 더 이상 불가능하게 되었다는 점이다. 앞에서 지적했듯이 복지국가는 국민국가 단위로 케인지어니즘에 기반한 경제정책으로 일국 단위의 경제활동이 기본이었으며, 기업들의 주된 시장도 개별 국가의 보호된 시장이었다. 1960년대 후반 즈음에는 일국 단위의 시장은 포화상태가 되어 더 이상 성장이 불가능한 상황에 이르게 되며, 경제성장도 한계에 다다른다. 이렇게 시장의 한계로 인해 안정적 경제성장이 더 이상 불가능하게 되었다는 점이 복지국가 위기의 근본 원인이라 할 수 있다. 일국 단위 시장의 한계를 극복하기 위하여, 1970년대 들어 세계화가 추진되었고, 이제 기업들의 경제활동도 자국의 시장으로 한정하지 않고 전 세계로 확대되게 된다.

　뿐만 아니라 저출산 고령화 등 인구구조의 변화, 가족구조, 가치관, 정치 상황 등도 복지국가가 안정적으로 발전하던 시기와 복지국가 위기 이후의 시기는 크게 다르다. 대부분의 복지국가에서 출산율은 낮아지고, 노인인구의 비율은 높아지는 등 인구구조가 변화하였다. 복지국가가 형성되며, 안정적으로 발전하던 시기의 가족구조는 부모와 미성년 자녀로 구성된 가구가 보편적인 가족 유형이었으나 복지국가 위기 이후에는 미혼가구, 이혼가구, 비혈연 가구 등 다양한 가족 형태가 출현하는 등 가족구조도 크게 변화한다. 이러한 인구구조 및 가족구조의 변화도 사회복지 욕구를 증가시키는 요인으로 복지국가의 어려움을 가중시키는 요인이었다. 가치관도 크게 변화하였다. 복지국가의 황금기에는 중도 좌파 및 중도 우파 등 일정 정도 연대와 집합주의적인 가치가 사회의 지배적인 이념이었다면, 극우파가 확대되고, 신자유주의가 크게 확대되는 등 개인주의 및 보수주의 이념이 지배적인 이념으로 부상하였다. 이러한 지배적인 이념의 변화도 시민들의 연대를 지향하던 기존 복지국가를 지지했던 가치, 이념으로부터의 이탈로서 기존 복지국가의 유지를 위협하는 요인으로 작용하였다.

1980년 무렵부터 복지국가들은 신자유주의 내지 신보수주의, 신우파로 지칭되는 정치세력이 집권에 성공하면서 신자유주의적인 재편 과정을 겪는다. 미국의 레이건(R. Reagan) 정부, 영국의 대처(M. Thatcher) 정부, 독일의 콜(H. Kohl) 정부, 일본의 나카소네 정부 등이 대표적이다. 이러한 신우파들은 복지국가를 신자유주의적으로 재편한다. 가치상으로 신자유주의와 신보수주의가 결합하여 한편으로 자유, 개인주의, 자조 등의 가치가 강조되고, 다른 한편으로는 가족, 전통 등의 가치가 강조되었다. 경제적으로는 케인스의 경제이론이 폐기되고, 공급주의 경제학이 경제정책의 기반이 되었다. 그에 따라 국가 개입의 축소, 기업 및 시장의 역할 확대, 탈규제 등이 강조되었다. 사회복지에서도 국가 역할이 축소되고, 노동 연계 복지가 강조되며, 개인 및 가족의 역할과 책임이 강조되었고, 시장 및 민간의 역할을 확대하는 방향으로 변화하였다.

복지국가의 재편 과정에서 국가의 역할이 축소되고, 민간의 역할이 확대되고, 개인 및 가족의 역할이 강조되는 점은 공통적이나 모든 국가가 동일한 수준으로 신자유주의적인 재편이 이루어진 것은 아니다. 에스핑-안데르센(Esping-Andersen, 1996)은 복지국가 재편의 유형을 미국, 영국과 같은 신자유주의의 길, 독일, 프랑스와 같은 유럽 대륙국가들의 노동감축의 길, 핀란드, 스웨덴 등 북유럽국가들의 공공부문 고용확대 방식 등으로 구분하기도 하였다(최원규 외, 2021).

1980년대 이후 신자유주의적 복지국가 재편의 결과는 어떠하였을까? 국가의 사회복지지출 절대액은 줄어들지 않았지만, 증가율은 감소하였다. 이렇게 사회복지 지출 절대액이 증가한 것을 근거로 복지국가의 불가역성(the irreversibility thesis)을 주장하기도 한다(Mishra, 1990; George & Taylor-Gooby, 1996). 사회복지의 불가역성을 주장하는 근거로는 사회복지제도가 일단 만들어지면, 혜택을 보는 사람들이 있기 때문에 축소 또는 폐지가 불가능하다는 점, 선거정치하에서 사회복지의 축소는 정치적으로 불가능하다는 점, 경제의 저성장 및 고령화 등 사회복지 욕구는 계속 증가한다는 점이 제시된다.

복지국가 위기 이전의 복지국가와 신자유주의적으로 재편된 이후의 복지국가는 질적인 측면에서 보면, 완전히 다르다. 제숩(Jessop, 1993)은 위기 이전 복지국가와 위기 이후 복지국가가 질적으로 다른 국가라고 하며, 위기 이전의 복지국가를 베버리지 케인지언 복지국가(Beveridge Keynesian Welfare State), 위기 이후 신자유주의적으로 재편된 복지국가를 슘페테리언 워크페어 국가(Sumpeterian Workfare State)라 명명하였다. 베버리지 케인지언 복지국가는 국민국가 단위에서 케인스의 유효수요 이론을 기반으로 경제발전을 꾀하고, 완전고용과 사회복지를 통한 재분배를 추구하며, 노동계급과 자본계급 간 정치사회적 합의에 기반한 자본주의의 발전모델이었다. 반면 신자유주의적 재편 이후의 복지국가는 기업들의 경제활동이 국민국가 단위가 아니라 세계시장이 되었으며, 개별 국가들도 경제정책을 통해 기업들을 관리하고 통제하기보다는 폭넓은 자유를 부여하였으며, 기업들은 세계시장에서 무한경쟁을 벌이는 차원으로 변화하였다. 국가 및 노동계급의 영향력은 여전히 국민국가 단위인데 자본은 국민국가를 넘어 전 세계로 자유로이 이동하는 체제가 되었으므로, 자본, 노동, 국가의 균형된 관계는 자본 우위의 관계로 변화하였다. 완전고용이 붕괴되고, 실업률 특히 청년층의 실업률이 크게 높아짐으로써 사회보험체제로 보호되지 못하는 사람들이 많아졌으며, 연대와 평등보다는 개인 및 가족의 노력과 책임이 강조되고, 국가의 재분배보다는 자조와 경쟁, 효율이 강조되면서, 경제성장의 성과물이 사회복지를 통해 재분배되는 경제와 복지의 선순환 관계가 붕괴되었다. 이와 같이 현재의 복지국가는 황금기 때와는 다른 원리와 가치에 따라 재

표 13-4 주요 유럽 복지국가들의 빈곤율 변화 추이 (단위: %)

	1980년대 중반	1990년대 중반	2000년대 중반	2015년	2021년
스웨덴	3.3	3.7	5.3	8.9	9.2
오스트리아	6.1	7.4	6.6	8.7	9.8
프랑스	8.3	7.5	7.1	–	8.5
독일	6.3	8.5	11.0	10.1	11.6*
이탈리아	10.3	14.2	11.4	14.4	12.8
노르웨이	6.4	7.1	6.8	8.1	7.9
영국	–	10.9	8.3	10.9	11.7

*2020년 기준.
**빈곤율은 중위 가처분 소득의 50% 미만을 기준으로 산출함.
출처: OECD(2008), 김태성(2017), https://data.oecd.org/inequality/poverty-rate.htm(2024. 1. 19. 인출).

편되었다.

　복지국가의 위기로부터 40여 년이 지난 현재의 시점에서 복지국가의 모습은 어떠할까? 몇 가지 사회지표를 중심으로 복지국가가 지난 40년간 얼마나 변화하였는지를 살펴보자.

　〈표 13-4〉는 1980년대 중반에서 2021년 시기 동안 주요 복지국가들의 빈곤율 변화를 살펴본 것이다. 대부분 국가는 1980년대와 비교하여, 2021년 현재 빈곤율이 크게 높아졌다. 특히 스웨덴과 독일의 증가폭이 크다. 스웨덴은 1980년대 중반 3.3%이던 빈곤율이 2000년대 중반 이후 크게 높아져, 2021년 현재 9.2%로 1980년대 중반보다 무려 5.9%p나 높아졌다. 독일의 빈곤율도 1980년대 중반 6.3%에서 계속 증가하여, 2020년 현재 11.6%로 상승하였다.

　〈표 13-5〉는 주요 유럽 복지국가들의 불평등 변화를 지니(Gini)계수 변화 추이를 통해 살펴본 것이다. 프랑스를 제외하고, 모든 국가의 지니계수가 1980년대 이후 계속 높아졌으며, 2021년 현재 지니계수는 비교기간 중 가장 높은 수치를 기록하고 있다. 대표적인 복지국가로 알려진 스웨덴의 지니계수는 1980년대 중반 0.198이었는데, 2021년에는 0.286으로 크게 높아졌고, 독일의 지니계수도 1980년대 중반 0.257에서 이후 계속 높아져, 2020년에는 0.303까지 높아졌다. 이렇게 서구 복지국가들은 위기 이후 사회 불

표 13-5 주요 유럽 복지국가들의 지니계수 변화 추이

	1980년대 중반	1990년대 중반	2000년대 중반	2015년	2021년
스웨덴	0.198	0.211	0.234	0.276	0.286
오스트리아	0.236	0.238	0.265	0.275	0.281
프랑스	0.313	0.281	0.281	－	0.298
독일	0.257	0.272	0.298	0.293	0.303[*]
이탈리아	0.309	0.348	0.352	0.333	0.330
노르웨이	0.234	0.256	0.276	0.272	0.285
영국	0.325	0.354	0.335	0.360	0.354

*2020년 기준.

출처: OECD(2008), 김태성(2017), https://data.oecd.org/inequality/poverty-rate.htm(2024. 1. 19. 인출).

평등이 크게 악화되었다.

〈표 13-6〉은 1960년대에서 2021년 주요 복지국가의 실업률 변화를 살펴본 것이다. 복지국가의 황금기인 1960년대 주요 복지국가들의 실업률은 미국을 제외하고 3% 이하이며, 스웨덴, 독일, 프랑스, 일본은 1%대였다.

복지국가 위기 시점으로 일컫는 1973년 이후 높아졌으며, 1995년에는 증가폭이 이전과 비교할 수 없을 정도로 크고, 그 이후 높은 실업률은 대체로 유지되고 있다. 2021년 현재 일본, 독일을 제외한 국가들의 실업률은 3%가 넘으며, 스웨덴은 무려 8.89%나 되고, 프랑스도 7.88%, 오스트리아도 6.20%로 아주 높은 수준이다.

여기서 제시된 빈곤율, 지니계수, 실업률은 시장을 통한 분배 이후 국가가 복지를 제공한, 즉 재분배제도를 통해 모든 분배가 이루어진 후의 지표이다. 그럼에도 불구하고 복지국가의 전성기인 1950~1970년 시기와 비교할 수 없을 정도로 악화되어 있다. 특히 대표 복지국가로 여겨지던 스웨덴의 빈곤율, 지니계수, 실업률 지표는 매우 나쁘다. 요컨대 1950~1970년 복지국가의 전성기 때와 비교하여, 빈곤, 분배, 실업 등 국민의 삶의 지표는 현재 크게 악화된 상태이다. 이러한 현실이 국민 간 연대감이나 공동체를 깨뜨리고, 극단주의와 사회적 갈등의 적대적 표출로 결과하고 있는 것으로 추론된다.

표 13-6 주요 복지국가의 실업률 변화 추이 (단위: %)

	1963~1972년	1973~1982년	1995년	2005년	2015년	2021년
스웨덴	1.9	2.2	8.80	7.78	7.59	8.89
독일	1.1	3.8	8.25	11.28	4.37	3.58
프랑스	1.9	5.1	11.95	8.88	10.35	7.88
오스트리아	2.6	1.9	4.24	6.03	6.15	6.20
영국	2.0	5.4	8.65	4.80	5.35	4.53
미국	4.7	6.0	5.61	5.07	5.29	5.37
일본	1.2	2.0	3.15	4.42	3.38	2.82

출처: Scharf(1984), 김태성, 성경륭(2014), https://data.oecd.org/inequality/poverty-rate.htm(2024. 1. 19. 인출).

2. 디지털경제의 도래

소위 4차 산업혁명으로 표현되는 디지털 정보통신 기술의 혁신이 현재 매우 빠르게 진행되고 있으며, 사회 전체를 질적으로 변화시키고 있다. 인공지능(AI), 사물인터넷(IOT), 빅데이터, 클라우드 컴퓨팅 기술을 기반으로 하여 극단적인 자동화와 초연결성이 특징인 4차 산업혁명은 이전의 산업혁명과는 근본적으로 다른 차원으로 인식되며, 경제 및 산업을 포함한 사회의 모든 영역에 영향을 미치고 있다(최원규 외, 2021; Schwab, 2016). 사회복지정책 또한 이러한 변화에 크게 영향을 받고 있다.

무엇보다도 노동시장에 미치는 영향이 지대하며, 기존 사회복지정책의 기반이 되었던 복지국가의 전제조건에도 근본적인 변화를 야기하고 있다. 가장 크게 논란이 되는 것은 4차 산업혁명이 일자리의 양에 어떻게 영향을 미칠까이다. 즉, AI, 로봇 기술 등 4차 산업혁명이 일자리를 늘릴 것인가 아니면 줄일 것인가이다. 한편으로는 4차 산업혁명이 일자리를 늘릴 것이라는 긍정적인 시각이 있는가 하면, 일자리를 줄일 것이라는 부정적 시각도 있다. 긍정적인 관점은 기존 1, 2차 산업혁명의 결과를 보면, 기계, 기술의 발달이 노동현장에서 인간을 대체하여 일자리가 줄어들 것이라는 예상과 달리, 새로운 기술, 기계의 도입이 기존에 없던 새로운 일자리들을 발생시켜 오히려 인간의 일자리를 늘려 왔듯이, 4차 산업혁명으로 인해 없어지는 일자리보다는 새롭게 창출되는 일자리가 더 많아질 것이라는 주장이다(황덕순, 2016; Frey & Osborne, 2013). 반면 일부 학자들은 4차 산업혁명은 이전 산업혁명과는 다르며, AI와 로봇기술의 발달은 인간이 하던 많은 일을 기계가 대체할 것이고, 그 결과 현재 인간이 하고 있는 많은 일자리가 없어져, 많은 사람이 실업상태에 놓이게 될 거라고 주장한다(차두원, 김서현, 2016; Schwab, 2016). 4차 산업혁명이 일자리에 미치는 영향은 장기적으로 어떠할지 예측하기는 어렵지만, 단기적으로는 많은 수의 일자리가 사라질 것이라는 예상이 지배적이다(최원규 외, 2021).

4차 산업혁명은 일자리의 양에서뿐만 아니라 일자리의 질에도 크게 영향을 미칠 것으로 주장된다. AI 및 로봇 기술이 인간의 노동을 대체하는 등의 영향을 가져오겠지만, 그 영향이 모든 노동에서 동일한 것은 아니다. 저숙련 노동인 단순반복 노동은 로봇이나 인공지능 기술에 의해 쉽게 대체되지만, 고숙련 기술을 필요로 하는 노동이나 창의력이 요구되는 일은 쉽게 대체되지 않으며, 오히려 그러한 일의 가치는 더 높아질 수있다. 4차 산업혁명에 의해 새로 창출되는 일자리도 높은 숙련도와 창의성이 요구되거나 또는 4차 산업혁명 관련 기술을 관리하고 활용할 수 있는 노동일 가능성이 높다. 2002~2014년간 유럽 및 미국의 고용을 숙련도를 기준으로 살펴보면 유럽연합, 미국 모두 고숙련 고용은 크게 증가하였으며, 저숙련 고용은 약간 증가하였는데 반해, 반복노동을 하는 중숙련 노동 고용 비율은 일정 정도 감소하였다(최원규 외, 2021).

이렇게 4차 산업혁명으로 표현되는 산업현장의 변화는 노동시장에 큰 변화를 가져오고 있다. 이러한 산업의 변화는 사회복지정책에도 새로운 대응과 고민을 던져 준다. 즉, 고용문제, 노동시장의 불평등과 그에 따른 시장 소득의 양극화 등에 어떻게 대응할 것인가라는 이슈를 사회복지정책에 제기하고 있다.

모바일 앱이나 인터넷 웹사이트를 매개로 하여 상품의 생산과 유통이 이루어지는 플랫폼 경제(platform economy)는 4차 산업혁명 시대 시장의 주요한 특징이다(김수영, 2021). 플랫폼 기업의 급성장은 2000년과 2018년 글로벌 기업의 브랜드 가치를 비교해보면, 명확하다. 2000년 브랜드 가치 세계 10위 기업 중 플랫폼 기업은 하나도 없고, 1위가 코카콜라, 2위가 마이크로소프트, 3위가 IBM 등 기존 기업과 컴퓨터 관련 기업들이 대부분이다. 2018년에는 1위가 애플(IT), 2위가 구글(플랫폼), 3위 아마존(플랫폼), 4위 마이크로소프트(IT), 6위 삼성(IT), 9위 페이스북(플랫폼) 등 세계 브랜드 가치 상위 10개 기업 중 플랫폼 기업이 무려 4개나 된다. 이처럼 플랫폼 기업의 성장이 두드러지며, 플랫폼 기업이 시장의 변화를 이끌고 있다.

플랫폼 기업이 성장함에 따라 플랫폼 기업 관련 고용도 급속도로 증가하고 있다. 플랫폼 노동이라 하면, 플랫폼 웹에 기반한 창작활동(웹소설 작가, 유튜버 창작자 등)을 통해 소득을 획득하거나, Airbnb와 같은 숙박 플랫폼, Uber와 같은 운송플랫폼, '배달의민족' '배달통' 등과 같은 배달 플랫폼을 활용하여, 노동하는 것을 말한다. 배달앱의 배달 기사, 우버택시의 기사 등이 대표적이다. 플랫폼 노동의 규모를 정확히 파악하기는 힘들지만, European Commission(2018)은 2017년 유럽 국가들의 플랫폼 노동의 규모를 10%로 추정한다(김수영, 2021). 맥킨지 글로벌 연구소의 보고서는 온라인 플랫폼을 활용하는 독립노동자의 규모를 프랑스에서는 생산가능인구의 30%, 미국에서는 26%, 독일은 25%, 스웨덴은 28%, 스페인에서는 31%로 추정하고 있다(서정희, 백승호, 2017). 한국에서도 플랫폼 노동의 일부가 포함될 수 있는 '모호한 고용' 형태의 비율이 취업자 대비 32%에 달하는 것으로 제시되기도 한다(이주희 외, 2021).

플랫폼 노동의 성장은 사회복지 및 사회복지정책에도 새로운 문제를 야기하고 있다. 플랫폼 노동자들은 특정 기업과 고용계약을 하고 기업의 관리 감독하에 이루어지는 노동이 아니라, 플랫폼을 이용하여 독립적으로 노동하는 형태이므로, 기존 노동법이나 사회보장제도에서 배제되는 경우가 많다. 즉, 근로기준법 등에 의해 보호받지 못하고, 사업장 노동자와 같은 사회보험의 적용을 받지 못한다. 따라서 많은 플랫폼 노동자가 사회보험으로부터 배제되어 있다. 플랫폼 경제의 성장에 따라 플랫폼 노동자의 규모도 크게 증가하고 있지만, 이들 노동은 기존 사회보험체제와 맞지 않는 특성을 갖고 있다. 이 또한 사회보험 중심의 기존 사회보장체계에 대한 새로운 도전이라 하겠다.

요컨대 4차 산업혁명으로 표현되는 산업의 변화 및 그에 따른 세계 경제의 변화는 케인지언 복지국가를 전제로 하여 형성되었던 사회복지정책 전반에 포괄적으로 영향을 주고 있으며, 기존 사회복지정책의 전제조건 및 원리에 근본적인 질문을 던지고 있다.

3. 인구구조의 변화

사회복지정책은 인구구조 및 가족구조로부터도 많은 영향을 받는다. 그런 점에서 보면 현 사회복지정책은 인구구조 및 가족구조 변화라는 또 다른 도전을 받고 있다. 복지국가의 전성기 때인 1950~1970년 시기와 비교하여 현재의 인구구조 및 가족구조는 크게 다르다. 무엇보다도 고령화가 빠르게 진행되어 노인인구의 비중이 매우 높아졌다.

〈표 13-7〉을 보면, 주요 복지국가들의 1970년 65세 이상 노인인구 비율은 10%대 초반이었으나 2020년에는 대부분 20%대 초반으로 거의 10%p 수준 증가하였으며, 2030년에는 25% 남짓 수준으로 높아질 것으로 예상된다. 특히 일본과 한국의 고령화는 매우 가파르게 진행되어 왔으며, 앞으로도 그런 경향은 지속될 것으로 예상된다. 1970년 일

표 13-7 65세 이상 인구 비율 (단위: %)

	1970년	1980년	1990년	2000년	2010년	2020년	2030년
오스트리아	14.1	15.4	14.9	15.4	17.7	19.7	24.0
프랑스	12.9	13.9	14.0	16.1	16.9	20.6	22.4
독일	13.7	15.6	14.9	16.4	20.6	22.4	27.2
이탈리아	10.9	13.1	14.9	18.3	20.3	22.5	26.1
스웨덴	13.7	16.3	17.8	17.3	18.3	20.3	22.1
노르웨이	12.9	14.8	16.3	15.2	15.0	18.0	20.6
핀란드	9.1	12.0	13.4	14.9	17.3	22.4	25.5
덴마크	12.3	14.4	15.6	14.8	16.6	20.0	22.6
영국	13.0	15.0	15.7	15.8	15.9	19.0	21.9
미국	9.8	11.3	12.5	12.4	13.1	16.8	20.3
일본	7.1	9.1	12.1	17.4	23.0	29.1	31.6
한국	3.1	3.8	5.1	7.2	11.0	15.7	24.3

출처: https://stats.oecd.org(2024. 1. 22. 인출).

본의 노인인구 비율은 7.1%, 한국은 3.1%에 불과하였으나 50년이 지난 2020년 일본은 29.1%로 가장 높고, 한국도 15.7%나 된다. 더욱이 2030년 일본은 노인인구의 비율이 세계에서 가장 먼저 30%를 넘을 것으로 예상되며, 한국도 24.3%로 예상되어, 가장 빠르게 고령화가 진행될 것으로 예측된다.

우리나라를 비롯하여 복지국가들은 1950~1970년 시기와 비교하여 인구구조에서 노인인구의 비율이 빠르게 높아지고 있는 인구환경에 직면해 있다. 노인인구의 증가는 의료비 지출을 늘리고, 공적연금의 지출 부담을 증대시키며, 노인은 빈곤에 취약하다는 점 등 국가복지의 지출을 증대시키는 주요 요인이라는 점에서 사회복지정책이 직면한 주요 문제 중 하나이다.

대부분의 복지국가는 고령화와 함께 출산율이 크게 낮아지고 있다. 〈표 13-8〉을 보면, 1950년 합계 출산율은 대부분 3명 남짓이었으나 1970년에는 2명 수준으로 떨어졌으며, 그 이후 계속 낮아져, 2020년 무렵에는 대략 1.5명 정도로 떨어졌다. 특히 우리나

표 13-8 주요국의 합계 출산율 (단위: 명)

	1950년	1960년	1970년	1980년	1990년	2000년	2010년	2020년
한국	5.97	5.95	4.41	2.72	1.60	1.42	1.22	0.89
스페인	2.47	2.78	2.83	2.21	1.36	1.22	1.38	1.24
그리스	3.71	3.03	2.26	2.25	2.05	1.37	1.41	1.45
일본	2.09	2.39	2.04	1.54	1.44	1.38	1.39	1.52
독일	3.66	2.02	2.09	1.75	1.53	1.37	1.39	1.29
이탈리아	2.53	2.38	2.39	1.64	1.33	1.25	1.45	1.26
스위스	2.40	2.44	2.10	1.55	1.58	1.49	1.52	1.49
캐나다	3.45	3.90	2.33	1.74	1.81	1.49	1.63	1.46
덴마크	2.57	2.54	1.97	1.54	1.67	1.77	1.86	1.70
핀란드	3.16	2.72	1.82	1.63	1.78	1.73	1.86	1.37
미국	2.93	3.55	2.47	1.83	2.07	2.05	1.93	1.64
영국	2.30	2.18	1.94	1.67	2.12	1.54	1.67	
호주	3.06	3.45	2.86	1.90	1.90	1.77	1.95	1.59
스웨덴	2.24	2.74	2.44	1.89	1.83	1.64	1.92	1.56
프랑스	2.99	2.73	2.50	1.96	1.78	1.88	2.02	1.79
아일랜드	3.45	3.78	3.85	3.20	2.11	1.89	2.06	1.77
뉴질랜드	3.55	4.24	3.17	2.03	2.17	1.98	2.16	1.79

출처: United nations (2024).

라의 경우 1970년 이후 급속히 낮아져, 2020년에는 0.89명으로 세계에서 가장 낮은 수준이다.

합계 출산율이 인구 유지 수준인 2명도 안 되는 수준으로 떨어졌다는 것은 생산가능인구가 줄어든다는 것을 의미한다. 앞의 고령화와 연결해 보면, 노인인구의 비율은 높아지는데, 생산가능인구 비율이 줄어든다면, 국민 1인당 부양부담이 증가할 수밖에 없다. 뿐만 아니라 젊은 층의 감소는 소비를 축소시킴으로써 성장동력을 떨어뜨리게 된다. 이렇게 출산율 저하는 고령화와 함께 오늘날 사회복지정책을 둘러싸고 있는 또 다른 인구환경이라 하겠다.

인구구조뿐만 아니라 가족구조도 크게 변모하고 있다. 베버리지 케인지언 복지국가
는 부부와 미혼자녀로 구성된 표준가족을 전제로 하여 사회복지체계를 구성하고 있었
다. 남성 가장이 생계를 책임지고, 여성 배우자가 가사와 육아를 책임지는 남성 생계부
양자 모델에 기반하고 있었다. 이러한 표준가족이 유지되면, 대부분의 사람은 가족을
통해 사회복지 욕구의 대부분을 해결할 수 있어, 사회복지와 관련하여 국가의 부담이
과도하게 늘어나는 것을 막아 줄 수 있었다. 예컨대 표준가족은 가족구성원의 생계, 아
동 돌봄 및 노인 돌봄을 상당 정도 가족을 통해 해결하였다.

이러한 가족구조는 복지국가 위기 시기인 1970년대 무렵부터 해체되기 시작하였다.

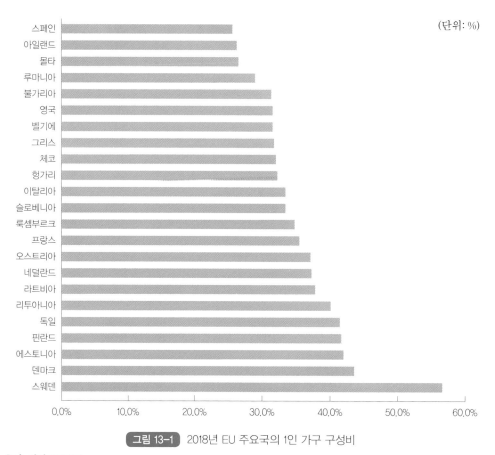

그림 13-1 2018년 EU 주요국의 1인 가구 구성비

출처: 김형균(2019).

이혼율의 증가, 미혼 가구의 증가, 한부모 가구의 증가 등 부부와 미혼자녀로 구성된 기존 표준가구가 해체되고, 가족 형태가 다양화되고 있다. 특히 1인 가구가 전 세계적으로 빠르게 증가하고 있다.

[그림 13-1]을 보면, EU 주요 국가들은 2018년 현재 1인 가구의 비중이 30%를 넘었으며, 독일, 핀란드, 에스토니아, 덴마크 등은 40%가 넘으며, 스웨덴은 전체 가구의 절반을 넘어 거의 60%에 육박하고 있다. 한국의 경우도 2020년 1인 가구의 비율이 31.7%로 1인 가구가 전체 가구 유형 중 가장 비율이 높은 가구 형태인데, 그 비율은 계속 증가하여, 2050년에는 약 40%에 이를 것으로 전망된다([그림 13-2]).

1인 가구는 혼자 사는 가구로 빈곤율이 매우 높고, 경제적으로 취약한 경우가 많다. 뿐만 아니라 혼자 살기 때문에 외로움을 많이 느끼는 등 가족의 심리적, 정서적 기능이 취약하며, 더욱이 가족의 돌봄 기능도 기대하기 어렵다. 1인 가구의 증가도 여러 가지 측면에서 사회복지 욕구를 증대시키는 요인으로 복지국가의 전성기 때에는 없었던 새로운 사회적 이슈이며, 오늘날 사회복지정책이 직면한 중요한 정책적 문제라 할 수 있다.

요컨대 한국을 포함한 복지국가들은 인구 및 가족구조의 변화라는 또 다른 환경에 직

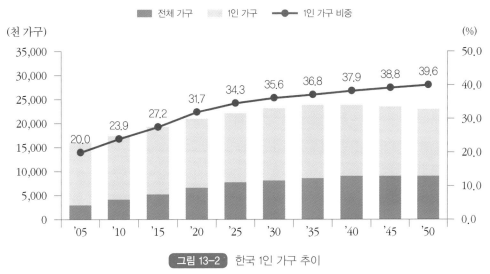

그림 13-2 한국 1인 가구 추이

출처: 통계청(2022).

면해 있으며, 이러한 환경 속에서 사회복지정책은 어떻게 대응할 것인가라는 과제를 던져 주고 있다.

4. 사회복지정책의 과제

앞에서 살펴보았듯이 사회복지정책은 여러 가지 새로운 환경과 도전에 직면해 있다. 그것이 사회복지정책 연구에는 어떤 함의를 줄까?

먼저 기존 복지국가의 틀에서 벗어나 새로운 복지국가 내지 사회체제에 대한 고민과 연구가 필요하다. 기존 복지국가 곧 케인지언 복지국가는 완전고용과 유효수요 창출을 위한 국민국가의 경제조절을 전제로 한 국가였다(김수영, 2021). 앞에서 살펴보았듯이 완전고용이 종말을 고한 지 오래되었으며, 서구 국가들의 대부분은 연평균 실업률이 5%를 넘었고, 심지어 10%에 육박하는 국가들도 여럿이다. 기업들의 경제활동은 국민국가를 넘어, 전 세계 시장을 대상으로 한 지도 오래되어, 국가가 기업들의 경제활동을 규제할 수는 있는 힘은 제한적이다. 뿐만 아니라 세계화에 따라 노동의 이주도 일반적이어서, 발전된 국가들의 대부분에서 불법체류 노동자를 포함한 이주노동자가 노동시장에서 차지하는 비율도 상당 수준에 이른다. 이러한 이주노동자들은 사회보험에서 배제되어 있는 경우가 많다. 플랫폼 경제의 성장, 특히 글로벌 플랫폼 기업이 성장하며 그와 함께 관련 노동자 집단도 크게 증가하고 있다는 점도 기존 복지국가체제의 한계를 보여 준다. 제반 사회적 위험으로부터 플랫폼 노동자들을 적절히 보호하기에 사회보험 중심의 기존 사회보장제도는 한계가 있다. 뿐만 아니라 글로벌화한 사회적 위험들도 증가하고 있다. 전 세계적 차원의 기후위기가 심화되고 있으며, 일본의 후쿠시마 오염수와 같이 국제화된 환경오염 문제가 늘어나고 있고, 코로나19와 같이 전염병 문제도 전 지구적 문제로 등장하고 있다. 이러한 글로벌화한 사회적 위험의 증가도 개별 국민국가를 단위로 했던 케인지언 복지국가의 한계를 보여 준다. 변화하고 있는 세계질서, 산업환경, 노동시장은 새로운 복지체제 내지 사회체제가 모색될 필요성을 높이고 있다. 사회복지정책연구의 중요한 방향 중 하나가 새로운 복지체제 내지 복지국가라 할 수 있다.

케인지언 복지국가에서 사회보장제도의 핵심은 사회보험제도라 할 수 있다. 사회보험제도들은 기본적으로 임노동관계를 전제로 한 제도이다. 세계화에 따른 이주노동자, 4차 산업혁명에 따른 모호한 고용관계 노동의 증가, 높은 실업률, 불완전 고용 노동의 증가 등 기존 사회보험제도가 포괄하지 못하는 사람들이 증가하고 있다. 이에 대해 사회복지정책은 어떻게 대응할 것인가라는 문제도 오늘날 사회복지정책의 과제이다. 이와 관련하여, 임금이 아닌 소득 중심으로 사회보장제도를 개편하자는 논의가 최근 일어나고 있다(서정희, 백승호, 2017). 우리나라 사회복지정책 현장에서도 소득 기반으로 사회보장제도를 개편하려는 시도들도 진행되고 있다.

기본소득도 사회보험 중심의 사회보장제도에 대한 근본적인 대안 중 하나로 제시된다. 기본소득은 모든 사람에게 개인단위로 아무 조건 없이 정기적으로 현금 소득을 지급하는 것을 원칙으로 한다(김교성 외, 2018). 따라서 사회보험제도에서 배제되어 왔던 사람들을 모두 포괄할 수 있다는 장점이 있다. 하지만 적절한 급여수준으로 기본소득을 제공하기 위해서는 막대한 재원이 소요된다는 점 등 해결이 쉽지 않은 문제들을 갖고 있다.

아무튼 현재의 사회보험 중심 사회보장체제는 기존에 경험하지 못했던 문제들에 직면해 있으며 이를 기존 틀의 보완을 통해 해결할 수 있을지 아니면 새로운 제도나 정책으로 해결할 수 있을지 검토가 필요하다. 이 또한 현재 사회복지정책이 직면한 중요한 과제이다.

돌봄문제도 오늘날 사회복지정책이 다루어야 할 중요한 대상이다. 예전에는 가족을 통해 돌봄문제의 상당 부분을 해결하였지만, 부부와 자녀로 구성된 보편적인 가족 형태가 붕괴되고, 한부모 가족, 비혈연 가구 등 다양한 가족 형태가 출현하고 확산되고 있는 등 전통적인 가족의 기능이 약화됨에 따라 돌봄문제는 오늘날 가장 중요한 사회복지정책의 이슈로 등장하였다. 특히 고령화에 따라 노인인구가 늘어나고, 1인 가구의 보편화도 돌봄문제의 심각성을 키우고 있는 요인이다. 이제 돌봄은 소득보장 못지않을 정도로 중요한 사회복지정책의 대상이 되었다. 가족기능의 약화와 1인 가구의 증가, 개인주의의 심화 등은 외로움 또한 중요한 문제로 등장시킨다.

사회보장체제의 지속 가능성도 사회복지정책이 직면한 중요한 이슈이다. 고령화가 심화되고, 빈곤, 실업이 증가하는 등 사회복지 욕구는 계속 증가하는 데 반해 경제성장률은 낮아지고, 출산율의 저하에 따라 생산가능인구는 줄어들고 있는 상황에서 사회보장제도의 지속 가능성 문제도 고민해야 할 중요한 사회복지정책의 대상이다.

이처럼 사회복지정책을 둘러싸고 있는 환경은 빠르게 변화하고 있으며, 많은 난제가 사회복지학도들에게 놓여 있다. 우리는 20세기 복지국가의 성취를 바탕으로 현재의 도전들에 대응하고, 아울러 복지국가의 개편과 혁신도 추구해야 한다. 이를 위해서는 사회복지정책을 분석하고 평가하는 연구활동들을 양적으로, 질적으로 더욱 발전시켜야 한다.

생각해 볼 문제

1. 신자유주의적 복지국가 재편은 복지국가에 어떤 영향을 미쳤는가?

2. 복지국가의 형성, 발전, 위기, 재편과 자본주의는 어떤 관계가 있는가?

3. 4차 산업혁명은 사회복지정책에 어떤 영향을 미치는가?

4. 인구 및 가족 구조의 변화가 사회복지정책에 미치는 영향은 무엇인가?

 참고문헌

강상경(2008). 사회복지 실천의 민영화: 한국적 상황에서 대안인가. 한국사회복지학회 2008년도 추계 학술대회 자료집, 151-163.

강신욱, 노대명, 이소정, 양난주, 김근혜(2016). 저소득층의 소득-자산분포를 통해 본 사회보장제도 재산기준의 개선방향. 한국보건사회연구원.

강혜규, 김형용, 박세경, 최현수, 김은지, 최은영, 황덕순, 김보영, 박수지(2007). 사회서비스 공급의 역할분담 모형개발과 정책과제: 국가·시장·비영리민간의 재정분담 및 공급참여 방식. 한국보건사회연구원.

강혜규, 최현수, 엄기욱, 안혜영, 김보영(2006). 지방화시대의 중앙·지방간 사회복지 역할분담 방안. 한국보건사회연구원.

고제이, 노용환, 오미애, 이우진, 최현수, 장인수, 최요한(2014). 조세지출과 재정지출의 소득재분배 효과 및 경제적 파급효과 분석. 한국보건사회연구원.

고제이, 하솔잎, 안영, 이아영, 이기호, 박소은, 신화연, 김태완, 오욱찬, 이상정, 황안나, 정은우, 이예인, 박희진(2022). 한국의 사회복지지출(SOCX) 산출: 2018/2019년 확정치. 보건복지부 한국보건사회연구원.

구인회, 강성호, 박형준, 손병돈, 우해봉, 이원진, 최옥금, 함선유, 한경훈, 이지완(2021a). 행정데이터를 활용한 다층노후소득보장체계 심층분석. 서울대학교 산학협력단. 보건복지부.

구인회, 김진현, 우해봉, 홍민기, 김동진, 김건(2021b). 소득기반 사회보험 구축방안 연구. 서울대학교 산학협력단.

구인회, 양난주, 이원진(2009). 사회복지 지방분권 개선방안 연구. 한국사회복지연구회, 40(3), 99-124.

국회예산정책처(2023). 2023 대한민국 지방재정.

김경혜(2000). 복지시설의 민간위탁 운영평가 및 개선방안 연구. 서울시정개발연구원.

김교성, 백승호, 서정희, 이승윤(2018). 기본소득이 온다. 사회평론아카데미.

김동건(1994). 현대 재정학: 공공경제의 이론과 정책. 박영사.

김미숙, 변용찬, 강혜규, 박태영, 이상일, 임유경, 박애리(2003). 사회복지시설 표준운영비 모델 개발. 보건복지부 한국보건사회연구원.

김범수, 신원우(2006). 지역사회복지론. 공동체.

김상균(1999). 현대사회와 사회정책. 서울대학교 출판부.

김석태(2005). 지방분권의 근거로서 보충성 원칙의 한국적 적용. 지방정부연구, 9(4), 3-22.

김성욱(2022). 2023년 보건복지분야 예산안 분석: 기초생활 분야. 월간 복지동향. 289호. 12-16.

김수영(2021). 디지털 시대의 사회복지 패러다임. 집문당.

김승연, 이혜림(2016). 서울시 사회복지사업의 구조와 배분실태. Working Paper. 서울연구원.

김영종(2001). 민간 사회복지 조직의 재원과 서비스 전달. 2001년 한국사회복지학회 추계학술대회 자료집, 91-121.

김영종(2003). 한국 사회복지에서의 공공과 민간 부문의 협력체계. 한국사회복지학회 춘계학술대회 자료집, 163-188.

김은정(2007). 미국 자활지원정책과 공공부문의 역할 변화. 한국사회과학연구, 26(2), 63-89.

김인숙(1990). 사회복지법상에 나타난 공·사 사회복지실천체계 간의 관계. 사회복지학의 이론과 실제. 인석 장인협 박사 정년퇴임기념 논문집. 기념논문집간행위원회.

김정한, 박찬임, 오학수(2004). 기업복지의 실태와 정책과제. 한국노동연구원.

김종성(2003). 제3섹타의 구성범위에 관한 미·유럽에서의 논의 비교. 한국거버넌스학회보, 10(0), 325-345.

김진(2007). 바우처 제도의 이해와 활용: 복지와 선택을 중심으로. 재정포럼. 22-39.

김진욱(2005). 한국 복지혼합의 구조: 2000년도 지출추계를 중심으로. 한국사회복지학회 2005년도 춘계학술대회 자료집, 35-56.

김태성(2007). 사회복지정책입문(제2판). 청목.

김태성(2017). 한국복지체제의 특성. 청목.

김태성, 성경륭(2014). 복지국가론(개정2판). 나남.

김태성, 손병돈(2016). 빈곤론. 창지사.

김태완, 김문길, 여유진, 김현경, 임완섭, 정해식, 황도경, 김성아, 박형준, 윤시몬, 이주미, 신재동, 김선, 김은지, 김혜승, 우명숙, 윤상용, 이선우, 정재훈, 최민정(2017). 2017년 기초생활보장 실태조사 및 평가연구. 한국보건사회연구원.

김형균(2019). 1인 가구 증가에 대한 세계의 대응. 국제사회보장리뷰, 11(11). 5-15.

나성린(2005). 소비세제의 개혁 사례와 바람직한 개혁 방향. 한국조세연구원.

남궁근(2008). 정책학: 이론과 경험적 연구. 법문사.

문혜진, 황혜신, 진화영(2019). 서울시 비수급 빈곤 실태조사. 서울시복지재단.

박기백, 성명재, 김종면, 김진(2006). 사회분야 지출의 소득재분배 효과: 현물급여 및 간접세 포함. 한국조세연구원.

박명호, 전병힐(2009). 조세지출과 세출예산의 연계방안 검토. 성공적인 조세지출 예산제도 도입을 위한 정책토론회 자료집. 한국조세연구원.

박병현(2004). 한국 사회복지의 중앙정부와 지방정부의 역할. 2004년도 한국사회복지학회 춘계 학술대회 자료집, 135-150.

박찬용, 박순일, 김미곤, 이선우, 박능후, 김태완(1998). 최저생계비계측모형개발. 한국보건사회연구원.

배진수(2016). 부양의무자 기준 폐지되어야 할까? 완화되어야 할까?. 참여연대사회복지위원회. 월간 복지동향, 215. 29-33.

배화숙(2007). 사회복지서비스에서 바우처제도 도입의미와 과제. 사회복지정책, 31권, 319-342.

백승기(2016). 정책학원론(제4판). 대영문화사.

변용찬, 김성희, 윤상용, 임성은(2005). 장애인이용시설 복지서비스 실태 및 개선방안 연구. 한국보건사회연구원.

보건복지부(2020). 장애인실태조사.

보건복지부(2022). 2022 보건복지통계연보.

사토 스스무(2005). 일본의 사회복지 기초 구조개혁과 복지행ㆍ재정을 둘러싼 제 문제. 2005년 한국사회복지학회 추계학술대회 자료집.

서정섭, 조기현(2007). 지방재정조정제도의 개선방안. 한국지방행정연구원.

서정희, 백승호(2017). 제4차 산업혁명 시대의 사회보장 개혁: 플랫폼 노동에서의 사용종속 관계와 기본소득. 법과 사회. 56(56). 113-152.

손병돈(1998). 가족간 소득이전의 결정요인: 부모와 기혼자녀간을 중심으로. 서울대학교 박사학위 논문.

손병돈(1999). 사적 소득이전의 빈곤 완화 효과. 한국사회복지학, 39, 157-179.

손병돈(2021). 한국의 비공식 복지: 아무도 눈여겨 보지 않은 대한민국 복지의 실체. 사회평론아카데미.

손병돈, 구인회, 노법래, 한경훈(2016). 맞춤형 급여체계 도입에 따른 국민기초생활보장제도 부양의무자 기준 개선방안. 평택대학교 산학협력단. 보건복지부.

손원익, 박태규(2008). 한국의 민간 기부에 관한 연구: 규모, 구조와 특징, 관련 정책 방향. 한국조세재정연구원.

송근원, 김태성(1995). 사회복지정책론. 나남.

신동면(2001). 한국의 복지혼합에 관한 연구. 한국사회복지학, 45, 220-249.

심창학(2001). 지역복지운동의 현황과 과제-경상남도를 중심으로. 한국사회복지조사연구, 7, 104-126.

안종석(2008). 지방교부세 배분방식 개편에 관한 연구. 한국조세연구원.

여성가족부(2023). 2023년 한부모가족지원사업안내.

유한욱(2006). 재정효율성 제고를 위한 시장원리 활용방안: 바우처 제도를 중심으로. 한국개발연구원.

이봉주, 김용득, 김문근(2008). 사회복지서비스와 공급체계: 쟁점과 대안. EM 커뮤니티.

이인재, 류진석, 권문일, 김진구(1999). 사회보장론. 나남.

이주희, 정성진, 안민영, 유은경(2015). 모호한 고용관계의 한국적 특성 및 전망. 동향과 전망, (95), 252-289.

이혜경(1998). 민간사회복지부문의 역사와 구조적 특성. 동서연구, 10(2), 41-75.

이혜경(2007). 한국사회복지서비스 공급체계의 민관 파트너쉽 구축의 과제와 전망. 사회복지공동모금회 창립 4주년 자료집.

임완섭, 노대명, 이현주, 전지현, 김근혜, 심창학, 황정하, 최여혁, Jennifer Romich, Jonas (2015). 각국 공공부조제도 비교연구-미국편. 한국보건사회연구원.

장지연(2006). 미국의 적극적 조치 논쟁과 시사점. 한국여성학, 22권 2호, 167-208.

재정경제부(2005). 2005년 조세지출보고서.

정경희, 이현주, 박세경, 김영순, 최은영, 이윤경, 최현수, 방효정(2006). 한국의 사회서비스 쟁점 및 발전전략. 한국보건사회연구원.

정광호(2007). 바우처 분석: 한국과 미국을 중심으로. 행정논총, 45권 1호, 61-109.

정은희, 이원진, 전지현, 김기태, 임완섭, 손병돈, 정해식(2022). 국민기초생활보장제도 재산기준 중장기 개편 방안 연구. 한국보건사회연구원.

정정길, 최종원, 이시원, 정준금, 정광호(2014). 정책학원론(개정증보8판). 대명출판사.

조연숙(2004). 사회복지서비스의 효과적 민간위탁을 위한 정부의 대응: 플로리다주를 중심으로. 한국행정논집, 16(4), 837-860.

차두원. 김서현(2016). 잡 킬러. 한스미디어.

최옥금, 한신실(2016). 기초연금 운영국가의 급여수준검토 및 시사점. 국민연금공단 국민연금연구원.

최원규, 진재문, 황보람, 이영수(2021). 사회복지역사. 학지사.

최재성(2000). 사회복지서비스 교환권제도(voucher) 도입의 가능성과 과제. 한국사회복지행정학 2, 153-172.

최현수, 여유진, 김태완, 임완섭, 오미애, 황남희, 고제이, 정해식, 김재호, 손병돈, 이상붕, 최옥 금, 진재현, 천미경, 김솔휘(2016). 한국의 노인빈곤실태 심층 분석 및 정책적 시사점. 한국보건 사회연구원.

통계청(2020). 경제활동인구조사.

한국노동연구원(2003). 사업체실태조사.

한국장애인복지관협회(2023). 2022년 전국 장애인복지관 편람.

한국조세연구원(2008). 한국의 조세 · 재정정책.

한국조세재정연구원 세법연구센터(2017). OECD 회원국의 조세통계로 본 국제동향.

현외성, 박광준, 박병현, 황성동, 김경호, 박경일(1992). 복지국가의 위기와 신보수주의적 재편. 대학 출판사.

황덕순(2016). 디지털 기술과 플랫폼 노동이 제기하는 사회정책 과제들. 국제노동브리프, 14(9). 3-6.

황성철(2005). 사회복지프로그램 개발과 평가. 공동체.

Abramovitz, M. (1981). Welfare quandaries and productivity. *American Economics Literature*, *71*, 1-61.

Abramovitz, M. (1986). The privatization of the welfare state: A review. *Social Work, 31*(4), 257-264.

Adema, W., & Maxime, L. (2005). *Net social expenditure, 2005 edition*. OECD Social, Employment and Migration Working Papers No. 29, OECD Publishing.

Angrist, J. D., & Pischke, J.-S. (2008). *Mostly harmless econometrics: An empiricist's companion*. Princeton University Press.

Atkinson, A. B. (2015). *Inequality: What can be done?* Harvard University Press.

Barr, N. (2001). *The welfare state as piggy bank: Information, risk, uncertainty, and the role of the state*. Oxford University Press.

Barr, N. (2004). *The economics of the welfare state*. Oxford University Press.

Bendick, M. Jr. (1989). Privatizing the delivery of social welfare services: An idea to be taken seriously. In S. B. Kamerman & A. J. Kahn (Eds.), *Privatization and the welfare state* (pp. 97-120). Princeton University Press.

Berlin, I. (1969). *Four essays on liberty*. Oxford University Press.

Beveridge, W. (1942). *Social insurance and allied services*. London: Her Majesty's Stationery Office.

Blinder, A. S. (1980). The level and distribution of economic well-being (NBER Working Paper No. w0488). National Bureau of Economic Research.

Bogenschneider, K., & Corbett, T. J. (2010). *Evidence-based policymaking: Insights from policy-minded researchers and research-minded policymakers*. Routledge.

Brown, M. (2019). Constructing accountability: The development and delegation of outcome evaluation in American social work. *Social Service Review, 93*(4), 712-763.

Bruno, M., & Sachs, J. D. (1985). *Economics of worldwide stagflation*. Blackwell.

Brunsdon, E. (1998). Private welfare. In P. Alcock, A. Erskine, & M. May (Eds.), *The student's companion to social policy* (pp. xx-xx). Blackwell Publishers.

Buchanan, J. (1968). What kind of redistribution do we want? *Economica, 35*, 1-13.

Buchholz, T. G. (1999). *New ideas from dead economists: The introduction to modern economic thought* (4th ed.). 이승환 역(2005). 죽은 경제학자의 살아있는 아이디어: 현대 경제 사상의 이해를 위한 입문서. 김영사.

Carlsson, I., & Lindgren, A. M. (1996). *What is social democracy?: A book about social democracy*. 윤도현 역(2009). 사회민주주의란 무엇인가. 논형.

Chancel, L. (2020). *Unsustainable inequalities: Social justice and the environment*. The Belknap Press of Harvard University Press.

Congdon, W. J., Kling, J. R., & Mullainathan, S. (2011). *Policy and choice: Public finance through the lens of behavioral economics*. Brookings Institution Press.

Congressional Research Service. (2023. 6. 22.). IN focus: The Temporary Assistance for Needy Families (TANF) block grant. https://crsreports.congress.gov/

Currie, J. (2006). The take-up of social benefits. In A. J. Auerbach, D. Card, & J. M. Quigley (Eds.), *Public policy and the distribution of income* (pp. 80-148). Russell Sage Foundation.

Currie, J., & Gahvari, F. (2008). Transfers in cash and in-kind: Theory meets the data. *Journal of Economic Literature, 46*(2), 333-383.

Dehoog, R., & Salamon, L. M. (2002). Purchase-of-service contracting. In L. M. Salamon (Ed.), *The tools of government: A guide to the new governance* (pp. 319-339). Oxford University Press.

Elmore, R. F. (1979-1980). Backward mapping: Implementation research and policy decisions. *Political Science Quarterly, 94*(4), 601-616.

Esping-Andersen, G. (1985). *Politics against markets.* Princeton University Press.

Esping-Andersen, G. (1990). *The three worlds of welfare capitalism.* Polity Press.

Esping-Andersen, G. (1996). After the golden age? Welfare state dilemmas in a global economy. In G. Esping-Andersen (Ed.), *Welfare states in transition* (pp. 1-31). Sage.

European Commission. (2018). *Platform workers in Europe: Evidence from the COLLEEM survey.* Publications Office of the European Union.

Fitzpatrick, T. (2001). *Welfare theory: An introduction.* Palgrave.

Flora, P., & Alber, J. (1981). Modernization, democratization and the development of welfare states in Western Europe. In P. Flora & A. J. Heidenheimer (Eds.), *The development of welfare states in Europe and America* (pp. 37-80). Transaction Books.

Follesdal, A. (1998). Survey article: Subsidiarity. *The Journal of Political Philosophy, 6*(2), 190-218.

Fraser, N. (1997). *Justice interrupts.* Routledge.

Fredman, S. (2008). *Human rights transformed: Positive rights and positive duties.* 조효제 역 (2009). 인권의 대전환: 인권 공화국을 위한 법과 국가의 역할. 교양인.

Friedman, M. (1962). *Capitalism and freedom.* 심준보, 변동열 공역(2007). 자본주의와 자유. 청어람미디어.

Frey, C. B., & Osborne, M. A. (2013). *The future of employment: How susceptible are jobs to computerisation?* Oxford University.

George, V., & Taylor-Gooby, P. (1996). *European welfare policy.* Macmillan.

George, V., & Wilding, P. (1985). *Ideology and social welfare.* Routledge.

Giddens, A. (1998). *The Third Way: The renewal of social democracy.* 한상진, 박찬욱 공역 (2002). 제3의 길. 생각의 나무.

Gilbert, N., & Terrell, P. (2004). *Dimensions of social welfare Policy* (6th ed.). 남찬섭, 유태균 공역(2007). 사회복지정책론: 분석틀과 선택의 차원. 나눔의 집.

Gosepath, S. (2021). Equality. In E. N. Zalta (Ed.), *The Stanford encyclopedia of philosophy* (Summer 2021 ed.). https://plato.stanford.edu/archives/sum2021/entries/equality/

Gough, I., & Kim, W. (2000). *Tracking the welfare mix in Korea* (SPDC Working Paper). University of Bath.

Gruber, J. (2005). *Public finance and public policy*. Worth Publishers.

Hansmann, H. (1987). Economic theories of nonprofit organizations. In W. Powell (Ed.), *The nonprofit sector: A research handbook* (pp. 27–42). Yale University Press.

Hemerijck, A. (Ed.). (2016). *The uses of social investment*. Oxford University Press.

Ife, J. (2001). *Human rights and social work*. 김형식, 여지영 공역(2001). 인권과 사회복지 실천. 인간과 복지.

International Labour Organization (ILO). (1984). *Introduction to social security* (2nd ed.). International Labour Office.

Jessop, B. (1993). Towards a Schumpeterian workfare state? Preliminary remarks on post-Fordist political economy. *Studies in Political Economy, 40,* 7–40.

Johnson, N. (1987). *The welfare state in transition: The theory and practice of welfare pluralism*. Wheatsheaf Books.

Kingdon, J. W. (2003). *Agendas, alternatives, and public policies*. Longman.

LaLonde, R. J. (1986). Evaluating the econometric evaluations of training programs with experimental data. *The American Economic Review, 76*(4), 604–620.

Le Grand, J. (1991). Quasi-markets and social policy. *The Economic Journal, 101*(408), 1256–1267. https://doi.org/10.2307/2234441

Lester, M. S. (1999). *America's nonprofit sector: A primer* (2nd ed.). 이형진 역(2000). NPO란 무엇인가. 아르케.

Lipsky, M. (1980). *Street-level bureaucracy: The dilemmas of the individual in public service*. Russell Sage Foundation.

Marshall, T. H. (1964). *Class, citizenship, and social development*. University of Chicago Press.

Mead, L. (1986). *Beyond entitlement*. Free Press.

Mishra, R. (1990). *The welfare state in capitalist society: Policies of Retrenchment and*

Maintenace in Europe, North America, and Australia. University of Toronto Press.

Moffitt, R. (1983). An economic model of welfare stigma. *American Economic Review, 73*(5), 1023-1035.

Moffitt, R. (1992). Incentive effects of the U.S. welfare system: A review. *Journal of Economic Literature, 30*(1), 1-61.

Murray, C. (1984). *Losing ground: American social policy 1950-1980.* Basic Books.

Myrdal, A. (1968). *Nation and family.* MIT Press.

Nolan, B., & Marx, I. (2009). Economic inequality, poverty and social exclusion. In W. Salverda, B. Nolan, & T. Smeeding (Eds.), *The Oxford handbook of economic inequality* (pp. 315-341). Oxford University Press.

OECD. (1966). *Economic growth 1960-1970.* OECD Publishing.

OECD. (1988). *The future of social protection.* OECD Publishing.

OECD. (2008). *Growing unequal? Income distribution and poverty in OECD countries.* OECD Publishing.

OECD. (2020. 12.). *OECD statistics.* OECD Publishing.

OECD. (2021). *Pensions at a glance 2021: OECD and G20 indicators.* OECD Publishing. https://doi.org/10.1787/ca401ebd-en

Okun, A. (1975). *Equality and efficiency: The big tradeoff.* The Brookings Institution.

Orloff, A. S. (1993). Gender and the social rights of citizenship: The comparative analysis of gender relations and welfare states. *American Sociological Review, 58*(3), 303-328.

Ozawa, M. N. (1974). Children's right to social security. *Child Welfare, 53*(10), 619-631.

Peters, B. G. (2015). *Advanced introduction to public policy.* Elgar.

Pierson, C. (2006). *Beyond the Welfare State* (3rd ed.). 현외성, 강욱모 공역(2007). 전환기의 복지국가. 학현사.

Piven, F. F., & Cloward, R. (1971). *Regulating the poor: The functions of public welfare.* Pantheon Books.

Pollack, H. A. (1994). *Informal transfers within families* (Doctoral dissertation, Harvard University).

Powell, M. (Ed.) (2007). *Understanding the Mixed Economy of Welfare.* 김기태 역(2011). 복지혼합. 나눔의 집.

Prewitt, K., Schwandt, T. A., & Straf, M. L. (Eds.). (2012). *Using science as evidence in public policy*. National Academic Press.

Rawls, J. (1971). *A theory of justice*. Harvard University Press. Belknaps Press.

Reddin, M. (1969). Universality versus selectivity. *The Political Quarterly, 40*, 12–20.

Roemer, J. E. (1998). *Equality of opportunity*. Harvard University Press.

Rosen, H. S. (2002). *Public finance*. McGraw-Hill.

Rossi, P., Lipsey, M. W., & Henry, G. T. (2019). *Evaluation: A systemic approach* (8th ed.). Sage.

Sabatier, P. A., & Weible, C. M. (Eds.). (2014). *Theories of policy process* (3rd ed.). Westview Press.

Salamon, L. M. (1995). *Partners in public service: Government-nonprofit relations in the modern welfare state*. Johns Hopkins University Press.

Sandel, M. (2013). *What money can'y buy: The moral limits of markets*. Penguin Books.

Savas, E. S. (1987). *Privatization: The key to better government*. Chatham House Publishers.

Schraf, F. W. (1984). Economic and institutional constraints of full employment strategies: Sweden, Austria and West Germany, 1973–1982. In J. H. Goldthorpe (Ed.), *Order and conflict in contemporary capitalism* (pp. 257–297). Oxford University Press.

Schwab, K. (2016). *The fourth industrial revolution: What it means, how to respond*. World Economic Forum.

Skocpol, T. (1990). Sustainable social policy: Fighting poverty programs. *The American Prospect, 2*, Summer, 58–70.

Smith, S. R. (2002). Social services. In L. M. Salamon (Ed.), *The state of nonprofit America* (pp. 149–182). Brookings Institution Press.

Steuerle, C. (2000). Common issues for voucher programs. In C. E. Steuerle, V. D. Ooms, G. E. Peterson, & R. D. Reischauer (Eds.), *Vouchers and the provision of public services* (pp. 3–39). Brookings Institution CED and Urban Institute.

Stiglitz, J. E. (1988). *Economics of the public sector* (2nd ed.). W. W. Norton & Co.

Stone, D. (2012). *Policy paradox: The art of political decision making*. Norton.

Svetlik, I. (1990). The future of welfare pluralism in the post-communist countries. In A. Evers, M. Pijl, & C. Ungerson (Eds.), *Balancing pluralism: New welfare mixes in care for elderly* (pp. 257-277). Avebury.

Taber, M., & Finnegan, D. (1980). A theory of accountability for social workers. University of Illinois at Urban-Champaign. *Unpublished paper*.

Taylor-Gooby, P. (Ed.). (2004). *New risks, new welfare: The transformation of the European welfare state*. Oxford University Press.

Tawney, R. H. (1961). *Equality*. Caprocorn Books.

Thaler, R. H., & Sunstein, C. R. (2008). *Nudge: Improving decisions about health, wealth, and happiness*. 안진환 역(2018). 넛지: 똑똑한 선택을 이끄는 힘. 리더스북.

Titmuss, R. M. (1958). *Essays on the welfare state*. George Allen & Unwin.

Titmuss, R. M. (1969). *Essays on the welfare state*. Beacon Press.

Titmuss, R. M. (1974). *Social policy: An introduction*. George Allen & Unwin.

Titmuss, R. M. (1976a). *Commitment to welfare* (2nd ed.). George Allen & Unwin.

Titmuss, R. M. (1976b). Universal and selective social services. In R. M. Titmuss (Ed.), *Commitment to welfare* (pp. 113-123). George Allen and Unwin.

Tourigny, A. W., & Miller, J. A. (1981). Community-based human service organization: Theory and practice. *Administration in Social Work, 5*(1), 79-86.

Trydegard, G.-B. (2001). Welfare services for the elderly in Sweden at the beginning of the 21st century: Still in line with the Nordic welfare state model? *Social Policy & Administration, 35*(7), 7-23.

United Nations. (2024). *World population prospects*.

Van Parijs, P., & Vanderborght, Y. (2017). *Basic income: A radical proposal for a free society and a sane economy*. Harvard University Press.

Weimer, D. L., & Vining, A. R. (2017). *Policy analysis: Concepts and practice* (6th ed.). Routledge.

Wilensky, H. L., & Lebeaux, C. N. (1958). *Industrial society and social welfare: The impact of industrialization on the supply and organization of social welfare services in the United States*. Russell Sage Foundation.

Wooldridge, J. M. (2020). *Introductory econometrics: A modern approach*. Cengage Learning.

World Bank. (2006). *World development report 2006: Equality and development*. Oxford University Press.

국가통계포털. kosis.kr

국민연금 예상수령액 조회 페이지. https://pensionkr.com

국세청 근로소득금액 페이지. https://www.nts.go.kr/nts/cm/cntnts/cntntsView.do?mi=6592&cntntsId=7871

아름다운재단 아카이브 기부통계. research.beautifulfund.org/13835/

통계청(2022). 2022 통계로 보는 1인 가구. 통계청 보도자료.

한겨레 신문(2009. 3. 1.). '기회균형전형 덕에 개천에서 용났죠'.

OECD 데이터 페이지. https://data.oecd.org/

OECD 빈곤율 자료. https://data.oecd.org/inequality/poverty-rate.htm

OECD 홈페이지. https://stats.oecd.org.

SOCX 홈페이지. https://socialprotection.org/discover/databases/social-expenditure-database-socx

찾아보기

저자 소개

◯●◯ **구인회**(Ku, Inhoe)

　　서울대학교 철학 학사

　　서울대학교 사회복지학 석사

　　워싱턴대학교(University of Washington) 사회복지학 박사

　　현 서울대학교 사회복지학과 교수

　⟩ 주요 저서 및 논문

　　『21세기 한국의 불평등: 급변하는 시장과 가족, 지체된 사회정책』(사회평론아카데

　　미, 2019)

　　『Poverty and Inequality in East Asia: Work, Family and Policy』(공동 편저,

　　Edward Elgar Publishing, 2022)

　　「The Role of Family Behaviors in Determining Income Distribution: The Case of

　　South Korea」(책임 저자, 2018)

　　「Decomposition Analyses of the Trend in Poverty among Older Adults: The Case

　　of South Korea」(책임 저자, 2020)

◯●◯ **손병돈**(Shon, Byongdon)

　　서울대학교 사회복지학 학사

　　서울대학교 사회복지학 석사, 박사

　　현 평택대학교 사회복지학과 교수

　⟩ 주요 저서 및 논문

　　『빈곤론』(공저, 형지사, 2016)

　　『한국의 비공식 복지: 아무도 눈여겨보지 않은 대한민국 복지의 실체』(사회평론아

　　카데미, 2021)

　　「한국에서 빈곤은 세대간 이전되는가?」(2017)

　　「한국 가족관계는 모계중심으로 변화했나?-남편 부모와 아내 부모에게 제공한 사적

　　소득이전액 비교」(2022)

사회복지총서

사회복지정책론
–정책 분석 및 정책 평가–
Social Welfare Policy

2024년 12월 20일 1판 1쇄 인쇄
2024년 12월 30일 1판 1쇄 발행

지은이 • 구인회 · 손병돈
펴낸이 • 김진환
펴낸곳 • ㈜**학지사**

　　　　04031 서울특별시 마포구 양화로 15길 20 마인드월드빌딩
대표전화 • 02-330-5114　　팩스 • 02-324-2345
등록번호 • 제313-2006-000265호

홈페이지 • http://www.hakjisa.co.kr
인스타그램 • https://www.instagram.com/hakjisabook

ISBN 978-89-997-3291-1　93330

정가 21,000원

출판미디어기업 **학지사**

간호보건의학출판 **학지사메디컬** www.hakjisamd.co.kr
심리검사연구소 **인싸이트** www.inpsyt.co.kr
학술논문서비스 **뉴논문** www.newnonmun.com
교육연수원 **카운피아** www.counpia.com
대학교재전자책플랫폼 **캠퍼스북** www.campusbook.co.kr